9·11의 희생양

Welch, Michael. Scapegoats of September 11th : Hate Crimes & State Crimes in the War on Terror.
Copyright © 2006 by Michael Welch.

Korean translation rights arranged with Rutgers University Press, Piscataway, New Jersey, USA.

 카이로스총서 22

9·11의 희생양 Scapegoats of September 11th

지은이 마이클 웰치
옮긴이 박진우

펴낸이 조정환·장민성
책임운영 신은주 편집부 김정연·오정민 마케팅 정성용

펴낸곳 도서출판 갈무리 등록일 1994. 3. 3. 등록번호 제17-0161호
초판인쇄 2011년 6월 6일 초판발행 2011년 6월 16일

주소 서울 마포구 서교동 375-13호 성지빌딩 302호
전화 02-325-1485 팩스 02-325-1407
website http://galmuri.co.kr e-mail galmuri@galmuri.co.kr

ISBN 978-89-6195-037-4 94300 / 978-89-86114-63-8 (세트)
도서분류 1. 사회과학 2. 정치학 3. 사회학 4. 범죄학 5. 행정학 6. 심리학 7. 법학 8. 인권 9. 군사학

값 19,000원

이 도서의 국립중앙도서관 출판시도서목록(CIP)은 e-CIP 홈페이지(http://www.nl.go.kr/ecip)에서 이용하실 수
있습니다.(CIP제어번호 : CIP2011002153)

9·11의 희생양

Scapegoats of September 11th

테러와의 전쟁에서 증오범죄와 국가범죄

Hate Crimes & State Crimes in the War on Terror

마이클 웰치 지음

박진우 옮김

일러두기

1. 이 책은 Michael Welch, *Scapegoats of September 11th*, Rutgers University Press, 2006을 완역한 것이다.
2. 지은이 주석과 옮긴이 주석은 같은 일련번호를 가지며, 옮긴이 주석에는 [옮긴이]라고 표시하였다.
3. 본문에 들어있는 [ ]안의 내용은 별도의 표시가 없는 경우 옮긴이가 읽는 이의 이해를 돕기 위해 덧붙인 것이다.
4. 단행본, 전집, 정기간행물에는 겹낫표(「 」)를, 논문, 논설, 기고문 등에는 홑낫표(「 」)를, 단체명, 행사명, 영상, 전시, 공연물, 법률, 조약 및 협약에는 가랑이표(〈 〉)를 사용하였다.
5. 인명, 도서명 등은 필요한 경우 한 번만 원어를 병기하였다.
6. 옮긴이 주석의 내용으로 설명이 불충분한 내용에 대해서는 원문 옆에 네모(■) 표기를 한 뒤, 용어해설의 지면에서 설명을 덧붙였다.

9·11과 그 이후의 사건들로 고통 받고 있는 희생자들에게.

차례

한국어판 서문

9·11 테러 10주기, 다시 만난 희생양

2001년 9월 11일의 테러공격이 발생한 지도 어느덧 10년이 지났다. 그럼에도 테러조직에 원조를 제공했다는 책임을 물어 개인과 집단, 나아가 타국을 희생양scapegoat 삼으려는 미국 사회의 현실은 여전하다. 미국 사회는 상황이 더 좋아졌다는 희망의 소식보다는 오히려 그렇지 않음을 보여 주는 절망의 소식을 접하고 있다. 이런 상황을 종합해 볼 때, 내가 이 책에서 본래 보여 주려고 했던 미국 사회의 실상은 지금까지 어떠한 변화도 거치지 않은 것 같다. 예컨대 2011년 3월, 미국 의회는 미국계 이슬람교도들이 점차 과격해지고 있다는 소문을 접하고 이들에 대한 수사를 진행하기 위해 청문회를 개최했다. 해당 청문회에 참석한 의원단은 어떠한 반론도 포용하지 않는 고집불통의 재판을 연출했다. 이들은 이슬람교도들을 툭하면 정치적 폭력을 이용하려고 드는 집단으로 몰아세웠다. 그 결과, 해당 의원들은 강력한 비판을 받았다. 이때 〈하원국토안보위원회〉House Homeland Security Committee의 의장 피터 킹Peter King은 자신의 입장을 옹호하며 이렇게 주장했다 : "알카에다는 그들이 필요로 하는 요원들을 이슬람 공동체에서 선발하고 있다."(Shane 2011, 4) 반대진영의 의원들은 청문회에서, 킹이 테러리스트들의 복잡한 음모에 대해 파헤치기보다 오직 이슬람교도에 대한 "이단 심문"inquisition을 밀어붙이기만 한다고 비판했다. 이와 관련해 워싱턴의 〈이슬람공보위원회〉Muslim Public Affairs Council 정책분석관 알레한드로 J. 뷰텔Alejandro J. Beutel은 이런 의견을 내놓았다 : "이번 청문회는 범죄과격파들의 행위에 집중해서 수사를 진행하지 않고 있다. 오히려 이들은 특정한 공동체[이슬람 혹은 아랍 공동체]에 집중된 대규모의 수사를 펼치고 있다."(Shane 2011, 5)

킹이 청문회에서 취한 입장은 9·11 테러 10주기가 임박한 가운데, 미국 사회에 아직도 이슬람교도들을 희생양 삼으려는 다양한 움직임이 존재하고 있음을 상징한다. 2010년, 전 세계의 언론사들은 이른바 "그라운드 제로Ground Zero■ 위에 건설될 이슬람 사원 문제"에 관한 논쟁을 심도 있게 보도했다. 사원을 건립하려던 후원자들은 9·11 테러가 발생했던 이 "범죄 장소"에 세워질 이슬람 사원이, 종파의 구분 없이 모든 종교의 신도들이 모일 수 있는 공간으로 운영될 것이라는 계획을 밝혔다. 그럼에도 사원건립 문제와 관련해 부정적이고도 적대적인 반응이 거세게 일기 시작했다. 여론조사 결과, 71%의 미국인이 이 계획을 반대하고 있었다.(Abdel-Fattah 2001, 9) 언론논평자의 다수가 이구동성으로 그라운드 제로가 성스런 장소임을 반복해서 주장했다. 그런데 흥미롭게도, 그라운드 제로는 나체의 무희들로 가득한 스트립 클럽으로 둘러싸여 있다. 사원건립을 반대하던 한 명의 비평가는 이렇게 주장했다 : "테러리스트들은 나체의 무희들이 아니었다."[1] (Abdel-Fattah 2010, 9) 다시 한 번, 지금껏 대부분의 미국인들이 믿고 있던 등식, "이슬람교도=테러리스트"가 등장한 것이다.

9·11 테러 이후의 미국 사회에서 등장한 이 같은 악마 만들기demonization 는 자칭 테러분석관들에 의해서도 제기되었다. 대중연설가로 활약해 온 브 리지트 게이브리얼Brigitte Gabriel은 수백 개가 넘는 교회, 유대회당, 회의실 등에서 순회강연을 가졌을 뿐 아니라 2010년 가을에 개최된 〈티파티 네이 션〉Tea Party Nation 2 정기총회의 연사로 참석해 주목을 끌었다. 게이브리얼 은 이렇게 주장했다 : "미국을 위태롭게 하고자 하는 온갖 과격론자들이 미 국 사회에 침투해 있다. 그들은 우리의 CIA와 FBI, 국방성, 국무부에 잠입 해 있다. 그들은 미국의 도시와 공동체에 건립된 근본주의 이슬람 사원에 서 점차 과격화되고 있다."(Goodstein 2011, 2) 게이브리얼은 미국 사회 내의 이슬람 세력에 대항할 의지를 갖춘 활동가들을 모아 다분히 공격적인 네트 워크를 구축했다. 그녀의 조직, 〈미국을 위하여 행동하라!〉(이하 〈행동하 라!〉)Act! for America는 미국 전역에 5백 개의 지부를 설치했고 15만 5천 명 의 회원을 확보했다. 이 조직을 통해 게이브리얼은 자신의 주장을 현실화 했다. 이 현실은 그녀가 2008년에 출간한 『그들이 증오하기 때문에 : 이슬

---

1. [옮긴이] 이는 사원건립을 반대하는 이들의 생각을 전적으로 보여 주고 있다. 나체의 무희들 은 테러리즘과 상관이 전혀 없기 때문에 그라운드 제로라는 "성소"에서 "불경스러운" 나체쇼 를 펼쳐도 상관없지만, 테러리즘과 밀접한 연관이 있는 이슬람 사원은 그 자체로 "성스러운" 종교적 제의기능을 수행하고 있음에도 테러리즘과 연계되어 있기 때문에 "불경스러운" 것 이다.

2. [옮긴이] 2009년, 테네시 주(Tennessee)의 전직 검찰보 주드슨 필립스(Judson Phillips)가 설립한 사단법인 〈티파티 네이션〉은 미국의 보수 성향 정치단체로 유명하다. 이들의 정치 성향은 크게 작은 정부, 자유발언권, 〈미국 연방 수정헌법〉 2조(무기 휴대의 권리), 군사력 강화(국경 수비 강화)로 요약될 수 있다. 〈티파티 네이션〉은 창립 초기부터 많은 사회적 비 판을 받아 왔다. 실례로, 필립스는 부자들만이 선거를 할 수 있도록 가난한 미국인들에게서 투표권을 빼앗아야 한다고 주장해 많은 비판을 받았다. 이처럼 〈티파티 네이션〉은 〈미국 연 방 수정헌법〉이 보장하는 자유발언권을 악용해 미국 민주주의의 근간을 흔드는 발언을 계 속해 왔다. 참고로 필립스는 오바마 대통령이 사실은 미국에서 태어나지 않았다고 주장하기 까지 한 인물이다.

람 테러에서 살아남은 한 사람이 미국을 향해 경고한다』*Because They Hate : A Survivor of Islamic Terror Warns America*에 기록되어 있다. 여기서 그녀는 "이슬람 세계의 주류가 과격파"임을 밝힌 뒤, 어떠한 "암"이 전 세계로 퍼지고 있다고 주장했다 : "이슬람 파시즘이 바로 그 암이다. 이 이데올로기는 한 곳에 기원을 둔다. 바로 코란이다."(Goodstein 2001, 4; 재인용) 9·11 테러 10주기를 위해 예정된 다양한 일정 가운데서, 〈행동하라!〉는 "코란을 펼쳐라"라고 명명한 행사를 기획했다. 이 조직은 우체국, 도서관, 교회, 유대회당 앞에 750개의 전시대를 설치해 그들의 유인물을 유포할 작정이다. 이 유인물에는 그들이 선별한 코란의 일부 구절들이 적혀 있다. 물론 이 행사에서 그들은 발췌된 코란의 몇 구절들을 인용해 이슬람교가 폭력, 노예제, 여성억압을 옹호하고 있음을 대중에게 전달할 것이다. 이 모든 것은 9·11 테러 이후의 미국 사회에서 증오범죄Hate crime ▪를 존속시키기 위해 필요한 길을 닦아 주고 있을 뿐 아니라 미국 사회에 잔존해 있는 이슬람교도 소외 경향을 보여 준다.

하지만 오바마 행정부는 킹과 그의 청문회를 직접 거론하며 이슬람을 향한 이들의 악마화 전략을 비판했다. 오바마 행정부의 국가안보보좌관 데니스 맥도너Denis McDonough는 버지니아 주Virginia의 이슬람 사원에서 이렇게 말했다 : "미국은 연합해서 죄악을 실천하지 않는다."(*New York Times* 2011, 2) 오바마가 대통령으로 당선되었을 때 그가 테러와의 전쟁에 대해 어떻게 접근해 나갈지를 두고 두 가지의 전망, 낙관론과 비관론이 모두 등장했다. 대선행보를 시작했던 2007년, 오바마는 다음과 같이 선언했다 : "이제 책장을 넘길 때다. 미국은 이 땅에서 인명을 살상한 테러리스트들과 전쟁을 벌이고 있다. 우리는 이슬람과 전쟁을 벌이고 있는 것이 아니다." 그는 "견제 없는 대통령 권력"을 비판했고 관타나모만灣 ▪ 수용소를 폐쇄하겠다고 약속했다.(Baker 2010, 11) 이는 분명 부시 행정부를 향한 비판의 목소리였다.

미합중국 대통령으로서 오바마는 부시 행정부의 정치적 유산에 일격을 가할 목적으로 계획된 조치 가운데 하나를 실행하기로 결정했다. 그는, 해당 부서들이 물고문으로 대표되는 가혹한 심문기술을 이용할 수 없게 하는 행정명령에 서명했고 1년 안에 관타나모만 수용소를 폐쇄하라고 명령했다. 그럼에도 오바마 행정부가 부시 행정부의 정치적 유산 일부를 떠안고 있었기 때문에 오바마 행정부를 향한 의혹의 눈초리는 여전히 남아 있었다. 오바마는 [부시 행정부 시절의] 사회감시 프로그램과 〈애국자법〉 Patriot Act ▪ 뿐 아니라 미국 행정부의 범인인도권한 authority of rendition ▪ 을 유지했고 부시 행정부가 의존했던 비밀주의의 일부를 받아들였다. 물론 현재 오바마는 부시보다 적법절차 due process ▪ 의 원칙을 성실하게 이행하고 있다. 하지만 그는 대통령 선거 유세 가운데 자신이 줄곧 비판했던 〈군사위원회〉 Military Commission ▪ 와 국가안보명령서 National Security Letter ▪ 를 그대로 받아들였다. 또한 그는 범죄사실 없이 혐의만으로도 테러 용의자들을 무기한 억류할 수 있는 계획을 세웠다. 또한 무인 전투기를 이용해 파키스탄의 한 부족 공동체에 모여 있는 알카에다 조직을 공격하려 했던 부시 행정부의 계획을 이어 갔다. 이때 오바마는 지역정부의 허가가 나지 않더라도 맹세코 그곳의 테러리스트들을 공격하겠다고 단언했고 자신의 정치수사학 political rhetoric에 의존해 테러와의 전쟁의 초점을 이라크에서 아프가니스탄으로 이동시켰다. 이 결과, 이전보다 세 배 늘어난 병력이 아프가니스탄에 투입되었다.3 (Baker 2010; Welch 2009)

나아가 오바마는 테러와의 전쟁에서 또 다른 끔찍한 조치를 단행했

---

3. [옮긴이] 이외에도, 오바마는 현재까지도 부시의 그릇된 사회적 조치들을 답습하고 있다는 비판을 받고 있다. 알렉스 존스(Alex Jones) 감독의 〈오바마의 속임수〉(The Obama Deception)는 비록 음모론적 색채가 짙은 것이 흠이지만 2009년 미국을 강타한 오바마 현상에 대해 분석한 다큐멘터리다.

다. 그가 주장한 암살정책은 논란을 몰고 왔다. 국가정보국Director of National Intelligence■의 장관 데니스 블레어Dennis Blair는 미군이 해외의 미국 시민들을 살상할 수 있도록 조치를 취했다. 하원정보위원회의 연설에서 블레어는 이렇게 주장했다 : "미국 시민일지라도 만약 테러리스트들과 협력하고 있거나 미국인들을 향한 테러공격을 계획하고 있을 경우, 해외에서 추진되는 군사작전이나 정보작전에서 보호받지 못할 것이다." 이에 대해 법률분석가 글렌 그린월드Glenn Greenwald는 암살정책이 "범죄사실을 입증하지 않거나 재판을 진행하지 않고도 미국 시민에게 사형을 선고할 수 있는 권력"을 오바마에게 안겨 주었다고 주장했다.(Democracy Now 2010)

비극적인 사건, 9·11 테러 이후 세계가 보낸 10년의 세월을 반성할 때, 우리는 이 책의 주요 관점 가운데 하나를 잊지 말아야 한다. 희생양 만들기scapegoating는 인종, 민족, 종교 등의 차이를 토대로 선별된 무고한 사람들에게 공격성을 전위轉位시킨다. 희생양 만들기는 사회구성원들이 좌절의 현실적 원인을 직시하지 못하도록 하는 사회심리적 방어기제social psychological defense mechanism로서, 공포와 불안에 시달리고 있는 그들에게 정서적 안정을 제공한다. [하지만] 그 위안은 분명 오래가지 않는다. 나아가 이 거짓 위안은 희생양을 창조한 이들로 하여금 끊임없이 편협한 태도를 취하게 만들 것이다. 그 결과, 우리 사회에는 예전보다 더 많은 희생자들이 등장하게 될 것이다.

2011년 3월 22일
마이클 웰치

서문

  2001년 9월 11일, 이 날짜에는 가까운 미래에도 깊이 울려 퍼질 만한 중대한 의미가 있다. 역사 속에서 이 날짜는 과거에 발생했던 이 잔혹한 사건을 우리에게 떠올리게 하는 것 이상의 무언가를 담고 있다. 9·11은 현재와 그 너머에 의미를 부여하는 역동적 감정의 기표로서, 미국인들의 강렬한 비애뿐 아니라 그들의 불안, 공포, 분노를 상징한다. 이 감정들 가운데, 9·11 이후의 미국 사회에서 다수의 미국인들이 느끼고 있는 분노는, 유감스럽게도 세계무역센터와 미국 국방성에 테러공격을 감행하지 않은 무고한 사람들에게 집중되었다. 한 마디로 이 무고한 사람들이 9·11의 희생양이 되었다는 말이다. 이 책은 전위된 공격행동displaced aggression ▪의 다양한 표현법, 다시 말해 국내외에서 전개된 테러와의 전쟁의 당혹스러운 특징들을 잘 드러내 주는 증오범죄와 국가범죄State crime ▪ 유형을 정리하는 간단하지 않은 작업을 진행한다.

  여러 면에서 이 책은 내가 인종 및 민족 문제와 관련된 범죄, 처벌, 인권에 대해 지금까지 전개해 온 연구의 연속선상에 있다. 2001년 9월 11일, 나는 이미 『억류된 사람들 : 이민법, 그리고 확장되는 이민국 감옥 복합체』 *Detained: Immigration Laws and the Expanding I. N. S. Jail Complex* (2002)의 집필을 끝냈다. 나는 9·11 테러 이후에 발생한 인권 문제를 논한 글을 이 책의 후기에 실었는데, 이는 매우 적절한 일이었다. [하지만 지금까지도] 내가 펼치고자 했던 결론의 요지는 거의 변하지 않은 상태라고 볼 수 있다. 테러공격이 발생한 이후 오랜 기간 동안 일부 미국인들과 미국 행정부가 벌인 수치스런 행위는, 이른바 인종적·민족적·종교적 "이방인"을 대상으로 전개된 사회 통제 정책이 미국 사회에서 작동하기 시작했다는 나의 관찰에 힘을 실어주었다. 9·11 테러 이후에 나타난 일련의 현상들을 연대기적으로 기록하는 것을 넘어, 이 책은 고대 형벌제도의 몇 가지 사회적 특징을 설명하는 방식에 따라 희생양 만들기의 사회적 의미를 살펴보고자 한다. 이뿐 아니라 이 책은 현대인들에게서 최근에 나타난 인권중시 현상의 진정한 의미를 긍정적으로 평가한다.

글쓰기라는 작업의 특성 때문일까. 대부분의 저자들은 분명 그들의 주변세계와 연관을 맺고 있으면서도 고독 속에서 글을 쓰고는 한다. 이 책도 물론 예외는 아니다. 그럼에도 나는 지난 몇 년 동안 수많은 동료들과 조교들에게서 폭넓은 도움과 조언을 받아야 했다. 이 자리를 빌려 룻거스 대학의 내 연구조교들, 다니쉬 파루키Daanish Faruqi, 헬레이 살람Helay Salam, 호세이 살람Hosay Salam, 프랭크 칼Frank Carle, 니콜 드루카Nicolle DeLuca, 이고르 드래스코빅Igor Draskovic, 그리고 룻거스 대학 도서관의 헌신적인 직원들에게 감사를 표하고 싶다. 또한 딘즈 아놀드 하인드먼Deans Arnold Hyndman, 홀리 스미스Holly Smith, 에드 로즈Ed Rhodes와 더불어 동료교수 리녹스 하인즈Lennox Hinds와 앨버트 로버츠Albert Roberts, 그리고 형사행정학과의 모든 연구자들에게 감사의 말을 전하고 싶다.

이 책의 일부는 내가 런던대학 경제학부의 〈인권연구소〉Center for the Study of Human Rights에서 연구교수로 있었을 때 작성되었다. 그곳의 많은 동료들, 코너 기어티Conor Gearty, 스탠 코언Stan Cohen, 조이 화이트Joy Whyte, 해리엇 갤러거Harriet Gallagher, 앤드류 푸디팻Andrew Puddephatt, 헬렌 와일드보어Helen Wildbore, 마고트 살로몬Margot Salomon, 런던대학 경제학부의 〈만하임 범죄연구소〉Mannheim Center for Criminology의 소장 팀 뉴본Tim Newborn은 내가 미지의 바다에서 항해를 계속할 수 있게끔 조언을 아끼지 않았다. 내가 독서와 집필을 위해 파리의 한 아파트에 머물고 있었을 때 만났던 엘리자벳 밴Elisabeth Ban과 닉 스티븐즈Nick Stevens, 그리고 18번구의 모든 친절한 시민들에게도 감사의 말을 전하고 싶다.

원고를 책으로 출판할 때 나는 특히 롯거스 대학 출판부의 유능한 직원들에게서 상당한 도움을 받았다. 이번 기회에 말리 와서먼Marlie Wasserman 주필, 에이디 호바브Adi Hovav 부주필, 니콜 L. 맹거너로Nicole L. Manganaro 제작편집자, 마릴린 캠벨Marilyn Campbell 사전인쇄편집자에게 고마움을 전하고 싶다. 물론 이 책은 앤 슈나이더Ann Schneider의 교정에 힘입어 가독성을 높일 수 있었다. 마지막으로 나는 롯거스 대학 출판부의 "범죄와 사회에 관한 비판적 문제들 시리즈"Critical Issues in Crime and Society Series의 편집자 레이 미켈로우스키Ray Michalowski와 원고 전체를 검토하고 중요한 통찰력과 의견을 제공한 할 페핀스키Hal Pepinsky에게도 감사의 말을 전하고 싶다.

2006년 뉴저지 주, 호보컨에서
마이클 웰치

1장

테러에 대하여 말하기

9·11 이후에 부시는 테러리즘을 이겨낼 도구와 방편이 자신에게만 있다고 반복적으로 주장함으로써 국가 전반에 위기감·비관론·불안감·혼란을 퍼뜨리고 있다. 그는 미국인들을 이러한 감정들에 조금씩 종속시키고 있다.
—리네너 브룩스, 「캐릭터 신화 : 부시에 대응하기 위해 민주당은 안전한 세계에 대한 뭔가 다른 견해를 제시해야 한다」, 『네이션』, 2003

테러리스트를 몰아내기 위해 시민권을 억압하는 것은 오사마 빈라덴을 잡기 위해 이라크를 침략하는 것보다 더 말이 안 된다.
—앨 고어, 「행정부가 공포를 정치무기로 이용하고 있다」, 『뉴욕 타임즈』, 2003

2001년에 발생한 9·11 테러는, 일반인들이 주변세계에 대해 말하고 생각하고 느끼는 방식에 다양한 변화를 가져다 준 역사적으로 중요한 사건이다. 9·11 테러 이후의 역사는 그 이전의 역사와는 전혀 다른 양상으로 나타난다. 미국은 역사 전반에 걸쳐 정치적 폭력의 힘을 과시해 왔다. 그러나 최근(9·11)까지, 파괴적인 테러공격의 총체적 힘을 견뎌내야만 했던 경험은 없었다. 9·11 테러가 미국을 바꿔 놓았다고 말하는 것은 이제 우리에게 진부한 이야기로 들린다. 스스로를 테러목표물이나 테러피해자로 규정하는 국가 정체성은 이제 상징적이면서도 실제적인 의미를 갖추고 있다. 지금

공명하고 있는 이 의미에 귀를 기울여 보면 미국이 사회적, 정치적, 문화적 측면에서 주목할 만한 변화를 경험하고 있음이 드러난다. 지금 미국은 조금 더 안전한 사회를 염원하고 있다. 테러와의 전쟁은 국가안보에 대한 그들의 필사적인 욕구를 가장 명백하게 표현하는 말이다. 하지만 테러와의 전쟁은 사회적 발명품이다. 때문에 테러와의 전쟁은 겉으로 드러나 있는 명시적인 기능, 즉 테러공격으로부터 국가를 보호하는 데에만 그 목표를 두지 않는다. 이 전쟁에는 뭔가 다른, 조금 더 심오한 기능이 내재해 있다. 미국 행정부가, 9·11 테러로 억울하게 희생된 수많은 시민들을 위해 그들이 당한 것과 동일한 수준의 복수를 대신해 주겠다는 것이 테러와의 전쟁의 가장 대표적인 욕망이다. 이것은 문제 해결을 위해 테러리스트들을 잡아들여 처벌하는 단순한 방식이 아닌 그 이상의 무언가를 요구한다. 부시를 비롯한 미국 정치지도자들의 연설에서 강력히 언급된 것처럼, 테러와의 전쟁은 악에 맞서 싸우는 고대의 전쟁의 연장선 위에 있다.

신비주의적 구조 내에서 형성된 테러와의 전쟁은, 세계를, 한복판에 악이 잠복해 있는 위험한 장소로 보고 있던 사람들로부터 상당한 지지를 받았다. 하지만 정치적 폭력에 대한 대중의 이 같은 사고·발화 방식은 건전한 대테러정책을 형성하기 위한 사회적 토대를 취약하게 만들고 있다. 신비주의는 테러리즘을 옳고 그름의 도덕적 문제가 아닌 선악의 대결이라는 이분법의 문제로 바라보게 한다. 결과적으로 테러와의 전쟁은 옳고 그름을 구별하기 위해 요구되는 최소한의 도덕을 결여한 채 부차적인 피해를 무분별하게 양산한 결과를 초래했다. 이로써 두 가지 악의적인 사건이 발생했다. 첫째, 현재의 대테러전술들은 현대판 희생양을 만들어 내어 희생시켰다. 다시 말해 미국인들과 다른 민족이며 이들과 다른 종교를 믿고 있다는 이유로 테러와의 전쟁의 공격대상이 되어 버린 중동인, 아랍인, 이슬람교도와 남아시아인을 희생시켰다. 이들은 정치적 폭력과 어떠한 관계도 없었지만 희생양이 되는 것을 피할 수 없었다. 9·11 테러 이후, 격노한 미국 시민들에게 이 같은 희생양들은 찾기 쉽고 증오하기도 용이한 대상이 되었다. 둘째, 테러와의 전쟁은 정부의 권력남용으로부터 모든 시민을 보호하기 위해 고안된 주요 민주주의 원칙들의 근간을 흔들어 왔다. 테러와의 전쟁으로 인해 발생한 불법적이면서도 비윤리적인 군사행동과 〈애국자법〉의 탄생은 오랜 시간 지속되어 온 사회가치들을 일소해 버렸다.

희생양 만들기는 인종, 민족, 종교 등 인지되는 차이에 따라 선별한 무고한 사람들을 적당한 적으로 만들고 이들에게 폭력을 가하는 행위이다. 이는 어떤 욕구불만의 진정한 이유와 마주하지 않고자 하는 사람들의 사회심리적 방어기제로, 그 욕구불만에 따른 공포와 불안에 사로잡힌 사람들에게 정서적 안정을 제공한다. 이 위안은 오래 지속되지 않는다. 그러므로 희생양 생산자들은 편협한 마음을 품고 다람쥐 쳇바퀴 돌리듯, 끊임없이 희생양을 만들어 낸다. 이 책은 테러와의 전쟁에서 나타난 증오범죄와 국가범죄에 집중하여 9·11 테러사건으로 억울하게 희생양이 되었던 사람들의 이야기를 심도 있게 다룬다. 그리고 이로써 현재의 대테러전술의 잘못을 연대기의 형식을 빌려 기록하고자 한다. 대중과 정치세력이 테러와의 전쟁을 향해 열렬한 지지를 보내고 있는 지금,[1] 이 책은 이 전쟁에 대한 신중하고 냉정한 평가를 내릴 것이다. 테러와의 전쟁은 공공안전과 국가안보의

---

1. [옮긴이] 테러와의 전쟁이 현재까지 미국의 대중으로부터 열렬한 지지를 받고 있는 것은 아니다. 2009년에 테러와의 전쟁을 종식시키겠다고 주장함으로써 대중적 지지를 얻은 오바마의 사례에서도 나타나는 것처럼, 미국 대중은 현재 전쟁보다 사회적 안정을 염원하고 있다. 부시 행정부가 정치적 지지를 얻기 위해 테러와의 전쟁을 통한 대중의 공포를 이용했다면, 오바마 행정부는 테러와의 전쟁을 종식시킴으로써 대중적 지지를 얻고자 하고 있다. 실례로, 오바마는 2010년 5월 27일, 테러와의 전쟁이라는 용어를 폐기하겠다고 발표했다. 이렇게 오바마는 테러와의 전쟁에 대한 대중적 지지를 이끌어 내기 위해 노력하지 않았고, 오히려 테러와의 전쟁에 대한 미국인들의 비판적 입장에 부합하는 정치적 행동을 취함으로써 자신의 정치적 기반을 다졌다.

질적 수준을 향상시키지 못하는 자기파괴적 전략을 일관되게 유지했다. 이 점에서 테러와의 전쟁이 제공한 위안은 거짓된 위안에 불과하다. 이 글이 설명하고 있는 것처럼 테러와의 전쟁을 지지하는 대중의 모습은 테러와의 전쟁을 실용적 정부정책이 아닌 상징적 희생제의로 몰아갈 것을 원하는, 어떤 경우에는 마력을 보이고 있기까지 한 대중의 엄청난 소망을 보여 준다. 이번 장에서 우리는 비판적으로 상황을 분석하기 위해 테러리즘의 위협에 대한 일반인들과 정치인들의 담화 방식을 살펴보고, 테러와의 전쟁 담론에 대해 자세히 살펴볼 것이다. 이 논의는 테러리즘에 대한 정치권의 열띤 반응에서, 공포가 어떠한 역할을 하고 있는지를 살펴보는 일에서 시작하여 이 책의 전체내용에 대한 요약으로 마무리될 것이다.

공포요인

　범죄사회학자들은 형사처벌 정책과 그 정책의 집행방식이 형성될 때 대중의 공포가 매우 중요한 역할을 수행한다는 사실을 지적해 왔다. 실제로 선출된 관료들의 경우, 범죄나 사회혼란에 대한 대중의 불안에 민감하게 반응해 왔을 뿐 아니라 그들의 정치적 이익을 위해 대중의 불안을 자극하고 이용했다.(Best 1999; Glassner 1999; Welch, Fenwick, and Roberts 1998, 1997) 9·11 이후, 이러한 감정적이고 정치적인 역학은 더욱 활기를 띠게 되었고, 결국 순진무구한 대중의 공포와 행정부의 미리 계산된 조작활동 사이에 견고한 유대관계가 형성되었다. 그리고 이들은 이 관계에 초점을 맞춰 대중의 감정에 따라 작동하는 정치 역학을 완성하였다. 당시 사회적 영향력을 확장하고 있던 언론사들은 테러리즘에 대한 대중의 불안을 이용했고 이를 통해 대중과 정치권은 더 많은 공포 담론을 형성하게 되었다. 결과적으로 "위험한 세계"라는 사고방식은 일반대중과 정치인들이 테러리즘에 대해 말하는 방법을 상당히 유사하게 만들었고 이들의 사유·발화 방식을 하나로 만들었다.(Altheide 2002)

이런 상황들이 어떻게 발전해 왔는지를 전반적으로 살펴보며 우리는, 테러리즘에 대해 대중이 느끼는 공포가 실제로는 현실에서 발생할 만한 수준의 위험과 전혀 관련이 없지만, 이 공포에 따라 대중이 몰이성적인 선택과 행동을 하게 된다는 중요한 사실을 인식해야 한다. 『벌거벗은 군중』The Naked Crowd(2003)의 저자 제프리 로젠Jeffrey Rosen 2은 9·11 테러 발생 이후 공항에 도입된 새로운 감시기술에 집중해, 앞서 언급한 현상이 미국 사회에 나타나고 있음을 보여 주었다. 올랜도Orlando 국제공항의 보안직원들은 로젠이 "나체기계"Naked Machine라고 명명한 장치를 시험했다. 승객의 몸에 X선을 투과시켜 소지품을 검사하기 위해 도입된 이 장치는 승객의 옷 속에 감춰진 모든 물품의 정체를 알아낼 수 있고 승객의 해부학적 나체 이미지를 정확히 그려낸다. 이로써 높은 수준의 보안은 확보되겠지만 개인의 사생활 혹은 자유는 희생된다. 이 문제를 해결하기 위해 기기개발자들은, 이 장치가 승객이 숨기고 있는 소지품의 이미지만을 투시할 수 있도록 프로그램을 변경했다. 이때 승객의 나체 이미지는 성별 확인이 불가능할 만큼 매우 희미해졌다. 로젠이 "얼룩기계"Blob Machine라고 부르는 이것은 승객의 사생활을 보호하면서도 이전과 동일한 수준의 보안을 유지하기 위해 고안되었다. 로젠은 항공기를 이용할 승객들이 자신들의 합리적 선택 기준에

---

2. [옮긴이] 제프리 로젠은 미국에서 가장 광범위한 독자층을 보유하고 있는 영향력 있는 법률 논평가이다. 그는 지금껏 『벌거벗은 군중』 외에, 『대법원 : 미국을 정의하는 인물들과 그 적수들』(The Supreme Court : The Personalities and Rivalries that Defined America), 『가장 민주적인 부서 : 법원은 어떻게 미국을 위해 기능하는가』(The Most Democratic Branch : How the Courts Serve America), 『원치 않는 눈빛 : 미국의 파괴된 사생활』(The Unwanted Gaze : The Destruction of Privacy in America)을 저술했다.

따라 어떤 기계를 선호하는지를 알아보았다. 이 설문지는, 한 집단의 사람들에게 그들이 나체기계와 얼룩기계 가운데 어떤 기계에 의해 투시를 받고 싶은지 묻고 있었다. 그런데 이 연구를 수행한 로젠은, 대중이 합리적 사고를 통해서가 아니라 불안감에 이끌려 자신이 투시를 받을 기계를 선택한다는 사실을 알게 되었다 : "일부 사람들은 테러리즘이 발생할 가능성이 염려되기 때문에, 자신이 조금 더 안전하다는 기분이 들기만 한다면 어떤 것이라도 받아들이겠다고 말했다. 다시 말해 그들은 나체기계가 얼룩기계보다 그들에게 더 큰 안전을 제공해 줄 수 있다는 사실을 크게 중시하지 않았다. 그들은 안전한 상태 그 자체보다 스스로가 안전하다고 느끼는 자기만의 감정 상태에 더 큰 관심이 있었기 때문이다."(Rosen 2004a, 10)

로젠은, 다수의 사람들이 사생활을 희생시키는 새로운 법률과 기술의 등장을 받아들이는 데 적극적인 태도를 보이고 있다고 결론을 맺는다. 이 법률과 기술이 테러리즘으로부터 그들을 지켜주는 데 큰 효과가 없더라도 어떤 위안을 줄 수 있다면 괜찮다는 말이다. 하루 종일 텔레비전에서 흘러넘치는 테러리스트의 공격과 관련된 끔찍한 이미지가, 대중이 위험의 가능성을 합리적으로 평가할 수 없게 만든 것이다. 테러리즘에 대한 공포의 비합리성은 정부정책과 궤를 같이 하고 있으며 특정 환경에서는 더욱 장려되었다. 테러리즘에 대한 공포는 정부정책의 수립과 집행의 측면에서도 비합리적이다. 테러와의 전쟁은 도통 인기를 누리지 못했던 정책, 예컨대 이라크 전쟁과 부자감세로 고전하던 부시 대통령에게 그동안 그가 간절히 원했던 정치적 우위를 제공했다. 전쟁에 대한 전통적 이해에 비추어 볼 때 테러리즘이 한 국가의 적이 될 수 있다는 식의 사고에는 문제가 있다. 테러리즘은 정치적으로 소외되어 있는 집단이 그들의 정치적 목표를 성취하기 위해 사용하는 폭력전술이다.3 (Jenkins 2003 참조) 테러리즘에 대한 대중의 공포와 테러와의 전쟁의 정치행위 사이에 명확한 연관성이 드러나고 있는 것이다.

윌리엄 그라이더William Greider는 다음과 같이 말한다.

이러한 체제 논리는 이전의 냉전논리와 유사한 방식으로 새롭게 구축되고 있다. 이러한 체제는 대중의 상상력을 사로잡았다. 이 논리가 공포, 즉 잠재 위험과 연관되어 대중 사이에서 증폭되고 있는 공포에 기초를 두고 있기 때문이다. 공포를 정치적으로 이용하는 데는 실제적인 한계가 없다. 정부는 공포를 양산해 낼 능력이 있다. …… "테러와의 전쟁"은 정치적 구호이지 국가 방위를 위한 논리적 전략은 아니며, 오직 정치 그 자체로서만 찬란한 성공을 거둘 수 있다. 다른 모든 면에서 테러와의 전쟁은 비논리적이다.(2004, 11~14)

대선이 임박했던 2004년 8월 11일, 존 케리John Kerry는 부시 행정부를 비판하고 나섰다. 미국의 장년층들이 캐나다로부터 조금 더 값싼 처방약을 구매할 수 있도록 양당이 공동으로 발의한 계획안을 부시 행정부가 방해하고 있었기 때문이다. 바로 그 날 연방의약청Federal Drug Adminstration 장관 레스터 크로포드Lester Crawford는 〈AP통신〉사에게 "누군가 지껄인from chatter 말에서 나온 테러리스트 관련 단서"에 대해 언급했다. 이 단서에 따르면 알카에다가 수입 의약품을 오염시키는 방식으로 미국인들에게 해를 끼치려 하고 있었다. 크로포드는 이 사실을 굳게 믿고 있었지만 그의 주장을

---

3. 테러리즘을 정의하기 위한 논쟁은 대중과 정치권이 정치적 폭력과 연관된 그들만의 담론을 형성하게 했다. 1796년에 발간된 프랑스어 사전은 테러리즘을 긍정적 의미의 정치활동으로 묘사하고 있지만 테르미도르(Thermidor; 프랑스 혁명력) 11월 9일부터 테러리즘이라는 용어는 범죄행위와 연관되어 부정적 함의를 지니게 되었다. 역사 전반에 걸쳐 테러리즘은 보통 "누군가에게 테러리스트인 사람이 또 다른 누군가에게는 자유의 투사"가 될 수 있다는 논리에 따라 다양한 주관적 관점들 사이에서 변화를 겪었다(Onwudiwe 2002; Gearty 1997 참조). 1983년 이후 미국 행정부는 테러리즘을 "일반 대중에게 영향을 끼칠 의도에서, 국가 소속 집단 혹은 비밀 결사체가 비무장 집단 혹은 개인을 대상으로 모종의 계획과 정치적 동기를 가지고 시작하는 폭력 행위"로 정의내리고 있다.(United States Department of State 2002; Garrison 2004, Nunberg 2004 참조)

뒷받침할 어떠한 세부사항도 제시하기를 거부했다.(Legun and Sirota 2004, 13)

2005년, 격렬한 비판을 받아 온 고위험 국가지역 방위자금 조성계획안을 개선하기 위해 국토안보부Department of Homeland Security 4는 「국가 계획 시나리오」National Planning Scenarios라고 명명한 보고서를 완성했다. 이 보고서는 주요 도시에서 발생할 수 있는 핵 공격, 기업 건물에 유포될지 모를 맹독신경가스 사린sarin 5, 스포츠 경기장에 들이닥칠 폭발물을 장착할 트럭을 비롯하여 실현 가능하고 파괴적인 효과를 유발할 수 있는 테러리스트 공격을 열거했다. 이 보고서를 읽는 사람은, 필시 자신이 인류종말의 시나리오를 읽고 있는 것은 아닌지 의심하게 될 것이다. 하지만 이 보고서는 비논리적이어서 앞서 언급된 테러공격 예시들의 발생 가능성이 높다고 사람들을 설득할 수 없었다. 그럼에도 놀라운 사실은 이 보고서가, 예컨대 염소탱크 폭파로 17,500명의 사망자, 10만 명 이상의 부상자가 발생할 것이라는 구체적인 피해예상수치를 제시하고 있다는 데 있다. 국토안보부는, 그들의 목적이 대중을 공포로 몰아넣는 것과는 전혀 관련이 없다고 주장했다. 하지만 국토안보부 신임 장관 마이클 체어토프Michael Chertoff는 "사방에 위험이 도사리고 있다. 위험은 우리 삶의 일부다"와 같은 발언을 계속했다.(Lipton 2005a, A16)

9·11 테러 이후 몇 년 동안, "위험한 세계"라는 관점의 유감스러운 효과들이 이미 우리 눈앞에 펼쳐졌다. 관타나모만에서 발생한 부도덕한 행위부터 테러리즘과 전혀 관련이 없다고 증명된 중동인들에게 가해진 일제검거·억류·추방·이라크 전쟁까지 모두, 이 유감스런 효과의 실상을 보

---

4. [옮긴이] 9·11 테러 이후, 부시 행정부는 기존까지 행정부 내에 분산되어 있던 대테러기능들을 통합시켜 국토안보부를 창립했다. 창립 당시, 국토안보부는 국경수비·재난대비·화생방 공격대비·정보 분석 등의 업무를 처리하는, 미국 행정부 내에서 가장 큰 규모를 갖는 행정부서였다.

5. [옮긴이] 신경가스의 일종인 사린은 치사량이 높은 유독물질로 알려져 있다. 사린은 1938년, 독일군에 의해 대량생산된 것으로도 유명하다.

여 준다. 이에 따라 지식인들은, 공포가 미국 정치구조에 자리 잡게 되어 발생할 수 있는 장기적 영향에 대해 우려하고 있다. 정치학자 코리 로빈 Corey Robin 6은 이 공포의 분위기가 미국의 자유주의를 더럽혔으며, 9·11 테러가 테러리즘을 향한 대중의 시각을 왜곡시켜 앞으로 공포가 정치적 개념으로서 오랜 시간 이용될 것이라고 주장했다.(2004; Kimmage 2004) 물론 정치적 풍경이 어느 정도까지 변화할지는 시간만이 말해 줄 것이다. 그동안 테러와의 전쟁이 집단적 불안을 이용하기 위해 의도적으로 정치수사학에 의존하고 있다는 것, 나아가 언어에 큰 영향을 미치고 있다는 사실을 증명할 수많은 증거들이 발견되었다.

테러와의 전쟁에서의 담론

모든 미국 정치인들은 그들의 연설이 9·11 테러에 따른 [대중의] 상실감과 조화를 이루도록 했다. [9·11 이후] 대중의 집중적인 관심을 받고 있던 부시 행정부는, 테러에 대해 정치적 발언을 할 기회가 주어질 때마다 그들 자신에게 정치적 힘을 실어줄 새로운 토대를 확실하게 날조했다. 우리는, 이를 위해 이들이 사용한 언어에서 몇 가지 특징을 분명히 발견할 수 있다. 이들의 언어는 신비주의, 거친 담화tough talk, 비난, 위조, 근거 없는 소문, 정복 욕구를 특징으로 한다. 이 같은 형식의 정치수사학은, 분명 록 뮤지션들이 언급하는 이른바 "소음의 벽"wall of noise의 창조와 닮아 있다. 소음의

---

6. [옮긴이] 코리 로빈은 브룩클린 대학과 뉴욕 시립 대학의 교수로 활동하고 있는 미국의 자유주의 정치이론가이다. 그는 현대 미국에서 (신)보수주의가 형성된 방식과 자유주의자들 및 신좌파들이 미국에서 겪고 있는 난점에 학문적 관심을 두고 있다. 그의 대표적인 저서로는 이 장에서 인용된『공포 : 정치사상의 역사』(*Fear : The History of a Political Idea*)를 들 수 있고 대표논문으로는 「자유주의자들의 공포」("The Fear of the Liberals")가 있다.

벽이란 하나의 곡 내에서 지속되는 어떤 배경 음조를 지칭하는데, 이 배경 음조로부터 독립적이면서도 상호 관련된 멜로디 표현이 출현하게 된다.7 그렇지만 [대중의 무의식에 영향을 미치는] 이러한 종류의 이야기들 — 담론들 — 은 신중하게 고찰해 볼 만한 독특한 주제를 갖고 있으며 각기 다른 특징을 띠고 있다.

세계무역센터와 미국 국방성을 겨냥한 테러공격이 발생하자마자 테러와의 전쟁에 대한 담론은 현실의 것이 아닌 신비한 세계의 것으로 변모했다. 끔찍하리만큼 거대한 테러공격의 규모 때문에 이 테러사건은 쉽게 악과 관련돼 재현되었다. 부시와 정치지도자들은 테러를 자행한 이 악인들의 소재를 파악해 처벌해야 한다는 점을 긴급히 역설했다. 9·11 테러 추도 기간에 부시는 테러와의 전쟁에 대한 자신의 계획을 실현하기 위해 중대한 담화문을 발표하였다 : "역사에 대한 우리의 책임은 이제 명백하다. 테러공격에 응답해 악의 세계를 박멸시키는 것이다."(Lifton 2003b, 12) 테러와의 전쟁의 전개를 위해 사용된 언어에 내재해 있는 신비주의적 어휘가 간과될 경우, 누구라도 이 단어의 문화적 중요성을 과소평가하게 될 것이다. 하지만 이 과소평가는 우리의 실수를 의미한다. 신비주의적 표현으로 테러와의 전쟁에 대해 언급하는 행위는, 사람들이 테러리즘을 유사-종교적으로 해석하게 한다. 이로써 분명, 악마 혹은 희생양 만들기를 위한 교두보가 형성되는 것이다. 이로써 부시는, 이라크 전쟁의 의미를 악의 세계를 향한 메시

---

7. [옮긴이] 소음의 벽이 형성되어 있는 음악을 듣는 사람은 록 뮤지션이 어떠한 음계나 음악을 이용하여 소음의 벽을 형성해 놓았는지를 정확히 분간하기 어렵다. 소음의 벽은 록 뮤지션이 임의로 형성해 놓는 것이 아니라, 철저히 록 뮤지션의 의도가 반영된 음악적 장치다. 록 뮤지션은 이 음악적 장치를 이용해 듣는 이의 무의식에 그들의 메시지를 전달하고자 한다. 소음의 벽은 미국의 하드코어 밴드인 레이지 어게인스트 더 머신(Rage against the Machine)이 1999년에 발표한 앨범 〈로스앤젤레스 전투〉(The Battle of Los Angeles)의 5번째 트랙 '불 속에서 잠드시게'(Sleep Now in the Fire)에 등장한다. 이 노래는 한국가수 엄정화의 '배반의 장미'가 소음의 벽으로 사용된 것으로 유명하다.

아 군대의 섬멸전으로 조작했으며, 이에 따라 그의 정치적 행보를 이어갔다.(Woodward 2004) 테러와의 전쟁의 신비주의적 특징은 "부시의 종교적 유권자들"로부터 막대한 지원을 이끌어 내 부시를 선거에서 유리하게 해 주었다. 급기야, 십자군 전쟁에 대한 역사적 문헌까지 정치전술에 이용되는 상황이 연출되었다. 육군 중장 윌리엄 보이킨William Boykin은 교회 군중들에게 한 연설에서 이슬람교를 열등한 종교로 폄하하고 테러와의 전쟁의 전술로서 기독교를 변용하자고 주장했다. 그의 이러한 주장은 이 때 상당한 사회적 관심을 이끌어 내었다.(Jehl 2003; Reuters 2003)

테러와의 전쟁의 호전적 모티프motif는 식별되기 어려운 비유와 과장된 의미들로 가득하다. 예컨대 대량살상무기가 발견되지 않을 경우를 대비하면서도 이라크 침공을 정당화하기 위해서 이들 담화는, 테러리즘에 대항한 단순한 투쟁을 암시함과 동시에 바로 전쟁에 착수하자는 양면적인 의미를 내포한다. 테러와의 전쟁과 관계돼 나타난 호전적인 주장은 보통 거친 언어, 소위 말하는 "궁둥이 차주기"kicking ass의 방식으로 전개된다. 부시는 철두철미하게 준비된 말투로 탈레반을 지목한 뒤, 그들이 9·11 테러에 대한 막중한 책임을 피할 수 없을 것이며 곧 "그들이 이 고통의 운명을 공유해야 할 것"이라고 경고했다.(White House transcript, President Bush's Address to a Joint Session of Congress and the American People September 20, 2001; National Commission on Terrorist Attacks Upon the United States 2004, 337) 특히, 9·11 테러 이후 종종 나타나고 있는 "권투 글러브 벗고 한판 붙자"the gloves came off 같은 거친 담화는 테러와의 전쟁 이후 드러난 학대, 고문, 살해 사건을 정당화하기 위한 언어적 토대로서 기능해 왔다. 이러한 방식으로 진행되는 거친 담화의 랠리rally 8는 증오범죄를 강권하여 미국인들이 증오심을 내재화하게 했을

---

8. [옮긴이] 랠리란 테니스 같은 운동경기에서 양 측의 선수가 공을 치열하게 주거니 받거니 하

뿐 아니라, 그들이 미국의 군사요원들과 사법요원들이 애국심에 따라 행동하고 있다고 믿도록 했다.(Welch 2003a) 또한 우리는 테러와의 전쟁에 근간을 이루는 이 같은 전투적 언어가 보수파만의 언어 형식이 아니라 자유주의 혹은 급진파의 언어 형식이기도 하다는 점에 주목해야 한다. 심지어 부시의 대테러전략을 지지하지 않는 사람도 테러리즘에 대항해 국가를 방어해야 하며 테러와의 전쟁으로 공격당한 시민의 자유와 인권을 위해 저항해야 한다는 주장을 개진하기 위해 거친 언어에 의존하고 있다.(Chang 2002)

텔레비전으로 방영된 〈9·11 위원회〉 9·11 Commission▪의 회의록은 한 편의 장렬한 비난의 게임과 같았다. 부시 행정부와 클린턴 행정부는 서로를 비난했고 FBI와 CIA도 서로 일제 사격을 하듯이 맹비난을 퍼부었다. 이 비난을 통해 9·11 테러에 대한 정치적 책임의 부담은 다른 편으로, 다른 정치인 혹은 관계부처로 넘어갔고 비난을 제기한 쪽은 책임 부담에서 상대적으로 자유로워질 수 있었다. 하지만 이는 비난과 부인으로 구성된 끊임없는 나선구조에 불과했다. 2001년 1월 25일 국가안보담당 특별보좌관 콘돌리자 라이스Condoleezza Rice는, 백악관 대테러 최고 고문 리차드 클라크Richard Clarke가 준비한 전략제안문서strategy document를 전달 받았다. 이 문서에는 알카에다의 위협을 제거하는 일과 관련된 제안내용이 개관되어 있었다. 이 문서는, 테러리스트들이 미국 안팎에서 테러조직을 건설해 테러공격을 계획하고 있다고 부시 행정부에게 경고하고 있었다. 『알카에다의 지하드 네트워크에서 위험을 제거하기 위한 전략 : 상태와 전망』Strategy for Eliminating the Threat from Jihadist Networks of al Qida : Status and Prospects이란 제목의 이 보고서는 공격 위험을 줄이기 위해, 테러 교육이 진행 중인 테러리스트 훈련 캠프를 공격하는 임무를 포함한 몇 가지 구체적인 제안을 담고 있었다. 클라

는 상황을 말한다.

크는 대외 정책 최고 고문들을 포함한 주요 인사들의 회의를 개최할 것을 강력히 요구했다. 그러나 9·11 테러 발생 전까지 그가 요구한 어떠한 조치도 실제적으로 취해지지 않았다. 가까스로 2001년 9월 4일, 즉 9·11 테러 발생으로부터 일주일 전에서야 주요 고문들이 모여 회의를 했을 뿐이다. 이렇게 늦도록 어떤 조치도 취해지지 않은 이유에 대한 질문을 받았을 라이스는, "우리 행정부에 알카에다와 관련된 어떠한 테러 계획도 전달되지 않았다"고 말했다.(Shane 2005, A10)

하지만 2001년, FBI 대테러 분석관 매튜 레비트Matthew Levitt는 라이스의 말을 반박했다. 그는, 라이스가 문책을 피하기 위해 이 같이 말했다고 주장했다. 레비트는, 클라크가 작성한 13쪽의 보고서가 "꽤 불온한 문서"였다고 말했다. 그는, 클라크가 긍정하고 라이스가 부정하고 있는 상황에서 그 문서가 정말 테러 계획에 대해 언급하고 있었는지 아닌지는 모종의 "의미론 논쟁"semantic debate 9에 지나지 않는다고 언급했다. 레비트는 다음 말을 덧붙였다 : "나는 이 문서가 [우리에게 닥친] 위협의 수준을 꽤 위급한 것처럼 보이게 했다고 생각한다. 나는 이 점을 알게 되었고 이 문서에 관심을 요하는 긴급한 뭔가가 있다는 것을 알게 되었다."(Shane 2005, A10) 정책적 측면에서 보면 연기가 피어오르는 총구 같은 "결정적 단서"smoking gun에 직면하고도 서로를 비방하고만 있는 것은 테러리스트의 공격을 묵인한 것과 다를 게 없는 부시 행정부의 실수이며, 그 책임을 대중이 인지할 수 없게 방해한 일에 지나지 않는다. 심리학적 관점에서 보아도 비방은, 인간이 그의 책임을 받아들이지 못하게 하는 방어기제로서 기능하며, 그가 자신이 아닌

---

9. [옮긴이] 의미론적 논쟁이란 어떠한 문자적 표현이 어떠한 의미를 갖는지에 대한 논쟁을 말한다. 문자적 표현은 그것의 뜻이 거의 단일하게 해석되는 경우도 있지만 어떤 경우, 보는 이의 관점에 따라 다양한 해석을 가능하게 하기도 한다. 이때 의미론적 논쟁이 발생한다. 레비트는 클라크와 라이스의 주장이 대립되는 이유를 그 두 사람의 해석적 관점이 달랐기 때문이라고 주장한다. 하지만 다음 문장에서 드러나듯이 레비트는 클라크를 지지하고 있다.

타인에게 위험과 나약함의 이미지를 투사하게 만든다. 이미 명백히 드러난 것처럼 조직적이면서도 개인적인 비방이 만들어 내는 혼란은 효율적인 대테러정책의 수립과 그 정책 집행의 토대를 약화해 미국 국가안보에 상당한 손실을 입혔다.

의심과 혐의는 늘 공존한다는 말이 보여 주는 것처럼, 믿을 만한 대화의 필수요소는 정말 진실성이 있거나 적어도 그렇다고 여겨지는 언어의 사용을 요구한다. 테러와의 전쟁에 대한 다수의 담론에는 완전히 조작되었거나 최소한 과장된 것으로 보이는 허위정보가 많이 포함되어 있다. 부시 행정부의 이 같은 허위정보는 그 진위를 가려내기 위해 노력해 온 사람들에 의해 비판을 받아 왔다. 『이라크에 대해 부시가 우리에게 한 가장 큰 다섯 가지의 거짓말』*The Five Biggest Lies Bush Told Us About Iraq* (2003)의 공저자 크리스토퍼 쉬어Christopher Scheer, 로버트 쉬어Robert Scheer, 라크시미 차우드리Lakshmi Chaudhry는 부시 행정부가 미국의 대외정책과 테러와의 전쟁을 집행하기 위해 필요한 이론적 설명을 뻔뻔스럽게 발명해 내고 이를 위한 정부 논리의 근거를 다지기 위해 사실을 왜곡했다고 비판한다. 이 책의 저자들이 알아낸 부시의 첫 번째 거짓말은 "그들이 우리를 공격했고 이라크가 알카에다를 지원했다"는 것이다. 부시는 "이라크 전쟁·점령과 테러와의 전쟁 사이에 합리적인 논리관계가 존재한다"는 거짓말을 하고 있다. 부시 행정부의 전직 재무장관을 지낸 폴 오닐Paul O'Neill은 집권 초기부터 부시 행정부가 이라크에 사로잡혀 있었음을 고백했다.10 (Scheer, Scheer, and Chaudhry 2004, 13; O'Neill 2004) 부시의 거짓말은 오직 뻔뻔스러운 부인denial에 의해 완성될

---

10. 이외에도 다음의 네 가지 거짓말이 뒤따른다. 두 번째 거짓말은 이라크에 생화학 무기가 있다는 주장이며, 세 번째 거짓말은 핵무기 프로그램에 대한 것이다. 네 번째 거짓말은 이라크 전쟁이 식은 죽 먹기로 끝날 수 있다는 주장이고, 다섯 번째 거짓말은 이라크 전쟁이 이라크를 민주주의 국가로 재건하기 위함임을 언급하는 허위 주장이다(Scheer, Scheer, and Chaudhry 2003).

것이다. 사담 후세인과 알카에다의 관계를 오랜 기간 동안 넌지시 언급해 왔으면서도 딕 체니Dick Cheney 부통령은 자신이 "이라크와 9·11 테러 사이에 어떤 관련이 있다고 암시한 적이 없다"고 주장했다.(Krugman 2004a, A27; Rampton and Stauber 2003)

국무부가 내놓은 연차 보고서, 『세계 테러리즘의 패턴』Patterns of Global Terrorism은 부시 행정부의 테러와의 전쟁 속에 숨겨진 수많은 거짓말 가운데 또 다른 거짓말 하나를 보여 준다. 이 보고서에서 국무부는 2003년에 전세계에서 190건의 테러공격이 감행됐으며 이로 인해 307명이 사망하고, 1,593명이 부상을 당했다고 주장했다. 그러나 이것은 국무부가 205건의 테러공격이 발생했고 이로 인해 725명이 사망하고 2,013명이 부상을 당했다고 주장했던 2002년의 수치와 비교해 봤을 때 극적으로 감소한 수치였다. 따라서 2003년 보고서는 의심스러울 수밖에 없다. 국무부가, 미국 행정부의 테러와의 전쟁이 효율적으로 전개되었다고 주장하기 위해 이 보고서를 날조했다는 의심이 충분히 제기될 만하기 때문이다. 이러한 비난에 대응하기 위해 국무부는 보고서에 이용한 수치들을 수정했고 208건의 테러공격이 발생했다는 사실을 제시하는 다른 보고서 판본을 내놓았다. 게다가 국무부는 이 보고서의 사망자수와 부상자수 통계를 각각 625명과 3,646명으로 정정했는데, 이는 각각의 수치를 이전 보고서에 비해 두 배 이상 상향조정한 것이었다. 국무부가 벌인 이런 황당한 행위를 무마하기 위해 콜린 파월 Colin Powell 국무장관은 수치 표기에서 발생한 실수를 "자료계산방식"의 문제로 돌렸고, 처음에 등장했던 2003년 보고서가 "우리 행정부의 노력을 좋거나 나쁘게 보이기 위해 고안된 것이 아니"라고 주장했다.(Knowlton 2004, 1) 존 케리 상원의원의 대변인 필 싱어Phil Singer는 부시 행정부가 "대테러정책에서 자신들의 성공을 부풀리기 위해 노력하는 데 사로잡혀 있다"고 언급했다.(Knowlton 2004, 8; Sanger 2004a 참조) 증거부재의 상황에서 부시 행정부에 대해 의심을 품고 있던 사람들은, 정치 관료들이 정치적 이익을 위해 집단적 공포를 의도적으로 이용하고 있다고 말했다. 2004년, 톰 리지Tom Ridge 국토안보부 장관은 항공편 취소 등 크리스마스 연휴 기간 동안 부시 행정부가 취한 일련의 조치가 여행자들과 그 가족에게 불편을 주었지만 알카에다에 의한 잔혹한 테러공격을 예방하는 데 분명 일조했다고 주장했다. 하지만 결과적으로 리지는 자신의 주장을 뒷받침할 어떠한 합리적 증거도 제시할 수 없었다 : "내 본능에 비추어 보건대 우리는 아마도 주어진 할 일을 제대로 해냈을 것이다. 하지만 미지의 것까지 증명하는 것은 꽤 어려운 일이다."(Shenon 2004a, A21)

테러와의 전쟁 담론은 또한 일반인들의 주요 담화를 포섭하여 테러와 관련된 담론이 사람들 사이에서 입소문으로 퍼져 나가게 했기 때문에 더욱 문제적이다. 입소문은 허위사실을 유포할 뿐 아니라 특정 인종·민족·종교 집단을 소외시키며, 의심과 편협한 태도로 가득한 사회적 분위기를 형성시킨다. 예컨대 입소문으로 다음과 같은 허위사실이 유포되었다 : "9·11 테러가 있던 날, 세계무역센터에서 근무하던 유대인들은 그곳을 빠져나와 집에 머물렀다. 이들이 테러공격에 대한 경고를 미리 받았기 때문이다."(Krassner 2003, 28) 이와 유사하게 그라운드 제로에서 허드슨Hudson 강을 가로질러 가면 바로 만날 수 있는 뉴저지 주New Jersey의 저지 시Jersey City에서 유행하고 있는 일명 도시 전설urban legend은 9·11 테러 이후 수개월 동안 대테러정책을 위해 필요한 공포를 고양시켰다. 한 특정 도시 전설에 따르면 뉴포트Newport 쇼핑센터의 계산대에서 자기 차례를 기다리고 있던 한 여성이, 어떤 가난한 중동 남자가 그가 고른 상품을 살 수 있도록 그에게 얼마 안 되는 돈을 주었다고 한다. 잠시 후 주차장에서 그 남자가 그녀에게 다가와서 그녀의 자비로움에 다시 한 번 감사한다고 말한 뒤 내일 테러공격이 있을 것이기 때문에 쇼핑하러 이곳에 오지 말라고 충고했다고 한다.

이 같은 입소문과 도시 전설은 비록 정치 지도자나 이들의 조직에 의해 유포된 것은 아니지만 일반인들 사이에 공포를 조장하기에 충분했다. 이렇게 형성된 공포감은, 사람들이 특정 민족을 목표로 삼는 프로파일링profiling■과 억류조치, 그리고 그보다 더 악랄한 학대와 고문 같은 테러와의 전쟁의 가혹한 전술을 거부감 없이 받아들일 수 있게 만들었다.

사람들을 지배할 의도로 창조된 정치적 메시지는 테러와의 전쟁 담론에서 더 큰 부분을 차지한다.(Chomsky 2003, McLuhan 1964 참조) 종종 제대로 된 영어문장을 구사하지 못해 영어의 파괴자라는 소리를 들어온 부시일지라도, 정치 장치로서 부정적 감정어negative emotional language■의 사용에서만큼은 아무도 그를 따라갈 수 없을 것이다. 권력과 설득에 대한 연구를 진행하기 위해 〈서미트 연구소〉Sommet Institute를 이끌고 있는 리네너 브룩스는 대중을 향한 부시의 연설이나 담화를 살펴봄으로써 부시가 타인을 지배하기 위해 고안된 화법에 의존하고 있다고 주장했다. 브룩스는 "부시 대통령이 지배주의적 성향의 다른 인물들처럼, 사람들로 하여금 수치심을 느끼며 복종과 절망적 찬양의 상태로 나아갈 수 있도록 하는, 경멸과 위협으로 구성된, 의존을 유발하는 언어를 사용한다"고 말했다. 흔히 우리는 지배자가 물리적인 권력을 사용한다고 생각하는 경향이 있다. 하지만 사실 대부분의 지배자들은 통제를 위해 언어를 남용하여 타인을 지배한다.(Brooks 2003b, 20; Goldstein 2003 참조)

부시는 언어 도구상자toolbox에 있는 연장들 중에서 자기 의지에 타인을 굴복시킬 수 있도록 "텅 빈 언어"empty language를 사용한다. 텅 빈 언어는 의미를 거의 전달하지 않는 말을 일컫는다. 사실 이런 언어는 [그 의미가] 너무 광범위하고 모호해서 실제적으로 어떤 반대도 불가능하게 만든다. 텅 빈 언어는 친절하지 않다. 텅 빈 언어는 메시지의 내용을 청자가 고찰하지 못하게 할 의도로 고안되었기 때문에 오히려 더 조작적이다. 브룩스에 따르면 텅 빈 언어는, 지배자들이 그릇된 자기 일반화를 은폐할 수 있게 해주고, 현실적 대안들을 조롱의 대상이 되게 만들어줄 뿐 아니라, 타자가 부정한 욕구를 지니고 있는 것처럼 비춰지게 만든다. 이로써 비판자들과 회의론자들은 미국 사회에서 경멸해야 할 대상으로 그려진다. 2003년, 국정연설에서 부시는 이 같은 텅 빈 언어에 주로 의존했다. 예컨대 이라크 침공을 정당화하는 내용을 언급하는 지점에서 부시는 이렇게 공표했다 : "우리는 미국 국민을 위협하는 모든 위험과 모든 적에게 응수할 것이다."(Brooks 2003b, 21) 이처럼 부시는 공포를 생산하는 언어와, 사람들이 자신의 문제를 해결할 수 없다고 생각하게 만드는 비관적 언어를 사용한다. 2001년 9월 20일과 2002년 10월 7일에 다시 한 번 부시는, 미국이 위기에 빠져 있다는 점을 부각시킬 목적으로 대중을 상대로 연설을 진행하였다.

> 미국인들은 단발성 전투가 아닌, 우리가 전에 보아 왔던 것과는 전혀 다른 장기간의 군사 행동을 기대해야 할 것이다. 나는 당신에게 당신의 삶을 살라고, 그리고 당신의 아이들을 안아주라고 말하고 싶다. 나는 많은 시민들이 오늘밤 공포에 떨고 있다는 것을 알고 있다. 계속되는 위협에 직면하더라도 침착하고 단호해져라.(Brooks 2003b, 21)

> 어떤 사람들은 미국과 전 세계에 이 위험이 얼마나 긴박한 것이냐고 묻곤 한다. 위험은 이미 심각하고 시간이 지남에 따라 더 악화될 뿐이다. 이라크는 결심이 서면 언제라도 생화학무기를 테러 단체나 개인 테러리스트들에게 제공할 것이다.(Brooks 2003b, 21~22)

정기적으로 들려오는 경고의 메시지는 미국인들에게 그들이 영구적 위기 상황에서 살고 있다는 점을 상기시켜 준다. 테러공격의 위협 앞에서 자신의 나약함을 느낀 사람들이, 국가를 안전하게 보호할 힘이 있다고 유일하게 주장하는 사람에게 극도로 의존하게 되는 지배 역학이 생산된 것이다. 근심과 공포에 빠졌을 때 사람들은 이성적 언어보다 감성적 언어에 더 쉽게 반응한다.(Brooks 2003b, Didion 2003 참조) 물론 테러와의 전쟁 담론에 나타난 대부분의 언어형식(예 : 신비주의, 거친 담화, 비방, 조작, 지배)은 정치 엘리트들에게 협조한 미디어나 그들에 의해 조작된 미디어가 조장한 측면이 강하다.11 (Weitzer and Kubrin 2004, Welch, Fenwick, and Roberts 1998, 1997 참조)

테러와의 전쟁에 대한 비판적 접근

이제 우리는 비판적 접근을 통해 미국이 벌인 테러와의 전쟁 그 자체의 문제점과 이 전쟁의 진행과정, 그리고 이 전쟁이 야기한 문제점을 자세히 살펴볼 것이다. 또한 우리는 이러한 분석을 위해 사회반응이론 가운데 가장 잘 알려져 있는 도덕적 공황론moral panic theory■의 몇 가지 관점(Cohen, 2002)과 위험사회risk society■ 개념을 근래에 등장한 이론들(Beck 1992; Heir 2003; Ungar 2001)에 접목시킬 것이다. 그러므로 우선 이 두 가지 개념에 대한 개론적 소개가 필요할 것이다. 한 마디로 도덕적 공황은 어떠한 사회문제가 공동체 주변에 오래 전부터 실제로 존재해 왔음에 대한 충분한 사회적 관심과 동의가 있었음에도, 그 사회문제의 위험성이 인지될 때 대중이 난폭하고 과장된 반응을 보이는 현상을 가리킨다. 이 때 비난은 사회적 적대감을 흡수하기에 적당한 악당들에게 가해진다. 이렇게 인지된 위협요인들은 정

---

11. 2005년에 미국 감사원장은 연방부처들이, 언론보도에 사용된 정보를 미국 행정부가 제공했다는 사실을 명백히 밝히지 않은 채 정부정책을 선전하고 있다는 경고의 목소리를 냈다. 감사원은, 연방부처들이 계획적으로 정부 대변인들을 고용하여 이들로 하여금 텔레비전 보도 프로그램에서 뉴스 캐스터의 역할을 수행하게 했음을 밝혀냈다. 이는 분명한 연방법 위반이었다(Kornblut 2005; Barstow and Stein 2005, Bumiller 2005 참조).

상적인 위험 수준을 넘어서 무언가 긴급히 행하지 않으면 사회가 더 큰 파멸을 맞게 될 것이라는 믿음, 즉 재앙심리disaster mentality를 집단 내에 형성한다.

도덕적 공황의 전형적인 예로 1980년대, 사회의 중대한 쟁점으로 부상한 농축 코카인Crack Cocaine 사건을 들 수 있다. 대도시의 저소득층 소수 민족에 대해 법률이 정하고 있는 최소형량을 의무적으로 선고하도록 했던 것이 문제였다.12 (Reinarman and Levine 1997) 농축 코카인을 둘러싼 논쟁은 도덕적 공황을 정의하는 모든 요소, 관심·동의·적대감·불균형을 구체적으로 보여 주었다. 시간이 지남에 따라 언론·정치권·대중의 관심이 또 다른 사회적 병폐와 걱정거리로 옮겨 가면서, 결국 이 사건은 별로 큰 일이 아닌 것으로 밝혀졌다. 그럼에도 다수의 소수 민족을 교도소에 수감할 수 있도록 개정했던 법률은 아직 그 모습 그대로 남아 있다.(Welch 2004a, 2005a) 이는 도덕적 공황 상태의 불공정하고 부정의한 면을 보여 줄 뿐 아니라, 우리가 이러한 공황 상태가 형성되는 초기에 이 상황을 직시해야 하는 중요한 이유를 제시해 준다.(McRobbie and Thornton 1995) 하지만 확실히 도덕적 공황론은 특정한 사회 문제가 존재하지 않는다고 주장하고 있는 것은 아니다. 오히려 도덕적 공황론은 특정한 사회적 위협 요소에 대한 국가의 반응이 적절치 않다는 점을 암시한다. 예컨대 폭력사건과는 거리가 먼 다수의 마약 사범들을 수감하는 일은, 이들을 교도소에 억류시킬 때 드는 재정적·사회적 비용을 고려해 보면 분명 적절치 않은 대응이다. 마약중독과 밀거래를 발생시키는 일련의 사회 여건들(예컨대 사회적, 인종적, 경제적 불평등)을

---

12. [옮긴이] 농축 코카인은 현재 미국·영국·캐나다 등의 국가에서 불법 마약으로 지정되어 있다. 가격이 저렴하고 쉽게 구할 수 있다는 장점 때문에, 1980년대 미국의 빈민층들은 농축 코카인을 보통 담배 파이프에 넣고 피웠다. 농축 코카인을 향한 사회적 관심이 절정에 달하자, 미국 행정부는 농축 코카인 소지를 불법으로 규정했고 이에 관한 처벌내용을 법제화했다. 이 결과 농축 코카인을 흡입한 다수의 빈민층들이 중형을 선고받게 되었다.

충분히 다룰 수 있는 마약규제정책에 접근하는 방법을 취하는 것이, 사회 통제 수단을 이용해 단순히 처벌만을 집행하는 것보다 더 현명한 선택이 다.(Welch, Bryan, and Wolff 1999)

도덕적 공황론은 9·11 테러의 아찔한 충격과 〈애국자법〉을 포함한 9·11 테러 이후의 다양한 제도적 변화를 설명할 때 탁월한 능력을 드러낸다. 이 이론의 매력은 그것이 9·11 테러공격 이후에 미국에서 발생한 주요 사건 들과 관련된 정치권의 반응을 적절히 설명한다는 것이다.(Hamm 2005, Rothe and Muzzatti 2004 참조) 그럼에도 전통적인 도덕적 공황론은 휘발성의 문제, 다 시 말해 한 집단의 의식에서 공황이 점점 망각되는 경향을 놓치고 있다는 결점을 지닌다. 그리고 도덕적 공황론은 공동체 내에 발생했던 재앙이 조 작된 가짜라는 결론을 이끌어 내기 위해, 과거의 사회적 반응들을 연구한 다는 점에서 그 자체로 매우 환원적이며 소급적이다. 9·11 테러 이후, 뻔뻔 스럽게도 장기간 동안 중동인들을 일제 검거한 것에서 드러나는 것처럼 분 명 공황은 미국 행정부의 초기 대응방법에 영향을 미쳤다. 여기서 우리는 미국 행정부의 초기 대응이 양산해 낸 사회의 위험과 이를 향한 불안을 구 체화하는 방식으로 도덕적 공황론의 설명력을 확장해 보도록 하겠다.(Beck 1992; Heir 2003; Ungar 2001) 우리는 테러리즘의 문제에만 집중하지 않고 9·11 테러 이후에 악화된 각각의 사회 여건에도 초점을 맞출 것이다. 이렇게 위 험·위협은 9·11 이후의 미국 사회에서 정치인과 대중의 세계관에 큰 영향 을 끼치고 있다.

수많은 논의를 거친 뒤, 우리의 주된 관심은 담론으로 옮겨 갈 것이다. 여기서 담론이란 지식 생산을 위한 일종의 규율 체계다. 에드워드 사이드 Edward Said 13는 모든 지식이 특정한 이익과 집단적 공포나 불안을 설명하

---

13. [옮긴이] 에드워드 사이드는 탈식민주의(Postcolonialism) 이론가다. 대표 저작으로는 『오

는 정치 · 문화적 여과기political and cultural filter를 거쳐 성문화된다고 주장했다.(1978) 이와 같이 우리도 사람들과 정치인들이 테러 위협에 대해 말하고 느끼는 방식에 집중하여, 9·11 테러 이후 세계의 언어 · 감성 · 지식의 중요성을 조명하고자 한다.(Altheide 2004, Campbell 2004, Chermak, Bailey, and Brown 2004 참조) 집단 불안의 중요성을 고려하면서도 우리는 전위된 공격행동에 초점을 맞출 것이다. 이 책의 제목이 암시하는 것처럼 테러와의 전쟁의 역전된 결과, 특히 무고한 사람들이 증오범죄와 국가범죄의 대상이 되어 희생양으로 재창조되는 부분에 대해 심도 있는 논의를 전개할 것이다.

『9·11의 희생양』Scapegoats of September 11th은 전대미문의 비극적인 날로 기록될 2001년 9월 11일부터 현재에 이르는 긴 장정을 연대기적이고 실제적인 방법으로 다룰 것이다. 각각의 장별로 우리는 이 책의 주요한 주제들, 예컨대 민족 프로파일링 · 억류 · 증오범죄 · 국가범죄 · 고문 · 아부 그라이브 수용소 · 관타나모만과 관련된 문제에 집중할 것이다. 하지만 이 책은 이러한 여러 주제들을, 서로 맞물리는 관찰결과물들로 구성한 하나의 의미 있는 통일체로 압축해 놓았다. 2장 「더 안전한 사회를 찾아서」는 대중의 안전과 국가 안보가 9·11 테러 이후의 정치 담론과 대중 담론에서 지배적 주제가 되었다는 점을 제시하고 있다. 테러공격과 관련된 대부분의 담화는 집단 불안을 표현할 뿐 아니라 이를 강화하는 역할을 수행한다. 이런 상황을 전체적으로 볼 때 우리는 도덕적 공황론을 바로 적용하고 싶은 유혹에 빠질 수 있다.(Rothe and Muzzatti 2004 참조) 그럼에도 『9·11의 희생양』은 주로 도덕적 공황론의 변용된 측면을 이용해 기존과는 다른 도덕적 공황론을 제

리엔탈리즘』(Orientalism, 박홍규 옮김, 교보문고, 2007)과 『문화와 제국주의』(Culture and Imperialism, 정정호 외 옮김, 창, 2011)가 있으며 그의 사상에 관한 비판적 소개로는 발레리 케네디(Valerie Kennedy)의 『오리엔탈리즘과 에드워드 사이드』(Edward Said, 김상률 옮김, 갈무리, 2011)를 참조하라.

시할 것이다. 이 때 우리는 위기 그 자체와 그 이후의 사회 변화를 강조하는 접근법을 이용할 것이다. 스탠리 코언Stanley Cohen 14이 설명하는 것처럼 잠시라도 도덕적 공황을 경험한 적이 있는 사회 공간은 더욱더 획일적인 공포, 불안, 위험으로 채워져 왔다.(2002) 『9·11의 희생양』은 도덕적 공황론이, 전통적으로 논의되어 온 영역에서보다 "위험사회"의 맥락에서 적용될 때 미국의 테러와의 전쟁을 더 잘 설명해 줄 수 있음을 보여 준다.(Beck, Giddens, and Lash 1994 참조) 또한 거리범죄에 대한 대중의 두려움이 테러리즘이라는 더 널리 퍼진 공포로 그 위치를 옮겼을 뿐 아니라, 사회적 불안의 영역에 어떠한 변화가 찾아 왔음을 암시한다.(Hollway and Jefferson 1997 참조)

3장 「희생양 만들기와 사회적 불안」에서 우리는 비방의 역학이 희생양 이론과 결합하면서 창출해 내는 폭력의 역학을 살펴볼 것이다. 앞서 논의된 전위된 공격행동은 이유 없이 나타날 수 있는 것이 아니다. 이러한 적대감과 폭력성은 보통 예상 가능한 편견과 편협함의 형태로 융합된다. 그리고 전위된 행동은 더 깊은 수준의 문화적 의미를 갖는다. 현대사회의 희생양 만들기는 고대 처벌 의식의 연속선상에서, 공동체를 상징적으로 정화함과 동시에 심리적인 불안을 감소시키기 위해 유지되어 왔다. 이 책은 희생양 만들기라는 개념과 앞서 다루어진 개념들과의 연계성을 이끌어 내기 위해, 정밀한 과정을 통해 이 개념을 현대 문화 이론(Douglas 1966)과 위험사회 패러다임에 적용할 것이다. 이는 통제의 문화culture of control ■와 타자의 범죄학

---

14. [옮긴이] 스탠리 코언은 런던 대학 경제학부의 사회학 교수로 활동하고 있다. 그의 대표작으로는 『심리학적 생존 : 장기투옥의 경험』(Psychological Survival : the Experience of Long Term Imprisonment)과 이 책에서 웰치가 인용한 『서민 악마와 도덕적 공황 : 창조된 모드와 로커』(Folk Devils and Moral Panics : The Creation of the Mods and Rockers), 한국에 『잔인한 국가 외면하는 대중 : 왜 국가와 사회는 인권침해를 부인하는가』(조효제 옮김, 창작과비평사, 2009)라는 제목으로 번역, 출간된 『부인의 국가 : 잔악행위와 고통 제대로 알기』(States of Denial : Knowing About Atrocities and Suffering)를 들 수 있다.

the criminology of the other■을 향한 새로운 통찰력을 창달해 낼 것이다.(Garland 2001; Young 1999) 이와 유사한 논조로, 4장 「테러에 대항하는 십자군」은 9·11 테러 이후의 미국 사회에 나타난 대테러정책의 종교적·문화적 토대에 대해 살펴볼 것이다. 유감스럽게도 테러와의 전쟁의 몇 가지 국면은 괴롭히기와 학대, 그리고 다른 형태의 희생양 만들기를 위한 토대를 형성했고 이슬람교를 소외시켰다. 또한 기독교 근본주의에 영광을 더 하는 방식으로, 말 그대로 십자군이라는 말에 어울리는 모습을 보여 왔다.

9·11 테러 이후, 미국에 거주 또는 체류하는 중동인에게 (그리고 남아시아인에게) 겨냥된 적대감을 다룬 연구는 이 책의 한 축을 이룬다. 5장 「반격폭력으로서의 증오범죄」는 전위된 공격행동이 국내 공동체들의 유대를 약화시키고 있다는 주장을 뒷받침할 상당량의 증거를 제공한다. 희생양 만들기의 대표적 유형인 민족폭력은 미국 사회의 주된 "억압의 얼굴"face of oppression로서 가장 깊은 수준의 사회적 불안을 반증한다.(Young 1999) 게다가 중동인들의 문화적·민족적·종교적 배경은 안타깝게도, 9·11 테러 이후의 미국 사회에서 이들을 폭력의 목표로 만들었다. 이들은 자신의 분노를 참지 못하고 타인에게 낙인을 찍어댄 사람들이 [폭력을 행사해도 무방한] "정당한" 목표물로 창조되었다. 이렇게 적대감을 표출해 온 사례는 9·11 테러공격에 복수하고자 거리로 나온 분노한 시민들에게만 한정되는 이야기가 아니다. 미국 행정부 또한 전적으로 편견과 편협함에 의해 추동된 정책의 집행을 제도화했다. 6장 「9·11 이후 미국에서의 프로파일링과 억류조치」의 논의의 초점은 미국 사법기구와 강경하게 집행된 그들의 수사전술이다. 이 장은, 민족 프로파일링과 종교 프로파일링이 유발한 그릇된 사회적 정책뿐 아니라 특별 등록 프로그램Special Registration Program■에 토대를 둔 사회 통제 정책을 살펴볼 것이다. 이 정책으로 8만 2천 명 이상의 외국인들이 수사를 받았고 이들 가운데 다수가 정당하지 못한 절차로 억류되거나 추방을 선고

받았다. 억류의 남용과 억류자들에게 가해진 학대행위는 애쉬크로프트 법무장관의 유산이다. 법무부 감찰관이 억류자 인권이 대규모로 침해당한 정황을 드러내는 증거를 제시한 뒤에도 사과 한 마디 하지 않은 사람이 바로 애쉬크로프트다.

9·11 테러 이후, 미국 사법권이 자행한 이 같은 학대는 군사 영역에서도 명백하게 일어나고 있는 것으로 밝혀졌고, 미국은 전 세계로부터 비난을 받아야 했다. 7장 「테러와의 전쟁과 국가범죄」에서 이에 대한 비판이 가장 잘 제기되고 있다. 돌이켜 보면 부시 행정부는 이라크 침공과 이라크 점령을 진행하는 과정에서, 이라크 전쟁이 테러와의 전쟁을 수행하기 위해 필요하다고 주장하는 방식으로 이 전쟁의 의미를 정당화해 왔다. 이라크 전쟁은 미군이 관타나모만에 수백 명의 사람들을 불법적으로 무기한 억류시켰다는 점에서 국제법 위반이다. 아부 그라이브에서는 억류자들의 안전을 보장하기 위해 고안된 〈제네바 협약〉Geneva Conventions ■에 따른 필수보호조치조차 거부되는 등, 다양하게 비열한 범죄들이 발생했다. 아부 그라이브 사건은 가시적 인권유린의 한 가지 예시만을 보여줬을 뿐이다. 고문과 더불어 미국 행정부가 사용한 문제적 범인인도방식과 관련된 불법사실들, 그리고 제3자에게 외주를 주어 집행한 학대는 비밀주의라는 "두꺼운 벽" 뒤에 감춰져 있다. 7장은 테러와의 전쟁의 조직적 국가범죄로 양산된 장·단기적 문제들에 대해 살펴볼 것이다. 7장에서 살펴볼 내용들과 미국 본토에서 발생하고 있는 민족범죄를 연결 지으면서, 우리는 증오범죄와 국가범죄가 쌍둥이 현상임을 뒷받침할 구체적인 증거들을 발견하게 될 것이다.

물론 테러와의 전쟁과 관련된 도덕적 문제는 쉽게 해결되지 않을 것이다. 미국 행정부가 장기간 지속된 테러와의 전쟁의 긍정적 효과가 나타나고 있다고 주장하기 때문이다. 이 테러와의 전쟁의 효과는 9·11 테러 이후의 미국에서 가장 견고하게 방어되고 있는 신화 가운데 하나이다. 8장 「유효성을 주장하기」는 이 허구의 진상을 신중한 논조로 밝히고 테러와의 전쟁이 올바른 길을 가고 있다는 식의 부적절한, 과장된 주장을 반박할 자료를 제공할 것이다. 미국 행정부는 사회 안전을 도모한다는 목적으로 중요하지도 않고 법적으로도 과실이 전무한 이들을 용의자로 체포하려고 귀중한 시간과 자원을 허비하고 있다. 이들 대부분은 대중의 안전과 국가의 안보에 어떠한 위협도 가한 적 없는 일반인들이다. 우리는 미국 행정부의 수많은 실패사례를 살펴봄으로써 미국 행정부가 이렇게 무고한 이들을 체포하는 데 매진한 이유가 무엇인지를 살펴볼 것이다. 이 장은 또한 기밀유지 secrecy에 비판적 시선을 취할 것이다. 기밀유지가 정부 투명성이라는 민주주의 가치를 약화시킬 뿐 아니라 효율성이라는 그릇된 주장과 연관돼 행정부의 무능을 은폐해 주기 때문이다. 8장의 논의는 테러와의 전쟁이, 실패로 드러난 마약과의 전쟁war on drugs ▪ 과 동종이라는 사실을 논증하면서 결론을 맺는다. 마약과의 전쟁의 내적 논리와 유사하게 테러와의 전쟁 또한 인종이라는 개념에서 실마리를 얻어 시작되었고, 가혹하고도 불필요한 억류와 더불어 일련의 윤리적으로 곤혹스러운 상황을 연출했기 때문이다. 이와 유사한 논조로 9장 「시민권을 향한 공격」은 9·11 테러 이후, 사회적 공포와 의심의 분위기 속에서 미국 행정부가 시민권을 침해하며 만들어 낸 관련 조치들을 살펴볼 것이다. 주된 관심은 근래의 미국 역사에서 가장 많은 논쟁을 불러온 법령이라 할 수 있는 〈애국자법〉에 집중될 것이다. 강력한 법적 영향을 갖게 된 〈애국자법〉은 사법부와 입법부의 감시가 거의 없는 상태 혹은 어떤 경우에는 아예 없는 상태에서 수많은 권력을 행정부로 이전시켰다. 〈애국자법〉은 사법 체계 내부에 붕괴를 야기했을 뿐 아니라 합법적인 저항을 범죄로 규정하고 반대 의견을 내는 사람들을 질식시키기 위해 사용되었다. 팝 가수 캣 스티븐즈Cat Stevens와 테드 케네디Edward M. (Ted) Kennedy 15 상원의원의 발목을 잡은 거의 희극에 가까운 비행 금지

인명부 사건이 세상에 드러났지만 다수의 미국인들은 테러와의 전쟁이 판단 착오와 그릇된 정책 집행으로 가득 차있으며 견제와 균형으로 쉽게 시정할 수 있는 문제로 가득하다는 사실을 깨닫지 못하고 있다.

코언은 다수의 찬사를 받아 온 『부인의 국가 : 잔악행위와 고통 제대로 알기』*States of Denial : Knowing About Atrocities and Suffering*에서 인권유린에 대한 대중의 무관심에 영향을 미치는 사회의 심리과정을 살펴보았다. 테러와의 전쟁의 잔혹한 결과에 이 패러다임을 적용한 10장 「부인의 문화」는 증오범죄와 국가범죄의 결과로 나타난 정치적 반응을 살펴볼 것이다. 구체적 초점은 문화적 부인을 강화하고 희생양 만들기를 영속시키는 다양한 형식에 대한 재해석과 비평에 맞춰질 것이다. 새로이 등장한 부인의 사회학sociology of denial의 중요성을 논함으로써 독자들은, 이 같은 현실이 초래한 우리 자신들의 고통을 인지하게 될 것이다. 이뿐 아니라, 독자들은 계속해서 수많은 사회적 부인 현상을 만들어 내고 있는 사회 제도들에 대항해야 하는 자신의 의무를 인지하게 될 것이다.(Barak 2005; Michalowski 1996, 1985; Pepinsky 1991)

『9·11의 희생양』은 진정한 국제 관계를 구축하며 시민권과 인권을 보호하고 정치 폭력을 줄이기 위해 요구되는 우리의 가장 중대한 노력들을 긍정적으로 조명해 봄으로써 결론을 맺을 것이다. 이 결론은 부시 행정부에게 진정으로 필요한 쓰디쓴 약이 될 것이다. 사회 현상에 관한 연구를 발전시키기 위해 안또니오 그람시Antonio Gramsci 16는 지식인들과 학자들에게,

---

15. [옮긴이] 이들이 연루된 사건은 이 책은 9장에서 자세하게 다루어지고 있다.
16. [옮긴이] 안또니오 그람시는 파시스트의 감옥 속에서 봉기주의, 노동자주의, 자생주의, 평조합원주의 등의 용어를 통해 혁명이론을 정립한 이딸리아의 마르크스주의자로 유명하다. 또한 그람시는 하부구조와 상부구조 가운데 문화의 영역이라고 설명되는 상부구조에 주목하여, 헤게모니(Hegemony)의 중요성을 주장하기도 했다. 하지만 그의 지적 영향력은 정치적 혁명이론에만 머물지 않고 문학·문화 이론에도 손을 뻗고 있다. 그람시의 이론에 대한 설명은 페리 앤더슨(Perry Anderson)을 포함한 마르크스주의 이론가들이 집필한 『안또니오 그람시의 단층들』(김현우 외 옮김, 갈무리, 1995)에서 제시되고 있다. 또한 관심 있는 독자라면

지식을 이해하려고 시도할 때 지식의 목록을 만들 것을 권장했다.(1971) 이 책의 목표는 정확히 말해서, 희생양이 된 개인뿐 아니라 사회 전체에 영향을 끼치는 테러와의 전쟁의 해로운 결과를 비판적으로 이해하고 이 전쟁을 논박하기 위한 충분한 증거를 수집하는 것이다.

그람시의 『옥중수고 이전』(장석준 · 김현우 옮김, 갈무리, 2011)도 읽어볼 만할 책임에 틀림없다.

2장

더 안전한 사회를 찾아서

안전을 측정하는 방법은 "우리가 더 안전한가?"라는 질문에 있기보다 "우리가 안전해야 할 만큼 안전한가?"라는 질문에 있다.
— 존 케리 민주당 대통령 후보 (L. 우치텔 · J. 마코프, 「기업명 테러」, 『뉴욕 타임즈』, 2004에서 재인용)

나는 삶을 살아오면서 테러리스트들이 우리의 음식 공급원을 공격하지 않은 이유를 알 수 없었다. 이건 너무 쉽게 해낼 수 있는 일인데 말이다.
— 토미 G. 톰슨 보건사회복지부 장관 (R. 페어, 「낙마한 미국 보건부 장관의 경고 : 독감과 테러가 염려된다」, 『뉴욕 타임즈』, 2004에서 재인용)

 9·11 테러 이후, 안전은 미국 사회에서 지배적 관심을 받는 주제로 부상했다. 실제로, 선거 캠페인 속에서는 테러공격을 막기 위한 보호조치들이 제창되었다. 이미 신경이 날카로워질 대로 날카로워진 유권자들의 표심을 잡기 위해 사력을 다하면서 체니 부통령은 다음과 같이 경고했다 : "11월 2일, 오늘로부터 8주가 지났을 때 우리가 올바른 선택을 하는 것은 반드시 필요하다. 우리가 잘못된 선택을 한다면 그 때 우리는 다시 공격당할 것이고 미국 입장에서 보면 아주 참혹한 방법으로 공격당할 위험을 떠안게 될 것이다."(Sanger and Halbfinger 2004, A1) 민주당 부통령 후보 존 에드워즈

John Edwards는 체니의 이 말을 듣고는 다음과 같이 반격했다 : "체니가 미국 국민에게 한 말은, 11월에 유권자들이 투표소로 가서 공화당 후보 이외의 다른 후보에게 투표를 한 뒤 또 다른 테러공격이 발생할 경우, 이에 대한 과실이 유권자 자신에게 있다는 것이다."(Sanger and Halbfinger 2004, A1) 공포와 불안을 조작하고 이용하고 있는 정치인들과 정부 관료들은 현존하는 집단적 감정의 토대를 [그들에게 유리하게] 만들고 있다. 최근의 한 연구는 미국 인들이 또 다른 테러공격에 대해 걱정하고 있을 뿐 아니라 이로 인한 두려움에 빠져 있음을 보여 준다.(Carey and O'Connor 2004; Lerner et al. 2003; Merkin 2004) 9·11 테러공격 이후, 미국이 겪은 감정상의 주요 변화는 도덕적 공황론의 관점을 통한 비판적 분석을 분명 요구한다.

도덕적 공황론은 청소년범죄(Springhall 1998; Welch, Price, Yankey 2004, 2002), 학교폭력(Burns and Crawford 1999; Killingbeck 1999), 마약중독(Hill 2002), 포르노그래피(Watney 1987), 아동학대(Best 1994; Jenkins 1998; Zgoba 2004), 자녀를 학대하는 어머니에 대한 문제(Humphreys 1999; Cohen 2002, Welch 2005c 참조) 등에 적용돼 범죄, 탈선, 집단행동을 연구하는 학자들 사이에서 인기를 누리고 있다. 도덕적 공황론의 학문적 공헌을 인정하면서 쉘든 언거Sheldon Ungar는 이렇게 주장했다 : "도덕적 공황론은 사회적 불안·공포의 지점에 대한 연구, 그리고 사회적 불안·공포의 관습에 대한 연구로서 가장 널리 이용되어 온 사회학적 영역이다."(2001, 271) 또한 언거는 사회 자체가 변화의 시기를 보내고 있을 때 대중의 불안과 관련이 있는 사회적 현상의 의미 또한 변화의 시기를 맞게 된다고 주장했다. 언거에 따르면 사회적 현상의 의미 변화는 사회적 불안의 새로운 원인이 된다. 미국에서는 지금 사회적 불안의 새로운 지점이 등장하고 있다. 9·11 테러 사건이 이 지점을 생성시킨 것이다. 이 같은 집단적 불안은, 울리히 벡Ulrich Beck이 "위험사회"라고 부른 개념을 해석하는 작업의 중요성을 보여 준다.(1992)

이 장은 테러 위협에 대한, 대중과 정치권의 반응에 토대를 둔, 위험사회의 역학에 초점을 맞출 것이다. 대중이 국가를 대상으로 한 정치적 폭력의 위험성으로 불안해하고 있을 때, 행정부 수반은 발생한 테러공격에 대한 비난을 피함과 동시에 국민에게 안전을 약속한다. 이로써 그는 "뜨거운 감자"hot potato ▪의 책임을 그와는 다른 정부 관료와 관계 부처로 돌린다. 이 장에서 언급될 것처럼 대중 공포를 정치적으로 조작하는 행위에서 이 같은 역학의 특징이 주로 나타난다. 확실히 이러한 조작은 단순 범죄에 대한 공포에서 테러공격에 대한 공포로, 대중의 불안 지점을 이동시킨다. 이렇게 불안 지점이 이동하게 되면서 현실적으로 드러난 결과는 행정부가 국민의 세금을 소비하고 낭비하는 방식을 보면 알 수 있다. 이 현상은 이른바 국토안보 산업복합체homeland security industrial-complex로 알려져 있다. 이 연구를 위한 토대를 마련하기 위해 우리는 도덕적 공황론의 확장판으로서 상당한 의미가 있는 위험사회론을 개관해 볼 것이다.

도덕적 공황론과 위험사회론

우선 이 분석의 이론적 근거를 마련할 때 처음 학계가 약 30년 전에 도덕적 공황 패러다임을 받아들인 이후 이룩해 놓은 눈부신 발전을 인정하는 것이 중요하다. 도덕적 공황이라는 용어는 경찰에 대한 연구를 진행한 작 영 Jock Young 1이, 경찰이 현실을 어떻게 다루고 환상을 어떻게 해석하는지를 분석할 때 처음 사용했다.(1971) 그리고 곧 코언이 그의 저서 『서민 악마와

---

1. [옮긴이] 작 영은 존 리(John Lea)와 함께 진보적 현실주의 범죄학(Left Realism Criminology)을 창안한 영국의 사회학자이자 범죄학자다. 그는 현재 켄트 대학에 초빙되어 비판범죄학에 관한 새로운 이론을 개발하며, 이에 대한 강의를 진행하고 있다.

도덕적 공황 : 창조된 모드2와 로커』*Folk Devils and Moral Panics : The Creation of the Mods and Rockers* 에서 이 개념을 적절히 이용해 논의를 전개하였다. 초기에 도덕적 공황론은, 1960년대 말의 격변하는 사회 분위기를 반영하며 당시 서서히 시작되고 있던 시민들의 탈선행위에 대한 문화 연구를 가능하게 했다. 영과 코언은 마셜 매클루한Marshall McLuhan의 『미디어의 이해』*Understanding Media* (1964)에서 도덕적 공황론의 아이디어를 얻었다는 사실을 인정한다. 코언에 따르면 "어떤 조건·사건·개인·집단이 사회적 가치와 이익에 대한 위협으로서 정의되어 등장하고, 이러한 특질들이 대중매체와 정치인에 의해 전형적 방식으로 양식화되어 제시될 때" 도덕적 공황이 발생한다.(1972, 9) 코언은, 모드와 로커가 공공의 평화와 사회질서에 위협적인 존재라고 묘사되던 시기인 1960년대에, 영국사회가 영국 청소년들을 크게 염려하게 만들었던 대중·언론·정치인의 역할을 분석했다. 대중매체들과 정치권 인사들은 연합하여 모드와 로커의 사회적 위험성을 설파하고 다녔다. 또한 그들의 이 같은 주장은 경찰력 강화와 사법기관을 향한 거대한 투자자금 조성을 정당화하는 데 기여했다.

2002년, 『서민 악마와 도덕적 공황』의 제3판이 출간되었을 때 코언은 도덕적 공황이 하나의 사회개념으로서 지식인들과 언론인들에 의해 어떻게 사용 혹은 오용되었는지를 점검해 보았다. 이 개념의 적용 사례를 정리한 코언은 복지문제와 각종 보호시설의 문제를 포함한 몇 가지 연구 분야에서 괄목할 만한 약진이 있었다는 사실을 발견했다. 도덕적 공황을 더욱 깊게 이해하는 것은 이 개념의 다양한 확장 범위를 인정하는 것만으로는 부족하다. 이를 위해 우리는 도덕적 공황의 심오하고 복잡한 속성을 드러

---

2. [옮긴이] 여기서 모드란 유행에 따라 깔끔한 복장을 입고 오토바이를 타고 다니던 1960년대 영국 청년 집단을 뜻하는 말이다.

내야 한다. 『서민 악마와 도덕적 공황』의 제3판은 도덕적 공황의 개념적 설명력과 이 개념의 의미를 단순히 보여 주는 것을 넘어서고 있다는 점에서 그만의 장점을 보유하고 있다. 도덕적 공황론이 확장되고 적용된 세 가지 분야는 사회구성주의, 언론과 문화에 대한 연구, 위험에 관한 연구다. 코언은 세 번째로 언급된 위험에 대한 연구를 다루며 도덕적 공황론이 적용된 이 연구에 대해 다음과 같이 언급한다 : "도덕적 공황이 발생했던 사회 공간은, 아직 그 모습이 정확히 드러나지 않은 사회적 불안·위험·공포로 가득하다. 구체적인 위험요인들은 이러한 불안상태를 야기한다 : '신기술에 대한 불안'의 증가(핵·화학·생물학·맹독성 물질·생태학적 위험), 질병 위험, 식품 공황, 기차 혹은 비행기 탑승시의 안전 불안증, 국제 테러 공격에 대한 공포."(2002, xxv)

이렇게 발달되어 온 도덕적 공황 개념은 도덕적 공황론과 위험사회론 사이에 개념적으로 필요한 교두보를 제공해 주며 사회적 불안이 이동한 지점을 비판적으로 이해하는 작업을 조금 더 정교하게 해 준다. 위험사회론을 구성하는 작업은 해로운 사회적 조건과 관련된 사건들에 대한 기초적 정보수집뿐 아니라 그 정보를 평가하고 분류한 결과를 그것에 대응시키는 방법과도 관련되어 있다.(Beck 1992; Cohen 2002) 이 구성작업에는, 이 분야의 관련 전문가들과 정부당국이 내놓은 주장들이 포함될 수밖에 없는데, 이는 과연 여기에 어떠한 실질적 기획moral enterprise▪이 있는지에 대한 질문을 제기하는 것이다.

9·11 테러 이후의 사회를 해석하기 위해 우리는 더 큰 틀에서 사회 속 집단적 불안을 바라볼 필요가 있다. 언거는 도덕적 공황 패러다임에 잘 부합하지 않는 다른 사회적 불안에 대해 고려하기 위한 공간을 우리가 생성해야 한다고 주장한다.(2001, 272) 언거는 그의 연구에서 핵, 화학, 생물학, 의학, 환경 문제에 대한 불안을 포함해 선진 산업사회에서 새로이 부각된 사

회적 불안의 유형을 주로 밝혀냈다.(1990, 1992, 1998, 1999, 2000) 핵겨울nuclear winter▪의 위협, 온실효과, 원전사고가 발생했던 스리마일 섬Three Mile Island, 유방확대수술, 광우병 불안은 새롭게 등장한 사회 위험의 예시다. 종합해 보면 이러한 불안들은 벡(1992)이 위험사회라고 부른 새로운 공간, 즉 사회 적 불안의 지점에서 나타난다.(Hollway and Jefferson 1997 참조) 이렇게 새로 등 장한 불안 유형들은 산업화 혹은 현대화의 부작용이다. 그리고 극단적인 경우 이들 불안은 일반사람들이 재앙의식에 사로잡혀 사회를 끔찍한 공간 으로 인식하게 하는 데 기여한다. 불안이 전보다 더 깊어질 수 있다는 점뿐 아니라 또 다른 문제는, 이들 신기술로 발생할 수 있는 일련의 부작용이 예 상 불가능하고 측정 불가능하다는 데 있다.(Beck, Giddens, and Lash 1994) 사회 가 기술적인 측면에서 발전할 때 과학발전의 결과물은 실험실의 보호환경 을 떠나 현실세계로 나온다. 결국 "끔찍한 사건들은 놀라운 모습으로서만 등장하는 것이 아니라 정부가 [이들 사건을 제대로 다루지 못하고] 실패할 때 를 대비하는 데 필요한 집중훈련의 기회를 [일반인들에게] 제공하기도 한 다.(Ungar 2001, 273) 유방확대수술의 안전성을 둘러싼 최근의 불안을 고려해 보면, 예비환자들과 성형시술 소비자들은 현실적으로 아직 개발단계에 있 는 의료기술에 참여한 것이며 그 의료상품 자체, 그리고 의약품과 규제당 국의 제한과 연계된 위험에 노출되어 있는 것이다.

테러공격의 위협은 범죄에 대한 현재의 공포와 위험사회에 토대를 둔 광범위한 불안에 영향을 끼친다. 정치인, 군사고문, 일반시민은 냉전시기를 회상할 때마다 핵 공격의 발생 가능성을 향한 공통의 공포를 느낀다.(Ungar 1990, 1992) 근래에 시각적으로 뚜렷한 은유를 통해 그 실체를 전달하는 정치 담화는 이러한 불안이 조장되는 데 힘을 실어 주었다. 2002년, 진주만 공습 추모일에 이라크 전쟁을 준비하고 있던 부시는 이렇게 경고했다 : "위험의 명백한 증거에 직면한 이상, 우리는 최종적 증거, 버섯구름의 형상[핵무기

폭발]으로 나타날 확실한 물증을 기다릴 수만은 없다."(Herbert 2004, A17) 다음 장에서 논의하겠지만 사담 후세인이 대량살상무기를 보유하고 있고 알카에다에 연루돼 있다는 부시의 주장은 거짓말로 판명이 났다. 그럼에도 대량살상무기와 생화학무기를 테러리스트들이 소유하게 돼 큰 위험이 발생할 수 있다고 주장하는 백악관의 불안감은 국가안보 전문가뿐 아니라 대중 사이에서도 널리 공유되고 있었다.(Allison 2004; Clarke 2004; National Commission on Terrorist Attacks Upon the United States 2004)

여러 상황들을 종합해 보면, 원자력 발전소의 취약성은 계속해서 대중의 관심을 얻을 것이다. 뉴욕 시 북부의 인디언 포인트Indian Point 원자력 발전소를 둘러싼 논쟁이, 이 점을 보여 주는 한 사례다. 공익집단 〈리버키퍼〉 Riverkeeper는 이 발전소를 목표로 한 테러공격이 성공할 경우 종말 같은 대재앙이 발생할 것이라고 주장하는 보고서를 발행했다. 〈리버키퍼〉는 원자로를 향한 테러공격으로 반경 60마일 안에 거주하고 있는 4만 4천 명이 사망할 것이며 수년에 걸쳐 50만 명 이상의 사람들이 암으로 사망할 것이라고 주장했다. 이 단체는 이 끔찍한 재앙이 2조 1천만 달러의 사회적 손실을 발생시킬 것이라고 말했다. 〈리버키퍼〉의 이사 알렉스 매티슨 Alex Matthiessen은 이런 의견을 내놓았다 : "나는 1천 7백만 명에서 2천만 명에 이르는 사람들을 인근의 다른 지역으로 대피시키는 조치가 성공할 것이라고 생각하지 않는다. 이 사실은 새로이 부상한 테러의 시대가 시작된 마당에 왜 우리가 뉴욕 시에서 24마일 떨어진 곳에 원자력 발전소를 계속 두어야 하는지 의문이 들게 한다."(Wald 2004a, B5 : Riverkeeper 2004 참조) 〈원자력규제위원회〉 Nuclear Regulatory Commission는 〈리버키퍼〉가 작성한 「허드슨 강 위의 체르노빌 사고?」Chernobyl on the Hudson?라는 제목의 보고서를 보고 의혹을 제기했고 이 단체의 선정주의를 맹비난했다. 그럼에도 〈리버키퍼〉는 상당한 대중적 관심을 이끌어 냈고 이들의 연구물은 HBO 방송사에서 〈인디

언 포인트 : 생각할 수 없는 것을 상상하기〉Indian Point : Imagining the Unthinkable 라는 제목의 다큐멘터리로 제작되었다. 이 다큐멘터리는 〈리버키퍼〉의 환경 담당 변호사 로버트 F. 케네디 2세Robert F. Kennedy, Jr와 그의 형제인 로리 케네디Rory Kennedy가 제작했다. 〈원자력규제위원회〉 사무관 댄 도먼 Dan Dorman은 원자력 발전소의 물리적 안전성이 개선되었다고 주장했다. 그는 "테러리스트들에 의한 항공기 테러가 또다시 발생할 일은 없을 것"이라고 말해 또 다른 테러공격의 발생 위험성을 낮게 평가함으로써 사태를 안정시키려 노력했다.(Wald 2004d, B5; Foderaro 2004, Gates 2004 참조)

공포와 불안을 더 키운 요인은 우리가 테러공격의 위협에 대해 모르는 것이 너무 많다는 데 있다. 테러공격에 대한 수사를 진행하기 시작할 때 〈9·11 위원회〉는 "일명 '지식-무지 역설'Knowledge-ignorance paradox, 즉 전문 지식의 축적이 동시에 무지의 증가를 초래한다"는 역설을 발견했다.(Ungar 2000, 297) 간단히 말해 더 알아갈수록 우리는 더 모른다는 말이다. 〈9·11 위원회〉의 위원장 토마스 H. 킨Thomas H. Kean은 테러공격의 발생 가능성을 증가시키는 요인으로 상상력의 부족을 꼽았다.(National Commission on Terrorist Attacks Upon the United States 2004) 위기상황을 제대로 통제해야 할 의무가 있는 정치 지도자 및 행정부에게나, 테러공격으로부터 정부가 자신들을 보호해 줄 것임을 확신하기를 원하는 대중에게나, 상상력의 부족과 짝지어진 "지식-무지 역설"의 등장은 반가울 리 없다. 아마도 이 점이 백악관이 이 위원회의 구성을 반대했던 이유 가운데 하나일 것이다. 물론 부시 행정부가 수사를 훼방 놓으려고 한 다른 주요 이유는 "그들에게 가해질 행정적, 사법적 처벌"과 그 "뜨거운 감자"를 피해 다른 쪽으로 이것들을 떠넘기고 싶었기 때문이었을 것이다.

테러와의 전쟁 속의 뜨거운 감자

위험사회에서는 다양한 행위자와 집단이 비난을 피하기 위해 서로 다투고 있는 상징적 공간, 즉 "뜨거운 감자"가 주로 발달된다. "뜨거운 감자"가 본 모습을 드러낼수록 사람들은 이런 질문을 떠올리게 된다 : "왜 정부가 대중에게 위험을 알려주는 데 이렇게 오랜 시간이 걸렸을까?" 9·11 테러의 경우, 〈9·11 위원회〉는 행정부의 대테러대응을 수사할 책임이 있었다. 그런데 이 위원회는 다음의 사실에 직면했을 때 의문을 제기했다.

"미국 항공기를 납치해 테러공격을 준비하고 있는 빈라덴."(Presidential Daily Brief December 4, 1998; Ridgeway 2004, 26)

"빈라덴이 미국 공격을 결심했다."(PDB of August 6, 2001, National Commission on Terrorist Attacks Upon the United States 2004, 261)

"민간 항공학교 수업을 받게 하기 위해 학생들을 미국으로 보낸 오사마 빈라덴의 테러공격 시도 가능성"을 알리고 있는 FBI 문건(2001년 7월 10일, 피닉스에서 본부로 전송).(National Commission on Terrorist Attacks Upon the United States 2004, 272)

백악관 대테러 전문가 리차드 클라크는 국가안보담당 특별보좌관 콘돌리자 라이스에게 "외국인 테러리스트가 현재 미국에 잠복해 있는 상태이며 그들의 테러공격 가능성이 농후하다"고 경고했다.(National Commission on Terrorist Attacks Upon the United States 2004, 179)

지난 몇 년간 9·11 테러라는 "뜨거운 감자"는 또 다른 정부 기관, 심지어 전직 대통령의 행정부를 비방하는 데 분주했던 백악관·의회·FBI·CIA

로부터 계속해서 제기되었다.(Johnson and Jehl 2004a; National Commission on Terrorist Attacks Upon the United States 2004; Shenon 2004b)

범죄에 대한 공포fear of crime ▪와 위험사회에서 비롯된 걱정거리들은, 공존하고 있는 두 가지 유형의 불안을 보여 준다. 이 두 가지 중에서 범죄에 대한 공포가 더욱 뚜렷한 특징을 보이며, 위험에 관한 이야기·희생자 생산·미국으로 유입된 악당들에 대한 이야기로 물든 대중문화 속에서 주목할 만한 담론이 되고 있다.(Best 1999; Glassner 1999) 후기산업사회의 위험과는 달리, 범죄는 "포착 가능하며, 판결 가능하며(그것에 대해 행동을 취하는 것이 가능하며), 잠재적으로 통제 가능하다"고 간주된다. 그렇기 때문에 범죄에 대한 공포는 존속된다. 또한 범죄에 대한 공포는 범죄율의 감소가 증명되고 있는 상황 속에서도 마찬가지로 사라지지 않는다.(Hollway and Jefferson 1997, 258, 원문 강조) 9·11 테러 이후의 세계에서 위험사회와 관련된 불안은 미래에 발생할지 모를 테러공격에 대한 불확실성 때문에 가중되고 있다. 이는 〈9·11 위원회〉를 다룬 신문 기사를 보면 여실히 드러난다 : "9·11 테러공격을 수사한 〈양당 연합 위원회〉Bipartisan Commission는 목요일에 발표한 최종 보고서에서 테러공격이 '충격shock이었지만 놀라움surprise으로는 오지 말았어야 했다'고 결론을 내렸다.[3] 이 위원회는 국가보안기관의 역사적 재구성, 그리고 외교에 대한 이전과 다른 새로운 강조가 없다면 미국은 더

---

3. [옮긴이] 9·11 테러가 충격이었지만 놀라움으로는 오지 말았어야 했다는 말의 의미를 이해하기 위해 우리는 충격과 놀라움의 의미에 대해 생각해 볼 필요가 있다. 충격은 놀라움과는 달리 "마비"의 의미를 가지고 있다. 충격을 받은 인간은 모종의 지적 마비를 경험할 수 있다. 9·11 테러는 하나의 충격으로서 미국 사람들의 인지능력을 마비시켰다. 그 충격의 결과에 따라 이들은 자신들의 주변 세상을 지각할 수 없게 되었다. 하지만 9·11 테러는 미국인들에게 놀라움으로서 다가온 사건이었다. 놀라움은 "인식"이라는 사전적 의미를 가지고 있다. 정리해 보자면 9·11 테러가 미국인들이 뭔가를 인식할 수 있게 해 주었다는 말이다. 놀라움으로서 9·11 테러는 미국인들이 미국을 통제할 수 없는 위험으로 구성된 공간, 즉 위험세계로 인식할 수 있게 해 주었다(정동적 지배에 관해서는 조정환, 『인지자본주의』, 갈무리, 2011, 143~157쪽도 참조하라).

끔찍한 공격을 앉아서 당하게 될 것이라고 경고했다."(Shenon 2004c, A1) 불길한 느낌을 주는 거친 언어로 작성된 이 보고서는 위기를 선포하며 이렇게 적고 있다 : "하지만 우리는 안전하지 않다. 더 큰 규모의 테러공격이 지금도 감행될 수 있고 심지어 이 공격 가능성은 필연적이기까지 하다. 우리에게는 사치를 부릴 시간이 없다."(Shenon 2004c, A1 : Clarke 2004, National Commission on Terrorist Attacks Upon the United States 2004 참조) 이 같은 불안 심리는 범죄에 대한 일반적 공포, 나아가 경제 불평등뿐 아니라 인종적·민족적 긴장 같은 일련의 보편적 문제들과 뒤섞인다.

위험사회론의 관점을 이용해, 9·11 이후 세계의 "테러에 대한 공포"fear of terror를 이해하는 것은 과거의 사건에 집중함으로써 회상적인 경향에 머물게 되는 전통적인 도덕적 공황론의 한계를 우리가 극복할 수 있게 해 준다. 나아가 우리는 소문만 무성한 문제보다 긴급한 사회적 문제에 집중하기 위해, 대중이 잠깐 동안만 관심을 갖고 불안을 느끼게 되는 사례들은 다루지 않을 것이다. 우리가 전위된 공격행동의 대상이 되는 희생양들을 다루지 않겠다는 말은 아니다. 도덕적 공황처럼 위험사회는, 희생양뿐 아니라 테러공격 동안 가만히 앉아 있기만 했던 정부 관료, 관계부처의 최고 책임자 혹은 책임기관을 목표로 한 적대감을 조장한다. 한정된 문제점들을 강조하는 도덕적 공황론과 달리 위험사회론은, 위험사회에 불안이 도처에 널려 있으며, 위험사회에서의 불안은 "긴급한 사태들이 발생하는 추세와 미래에 발생할지도 모를 긴급사태들"에 의해 종종 급격히 증가한다는 것을 인정한다.(Beck 1992, 37)

도덕적 공황 모델은 사람들의 위계질서와 관계가 있다. 이 모델이, 사회의 보다 낮은 계급의 사람들에게 공포를 조장하는, 높은 사회적 지위를 차지하는 권위자 혹은 전문가가 내놓은 주장을 포함하고 있기 때문이다.(McRobbie 1994) 결론적으로 대중은 요새의식fortress mentality(절망감 혹은 마비된 것 같은 감각)과, 무언가를 해야 한다면 지금 당장 해야 한다는 열정의 정신gung-ho spirit 가운데서 하나를 선택하게 된다. 사회 권력은 어떤 경우든 소문만 무성한 문제와 씨름하기 위해 계획을 내놓는데, 이렇게 사회통제 방법의 수가 많아지더라도 특정 집단의 사람들, 보통의 사회 극빈자 혹은 인종적·민족적 소수자들만이 규제를 받게 된다. 농축 코카인 때문에 발생한 공황은 극빈자, 흑인, 라틴계 사람들의 다수를 교도소에 갇히게 한 일련의 법률을 탄생시켰다.(Reinarman and Levine 1997; Welch 2004b 1999; Welch, Bryan, and Wolff, 1999; Welch, Wolff, and Bryan 1998) 대조적으로 위험사회론은 정확히 포착할 수 없는 불안을 다루고 있기 때문에 위로부터 전달되는 질서와는 상관이 없다. 즉 위험사회론은 도덕적 공황론과 달리 어떠한 위계질서를 갖지 않는다.(Ungar 2001) 또한 이 이론은 대중을 보호해야 할 책임이 있는 당국이 오히려 수사를 받도록 만들 수 있는 가능성이 있다. 비난할 이유가 있는 곳으로 "뜨거운 감자"가 움직이기 시작하는 것이다.

조작된 공포와 불안

테러와의 전쟁은 행정부가 테러공격에 대한 공포를 조작했다는 점에서 특히 도덕적 공황론과 위험사회론의 요소를 공유하고 있다.(Scheuer 2004; Robin 2003) 예컨대, 애쉬크로프트 법무장관은 테러공격의 불길한 위협을 다루는 언론 브리핑을 몇 차례 진행했다. 하지만 그는 28개월 전에 발표했던 담화문에서 정보를 종종 재활용했다.(Rich 2004, 7) 2005년 5월 26일, FBI 브리핑에서 정보부 보고서를 인용하며 애쉬크로프트는 알카에다가 미국에 대한 주요 테러작전을 곧 시작할 것이라고 주장했다 : "우리에게 큰 혼란을 주는 이 정보부 보고서는 미국에게 맹렬한 공격을 퍼부으려는 알카에다의 구체적인 의도를 보여 준다. 이 보고서를 논외로 하더라도 알카에다가 스스로 발표한 성명에 따르면 이들의 미국 공격은 이미 준비돼 있다."(Johnston and Stevenson 2004, A14) 흥미롭게도 그의 담화는 국토안보부를 포함한 나머지 행정부처를 놀라게 하였다. 국토안보부 관료들은 위협수준이 높아졌음을 확증하는 정보내용을 본 적이 없다고 말했다.(Johnston and Stevenson 2004, A14) 위험사회론의 관점에서 보면 당국은 철저한 검토의 대상이 되기 쉽다. 〈9·11 위원회〉는 대중안전과 국가안보를 약화시킨 신중치 못하고도 조작적인 행정부의 행태를 자세히 폭로했다.(National Commission on Terrorist Attacks Upon the United States 2004 참조)

정치권과 언론사의 기회주의자들이 이미 형성된 불안을 다루기 시작할 때, 도덕적 공황이 촉발된다. 불확실성과 예측 불가능성에 물든 위험사회의 사회적 불안에도 이 사실이 동일하게 적용된다. 의식적이든 무의식적이든 대중의 안전이 룰렛4의 역학에 쉽게 영향 받는다는 사실은, 이 같은 불안이 등장하게 된 이유를 설명한다. 이 점에서 위험사회에서의 정부 관료는 테러공격으로부터 시민을 보호해야 할 자신들의 능력을 과대평가하지 않기 위해 신중해야 한다. 사실, 부시 대통령, 체니 부통령, 라이스 국가안보담당 특별보좌관, 리지 국토안보부 장관, 애쉬크로프트 법무장관은 2004년 대선 전까지 언젠가 미국을 겨냥한 또 다른 테러공격이 발생할 것이라고 말해 왔다. 안전을 열망하고 국가안보에 대한 확신을 제공하면서도 "테러리스트들의 궁둥이를 찰" 의지를 표명하는 정치 관료들을 대중이 지

---

4. [옮긴이] 돌아가는 작은 바퀴라는 뜻의 프랑스어에서 유래한 룰렛은 0부터 36까지의 숫자로 37등분된 회전원반 가운데 주사위 1개를 넣고 돌린 뒤, 회전판이 정지했을 때 주사위가 어느 눈금 위에서 멈추는지에 돈을 거는 도박의 한 종류다. 룰렛 같은 도박의 결과는 인간의 의지가 아닌 예측 불가능한 운에 따라 결정되는 경우가 거의 대부분이다. 따라서 대중의 안전이 룰렛의 역학에 영향을 받는다는 말은 위험사회나 도덕적 공황기를 살고 있는 사람들에게 들이닥칠지 모를 위험한 상황에 내재한 예측 불가능성을 암시한다.

지할 가능성은 높다. 그러나 우리는 "궁둥이를 차주겠다"는 그들의 의지가 실제로는 그들이 테러공격에서 미국을 완전히 보호할 수 없다는 점을 인정하는 데 지나지 않는다는 사실에 주목해야 한다. 특히 이라크 전쟁을 염두에 둘 경우 "궁둥이 차주기"는, 국가안보의 수호가 아닌, 보복에 더 가까운 상징적 기능을 수행하기 위한 것이다.

부시 대통령과 그의 행정부는 국가안보의 보장과 "궁둥이를 찰" 의지를 지속적으로 천명해 왔다. 대선 유세 행보를 이어오며 부시는 아이오와 주Iowa 시민들에게 이렇게 말했다 : "당신들이 나에 대해 알아둘 게 있다. 나는 다른 국가의 지도자에게 미국 국가안보 결정권을 넘겨줄 수 없다."(Sanger 2005, A16) 2001년 9월 20일, 국민연설에서 부시는 더욱 공격적인 어조로 2001년의 9·11 테러와 1998년의 대사관 폭탄 테러, 그리고 2000년의 미국 해군 구축함 자살 폭탄 테러의 죄목을 알카에다에게 씌웠다. 그리고 그는 테러집단에 대한 보복 의지를 피력했다 : "오늘밤 우리는 위험에 눈을 뜬 국가다. 탈레반은 행동할 것이다. 즉시 행동을 취할 것이다. 그들은 테러리스트들을 넘겨주든지 그들 자신의 운명의 짐을 져야 할 것이다."(White House transcript, President Bush's Address to a Joint Session of Congress and the American People September 20, 2001; National Commission on Terrorist Attacks Upon the United States 2004, 337) 미국 해군 구축함이 2000년 대선이 있기 25일 전에 테러공격을 당했을 때 당시 부통령 후보였던 체니는 "테러공격을 감행할 가능성이 있는 모든 테러리스트들이 알아두어야 할 사실이 있다. 우리를 공격할 경우 당신들은 강력하고도 신속하게 보복당할 것이다. 지금은 외교나 협상으로 문제를 해결할 때가 아니다."(Associated Press 2001 : 1) 이와 유사하게 민주당 대선 후보였던 케리는 선거 유세 기간 동안 "내가 그보다 더 효율적인 테러와의 전쟁을 감행할 수 있다"고 선언하는 그만의 거친 담화 방식에 의존하였다.(Nagourney 2004a, 16) 다음 장에서 열정의 정신, 즉 사회적 불안의 증상에 대해 자세히 설명하겠지만 거친 담화와 "궁둥이 차주기"는 뻔뻔한 인권 유린 사례, 예컨대 아부 그라이브 수용소(이라크)·머큐리 캠프(이라크)·관타나모만(쿠바)·바그람 공군 기지의 취조실(아프가니스탄)에서 발생한 고문·학대 사건을 초래했다. 이러한 활동으로 수많은 희생양들이 탄생했다.

뜨거운 위기와 안심시키려는 언론

오존층 파괴 같이 즉각적으로 결과가 나타나지 않거나 추상적이라는 이유로 몇 가지 위기상황이 제대로 인식되지 않는 경우가 있다. 반면, 이와 다른 유형의 위협적 사건들은 뜨거운 위기Hot Crisis로 인식돼 대중에게 심각한 것으로 받아들여진다. 뜨거운 위기라는 말 자체가 암시하는 것처럼 "당연하게 여기던 국가의 강력한 토대가 도전을 받게 되었을 때 뜨거운 위기가 발생하고, 이는 사람들을 놀라게 한다. 위기를 유발시킨 사회문제가 목격되고 논의되고 이 문제로 사람들이 애간장을 태우기 시작하면서 위협의 높은 실현 가능성은 그 문제를 그들 사이에서 '지금 일어나고 있는 일'로 만든다."(Ungar 1998, 37) 정부 관료가, 현재의 위기가 긴급한 것이라고 언급하고 그 대응으로서 가시적 조치를 취할 경우(예컨대, 무장한 주방위군을 도심 거리에 배치하는 일), 대중은 그 문제에 주의를 기울이게 된다. "[알카에다] 요원들이 이미 몇몇 지역을 정찰했다는 놀라운 정보"를 받은 뒤 백악관은 뉴욕, 뉴어크Newark, 워싱턴 D.C.에 테러공격이 감행될 가능성이 높다고 발표했다. 2004년 8월 1일, 특별히 뜨거운 위기의 실체가 드러났다.(Lichtblau 2004a, A1) 정보부가 수집한 정보에 따르면 알카에다가, 맨해튼Manhattan의 뉴욕증권거래소New York Stock Exchange·〈시티그룹〉City Group 건물·뉴어크의 〈프루덴셜 파이낸셜〉Prudential Financial 빌딩·워싱턴의 IMF 건물·세계은행 건물 등을 겨냥한 자동차 폭탄 테러, 그리고 이외 다른 방식의 테러공격에 대한 계획을 수립해 이미 진격했다는 것이다. 이에 대한 대응으로서 국토안보부는 국가위협등급을 오렌지 코드, 즉 "높은 경계"로 상승시키고 이 사실을 각 지방정부에 전달했다. 미국 행정부가 8월 1일에 발표한 성명은 예전에 발표되어 왔던 것보다 더 긴박한 느낌을 주기에 충분했다. 백악관이 이번에 입수된 정보가 매우 전례 없이 특별한 것이며 공포를 자아낼 만큼 규모가 큰 것이라고 주장했기 때문이다.(Lichtblau 2004a, A1; Van Natta and Way 2004 참조)

언론사들은 도덕적 공황을 창조할 때 주요한 역할을 수행했고 대중의 공포에 불을 붙이는 사건을 선정적으로 보도했다.(Goode and Ben Yehuda 1994; Welch, Price, and Yankey 2002, 2004) 하지만 뜨거운 위기는 언론사들에게 유일무이한 기회를 제공했다. 이 기회를 통해 언론사들은 대중에게, 도래한 위기의 의미를 해석하고 설명해 줄 수 있었다. 사회학자들은 뜨거운 위기가 도래할 경우, 언론사들이 불안을 가중시키기보다는 대중을 안심시키려는 경향을 보인다는 사실을 발견했다. 언론사들은, 사람들에게 확산될 가능성이 있는 공황상태를 잠재우는 데 주력했다.(Sandman 1994; Ungar 1998) 8월 1일에 선언된 공포에 반응한 언론인들은 정부 주장을 자세히 살펴본 뒤, 정보부 보고서가 3년 혹은 4년 전의 낡은 것이라는 점과 백악관이 현재 진행되고 있다고 주장하고 있는 테러공격계획(음모)을 뒷받침할 만한 구체적인 증거가 없다는 점을 알아냈다. 이러한 사실이 발표되자 정부 관료들은 한 발 물러설 수밖에 없었다. 고위 정보부 관리는 "자신들이 밝혀낸 것은, 그들이 테러공격을 감행한다는 것이 아니라 테러공격을 위한 정보를 수집하고 있다는 것"에 불과했다고 말했다.(Jehl and Johnson 2004, A1) 뜨거운 위기는 본래 특이한 상황을 발생시킨다. 이 특이한 상황에서 언론사들은 "위기의 수사학"을 미뤄두고 공포촉진에서 공포완화로 입장을 전환하면서 언론도구상자에 다양한 도구가 들어있음을 보여 준다.(Carey and O'Connor 2004; Gamson and Modigliani 1989; Ungar 1998)

테러공격의 긴박한 위협을 주장하는 정부와 마주하며 언론은, 위기가 실제로는 과장되었다고 대중을 안심시킨다. 이뿐 아니라 이로써 정치권이 테러와의 전쟁을 다루는 방식에 대해 대중이 냉소주의적 입장을 취하게 한다. 사실 "경고 피로"warning fatigue, 즉 수많은 경고를 듣게 돼 대중이 피로를 느끼게 되는 상황이 현재 만연해 있다. 이제 시민들도 행정부가 [공화당의] 정당이익을 높이기 위해 테러공격의 위협을 이용하고 있다는 의혹을 품기 시작했다. 브라트부르스트Bratwurst 5를 먹으며 54세의 작가 마이클 슈마허 Michael Schumacher 6는 이런 불평을 늘어놓았다 : "도대체 누구를 믿어야 할지 모르겠다. 항상 누군가가 나를 조종하고 있는 것 같다."(Kinzer and Purdum 2004, A13) 이 경고체계는 특히 선의의 공무원들을 선택의 여지가 없는 상황에 놓이게 했다. 행정부가, 시민들에게 발생 가능성이 농후한 테러 계획을 알려주지 않은 상황에서, 만약 테러공격이 발생한다면 정치지도자들은 대중의 신뢰를 잃게 될 것이다.

사회적 불안의 이동지점

앞서 [1장에서] 설명한 것처럼 거리범죄에 대한 공포는 분명 사회적 불안을 발생시킬 만한 요인이다. 이에 대한 공포는 보편적 위험과 불안이 놓인 감정의 저장소로 기능한다. 보편적 위험과 불안을 내화한 거리범죄의 공포는, 위험사회의 사람들이 삶의 현실에 대한 그들의 생각과 느낌을 고

---

5. [옮긴이] 브라트부르스트란 돼지고기나 쇠고기로 만든 소시지를 가리키는 말이다.
6. [옮긴이] 마이클 슈마허는 『마이티 피츠』(*Mighty Fitz*)를 포함해 지금까지 7편의 소설을 발표한 미국의 작가다.

백하고 공유하게 하여 이들을 하나로 이어주는 사회담론을 형성한다. 사람들 사이에 형성된 이 연대감은 불안감을 달래주면서도 역설적으로 자극하는 효과를 발생시킨다. 사람들이 범죄에 대한 공포에 종속될수록 대중의 불안감이 더 커지기 때문이다.(Best 1999; Glassner 1999; Hollway and Jefferson 1997) 언거가 설명하는 것처럼 사회적 불안의 지점은 다른 곳으로 쉽게 이동한다.(2001) 9·11 테러 이후의 미국 사회에 등장한 정서의 본질은 거리범죄에 대한 두려움에서 테러에 대한 공포로 이동한 결과로 등장한 불안인 것이다. 이러한 이동현상은 대선유세 기간 동안에 넌지시 모습을 드러냈다. 과거에 줄기차게 이용되던 범죄와의 전쟁 수사학을 테러공격의 위협과 관련된 담론이 대체한 것이다. "한때 아기에게 키스하는 장면으로 연출된 선거유세에서도 빼놓을 수 없었던 주제, 즉 범죄는 2004년 대선에서는 거의 사용되지 않은 것 같다. 하지만 범죄가 9·11 테러공격의 정서적 그림자 아래로 사라졌다고 말하는 것이 더 정확할 것이다. 1988년의 대선에서 아버지 부시가 악마로 묘사한 강간범 윌리 호튼Willie Horton은 이제 오사마 빈라덴으로 대체돼 '미국을 괴롭히는 것'이라는 제목의 포스터에 묘사되어 있다."(Lichtblau 2004b, 4WK) 시민들이 여전히 다양한 종류의 거리범죄, 예컨대 불법마약사범·조직폭력배·차량절도범 때문에 불안해하고 있다고 해도 이제는 테러공격에 따른 공포가 새로이 뜨거운 쟁점이 된 것을 부정할 수 없다. 민주당 고문 매트 베네트Matt Bennett는 "위협이 상당한 수준에 이르러 있어 누군가 테러공격을 지나치게 강조하고 있다고 주장하는 것조차 어려워졌다"고 말한다.(Lichtblau 2004b, 4WK)

굳게 닫힌 문 뒤에서 수년간 활동해 온 미국의 대표적인 정보기관 CIA조차도 이제 대중의 틈으로 들어와서, 대테러공격 요원들을 작은 마을로 보내 지방의 사법공무원들에게 테러공격과 맞서 싸우는 방법을 가르치고 있다 : "이러한 교육은 올해 언젠가 발생할지 모를 알카에다의 테러공격에 대한 시민들의 공포에, 미국 행정부가 직접적으로 대응하고 있다는 인상을 준다. 이뿐 아니라 전례 없는 조치를 취해 테러공격의 징후를 발견하고 제거할 의지가 우리에게 있다는 점을 부각시키기 위해 진행되고 있다."(Johnston and Jehl 2004b, 18) CIA는 인디애나 주Indiana의 피셔즈Fishers에 방문했다. 피셔즈는 인디애나폴리스Indianapolis 북부에 자리 잡고 있으며 5만 5천 명의 주민이 거주하고 있는 곳이다. 담당 경찰서장 조지 G. 켈George G. Kehl은 이 지역을 겨냥한 테러공격의 가능성을 본인 스스로도 낮게 보고 있음에도 대테러정책이 "대도시에 과도하게 집중되고 있기 때문에 중소규모의 도시가 테러공격을 받을 가능성은 항상 열려 있다"고 말했다.(Johnston and Jehl 2004b, 18) 대중의 불안지점은 거리범죄에서 테러공격으로 자리를 옮겼다. 이를 잘 살펴보면 사람들이 범죄에 대해 말하는 방식뿐 아니라 정부 관료가 국가안보와 법집행을 명목으로 국민의 돈을 소비하는 — 그리고 낭비하는 — 실태가 드러난다.

국토안보 산업복합체

테러공격의 위협에 따른 걱정과 불안이 고조되는 상황에 대처하기 위해 정치지도자들은 상당 수준의 재정을 동원해 테러와의 전쟁에 지극히 헌신하는 태도를 보인다. 정치지도자들은 공사公私의 모든 영역에서 국가안보를 강화하고 국토안보 산업복합체를 창조하는 데 더 많은 액수의 자금을 사용하고 있다. 신중한 사회정책을 수립하려는 의도로 국가안보와 대중안전을 위한 투자가 진행되고 있는 게 분명 사실이긴 하지만 정부 부처와 이들의 사적 이익의 증대를 위해 낭비되는 예산이 존재한다는 사실도 짚고 넘어가야 한다. 설상가상으로, 광기에 가까운 예산집행은 테러공격의 위협에서 사회를 보호하지 않고 있으며, 오히려 문제를 키우고 있다.

국토안보 산업복합체는 두 가지 다른 성질의 기업 프로젝트, 즉 군산복합체와 교도^{矯導}복합체를 모두 포함한다. 각각의 복합체에서 정부 관료들은 그들만의 사적 이익에 따라 파트너십을 결성한다. 이러한 파트너십은 국민세금의 토대를 뒤흔드는 결과를 초래한다. 군비경쟁에만 예산을 집행하던 냉전은 냉철한 비판을 받아 왔다. 『파워 엘리트』 *The Power Elite* (1956)에서 찰스 W. 밀즈Charles W. Mills는 국가정책 결정과정에서 막대한 권력을 행사하는, 정치인·기업인(예 : 국방부 군수물자납품업체)·군부 관료들로 구성된 모종의 공동체가 있다는 증거를 제시했다. 1961년, 아이젠하워 대통령은 그의 퇴임 연설에서 군산복합체의 부당한 영향력에 정부가 손을 뻗지 않도록 각별히 주의해야 한다고 경고했다.(1985, 748; Ungar 1990) 1980년, 탈규제에 힘이 실리기 시작했을 때 교도소는 정치인·기업인·법무부 관료에게 유망한 사업으로 인식되었다.(Adams 1996; Wood 2003) 자세히 말해 교도복합체는 행정부에 큰 영향력을 행사하는 비공식 모임, 다시 말해 "하위정부"subgovernment의 통제력이 영향을 미치는 일명 사법계의 "철의 삼각지대"iron triangle■ 주위에서 구성된다. 대중의 눈을 교묘히 속이며 교도 "하위정부"의 주요 행동주체들은 정책수립 과정과 예산집행에 영향을 끼친다. 그들은 죄인수감에서 발생하는 이득을 취하려는 〈미국교도행정법인〉 Corrections Corporation of America · 〈코넬법인〉 Cornell Companies · 〈GEO그룹〉 Global Expertise in Outsourcing 같은 사적 기업의 열망과, 자기 조직의 존속을 염원하는 사법지원부Bureau of Justice Assistance · 미국 법무연구소National Institute of Justice 같은 정부부처, 그리고 〈미국변호사협회〉 American Bar Association · 〈미국교도소협회〉 American Correctional Association 같은 전문가 기구로 구성된다.(Lilly and Deflem 1996; Lilly and Knepper 1993; Welch and Turner 2004) 이 철의 삼각지대는 강력한 동맹체로서 각 분야로부터 권력을 끌어 모으고 있어 정치평론가들은 이 동맹체가 정부를 넘어서는 엄청난 영향력의 원천이라고 평가하고 있다.(Sheldon and Brown 2000, Welch 2005a, 2003c 참조)

냉전과 테러와의 전쟁 시기에 진행된 자금 조달 방법을 토대로 국토안보 산업복합체는 그들만의 자금조달 전술을 창조해 냈다. 그 전술은 공포에 따른 감정의 논리에 의존하는 것이다. 클린턴 행정부 시절 국가안보 예산집행을 담당한 고든 애덤스Gordon Adams는 이 위험사회에 만연해 있던 불편한 진실을 지적했다 : "질문은 안보 수준이 어느 정도 '되어야 하는가'이다. 아무도 대답할 수 없다. 공포는 여기서 강력한 동력이다. 누가 우리에게 해를 가할지, 그런 그들이 어디에 있을지, 그들이 우리에게 얼마나 오랫동안 피해를 입히려 하는지에 대해 아무것도 모르는 상황인데 당신은 어디서 멈출 수 있겠는가."(Uchitelle and Markoff 2004, BU8)

이라크 전쟁이 대량살상무기의 제거 필요성이라는 주제에 맞게 테러와의 전쟁으로 재구성되었을 때, 정부 관료들은 대테러 방지대책의 일환으로 군비증강을 정당화할 수 있다고 주장했다. 이로써 가장 큰 수혜를 입은 국방부 군수품 납품업체는 〈록히드 마틴〉Lockheed Martin, 〈보잉〉Boeing, 〈노스럽 그럼먼〉Northrup Grumman이다. 2002년, 이들 대기업은 국방부와의 계약으로 4백 20억 달러 이상의 이익을 챙겼다. 이는 국방부가 지출한 4달러 가운데 1달러가 그들의 주머니 속으로 들어갔음을 의미한다.(Hartung 2004) 또 다른 기업들도 돈 낳는 거위 앞에 줄을 서 있고 심지어 이들 가운데는 높은 이윤을 창출하는 정부계약에 눈독을 들이고 있는 첩보기관도 포함돼 있다. 『전쟁을 위한 평계 : 9·11 테러, 이라크, 미국 정보부의 가혹행위』A Pretext of War : 9/11, Iraq, and the Abuse of America's Intelligence Agencies 에서 제임스 뱀포드James Bamford 7가 말한 것처럼 "9·11 테러 이후 증가한 예산

---

7. [옮긴이] 제임스 뱀포드는 미국의 정부기관을 비판하는 베스트셀러 작가이자 논평가다. 대표

으로 CIA에는 돈이 넘친다. 하지만 미래에 들이닥칠지 모를 재정 위기를 걱정한 나머지 CIA는 차세대 스파이·분석관을 선발해 교육하고 이들의 기술을 향상시키기 위해 반드시 필요한 자기 임무를 방관하고 있다. 그래서 당분간은 '첩보-산업복합체'intelligence-industrial complex에 외주를 주어 인력을 보충해 갈 것이다."(2004, WK13) 그러나 아부 그라이브 수용소 사건에서 드러난 것처럼 중요한 임무를 수행해야 할 첩보담당 계약업체는 재앙을 초래할 수 있을 뿐 아니라 세금을 납부하는 국민들에게 과중한 재정 부담을 지울 수 있는 문제점을 안고 있다. 인력공급에 최선을 다하는 이들 업체는 연방요원들에게 지급되는 봉급의 두 배를 주겠다고 약속해, 기밀취급인가security clearance■를 받은 CIA 요원들을 매수하고 있다. 소위 말하는 임대용 스파이 다수가 이제는 개인기업의 감독 아래서 그들이 과거에 정부를 위해 수행하던 임무를 수행하고 있다. 그러나 이들이 수행하는 임무의 신뢰성에 대한 의문점은 여전히 남아 있다. 뱀포드는 한 때 이메일 메시지를 분석하는 임무를 수행했던 한 계약자와 대화를 나누었다 : "문건 다수가 아랍어로 작성되어 있었지만 우리 가운데 누구 한 사람도 아랍어를 할 줄 몰랐다. 하지만 이게 문제가 되지는 않았다. 우리들은 그때 우리가 무엇을 하고 있는지 알지 못했고 우리를 관리하는 자들도 자신들이 무엇을 하고 있는지 모르고 있었다."(2004, WK13; Newburn 2005 참조)

연방정부가 거둬들인 세금은 테러공격을 방어할 수 있게 각 주로 분배된다. 국토안보 산업복합체의 무용성을 보여 주는 이 같은 세금의 지출과 낭비는 전형적인 "여물통"pork barrel, 즉 지역 주민의 지지를 의식해 행정부 예산을 최대한 많이 확보하려는 행태로 가중된다. 어떻게 인구가 적은 주

작으로는 『퍼즐의 궁전』(*The Puzzle Palace*), 『비밀의 신체』(*Body of Secrets*), 『그림자 공장』(*The Shadow Factory*)이 있다.

들이 더 많은 예산을 편성 받을 수 있는 것일까. 이와 관련된 논쟁은 주지 사용 제트기, 혹은 한 정치평론가의 표현에 의하면 주지사의 "호화 전차"expensive chariot를 구입하기 위해 알래스카 주 Alaska가 2백만 달러를 요구한 사건으로 불거졌다. 게다가 알래스카 의회의 또 다른 예산지출제안서를 받길 원한다는 의견을 국토안보부가 밝힌 것이다. 알래스카가 대테러정책으로 주민 1인당 받고 있는 연방예산은 와이오밍에 이어 두 번째로 많으며 뉴욕에 주어진 연방예산의 세 배에 이른다.(Murphy 2004; Rosebaum 2004) 연방예산 분배는 의회의 고전적 방식에 따른다. 이 방식은 테러공격의 위험을 평가하는 게 아니라 각 주에 부를 분배하는 데만 적합하다. 마이클 블룸버그Michael Bloomberg 뉴욕 시장은 지속적으로 뉴욕 시에 제대로 예산을 분배해 주지 않은 의회를 비난했고 국토안보부에 배당된 예산을 "비자금"이라고 명명했다.(Hu 2004, B2) 뉴욕 시에 인접해 있는 지자체들도 연방과 주 정부가 도둑질을 했다고 불평했다. 왜냐하면 국토안보부가 테러경보 등급을 상향조정했을 때 이들 지자체들은 자신들에게 주어진 턱없이 모자란 예산에만 의존해 테러공격에 대응해야 했기 때문이다. 로널드 부오노코어Ronald Buonocore 저지Jersey 시 경찰서장은 오렌지 경보로 경찰청에 초과근무와 기타 비용이 증가해 하루에 대략 35만 달러의 비용이 들고 있다고 말했다 : "우리 경찰서는 이 비용을 도저히 감당할 수 없는데다 주·연방 정부가 우리를 도와주는 속도는 턱없이 느리다."8 (Holl 2004, B4; Benson 2004)

테러와의 전쟁에 관한 재정 상태는 한쪽으로만 이익이 집중되는 현상과 이 현상을 계속 유지하기 위해 안간힘을 쓰는 입법자들 때문에 파산 지경에 이르렀다. 그리고 의회가 과거부터 사용해 온 예산분배 방식과 더불

---

8. 예산지원 방식의 불균형을 해소하기 위해 일부 의원들은 대도시 지역에 더 많은 예산을 지원할 수 있도록 힘쓰고 있다(Lipton 2004).

어 또 다른 경로로 낭비되어온 예산은 다양한 문제를 발생시켰다. 이러한 사실은, 실패로 판명이 난 자멸적 정책들을 만들어 낸 정치인들 사이에 셀 수 없이 많은 위선이 존재하고 있음을 보여 준다. 이들은 공포정치에 의존해 후보유세를 진행해 왔으면서도 정작 대중을 보호하거나 국가안보를 강화해야 한다는 그들 본연의 임무를 달성하지 못했다.

결론

9·11 테러 이후의 미국은 조금 더 안전한 사회를 염원하고 있다. 하지만 테러공격 이후 몇 년 동안 테러와의 전쟁은 점차 정치화되었고 특정 이익집단들에 의해 이용되었다. 이 같은 정치 및 재정 권력은 반테러정책과 그 정책의 집행을 반대하는 세력을 만들어 냈을 뿐 아니라 국가를 지키겠다는 선한 의도를 가지고 행동하는 사람들의 사회적 토대를 취약하게 만들었다. 지금 테러에 대한 공포는 대중의 냉소주의와 결합하고 있다. 이러한 냉소주의는 테러리스트들의 위협에 대해 적절치 못하게 대응한 행정부를 겨냥하고 있다. 〈9·11 위원회〉는 테러공격의 위험성이 농후한 상황에서도 미국 행정부가 몇 가지 문제점을 지닌 대응방식을 사용했음에 우려를 표했다. 이 위원회의 조언이 있었음에도 미국 행정부는, 여전히 정보부 개혁처럼 몹시 절실한 정부 개혁을 시행하는 방법을 놓고 옥신각신하고 있다. 색상코드 경보체계color-coded warning system 또한 더 큰 불안과 혼란을 발생시키고 있을 뿐이다. 이 체계가 위험이 상향조정되었다고 대중에게 경고해 주는 상황임에도 정치인들은 시민들에게 밖에 나가서 일상 업무를 보라고 조언하고 있기 때문이다. 케케묵은 억지 정보에 의존하다가 2004년 8월 1일에 일어난 사건처럼 뜨거운 위기가 발생하면 일반인들은 정치문제와 연

관된 모든 경고를 점차 믿지 않게 된다. 그들이 신뢰할 만한 거점이 점차 소멸되는 상황에서 사회를 향한 일반 시민들의 불안과 "경고 피로"는 점차 가중된다.

이 장은 위험사회론을 통해 도덕적 공황론의 확장된 의미를 설명하는 방식에 따라 테러와의 전쟁의 개념적 근간을 논의했다. 위험사회를 구축하는 요소는 불안이며 불안은 다양한 사회 결과를 생산하는 조건으로 기능한다.(Kirkpatrick 2005a 참조) 공동체의 붕괴를 야기한 비극적 사건의 등장이 바로 이 결과 가운데 하나다. 이 때 정부 관료들은 자신의 잘못을 인정하지 않았고 뜨거운 감자를 다른 쪽으로 열심히 밀어내기만 했다. 동시에 몇 가지 국면전환 전술, 예컨대 비방을 통한 희생양 만들기 같은 작업을 시작했다.(Freudenburg 1997) 9·11 테러공격의 정치적 낙진이 날리고 그 먼지가 서서히 걷히고 있는 상황에서, 이 사건으로 인해 고조된 전위된 공격행동이 무고한 사람들을 향하고 있다는 사실이 분명해지고 있다. 행정부가 이를 정식으로 인정하지 않고 있지만 말이다. "실체를 분별할 수 없는 수많은 위협으로 구축된 위험사회에는 늘 그 뒤편에 새로이 등장할 위협이 잠복해 있다."(Ungar 2001, 276) 이 말을 해석해 보면 우리는, 우리의 위험사회에 지속적으로 희생양이 등장할 수밖에 없다는 사실과 마주하게 된다.

3장

희생양 만들기와 사회적 불안

보통 인류 역사를 통틀어 희생·복수·형벌은 각각 구별되는 개념이 아니라 동일한 과정에서 나타나는 다른 양상일 뿐이며, 신의 분노로부터 국가를 지키기 위한 필요성에 근간을 두고 있다.
—나이젤 데이비스, 『인간 희생의 역사와 오늘』, 1981

미국의 정치지도자들은 풍성한 신화적 코드로 설정된 수사학을 동원해 테러리즘의 문제를 묘사하며 악의 축과 더불어 악 그 자체, 그리고 악인의 존재를 선포한다.(Frum and Perle 2003; Kirkpatrick 2004a; Nunberg 2004) 이 같은 방법으로 테러리즘을 재구성하는 것은, 테러공격을 향한 대중의 공포뿐 아니라 국가안보, 경제 불안, 인종·민족 소수자, 이민자, 외국인을 향한 획일적 반응으로서의 사회적 불안을 반영한 것이며, 이들 요소를 강화하는 데 일조한다. 이러한 사회적 긴장을 반영한 현상은 부정한 방법을 동원해 사회적 문제들과 테러공격에 대한 책임을 무고한 사람들에게 지우는 것으로 구성된다. 하지만 더 중요한 점은 우리가 이 같은 현상 속에서 어떤 대상에게 비난을 할당하고자 하는 욕구를 발견할 수 있다는 것이다. 희생양 만들기를 가리키는 이 현상들은 문화, 종교, 이론의 역사에서 자주 언급되었다.

톰 더글라스Tom Douglas에 따르면 "사악함을 다른 곳으로 이동시키는 고전적인 과정, 즉 '희생양 만들기'로 알려진 이 과정은 인류가 신적인 존재에게 자신들이 감시받고 있다는 생각을 받아들인 이후 존재해 왔다."(1995, ix)

사회구성주의는 희생양 만들기에 신화적 목적을 넘어선 기능이 있음을 보여 주었다. "혼란의 시대에 인간사회는 고조된 사회긴장을 해소할 목적으로 희생양을 바쳤다. 인간사회는 희생제의를 치르기 위해 이전과 전혀 다른 유형의 비정상적 행동을 취할 필요가 있었다. 인간사회는 이 비정상적 행동을 통해 희생양을 발명하게 되었다."(Jeffrey 1992, 1) 현대사회의 희생양 만들기는 신비주의, 속죄, 정화의 요소를 고대사회의 그것보다 덜 강조하고 있다. 하지만 분명 현대사회의 희생양 만들기는 고대사회로부터 이어져 온 것이다. 오늘날의 희생양 만들기는 또 다른 종류의 사회적이고 심리적인 기능을 위해 존재한다. 그리고 그 범위는 비난을 특정 대상에게 할당해야 할 필요성에서 사회 구성원들의 혼란을 잠재워야 할 필요성에까지 이른다. 오늘날의 희생양 만들기는 — 그것이 아무리 신경질적으로 보일지라도 — 이러한 사회적 필요들을 충족한다. 그러나 테러와의 전쟁 가운데 모습을 드러낸 희생양 만들기는 다분히 자멸적이다. 이것이 정치적 폭력의 발생에 대한 어떠한 현실적 원인과 해결책을 마련하려는 우리의 의지를 약화시키고 있기 때문이다.

이 장은 희생양 만들기 현상을 살펴봄으로써 이 현상의 문화적 발전상황과, 이 현상을 분석하는 이론의 발전상황을 개관해 볼 것이다. 희생양이라는 개념은 성경을 해석하는 장치로서 악의 축출을 설명하기 위해 처음 사용되었다. 이후 희생양이라는 개념은 상당한 발전과정을 거쳤다. 인류학자, 심리학자, 사회학자들은 사회에 등장한 위기상황의 책임을 무고한 다른 사람들에게 물어 온 인류의 보편 욕구를 해석하기 위한 노력의 일환으로 희생양 개념을 이론적으로 발전시켜 왔다. 우리는 이 이론의 특정한 공헌을 살펴본 뒤 위험사회론과 문화 이론을 통합하는 과정으로 관심을 옮겨 갈 것이다. 그리고 우리는 오늘날에 표면화한 통제의 문화와 타자의 범죄학에 대한 비판을 전개할 것이다. 유감스럽게도 현대 범죄학의 몇 가지 측면은 관련 없는 대상에게 비난을 할당하는 이 기묘한 세계관을 공유하고 있다. 타자화othering는 인종, 민족, 계급의 이미지와 연관된 형법체계를 만들어 냈다.(Welch 2005b; Young 1999) 이 장은 테러와의 전쟁에 이들 개념을 적용해 9·11 테러 이후 미국 사회에 만연해진 희생양 만들기 작업이 지극히 반생산적인 결과만을 유발시켜 왔음을 보여 줄 것이다.

희생양 이론

희생양 이론은 종교, 인류학, 사회심리학에 뿌리를 둔 고전적이고도 복잡한 역사적 산물이다. 성경해석의 관점에서 희생양 만들기는 『구약성서』에 묘사된 의식과 관련이 있다. 『구약성서』의 주요 구절에 따르면 두 마리의 염소 가운데 한 마리는 속죄의 뜻에서 죽이지만 다른 한 마리는 탈출시켜 유대인의 죄를 상징적으로 정화한다 : "아론Aaron은 살아 있는 양의 머리에 두 손을 두고 이스라엘 민족의 모든 잘못과 그들이 저지른 모든 율법 위반, 그리고 그들이 저지른 모든 죄에 대해 고백한다. 그리고 그는 그 모든 부정한 것들을 염소의 머리에 놓고는 그 양을 광야로 보내준다. 그 염소는 자신에게 주어진 모든 부정한 것들을 짊어지고 고독의 땅으로 간 것이다" (「레위기」Leviticus 16장 8~10절).

의례의 중요성을 인식한 19세기 인류학자들은 악의 축출을 목적으로 진행되는 사회의례를 설명하기 위해 희생양 개념의 틀을 확장했다.(Stivers 1993) 희생양 만들기는 종종 특정 사람들이 공동체에서 쫓겨난다는 점에서 추방과 융합된다. 이따금 아테네인들은 공동체를 정화하기 위해 가난, 신체 기형, 흉한 외모 같은 특징을 지니고 있는 시민들을 추방했다. 희생양을 더럽고 오염된 존재로 보는 것이 사회적 정화의 욕구를 반영한 것이라는 점은 주요 사회이론가들 사이에서 널리 받아들여지고 있다.(M. Douglas 1966; Durkheim 1912; Girard 1987a, 1986; Levi-Strauss 1968) 그리스어 파르마코이pharmakoi는 틴들판 성경Tyndale's Bible에 기원을 두는 영어단어 "희생양"scapegoat으로 번역되며 "인간 폐물"offscouring이라는 말로 해석되기도 한다.(Bronowski 1972; Mellema 2000) 더글라스는 [희생양 개념과 관련해] 다음을 강조했다 : "부정한 일을 처벌할 인지 능력이 있는 전지전능한 존재의 지휘가 없었다면 정화, 속죄를 위한 의례는 시작되지 않았을 것이다."(1995, 15)

결국 20세기 중반에 활동한 심리학자들과 사회학자들은 사회문제가 발생한 상황에서 불공정한 방식으로 비난을 받아 온 사람들을 논할 때 이 개념을 받아들였다. 이제 희생양은 현대사회에 널리 퍼져 있는 개념이다. 현대사회의 희생양 만들기는 신화적이고 종교적인 의례의 영향을 덜 받고 있다. 현대판 희생제의는 무고한 대상을 희생시켜야 한다는 필요성에 더 많이 의지하고 있다는 점에서 고전판 희생제의와 조금 다르다고 할 수 있다.(Perera 1986) "현대에 희생양이라는 개념은 무고한 힘없는 사람들을 묘사하기 위해 주로 사용되어 왔다. 이 사람들은 자기 잘못이 아님에도 어떤 문제로 인해 비난을 받았다. 불행하게도 이러한 사람들은 보통 광야로 떠나지 못하게 되며 공동체의 잔혹행위나 사형을 당해야 할 처지에 놓인다."(Aronson 1980, 212)

그런데 사회과학 연구자들은 희생양 만들기의 다른 측면에도 주목하고 있다. 심리학자들이 희생양 만들기의 배후에 존재하는 원초적 동기에 큰 관심을 두는 반면, 사회학자들은 희생양 만들기의 결과를 탐구하는 데 목적을 둔다. 심리학자들은 의식적 목적conscious intent과 무의식적 충동

unconscious impulse을 구분하여 논의를 전개한다. 정신분석학의 관점에서 희생양 만들기는 증오를 유발시키는 어떠한 특징을 개인, 소집단, 전체사회가 무의식적으로 타자에게 투사하는 현상을 보여 준다. 본래 투사projection는 심리적 불안을 안정시키기 위한 일종의 방어기제다.(Freud 1989) 이 점을 받아들인 융 학파의 심리학자들Jungian psychologists▪은 죄의식, 수치심, 후회 같은 인간본성의 어두운 면을 구성하는 그림자에 집중해 이 역학을 설명한다. 이러한 그림자 혹은 인간의 결점은 종종 스스로 직면하기가 너무 고통스럽기 때문에, 인류는 자아의 결점을 타자의 결점으로 동일시하고 타자를 비난하는 현상을 보여 왔다.(Jung 1953~1979; Perera 1986; Szasz 1970)

좌절-공격 이론frustration-aggression theory▪을 통해 심리학자들은 내內집단의 긴장이 외外집단을 겨냥한 공격행위를 창출한다는 사실을 발견했다.(Allport 1954) 전위된 공격행동은 인종주의 같은 편견 때문에 나타난다. 에릭 에릭슨Erik Erikson 1은 [일반인들과] 다른 종 species이나 열등한 인종으로 간주된다는 점에서 희생양이 "의사 종분화"pseudo speciation의 피해자가 된다고 설명한다.(1964) 우리 자신과 종이 같은 사회 구성원에게 공격행위를 감행하지 못하도록 금지하는 규칙은 보통 희생양에게 적용되지 않는다.(Aronson 1980) "두 가지 종류의 인종주의가 있다. 하나는 나와 다른 인종의 잠재적으로 실현가능한 신체적, 정치적, 경제적 힘을 두려워한 나머지 이들을 복종시키고자 하는 욕망에 따라 진행되는 직접적이고도 실제적인 인종주의이다. 그리고 다른 하나는 나와 달리 저급하고 열등한 지위에 속한 인종에 대한 공포로 인해 발생하는 간접적이고도 상징적인 인종주의다. 이 두 가지

---

1. [옮긴이] 에릭 에릭슨은 인간의 사회적 발달과정을 이론화한 미국의 발달 심리학자이자 정신분석가로 유명하다. "정체성 위기"(identity crisis)라는 용어를 처음 고안해 낸 그는 『아동기와 사회』(Childhood and Society), 『정체성 : 청년기와 위기』(Identity : Youth and Crisis), 『간디의 진리 : 투쟁적 비폭력의 기원에 대하여』(Gandhi's Truth : On the Origin of Militant Nonviolence)의 저자이기도 하다.

인종주의는 긴밀히 연관돼 있다."(Brown and Stivers 1998, 710)

아도르노Adorno, 프렌켈-브런즈윅Frenkel-Brunswik, 레빈슨 Levinson, 샌포드Sanford는 몇몇 사람들의 경우, 권위주의적 성격을 가지고 있는 탓에 내면에 편견을 갖게 될 수 있음을 발견했다.(1969) 이러한 사람들은 전통적 가치에 기초를 둔 사회체제를 향한 완고한 신념을 지니고 있다. 또한 그들은 자기가 결점이라고 간주하는 특징들을 지닌 자아 혹은 타자와 화해할 수 없고 사회적 일탈(예 : 마약흡입과 동성애)을 포함하는 사회규범 위반사례를 강력히 처벌하길 염원한다. 권위주의적 인물은 타인에 대한 의심으로 가득 차있을 뿐 아니라 높은 수준의 존경, 복종, 독선, 그리고 권력과 조화를 이룬다. 그의 이러한 특성들은 대개 개인으로 하여금 희생양을 찾게 만드는 인간의 감정, 즉 좌절감을 형성시키기 쉽다.

희생양 만들기의 결과에 주목한 사회학자들은, 내집단의 모든 구성원들이 집단 소속감과 (종종 인종적인) 우월감, 그리고 그들 자신이 악과 관련이 전혀 없다는 생각을 가지고 있음을 발견했다. 이 점에 집중한 사회학자들은 모종의 연대의식이 구성원들 사이에 형성되었다는 사실을 알아낼 수 있었다.(Durkheim 1912; Erikson 1966) 희생양 만들기는 위기상황이 사회 안에 발생할 때 분명히 드러난다. "이렇게 도덕적 십자군이 '창조한' 희생양은 결국 사회의 전통관습과 생활, 그리고 사람들의 도덕적 토대에 위협을 가한 대가로 비난을 감내해야 할 운명에 처한다."(Jeffrey 1992, 1) 권력집단은 특정 인물들을 마치 정상이 아닌 것처럼 차별화해, 사회 내에서 발생한 문제에 대한 책임을 묻고 낙인을 찍는다는 점에서 대단한 능력을 가지고 있다. 이 역학은 특히 희생양의 선택 과정에서 두드러지게 나타난다. 여기서 뭔가 낯선 구색을 갖춘 인물, 즉 이방인은 불확실성과 위협, 궁극적으로는 악을 연상시키는 상징적 유인물로 기능한다. 희생양이 선택되는 방식은 우연적이지 않다. 오히려 이 방식은 인종, 민족, 종교 같은 관찰 가능한 특성들에 의존하는 경향이 있다. 르네 지라르René Girard 2가 박해의 고정유형 stereotypes of persecution이라고 부른 이것은 희생양이, 사회적 문제를 야기한 어떤 도덕적 타락 행위를 선보였다는 이유로 모진 비난을 받는 과정과 관계가 있다.(1986) 이에 따라 공동체 내부의 사람들은 희생양이 비난과 처벌을 받을 만하다고 널리 믿게 된다.

사회적 불안과 배당된 비난

희생양 만들기의 속성을 조금 더 깊이 이해할 수 있게 도와주는 문화 이론, 그 중에서도 특히 매리 더글라스Mary Douglas 3의 저작에서 제시된 문화 이론은 우리에게 중요한 통찰력을 제공한다.(1992, 1986, 1966) 비판적이고도 인류학적인 시야를 선보이는 더글라스의 문화 이론은 사회가 위기, 위험, 공포, 불안정에 대해 어떻게 생각하고 있는지를 알아보기 위해 우리 사회의 사고방식을 살펴본다. 이 사고방식의 분석은 핵무기와 범죄, 테러리즘에 이르는 사회문제의 원인을 다룰 때 유용하다. 리차드 스파크스

---

2. [옮긴이] 프랑스의 철학자, 역사가, 문학 비평가로 유명한 르네 지라르는 희생양 이론이 논의될 때 빠질 수 없는 이론가다. 지라르는 신화와 성경, 나아가 현대사회의 중요한 사건들을 분석하여 희생제의라는 인류사회의 작동 메커니즘을 밝혀냈다. 『폭력과 성스러움』(*Violence and the Sacred*, 박무호 옮김, 민음사, 2000)과 『희생양』(*Scapegoat*, 김진식 옮김, 민음사, 2007)은 그의 이론이 가장 잘 정리되어 있는 저서라고 볼 수 있다. 또한 지라르는 9·11 테러로부터 희생제의를 읽어 낸 이론가로도 유명하다. 그는 한 인터뷰에서 9·11 테러에서 이라크 전쟁에 이르는 과정이 인류가 지금껏 경험해 온 희생양 메커니즘의 새로운 형태에 지나지 않는다는 의견을 내놓았다.

3. [옮긴이] 영국의 인류학자인 매리 더글라스는 인간의 문화와 상징주의에 대한 연구로 유명하다. 그녀는 사회 인류학자로 유명한데, 이는 그녀가 에밀 뒤르켐(Émile Durkheim)의 사회학 연구로부터 많은 영향을 받았기 때문이다. 그녀의 대표작은 『자연의 상징 : 우주론에 대하여』(*Natural Symbol : Explorations in Cosmology*)와 『순수와 위험 : 오염과 금기에 관한 개념 분석』(*Purity and Danger : An Analysis of Concepts of Pollution and Taboo*)이다.

Richard Sparks는 범죄학이 문화 이론으로부터 큰 도움을 받았다고 주장한다. 위험담론이 단순히 분석될 수 없는 도덕적, 감정적, 정치적 담론이라는 점을 드러내 준 이론이 바로 문화 이론이기 때문이다. "즉 특정 시공간에서 정치적으로 특별하게 형성된 처벌 유형을 만날 때, 예컨대 '교도소 늘리기'·'삼진아웃제'·'마약과의 전쟁'·'관용부재의 사회'와 이탈리아와 그리스에서 등장한 불법이민을 향한 사회적 불안에 직면하게 되면 우리는 이것들이 모두 여러 가지가 혼합된 방식으로 구축되었음을 알게 된다. 이러한 정책들은 도구적이면서도 수사학적이고, 고전적이면서도 현대적이며, 문화에 토대를 두면서도 정치 전술적이고, 정치 담화 활동이면서도 그 제도의 논리이기도 하다."(Sparks 2001, 169)

9·11 테러공격에 따른 미국 행정부의 대응은 그것이 테러와의 전쟁의 탄생에 기여했다는 점에서 우리의 눈길을 이끈다. 이러한 상황들을 살펴보면 더글라스의 이론적 공헌이 더 분명해진다. 위험과 불안정에 대해 설명하면서 그녀는 사회문제로 인해 생성된 증오에 따라 비난을 배당하는 사회공학을 폭로하고 있다. 재난과 불행은 도덕화하고 정치화하는 경향이 있다. 결과적으로 대중에게서 인기를 잃는 누군가는 이 비난의 공격대상이 될 운명에 놓인다. 비방은 집단적 규모로 진행될 뿐 아니라 제도화해 사회 지식에 광범위한 영향을 끼치기 때문에 문화적이다 : "비방은 모든 정보가 지나가는 통로에 특정 인물을 배치하는 방법이다."(Douglas 1992, 19) 위험과 불안정의 인식은 희생양을 향한 비방을 활성화할 뿐 아니라 이로써 형벌문화의 강도를 더욱 심화한다.(Simon 2001; Vaughan 2002) 미국의 형벌문화는 범죄 위반 행위에 대한 일련의 처벌방법, 예컨대 마약사범에 대해 최소 얼마 정도의 형량을 선고해야 한다는 것과 같이, 특정 범죄에 대해 최소한 어느 정도의 형량을 선고해야 한다는 내용을 골자로 한 법률들이 탄생하는 데 기여했다. 그리고 이것은 범죄처벌의 횟수를 비약적으로 늘렸으며 교도소

재소자 수를 전례 없이 늘려 놓았다. 하지만 이러한 조치들이 범죄발생 감소에 전혀 기여할 수 없었다는 점에서, 이 같은 형벌제도의 근간이 된 대중의 분노는 [사회적으로 유용한] 도구적instrumental 기능보다 [자신들의 분노를 드러내 보일 뿐인] 표현적expressive 기능을 수행하고 있었던 것이다.(Garland 2002; Welch 2005a) 이처럼 희생양 만들기는 정당치 못한 비방행위를 포함하고 있다는 점에서 표현적 기능을 수행한다. 희생양 만들기는 이를 통해 적당한 대상을 공격하는 방식을 이용함으로써 [대중의] 좌절감을 정화한다.

통제의 문화

우리는 사회적 불안의 결과를 살펴볼 때 코언이 정치적 도덕성political morality에 중요성을 두고 그의 연구를 개진한 사실에 집중해야 한다. "상대적 위험과 안전 혹은 위태로운 상태를 다루는 주장들 대부분이 정치적 도덕성에 의존한다는 사실은 도덕적 공황론에 위험 이론을 적용하는 작업보다 흥미롭다."(2002; xxvi) 위험에 대한 인식과 용인은 누가 위험을 초래한 데 책임이 있는지를 결정하기 위해 필요한 일련의 노력을 이끌어 낸다. 이와 같이 여기서 요구되는 중심 활동은 비방을 배당하는 사회적 움직임이다.(Douglas 1992) 범죄학은 주어진 사회조건에서 발생하는 대중의 관심 이동에 집중한다(예 : 상대적 박탈감, 경제적 소외감, 인종적 불법성). 이 움직임은 기이하게도 특정 유형의 사람들에게 비난을 이동시켜 범죄에 관한 지배적 이데올로기를 재생산한다.(Barlow, Barlow, and Chiricos 1995a, 1995b; Welch, Fenwick, and Roberts 1998, 1997) **타자의 범죄학**으로 알려진 이 관점은 비방과정이 희생양 만들기에 내재해 있다는 점을 분명히 드러내 주기 때문에 주목할 만하다. 타자의 범죄학을 더 넓은 사회 조건에서 이해하기 위해 우리는 통제의 문화를 살펴볼 필요가 있다.

『통제의 문화 : 현대사회의 범죄와 사회 질서』*The Culture of Control : Crime and Social Order in Contemporary Society*에서 데이비드 갈랜드David Garland 4는 범죄가 발생했을 때, 극단적인 형벌로 대응한 미국과 영국의 보수주의적 사회경향을 살핀다. 미국과 영국 행정부는 범죄의 원인들을 치유하는 데 목표를 두는 교도주의 범죄학correctionalist criminology▪에서 벗어나, 견고한 형법체계의 완성에 주력함으로써 많은 사회적 모순을 드러내고 말았다. 역설적으로 개인의 자유와 시민의 자유의 토대 위에 세워진 미국은 다수의 시민들을 교도소에 수감하게 되어 세계 최고의 수감국가가 되었다. 이처럼 사형과 사슬로 묶인 죄수들을 양산한 고전적 처벌체계에 미국인들이 지지를 보내는 현상은 집단적 분노를 상징적인 처벌로 해소시키려는 사회적 역학의 참상을 드러낸다.(Kaminer 1995; Welch 2004a)

미국문화와 영국문화에 뿌리를 둔 이 표현적 처벌expressive punishment은 범죄에 대한 감정적 대가에 상당히 의존하고 있다. 범죄 희생양 만들기는 영국 노동당의 표어 "만인이 피해자다"에 드러나 있으며 언론과 정치인들이 촉진시키고 있는 일종의 집단적 경험이 되었다. 언론과 정치권은 경제적 불균형과 인종간의 불화, 그리고 이민문제와 정신병원 만원 현상 등의 사회 문제가 유발한 불안감으로 지친 대중의 정신에 손을 뻗는다.(Bottoms 1995; Chambliss 1999; Stenson and Sullivan 2000) 이에 따라 감정에 의존한 처벌체계는 시민들이 강력한 범죄 처벌을 용인하는 것만큼이나 이제 진부한 것이 되었다.(Green Berg 2002)

---

4. [옮긴이] 데이비드 갈랜드는 뉴욕 대학의 사회학, 법학 교수로 활동하고 있다. 저서로는 『처벌과 복지 : 형벌전략의 역사』(*Punishment and Welfare : A History of Penal Strategies*)와 『처벌과 현대사회 : 사회적 이론을 통한 연구』(*Punishment and Modern Society : A Study in Social Theory*)가 있다.

범죄학적으로 보면 분명 사회발전에 역행하는 결과로 간주될 통제의 문화는 또 다른 중요한 발전, 즉 범죄의 원인보다 범죄의 결과를 강조하는 범죄학적 특성을 보여 준다. 결과적으로 이 특징은 범죄학의 관심을 **범죄**crime 문제에서 **범죄자**criminal 문제로 이동시켜 범죄자가 개인과 사회의 안전을 위협한 이방인으로 묘사되는 데 일조했다. 그 결과, 타자의 범죄학의 탄생을 위한 길이 닦인 것이다. 타자의 범죄학의 정수를 포착한 갈랜드는 이렇게 주장한다.

> 타자의 범죄학은 [학문적] 발견사실에 대한 신중한 분석과 연구보다는 이미지, 원형, 불안과 관계된 범죄학의 한 유형이다. 대중의 걱정과 [이를 향한] 언론의 편향된 시각, 그리고 대중이 가장 큰 걱정을 표하는 위험 상황에 대한 언론의 집중을 의도적으로 이용하는 타자의 범죄학은 사실 집단적 무의식을 정치화한 범죄담론일 뿐이다. 비록 이것이 스스로를 "학문적 이론"과 대조되는 현실주의, 그리고 "상식적인 것"이라고 주장하고 있지만 말이다. 이러한 범죄학의 전형적인 비유법과 수사학적 기원은, 범죄인의 전형 및 이방인 타자와 관련된 고전적 범죄학의 정치담론과 관계가 있다.(2001, 135)

범죄, 그리고 테러공격에 대한 이 같은 사고는 억류 등 가혹한 형벌 제재를 영속시키는 방법으로 대중에게서 공포와 분노를 이끌어 낸다. 이보다 더 오랜 역사를 자랑하는 사회민주적 범죄학은 분명 완전히 사라지지는 않았으나 범죄 문제를 소진시키는 강렬한 감정주의에 의해 익사한 것 같다. 종합해 보면 타자의 범죄학은 본래 반근대적이다. 타자의 범죄학이 범죄 그 자체와, 인종적이고 사회경제적인 불평등의 사회 문제와 연관된 범죄학 모델의 현대적 개념들을 수용하지 않고 있기 때문이다. 도덕적 공황론에 순응한 결과, 타자의 범죄학은 범죄 그 자체에 과도한 집중을 하게 되었을 뿐 아니라 재앙의식을 강화해 우리 사회를 불관용intolerance과 권위주의의 공간으로 바꿔버렸다. 이로써 타자의 범죄학은 인종주의 및 계급주의와 관련된 범죄에 집착한 나머지, "타자성"otherness에 대한 그릇된 인식과 "우리 대 그들"이라는 대립적 세계관을 강화했다.(Lea 2002; Young 1999) 타자의 범죄학은 "특정 범죄인들이 '단순히 사악'하기 때문에 우리와 본질적으로 다르다는 가정에 토대를 두고 있기 때문에 심각한 수준의 반자유주의 범죄학이다."(Garland 2001, 184)

테러와의 전쟁이 암시하는 사실

희생양 만들기의 여러 고전적 특징들이 현대사회에서는 많이 발견되고 있지 않지만, 희생양 이론은 확실히 테러와의 전쟁에 적용해 볼 만한 가치가 있다. 신화의 힘은 테러공격 이후의 세속적 정치활동을 설명하기 위해 필수적이다. 테러와의 전쟁을 부추기는 정치권과 이들이 구사하는 대중수사학은 [실존하지 않는] 악인들을 발견하는 데 — 그리고 그들을 제거하는 데 — 목표를 두고 있기 때문에 신화적이다. 테러와의 전쟁을 확장하기 위해 이라크 전쟁을 개시한 부시 대통령이 의회에 수십억 달러를 요청함으로써 재정적 희생을 요구한 일은 전혀 놀랍지 않다. [여기서] 우리는 부도덕한 테러리스트들의 위험한 세계를 제거해야 한다는 명분 너머에 자리잡고 있는 사회적 정화의 욕구 또한 고려해야 한다. 정화의례purification는 오염을 이용한 위협적 상황이 발생했을 때 등장한다. 전통사회에서 독살은 가장 악질적이며 도덕적으로 문제가 되는 범죄 가운데 하나이며 오염 그 자체를 넘어선 상징적이고도 실제적인 불안을 반영하는 범죄다. 14세기에 사회적이고 종교적인 이방인으로 살아갔던 유대인들은 프랑스 북부의 어떤 강에 독극물을 퍼뜨려 흑사병 혹은 페스트를 확산시켰다는 이유로 맹비난을 받았다. 이 희생양 선택과정은 인간이 인지할 수 있는 도덕적 타락을 토대로 개인 혹은 집단을 희생대상으로 삼는 박해의 고정유형stereotypes of persecution ▪ 이다.(Brown and Stivers 1998) 생화학 무기와 방사선 물질을 다량으로 함유한 폭탄이 유발시킬 오염과 중독 사고는 현대인들에게 불안을 야기하고 있다. 우리는 여기서 보호와 정화라는 측면에서 이들 사이에 유사한 점이 있음을 발견 할 수 있다. 게다가 희생양 만들기는 현대판 인종주의나 이슬람에 대한 공포islamphobia 같은 우리에게 더 이상 전혀 낯설지 않은 희생양 선별 과정에 의존하고 있다.

다음 장에서 논의되고 있는 것처럼 증오범죄와 국가범죄는 그릇된 방식을 동원해 다수의 무고한 아랍인과 이슬람교에 9·11 테러사건의 책임을 묻고 이들을 비난한 현상을 공유하고 있다. 때문에 증오범죄와 국가범죄는 희생양 만들기와 실제적으로 불가분의 관계에 있다. 그러므로 희생양 만들기의 동기와 결과를 자세히 규명하는 작업은 정밀한 분석을 요구한다. 증오범죄와 국가범죄는 [사람들의] 심리적인 불안을 안정시키기 위한 투사과정을 거친다. 이와 같이 9·11 테러 이후의 미국 사회에서 희생양 만들기는 집단 내부의 구성원들이 그들의 편협한 공격성을 집단 외부의 사람들에게 전치시킨다는 점에서 좌절-공격 이론과 관계가 있다. 이 희생양들이 권위주의적 인물에 의한 고통을 경험했는지를 정확히 판단하기는 쉽지 않을 것이다. 그럼에도 상당한 사회적이고 문화적인 증거는 9·11 테러 이후의 미국이 눈에 띄게 권위주의적인 사회로 변질됐고 국내외를 가리지 않고 거친 언사를 일삼으며 "궁둥이를 차주겠다"는 의지를 표명하는 정치인 지도자들을 향한 대중의 지지가 높아지고 있음을 암시한다. 테러와의 전쟁 동안의 시민권과 인권 수호를 위한 투쟁과정은 이 책이 아닌 다른 책에서 신중히 다루어져야 할 주제다.5

테러와의 전쟁 기간 동안 진행된 희생양 만들기는 사회연대의 근간을 위협하고 있으며 "우리 대 그들"의 정신을 강조했다. 여기서 증오범죄와 국가범죄는 전쟁범죄, 고문행위, 죄수학대가 발생했다는 사실을 무시하거나 이 사건들에 대해 변명을 늘어놓는 경향을 보여 주었다. 나아가 증오범죄와 국가범죄는 이 사건들을 정당화하기도 했다. 이러한 사실은 문화적 부인cultural denial 현상의 등장을 암시한다. 대다수의 미국 사람들이 단순히 민족적 차이와 종교적 차이로 선별된 무고한 희생자들을 향한 폭력을 인식하면서도, 이러한 폭력적인 사건들이 실제로 일어났다는 사실만큼은 인정하기를 거부하고 있기 때문이다. 사회적 불안의 지점은 인종적·민족적·종교적 긴장이 뒤섞인, 범죄·테러공격·경제 불안에 따른 공포로 구성되어 있다. 이 점에서 비방하기는 위험사회라는 사회적 배경과 떨어져 논의될 수 없다. 가혹한 사법체계가 범죄를 향한 대중의 분노와 호응할 때 비방하기와 희생양 만들기는 행위의 상징적 기능을 중시하는 통제의 문화 내부에서 주요 요소가 된다.(Mead 1964 참조) 이러한 현상을 살펴보면 〈애국자법〉에 명시된 내용에 따라 억류조치를 단행하고 미국의 적국들을 지목한 부시 행정부에 대해 미국 사회가 거의 반대의사를 표명하지 않았던 현상은 전혀 놀랍지 않다. 이 문제들은 다음 장에서 심도 있게 다루어질 것이다.

타자의 범죄학은 11세기의 십자군 전쟁에 기원을 두는, 경멸스러운 민족과 종교의 이미지들을 대중에게 회상시키고 아랍계 이슬람교도들을 예비 테러리스트로 고정시키는 데 일조하면서 테러와의 전쟁 기간 중에 크게 번성했다.(Said 1997, 1978) 타자의 범죄학에서 실마리를 얻은 테러와의 전쟁은 정치적 폭력의 원천과 원인을 무시하고 테러리즘terrorism 문제가 아닌 테러리스트terrorist 문제에 전념했다. 이런 문제를 날조해 낸 부시 행정부는 알

---

5. [옮긴이] 이에 대해서는 윌리엄 슐츠(William Schultz)의 『더럽혀진 유산 : 9·11과 인권의 파괴』(Tainted Legacy : 9/11 and the Ruin of Human Rights)를 참조.

카에다가 현재 전통적 의미의 테러단체가 아닌 국제적 이슬람 반란 단체라는 점을 인식하는 데 실패해, 이들이 미국에 가할 수 있는 위협이 이전의 것과 전혀 다른 종류의 것임을 알지 못하게 되었다. 이는 『제국의 오만 : 서방은 왜 테러와의 전쟁에서 패배하고 있는가』*Imperial Hubris : Why the West is Losing the War on Terror*의 저자이자 CIA에서 오사마 빈라덴 담당 부서를 지휘한 마이클 슈우어Michael Scheuer뿐 아니라 다른 전문가들도 제기한 주장이다.(2004; Danner 2005) 슈우어는 대부분의 미국 관료들이 여전히 알카에다를, 체포하고 살상하는 방식으로 패퇴시킬 수 있는 테러집단으로 여기고 있어 미국 행정부가 "위협의 진정한 의미를 전혀 짐작하고 있지 못하다"고 말한다.(Risen 2004, A18) 미국의 테러와의 전쟁의 성공에 힘입어 알카에다 지도자들의 3분의 2가 살상 혹은 체포됐다고 주장하는 부시에 이의를 제기하면서 슈우어는, 부시가 9·11 테러와 상관없는 테러 지도자들을 언급하고 있기 때문에 그가 제시한 수치에 문제가 많다고 주장했다 : "나는 9·11 테러 이후 알카에다가 분명 많은 피해를 입어 이들의 작전을 연기했다고 생각한다. 하지만 알카에다의 3분의 2의 지도자들이 살상되거나 체포됐다는 것을 어떤 기준으로 삼는 것은 현실적이지 않다. 그들에게 이제 3분의 1의 지도자들만이 남아 있다고 보는 것은 잘못된 것이다. 이는 사법상의 [수치적] 결과에 주목한 것에 지나지 않는다. 알카에다는 지도자 계승 문제에 많은 관심을 두고 있기 때문에 알카에다의 주요 교의 가운데 하나는 살해된 지도자를 계승할 인재를 교육시키는 데 있다는 사실에 주목할 필요가 있다."(Scheuer, Risen 2004, A18에서 재인용)

슈우어는 테러집단과 싸우는 것과 반란집단과 싸우는 것 사이에 존재하는 큰 차이점을 지적한다. 테러와의 전쟁은 정치적 폭력의 속성을 이해하는 데 도움을 주는 패러다임과는 거리가 멀다. 테러와의 전쟁은 정확한 정보에 근거를 두지 않고 엄격한 법집행 모델에만 고착해 있다고 볼 수 있다. 때문에 우리는 테러와의 전쟁을 수행하는 과정에서 반란단체의 실제적 규모를 가늠할 수 없는 것이다. 이 점에서 슈우어와 동일한 입장을 취하는 연구자들은 부시 행정부의 이라크 침략에 대해 비판적 태도를 유지한다. 이 전쟁이 9·11 테러사건에 적합한 진정한 의미의 테러와의 전쟁을 염원해 온 대중의 관심과 이를 위한 사회적 자원의 투여과정을 혼란시킬 뿐 아니라 아랍권에 반미 감정의 불씨를 지피고 있기 때문이다. 결과적으로 이라크 전쟁은 알카에다나 또 다른 테러 분자들에게 그들이 세력을 회복할 수 있는 결정적 기회를 제공했다.(Scheuer 2004)

결국, 매리 더글라스의 이론에서 논의된 타자의 범죄학은 희생양 만들기의 확장판과 관계가 있다. 타자의 범죄학은 신비주의적 사고방식을 이용해 현실 속에서 그 의미를 충분히 발휘했다. 타자의 범죄학은 선악 대결 구도라는 이분법을 창조했다. 이 도식은 너무 강력해서 올바른 도덕 대 그릇된 도덕이라는 구도를 강화했다. 다음 장에서 설명하고 있듯이 미국은 이라크 전쟁과 아프가니스탄 전쟁을 포함한 테러와의 전쟁을 치르면서 "결과가 수단을 정당화한다"는 사회적 태도를 하나의 문화로 받아들이게 되었다. 이로써 증오범죄와 국가범죄를 겨냥한 대중의 비판은 사회주류를 이루고 있던 무관심의 조류에 대항해 헤엄쳐야 하는 딱한 처지에 놓였다.

결론

큰 주목을 받은 『희생양 : 비방 이동시키기』*Scapegoats : Transferring Blame*에서 톰 더글라스는 희생양 만들기가 가장 보편적인 인류의 개인 행동양식이자 집단 행동양식이라고 주장한다. 그는 현대적 의미의 희생양 만들기가 고전적 의미의 종교적 속성을 대부분 떨쳐 버렸지만 "현대인이 여전히 몇 가지 종류의 신화적 힘의 존재를 암묵적으로 믿는 존재"임을 우리에게 상기시켜 주고 있다고 말한다.(1995, 191) 이와 비슷한 논조로 조셉 캠벨Joseph Campbell 6은 신화가 인류에게 중요한 부분이었다고 말한다.(1973) 문화적, 정치적, 심리적, 사회적 원인을 갖는 희생양 만들기는 인간사회의 기본토대를 위해 기능하고 있기 때문에 현대사회에서도 사라지지 않고 남아 있다. 〈헝가리 과학원〉Hungarian Academy of Sciences의 아틸라 포크Attila Pok는 현대 동부 유럽과 중부 유럽에서 등장하고 있는 속죄의식, 희생제의, 희생양 만들기 과정에 대한 주장을 전개하였다. 정치적 비난의 제도화와 강력한 책임 떠넘기기 현상을 분석한 결과, 포크는 다음의 사실을 밝혀냈다 : "개인과 집단은 본래 그들에게 발생한 모든 사건과 관계된 명백하고도 단일한 원인을 설명해 줄 해석수단을 필요로 한다. 하지만 대부분의 경우, 역사학자들이 모두 너무 잘 알고 있듯이 이런 일은 불가능하다. 따라서 희생양 찾기는 종종 궁지를 돌파하기 위해 가장 쉽게 채택되는 해결책이다."(1999, 533~34) 포크에 따르면 권위주의 국가, 전체주의 국가의 사회적 불안은, 그 [국가의] 일원들이 자기권리가 박탈되고 그들의 사회가 위기에 처하게 된 이유를 다른 데서 찾게 되면서 창조된다. 다시 말해 이들은 지극히 모호하고도 근거 없는 감정에 의존하게 되는 것이다.(1999, 534) 이와 유사하게 9·11 테러 이후의 미국도 희생양 만들기에 일조한 사회적 긴장, 예컨대 극심한 불안과 공포를 경험했다. 여기서 우리는 다음 장의 주제인 증오범죄의 형식, 즉 전위된 공격행동 또한 사회적 긴장의 결과임을 알 수 있다. 지라르(1986)와 노르베르트 엘리아스Norbert Elias (1994) 7의 연구결과를 일련의 사회

---

6. [옮긴이] 미국의 신화학자인 조셉 캠벨은 작가이자 강연자로 유명하다. 그의 연구물들은 비교신화학과 비교종교학에서 많은 영감을 얻었다고 알려져 있다.

7. [옮긴이] 노르베르트 엘리아스는 유태계 독일인 사회학자다. 엘리아스의 이론은 권력, 행동, 감정, 지식 사이의 연관성 탐구라는 말로 요약될 수 있다. 저서로는 『모차르트』(*Mozart*, 박미애 옮김, 문학동네, 1999), 『궁정사회』(*The Court Society*, 박여성 옮김, 한길사, 2003), 『문명

이론과 결합한 아일랜드계 행형학자penologist 배리 본Barry Vaughan은 희생양 만들기와 관련된 세 가지 특징을 설명하고 있다 : "희생양 만들기는 공통의 위협요소를 자극해 혼란에 빠진 시민사회를 단결시키고,(Mead 1964) 사회적 관심이 [개인의 안위 걱정 같은] 진정한 불안유발 요인에 닿지 못하게 하는 방식을 통해 개인주의적 사회의 시초인 운명론이 사회 내에서 태동하지 못하게 만든다.(Douglas 1986) 그리고 희생양 만들기는 지속적인 가치화 과정을 겪어 가치가 소멸된 희생양을 떠나 다른 희생양을 찾게 된다."(2002, 205)

이 장은 희생양 현상의 다양한 측면을 살펴보고 이 현상의 역사적 기원을 검토해 보면서, 결론적으로 의식적 행동과 무의식적인 충동을 구별하는 희생양과 관련된 주요 심리학 이론을 다루었다. 심리학, 사회학과 문화 이론을 융합한 이 작업은 희생양 현상을 설명하는 데 적합한 여러 학문 분야에 걸친 접근법을 발전시켰다. 이는 분명 테러와의 전쟁을 논할 때 주요하게 다루어야 할 요소이다. 이 같은 분석에 더 집중하기 위해 우리는 희생양 이론과 관련된 다양한 해석을 이용했다. 이를 통해 우리는 중대한 사회적 위기가 발생했을 때 이방인들에 대한 신랄한 비판을 전개한 통제의 문화와 타자의 범죄학의 실상을 밝혀냈다. 이 과정에서 우리는 비판적 범죄학을 완성해 낼 수 있었다. 다음 장이 심도 있게 다루고 있듯이 9·11 테러 이후의 상황들은 미국 사회가 배타적일 뿐 아니라 사회적 통제가 심화된 사회가 되었음을 보여 준다.(Cohen 1985; Young 1999)

화 과정』(*The Civilizing Process*, 박미애 옮김, 한길사, 2006)이 유명하다.

4장

테러에 대항하는 십자군

현재 미국은 전제정치와 [그와 관련이 없는] 나머지 세계 사이에 서 있는 유일한 국가다. 우리는 히틀러로
부터 유럽을 구했다. 그리고 지금 우리는 [이슬람] 근본주의자들로부터 세계를 구하고 있다. 이들은 자신
들이 가고자 하는 곳으로 가서 어떤 일이라도 저지를 수 있다. 심지어 아이들조차 살해할 수 있을 것이다.
— 캐롤 핸늘 (A. 핸너포드, 「무엇이 부시에 대한 사랑을 막는가?」, 『가디언 위클리』, 2004에서 재인용)

이슬람 항공기 납치범들 때문에 공항들은 우스꽝스럽고도 비효율적인 방식으로 수지 챕스틱1을 괴롭혔
다. 모든 승객을 언제든 살인을 저지를 수 있는 미치광이로 가정하는 것은 이치에 맞지 않는다. 우리는 누
가 미치광이 살인자인지 알고 있다. 그들은 지금 환호하며 춤추고 있는 사람들이다. 우리는 그들의 나라를
침략해 그들의 지도자를 죽이고 그들을 기독교로 개종시켜야 한다.
— 앤 코울터, 「이것이 전쟁이다」, 『앤 코울터 아카이브』, 2001

『십자군 : 부정한 전쟁의 연대기』*Crusade : Chronicles of an Unjust War* (2004a)에
서 제임스 캐롤James Carroll은, 새천년을 맞이해서 우리가 주목할 필요가 있
는 일련의 사건을 살펴보았다. 이는 분명 시기적절하게 출판된 책이다. 이

---

1. [옮긴이] 수지 챕스틱(혹은 수잔느 수지 채피; Suzanne "Suzy" Chaffee)은 미국의 유명한 알
파인 스키선수로 활약했던 사람이다. 또한 그녀는 배우로 활동하기도 했다. 9·11 테러 이후
의 미국은 챕스틱 같은 유명인들도 테러 용의자로 몰려 조사를 받아야 하는 지경에 이르렀
다. 유명인들도 이렇게 곤혹스러운 일을 겪어야 했는데, 일반인들이 겪어야 했던 불편은 이
루 말할 수 없을 만큼 심각했다.

를 통해 우리는 2000년이 되었을 때 세계에 들이닥칠 갑작스러운 변화로 인한 사회적 불안이 점차 성장하고 있었음을 알 수 있다. 소위 말하는 Y2K 문제는 흐릿하게나마 전 세계 사람들의 의식에서 주목받고 있었다. 우리는 그 당시에 컴퓨터들이 집단적으로 새로운 날짜체계에 적응하지 못해 대량으로 파손될 것임을 골자로 하는 기술적 문제로 인해 상당량의 사회적 불안이 등장했음을 기억한다. 사실, 컴퓨터와 크게 상관이 없는 것들, 예컨대 현금인출기와 공항통제 프로그램까지도 문제를 일으킬 수 있었다. 이러한 상황들을 조금 더 자세히 살펴보면, 우리는 발생 가능하면서도 예측 불가능한 문제들이 강력한 신화적 힘과 보조를 맞추고 있음을 알게 된다. 주류 사회는 공포와 위험이라는 감각적 토대를 갖는 새천년의 열병에 빠져 세속적이고 현실적인 태도를 취하지 못하게 되었다. 주류사회는 마치 중세의 미신을 떠올리고 있는 것 같았다. 심지어 캐롤뿐 아니라 지적이고 이성적인 사람들도 세상의 이 중지 상황을 대비해 식수를 사재기하고 다량의 현금을 인출해 놓았다.

물론 신비의 날짜가 지나갔는데도 컴퓨터는 별 문제를 일으키지 않았고 항공기는 [아무 문제없이] 이륙했으며 세상은 정상이다. 새천년의 재앙은 2001년 9월 11일에 찾아왔다. 하늘에서 항공기가 떨어졌고 수천 명이 죽었고 완전히 새로운 종류의 공포가 인간의 상상력을 사로잡았다. 시간도 그만의 역할을 해냈다. 시간은 세계적 동시성을 창조했다. 이 세계적 동시성은 이 끔찍한 사건을 끊임없이 반복 재생하면서 전체 인류를 이 사건의 목격자로 전환시켰다. 과도한 반복 재생은 사람들로 하여금 쌍둥이 빌딩에서 뛰어내린 육신이 절대로 땅에 닿지 않을 것이라고 생각하게 만들었다. 텔레비전은 이 왜곡과정에서 중대한 역할을 맡았다. 한낮의 악몽이었다. 뉴욕의 세계무역센터는 주변 거리로 무너져 내렸을 뿐 아니라 CNN 방송을 접한 모든 사람의 마음속으로도 무너져 내렸다.(Carroll 2003b, 14)

미국인들이 부시 대통령을 지켜보며 그가 9·11 테러 발생에 뒤이은 행정부의 대응 방식을 발표하기를 기다리고 있었을 때, 부시는 고문들이나 담화문 작가들의 도움 없이 테러와의 전쟁이 십자군 전쟁이 될 것이라고 재빨리 선언했다. 캐롤은 십자군이라는 말을 듣자마자 현기증으로 주춤했고 부시가 그 말을 말도 안 되게 사용하고 있다고 생각했다. 로마 가톨릭 신자인 캐롤은 십자군 전쟁이 세계의 역사적 범죄임을 인정했다. 그리고 그는 십자군 전쟁에 대해 유감을 표했다. 텔레비전에서 인질을 참수하는 장면이 방영되어 대중을 충격에 빠뜨리게 한 이라크 "반란분자"가 있기 수천 년 전에 이미 기독교 십자군은 이슬람 군인들을 참수했다. 현기증이 가시자 캐롤은, 테러와의 전쟁을 십자군에 비유한 부시의 말이 "의도적이지는 않았을지라도 이 전쟁의 현실적 의미를 우연적으로나마 살펴볼 수 있게 해 주었다"는 사실을 깨달았다.(2004b, 14; 2002)

이 장은 정치와 정부가 관여해 왔던 종교의 사회학에 대해 설명함으로써 테러공격에 대항하기 위해 소집된 이 십자군의 의미를 살펴보고자 한다. 오랜 시간에 걸쳐, 연구자들은 종교를 정교한 사고의 틀로 이해하는 작업을 진행해 왔고 여기에 중요성이 있음을 잊지 않았다. "종교로 인해 발생 가능한 결과들에는 종교 지지자와 반대자 모두의 이해관계가 얽혀 있다. 민주주의를 발전시키는 데 필요한 종교의 역할은 무엇인지, 폭력을 자극하는 종교는 어떤 모습인지, 그리고 종교가 가족을 교육하는지 혹은 편견만 조장할 뿐인지 등의 문제는 앞으로 논의되어야 할 질문들이다."(Wuthnow 2004, 216; Berger 1967, Wuthnow and Evans 2001 참조) 이와 관련해 우리는 미국에서 새로이 등장하고 있는, 보수적 기독교를 향해 나아가는 미국인들의 여정, 그리고 사회정책, 특히 신비주의적 힘의 흔적을 지속적으로 남기고 있는 백악관의 대테러정책을 향한 여정을 되짚어 볼 것이다. 유감스럽게도 이 두 가지의 여정은, 이슬람교를 부정적인 시각으로 몰아가며 편견과 편협한 마음을 재생산하는 정치선전에서 그 특징을 드러낸다.(Mamdani 2004; Said 1997, 1979) 이 장은 종말론적 상상력apocalyptic imagination 자체를, 그리고 이 상상력이 미국을 위협하는 테러리스트뿐 아니라 이 악을 섬멸하기로 결의한 십자군의 폭력정신을 어떻게 고취시키고 있는지를 비판적으로 살펴볼 것이다.

종교가 된 국가

희생양 만들기의 기원을 다룬 제3장에서 살펴본 것처럼 인류학자들과 사회학자들은 서로 조금씩 다르게 종교에 관한 연구를 진행해 왔다. 인류학자들이 상징주의, 신화, 의례에 연관해 종교연구를 진행하는 반면 사회학자들은, 종교가 사회운동과 정치를 포함한 사회제도에 어떤 영향을 미치는가에 가치를 둔다. 자신의 유명 저서 『종교적 요인』 *The Religious Factor* 에서 게르하르드 렌스키Gerhard Lenski 2는 미국 사회가 앞으로 민족 집단이 아닌 사회적이고 종교적인 집단을 집단지위 체계의 토대로 삼게 될 것이라고 예측했다.(1961, 363) 이 예측은 현대 사회학자들의 이론에서도 반영되었다 : "소위 새로이 등장한 종교 우파의 성장은 중요한 부분에서 렌스키 모델에 잘 부합한다. 다수의 영역에서 종교 우파는 그가 상상한 것 이상이다. 적극적인 활동을 선보이고 있는 종교인들은 서로 다른 개신교 교단뿐 아니라 개신교-가톨릭의 경계를 넘어 정치적으로, 그리고 더 넓게는 사회

---

2. [옮긴이] 게르하르드 렌스키는 종교적 · 사회적 불평등, (문화적 진화를 다루는) 생태 · 진화 사회이론을 연구한 미국의 사회학자. 그의 대표작으로는 『권력과 특권』(*Power and Privilege*)과 『인간 사회 : 거시사회학 개관』(*Human Societies : An Introduction to Macro-sociology*)이 있다.

적으로 행동하고 있다. 교단은 덜 중요해졌고 렌스키가 주장한 것처럼 광활한 네트워크의 구성원인 복음주의자들의 의식이 다방면에서 더 중요해졌다."(Calhoun 2004, 201) 여기서 우리는 종교적 복수성religious plurality을 확인할 수 있다. 2000년에 진행된 한 조사에 따르면 "기독교가 하나님을 이해하는 최고의 방법"이라는 데 66%의 미국인이 찬성했으나 "모든 종교가 하나님에 대해 알아가는 데 동등하게 좋은 방법"이라는 데 또한 66%의 사람들이 동의하고 있었다.(Wuthnow 2004, 213)

미국 사회의 모든 종교가 발전하고 있는 상황에서 복음주의적일 뿐 아니라 영적으로 거듭난 기독교인들born-again Christian 3의 열정은 언론의 지대한 관심을 끌고 있다. 이 종교적 초超보수주의자들religious archconservative은 그들의 신앙이 이성보다 중요하다고 생각한다. 그 결과, 이들은 최근에 등장한 이른바 문화전쟁culture war의 국면에서 다른 세속적인 사람들과 전쟁을 치르고 있다. 미국이 사회 내에 도덕적 규율들을 확립하려고 했을 때, 복음주의evangelicalism■ 담론은 예수의 이미지를 단호하고도 호전적이며 마초적인 것처럼 그려내는 방식에 따라 형성되어 대중문화 속으로 침투해 들어갔다. 전사 예수warrior Jesus는 종말론적 소설 시리즈인 『남겨진 것』 Left Behind의 주인공이다. 이 시리즈물 중에서, 『영광스러운 등장』Glorious Appearing(2003)의 공저자 팀 라헤이Tim LaHaye와 제리 B. 젠킨스 Jerry B. Jenkins 는 예수의 재림을 마치 예언자가 등장하는 액션 영화의 한 장면인 양 묘사한다. 선정주의로 가득한 화염, 그리고 지옥 불과 함께 등장한 근육질의 예수는, 믿음이 소멸된 현실세계에서 살육을 감행하는 방식으로 처절한 복수를 단행한다. 전사 예수는 최근에 등장한 복음주의의 문화적 산물에 지나

---

3. [옮긴이] 영적으로 거듭난 기독교인이란 기독교에 귀의하기 전까지 방탕한 삶을 살았지만 기독교에 귀의하고 난 이후, 새로운 "참된" 삶을 살게 된 사람을 의미한다.

지 않는다. 9·11 테러 이후, 사회 전반에 널리 퍼진 복수를 갈망하는 분위기와 아프가니스탄과 이라크 침공의 이면에 경건한 목적이 있다고 주장해 온 부시는 이 복음주의를 전파하는 데 일조했다. 음침하고도 용맹스러운 메시아, 전사 예수는 고결한 평화주의자, 심지어 유약하기까지 한, 다시 말해 다른 쪽 뺨까지 대주라고 말했던 예수와 상당히 다르다. 〈복음주의자국민연합〉National Association of Evangelical의 테드 해거드Ted Haggard 4는 전사 예수가 건장한 교정자로서, 신성의 의미가 자비보다는 심판에 더 가깝다는 점을 사람들에게 일깨워 주었다고 말한다 : "신에 대한 공포는 귀중한 감정이다. 우리의 더럽혀진 유리창과 대중문화 속에서 예수는 마시멜로 marshmallowy 5나 산타클로스가 되어 기독교 교리의 수호와 전혀 어울리지 않는 이미지로 고착되었다."(Kirkpatrick 2004a, 6)

비평가들은『남겨진 것』시리즈의 저자들이 성경내용의 대부분을 배타적으로 해석하여 그릇된 결과를 초래해버렸다고 주장했다. 정확히 말하자면 비평가들은, [전사로서] 재림한 예수가 영적으로 거듭난 기독교인들을 제외한 대부분의 사람들, 예컨대 불가지론자·유대교도·힌두교도·이슬람교도를 학살한다는『남겨진 것』의 서사 진행방식에서 큰 문제점을 발견했다. "사우디아라비아 사람들이 이슬람주의적 시각에 의존해 이와 유사한 시리즈물을 썼다면 우리[미국인들]는 불쾌함을 금치 못하고 분별 있는 이슬람교도들에게 이러한 증오를 이용한 일련의 상품들을 구매하지 말도록 요구했을 것이다."(Kristof 2004, A23) 공저자 라헤이와 젠킨스는 비기독교도를

향한 학살행위를 경축하기 위함이 아니라 성경에 기록된 고통스러운 당대 현실을 드러내고자 이 시리즈물을 쓰게 되었다고 주장해 사태를 무마시키려고 했다. 그들의 저작이 보여 주는 것처럼 "다양성과 관용의 시대에 이러한 종류의 서사는 사람들 사이에 불화를 조장하는 공격적인 메시지이자 도가니crucible 6다."(Kristof 2004, A23)

미국 행정부가 정교분리를 공식적으로 선포했음에도 교회와 국가는 불가분의 관계를 맺으며 동반자 관계를 유지하고 있다. 1830년대에 초기 미국을 둘러본 알렉시 드 토크빌Alexis de Tocqueville 7은 미국만의 고유한 민주주의 형식을 탄생시킨 종교와 정치 사이의 견고한 동맹관계를 발견하고 놀라움을 금치 못했다.(1835) 오늘날에도 지속되고 있는 종교-정치 합병현상은 그때보다 더 심각한 수준이다. 2004년 대선에서 종교가 중추적인 역할을 담당했다는 주장은 과장이 아니다. 2004년 6월, 『뉴욕 타임즈』는 자체 조사 결과를 인용하며 절반에 가까운 42%의 사람들이, 대통령 후보자들이 그들의 삶에서 종교가 어떠한 역할을 수행하고 있는지에 대해 언급하는 것을 좋아한다고 발표했다. 42%라는 수치는 1984년 조사 때보다 22% 상승한 것이다.(Goodstein 2004) 선거 유세에서 종교가 점차 중요해지고 있는 현상은 우리 사회의 시대풍조를 잘 드러내 준다. 〈대중생활종교연구

---

6. [옮긴이] 여기서 도가니라는 말은 의미심장하다. 1950년대의 미국을 휩쓴 반공산주의 선풍, 즉 매카시즘(McCarthyism)을 풍자하기 위해 아서 밀러(Arthur Miller)가 쓴 희곡의 제목도 『도가니』(The Crucible)다. 밀러의 『도가니』가 공산주의자로 몰려 희생된 사람들의 혹독한 시련을 다루고 있다면 『남겨진 것』 시리즈물이 만들어 놓은 미국 사회라는 도가니는, 단지 기독교인이 아니라는 이유만으로 모진 고통을 겪어야 할 비기독교인들과 관련이 있다.

7. [옮긴이] 프랑스의 정치철학자이자 역사가인 알렉시스 드 토크빌은 『미국의 민주주의』(Democracy in America)와 『구체제와 프랑스 혁명』(The Old Regime and the Revolution)의 저자로 유명하다. 흥미롭게도 드 토크빌은 미국 여행 이후 집필한 『미국의 민주주의』에서 스스로 왕당파임에도 민주주의 체제를 건설해 나가고 있는 미국 사회를 높이 평가하고 있다. 그럼에도 『미국의 민주주의』는 미국 사회의 그릇된 관행에 대한 비판을 담고 있는데, 그 가운데 하나가 정교분리가 제대로 이루어지지 않았다는 것이다.

소〉 Center for the Study of Religion of Public Life의 소장 마크 실크Mark Silk는 "미국의 정치현실에서 복음주의적 목소리가 1980년대 이후, 어느 정도 회복되었다. 이제 종교에 대해 언급하는 경우가 일상적인 것이 되었다"고 말했다.(Goodstein 2004, sec. 4, 2)

공화당의 선거유세는 여전히 강경한 위협전술을 따르고 있다. 그러다 보니 공화당은 아직까지 세련된 종교 담론을 형성하지 못하고 있다. 공화당은 대선이 있기 몇 달 전, "자유주의자들"이 성경을 금지하고 있다는 경고문을 아칸소 주Arkansas와 웨스트버지니아 주 주민들에게 우편으로 전달했음을 인정해야 했다. 물론 이 경고문은 종교에 큰 가치를 두는 유권자들이 부시에게 투표하도록 조작하기 위한 전략이었다. 또한 이는, 자유주의자들이 성경에 나오는 이미지를 상징적으로 사용하는 것을 "금지"하고 동성애자 결혼을 "허용"할 것이라는 식의 담론을 펼쳐, 자유주의자들에게 치명적인 낙인을 찍기 위한 전술의 일환이었다. 공화당이 발송한 우편물에는 다음의 경고 문구가 적혀 있었다 : "당신이 투표하지 않는다면 이러한 일이 아칸소 혹은 버지니아에서 발생할 것이다." 〈종교간 연대〉 Interfaith Alliance 8에 소속된 자유주의 종교단체들은 이러한 선동에 심각한 문제가 있다고 주장했다. 이들 단체의 대변인 돈 파커Don Parker는 공화당이 "사람들의 공포와 감정을 가지고 놀고 있다"고 말했다.(Kirkpatrick 2004b, A22) 〈공화당 국가위원회〉 Republican National Committee의 크리스틴 아이버슨Christine Iverson은 어떠한 변명도 사과도 하지 않았다 : "매사추세츠 대법원이 동성애 결혼을 허용하면서 또 다른 주의 시민들이 이 판결을 인정해야 하는 상황이 그들에게 도래했음을 깨달았을 때 동성애 결혼은 사회 문제가 되었다. 그리고 이

---

8. [옮긴이] 〈종교간 연대〉는 신앙과 자유를 보호하기 위해 1994년에 설립된 미국의 종교단체다. 이 단체는 개인의 권리를 존중하고 종교와 국가 사이의 경계를 보호하며 극단주의에 대항하고 공통의 종교적 토대를 형성하는 것을 목표로 삼고 있다.

같은 판결을 내린 판사들은 '하나님의' 말씀을 국기에 대한 맹세Pledge of Allegiance에서 제거하고자 한다."(Kirkpatrick 2004b, A22; 2005a)

2004년 대선 당시, 종교적 온건주의자들은 이 사태의 심각성을 제대로 파악하지 못한 채 이 문제를 평가하는 큰 실책을 범했다. 이들이 생각할 때 주류 기독교인들은 현실적으로 강력한 권력을 보유한 유권자 집단이긴 해도 근본주의자들은 아니었다. "대부분의 미국인들이 도덕성을 바라보는 시각은 조금 더 복잡하다. 많은 사람들이 궁핍한 자들을 돕고 전쟁을 방지하며 박애주의의 목적을 달성하기 위해 일하라는 예수의 명령 속에서 고귀한 도덕성을 발견할 수 있다고 생각한다. 이러한 교인들은, 민주당이 성경을 금지하길 원한다는 식으로 전개되는 유치하고도 근거 없는 주장을 믿지 않을 것이다."(*Charleston Gazette* [West Virginia] 2004, 16) 그럼에도 현실은 이와 다르게 나타났다. 부시는 종교적 성향이 강한 유권자들의 강력한 연대에 힘입어 재선되었다. 종교가 된 국가, 미국의 복음주의자들의 신뢰를 등에 업고 있었지만 부시는 보수 가톨릭교도, 주류 개신교도, 유대교도, 모르몬교도에게서도 그의 정권 재창출을 위해 필요했던 빚을 지고 있었다. 부시의 선거캠프의 선거 전략가들은 앞서 언급된 종파들로부터 자신들에게 유리한 표를 줄 수 있는 유권자들을 선발했다. 이 유권자들은 종교를 얕보는 대중문화로 인해 소외되고 경멸받고 있다는 피해의식을 지니고 있었다. 게다가 모든 종교분파의 보수주의자들은 [미국] 사회 문제의 삼위일체trinity of social issues, 낙태·동성애 결혼·배아 줄기 세포 연구를 금지하겠다는 부시의 헌신적 태도와 자신들의 입장을 일치시켰다.(Goodstein and Yardley 2004, A22)

이 사회문제의 삼위일체에 대한 금지가 대중적 지지를 획득하면서, 자유주의자들은 부시의 정권 재창출에 내재한 깊은 의미를 발견하고는 망연자실하고 말았다. 그 의미는 도덕적 가치에 대한 설득력에 있었다.9 선거 여론 조사원들은 도덕적 가치라는 신화를 일소하기 위해 노력하지 않는다. 〈신도연구소〉Pew Research Center의 소장 앤드류 코허트Andrew Kohut 는 유권자들의 도덕적 가치에 의존해 진행되고 있는 당시의 사회현상을 가리켜 이렇게 경고했다 : "선거는 분명 어느 정도 가치의 문제다. 하지만 이번 선거는 존 케리에 대한 선거이면서도 테러와의 전쟁 그 자체와 이 전쟁을 다루는 부시의 방식에 대해 미국인들이 어떤 감정을 느끼고 있는지에 대한 선거이기도 했다."(Goodstein and Yardley 2004, A22) 더 나아가 ABC 뉴스의 선거여론 조사 담당자 개리 랭거Gary Langer는 정치적 소용돌이로 혼탁해진 출구조사 질문방식에 심각한 방법론적 오류가 있다고 지적했다. 에디슨/미토프스키Edison/Mitofsky (2004)의 연구에 따르면 가장 중요한 사회 문제를 판단할 때 미국 사회에서는 도덕적 가치가 22%로 가장 중대한 영향을 끼쳤고 경제와 직업이 20%, 테러리즘이 19%, 이라크 문제가 15%, 건강 문제가 8%, 세금이 5%, 교육이 4%를 영향을 미쳤다.(Seelye 2004a, P4) 랭거는 여론조사가 출구조사 자료를 정확히 반영하고 있음에도 현실을 정확히 드러내는 것은 아니라고 주장한다. 도덕적 가치는 정치에 대한 분별력보다는 개인의 특성을 나타내는 지표일 뿐이기 때문이다. 결과적으로 얼치기로 고안된 출구조사는 선거결과에 부정적 영향을 미친다 : "도덕적 가치는 보물 뽑기 주머니라 할 수 있다. 도덕적 가치는 낙태, 동성애 결혼, 줄기 세포 연구를 반대하는 사람들에게만 지지를 호소하지만 광범위한 영향력이 있기 때문에 이와 다른 입장의 사람들에게도 영향을 끼친다."(Langer 2004, A19) 또한 랭거는 경제·직업, 건강, 교육, 이라크 문제가 케리에게 유리했던 반면 부시에게는 테러리즘과 세금문제만이 호재로 작용했다고 지적했다 : "당신이 테러리즘과 세금문제에 대한 관심이 없음에도 부시를 지지했다면,

9. [옮긴이] 미국 사회에서 도덕적 가치를 부활시키겠다는 선언은 부시의 정권재창출에 결정적 작용을 한 요인이었다.

출구조사 질문에 대한 당신의 대답에 도덕적 가치가 영향을 끼친 것이다."(Langer 2004, A19) 여론조사에 따르면 도덕적 가치를 선택한 사람들의 80%가 부시를 지지했다. 그렇다면 이토록 중요한 출구조사가 어떻게 이렇게 부실하게 고안될 수 있었던 것일까? 랭거에 따르면 출구조사가 도덕적 가치를 중시하는 사람들에 의해 작성되기 때문이다. 그럼에도 랭거는, 가장 긴급한 사회문제 연구를 위한 초석으로 기능한다는 점에서 우리 사회의 종교, 정치와 이데올로기 간의 교차점을 보여 주는 출구조사의 시행을 옹호한다.

하나님의 백악관

거의 모든 미국 대통령들이 임기 동안 종교에 호소해 왔지만 부시만큼 자신의 정치적 페르소나political persona 10의 중심에 신앙을 둔 대통령은 없었다. 하나님을 향한 부시의 노골적 헌신은 신앙을 토대로 진행된 이라크 침공과 대테러정책11을 포함하여 부시 행정부의 의사결정을 설명하는 데 이용될 모든 항목에서 구체화되었다. 그에게 투표했는지의 여부와 상관없이 대중은 이 사실을 알고 있었다. 물론 민주당과 공화당의 정치인들뿐 아니라 언론인들과 연구자들이 이 사실을 모를 리가 없었다. 연이어 실패한 정책을 펼치고 있던 부시의 백악관은 국가사안을 처리할 때마다 기

---

10. [옮긴이] 페르소나란 인격이나 위격(位格)을 의미하는 라틴어다. 페르소나는 본래 연극배우가 쓰는 가면을 지칭하는 말이었으나, 이후 인문학 전반에서 차용되었다. 일반적으로 페르소나는 자기 이성과 의지에 따라 자유로이 행동하는 주체의 외양을 의미한다.
11. [옮긴이] 원문에는 테러와의 전쟁(the war on terrorism)이라고 쓰여 있다. 하지만 이라크 침공이 테러와의 전쟁의 일환으로 진행된 점에서 볼 때, 이 부분은 이라크 침공 이후에도 부시 행정부가 지속적으로 시행해 온 대테러정책을 의미한다고 판단되어 대테러정책으로 번역했다.

이할 정도로 기독교에 크게 기대고 있었다. 때문에 부시 행정부는 역대 미국 행정부 가운데 가장 많이 기독교에 의존한 행정부로 평가받을 것이다.(Woodward 2004)

부시는 그의 인생 중반기에 도래한 개인적 위기를 극복하는 과정에서 영적으로 거듭난 인물로 알려져 있다. 기독교를 향한 그의 깊은 헌신은 자신의 결혼생활에 문제를 불러온 음주 문제를 극복할 수 있게 도와주었다. 자신을 찾아온 기독교 신앙 덕분에 부시는 그의 개인적이고 정치적인 삶을 모두 변화시킬 수 있었다. 부시가 텍사스Texas 주지사에 재선되어 취임식이 있던 날, 〈남부침례회의〉Southern Baptist Conference의 리차드 랜드Richard Land는 부시가 자신에게 했던 말을 회상하며 그의 동료들에게 이 말을 전달했다 : "나[부시]는 하나님이 내가 대통령이 되길 원하신다고 믿는다. 우리는 하나님이 주신 우리의 권리를 이해할 상식 있는 심판자들이 필요하다. 그리고 내가 심판석에 앉히고 싶은 종류의 심판자들이 바로 그들이다."12 (Stanley 2004, E1; Frontline 2004) 1993년, 부시는 한 기자에게 인간이 천국에 가기 위해 반드시 신을 영접해야 한다고 믿는다는 자신의 신념을 언급했다가 커다란 비판의 목소리를 들어야 했다. 이를 계기로 부시는 종교를 공적으로 논의할 때 요구되는 조금 더 능숙한 방법을 배우게 되었다. 2000년 대선 유세기간 동안 부시는 학교에서 창조론과 진화론 모두를 가르쳐야 한다는 자신의 신념을 언급했다. 하지만 그는 창조론과 진화론 가운데 스스로 어떤 것을 더 선호하느냐에 대한 질문에 휘말리는 것은 거절했다.(Suskind 2004; Wills 2003)

정치 분석가들은 보통 부시가 자신의 신앙을 드러내는 일이 그의 진심

---

12. [옮긴이] 부시가 자신의 대통령 당선을 하나님의 뜻으로 해석한 일화는 매우 유명하다. 이 일화에 대한 간략한 비판은 리차드 도킨스(Richard Dawkins)의 『만들어진 신』(*The God Delusion*, 이한음 옮김, 김영사, 2007)에서도 다루어지고 있다.

이 담긴 행위일 수 있음을 부정하지 않는다. 하지만 분석가들은 대개 부시의 이러한 행위가 정치적 지지를 그에게 집중시키기 위한 정치적 계산에 따른 의도적 작전일 수 있다는 데 의견을 모으고 있다. 부시의 연설문에는 성경의 구절이 정기적으로 인용된다. 2001년 1월 21일 취임연설에서 부시는 거드름을 피우며 "천사가 아직도 회오리바람을 타고 있으며 이 폭풍을 지휘하고 있다"고 말했다. 「욥기」Job와 「에스겔서」Ezekial에서 회오리바람은 신의 목소리를 전달할 매개물을 상징한다. 예수와 사탄에 대한 성서적 이분법을 암시하기 위해 부시가 선과 악을 언급하는 경우는 9·11 테러 이후 증가했는데, 이는 우리의 주목을 끈다.(Yourish 2003, 28) "우리는 선과 악의 분쟁상황에 놓여 있고 미국은 하나님의 이름으로 악을 심판할 것이다"(육군사관학교 졸업식에서의 부시의 연설, 2002년 6월 1일). "자유와 공포, 정의와 잔혹은 항상 전쟁을 치르고 있다. 그리고 우리는 이들 사이에서 신이 중립을 지키지 않는다는 사실을 알고 있다"(부시의 의회연설, 2001년 9월 20일).

부시는 광활한 기독교적 스펙트럼에 소속된 종교적 성향이 강한 유권자들에게 자신을 지지해 줄 것을 요청했다. 그는 신학적이고도 종파적인 다양한 이념들을 차용하고 있다. 부시가 "섭리"providence나 "신의 의지"God's will라는 말을 사용한 것은 칼뱅주의Calvinism■를 연상시킨다. 또한 그의 신학적 용어의 사용은 미국인들의 종교성을 표현한다. 이러한 종교성은 전쟁기간 가운데 특징적으로 등장하고는 했는데, 이때 미국인들은 불가해한 신과 미국의 국가적 목적을 연결 짓고는 하였다.(Bellah 1988, 1975; Fineman 2003) 보통 이러한 신앙은 운명론과 관계가 있다. 전직 부시 연설문 담당자 데이비드 프럼David Frum은 여기에 운명론적 요소가 있음을 인지했다 : "세계를 지배하는 신이 존재한다고 굳게 믿고 있는 사람들은 최선을 다하여 인생을 살아갈 것이며 그의 모든 일은 모두 잘 풀릴 것이다."(Fineman 2003, 29) 이

독특한 형식의 칼뱅주의는 9·11 테러 이후 부시가 발표한 연설에 깊은 영향을 끼쳤다. 9·11 테러가 발생하고 3일 뒤, 워싱턴의 국립대성당에서 추모식이 열렸을 때 부시는 이렇게 선언했다 : "역사를 향한 우리의 책임은 이미 분명히 드러났다. 이 테러공격에 대응하고 악의 세계를 섬멸시키는 것이 바로 우리의 책임이다."(Lifton 2003b, 12; Woodward 2004) 대통령이 되라는 신의 호명을 받았다는 부시의 주장은 자신이 대통령으로 선출된 것이 신의 명령에 따른 것임을 암시한다. 부시의 이러한 메시아주의messianism▪는 『히브리서』[구약]의 예언적 임무를 상기시킨다. 2003년 일반교서State of the Union Address 13에서 부시는 미국이 "악인들의 계획을 잠재우기 위해" 계속 전진해야 한다고 주장했다. 그는 "신이 축복 받은 미국에게 내린 사명이 세계를 더 살기 좋은 곳을 만드는 것"과 관련되어 있다는 점을 그 이유로 들었다.(Stam 2003, 27; Marty 2003 참조)

부시의 종교성은 특히 그의 정치행보에 큰 영향을 미쳤다는 점에서 자주 신랄한 비판의 대상이 되었다. 신학자 후안 스탬Juan Stam은 부시의 세계관 혹은 이데올로기를 비판했다. 스탬에 따르면 근본주의자 부시는 복음주의적 규율의 메타언어metalanguage▪를 통해 자기만의 극단적 개인주의를 형성했고 이에 상당히 의존한다. 부시는 종교와 정치의 혼합과정을 통해 상당한 정치적 이익을 취할 수 있었다. 분명한 점은 부시가 마니주의 Manich(a)eism , 메시아주의, 기도의 조작적 이용으로 정의되는 세 가지 신학적 영역에서 문제를 야기할 만한 행동을 취했다는 사실이다. 마니주의는 모든 현실을 절대 선과 절대 악이라는 두 가지 실체로 구분하는 고대의 개념이다. 수세기 전에 기독교 교회는 이단성을 들어 이 마니주의를 폐기했다. 9·11 테러 이후 부시는 이렇게 선언했다 : "이 전쟁은 선과 악 사이의

---

13. [옮긴이] 일반교서란 미국 대통령이 매년 의회를 상대로 진행하는 국정보고를 의미한다.

기념비적 전투임이 틀림없으나 분명 선이 승리할 것이다."(Stam 2003, 27) 테러공격에 대한 간단한 설명을 내놓으면서 부시는 진언mantra 14을 되풀이했다 : "세상에는 자유를 싫어하는 사람들도 있다."(Stam 2003, 27) 다시 말해 스탬에 따르면 부시는 테러리스트들이 너무 사악한 존재들이어서 모든 선을 그것이 선이라는 이유만으로 증오하고 있다고 주장하고 있는 것이다. 하지만 우리는 이에 대해 다음의 질문을 제기할 수 있다 : "그러나 테러리스트들이 자유를 혐오한다면 그들이 캐나다, 즉 몇 가지 경우에서 드러나듯이 미국보다 더 민주적인 국가를 공격하지 않는 이유는 무엇인가. 스위스, 네덜란드, 코스타리카를 향해서는 왜 미국과 동일한 수준의 증오를 표출하지 않는가."(Stam 2003, 27) 스탬은 부시가 종교적 언어를 이단적으로 조작하고 있다고 비판한다. 왜냐하면 부시가 자신을 "선민"chosen one이라고 주장하는 메시아주의적인 주장을 펼치면서 정치적 이익을 위한 수단으로서의 기도를 통해 여론 조작을 펼치는 경우가 비일비재하기 때문이다. 부시가 내놓는 담화내용과 구약에 등장하는 거짓의 예언자들의 이야기는 명백히 서로 교차한다. "진실의 예언자들이 야훼Yahweh[하나님]의 지배, 국가와 개인을 심판하는 정의와 사랑이 넘치는 하나님에 대해 이야기했던 반면, 거짓의 예언자들은 권력에 의해 조종되어 바알신Baal[우상]을 숭배했다. 이렇게 부시와 거짓 예언자들 사이에 얼마나 많은 유사성이 존재하는지가 분명히 드러나고 있는 것이다."(Stam 2003, 27; Singer 2004 참조)

그의 신앙에 대한 신학적 비판을 잠시 접어둔다 해도 부시가 자신의 종

---

14. [옮긴이] 진언(眞言)이란 본래 불교에서 사용되는 신비하고 영적인 능력을 지닌 말을 의미한다. 진언은 대부분 말 자체에 어떠한 의미가 없는 것이 특징이지만, 이를 믿는 사람들은 진언에 심오한 의미, 즉 인간에게 불가해한 의미가 있다고 생각한다. 이러한 사람들은 특정한 진언을 반복해 암송할 경우, 자신의 영적인 목적이 달성된다고 믿는다. 웰치는 부시가 연설에서 한 말들을 진언에 비유함으로써, 부시가 어떠한 실제적 근거도 없이 테러와의 전쟁을 계획했음을 비판하고 있다.

교적 소명을 충족시키기 위해 백악관 권력을 이용한 사실은 심각한 비판의 대상이다. 부시는 종교적 소명에 사회 프로그램이라는 가면을 씌우는 방식을 이용해 백악관 권력을 남용했다. 전형적인 신도집단이자 기독교 우파를 대표하는 〈기독교연합〉Christian Coalition of America은 클린턴 행정부의 집권 후반기, 1990년대 후반의 미국 사회에서 붕괴직전의 상태였다. 이 시대적 분위기에 따라 부시는 뉴트 깅거리치Newt Gingerich 15의 시대와 종교우파를 양성하는 데 연방정부를 이용하겠다는 식으로 선거유세를 펼칠 수 없었다. 하지만 2000년 부시가 대통령이 되자, 보수주의적 기독교인들은 대중정책에 다시 한 번 영향을 끼칠 수 있는 전환점을 맞이했다. 이렇게 새로이 거듭난 사회운동은 수백 달러가 넘는 국고가 기독교 우파에 소속된 풀뿌리단체의 금고로 쉽게 몰릴 수 있도록 해 주었다. 정치평론가들은, 부시가 자기 신앙에 토대를 두고 완성한 이 자금계획이 보스턴의 유진 리버스Eugene Rivers 목사가 언급한 것처럼 "우파 복음주의자들을 위한 재정의 물웅덩이"가 되었다고 주장했다.(Kaplan 2004a, 20)

보수종교의 지도자, 패트 로버트슨Pat Robertson이 이끄는 〈오퍼레이션 블레싱〉Operation Blessing은 [정부로부터] 운영자금을 지원받게 된 최초의 종교집단 가운데 하나다. 이 종교집단에게 3년마다 50만 달러가 지급되었고 그 총액은 150만 달러에 이른다. 이 때 지급된 자금은 군소규모의 풀뿌리 종교집단에게 기술지원을 제공하기 위해 사용되었다. 이 소규모 집단들이

---

15. [옮긴이] 뉴트 깅리치(Newt Gingrich)로도 알려진 뉴트 깅거리치는 1970년대부터 보수주의 정치활동을 펼쳐 이름을 알린 미국 정치인이다. 깅거리치는 1993년에 출범한 클린턴 행정부에게 맹렬한 비판을 제기한 정치인으로 유명하다. 그는 1994년 중간 선거를 앞두고 보수주의에 기초를 둔 공약 입안을 주도해 국민적 인기 몰이에 성공했고, 그로써 공화당이 40년 만에 하원의 다수 의석을 확보할 수 있게 한 장본인이다. 그가 주도한 공약으로 승리한 공화당은 일명 깅리치 혁명(Gingrich Revolution)으로 세간의 주목을 받았다. 정계를 은퇴한 뒤 깅거리치는 각종 강연회와 저술활동을 전개해 자신의 보수주의적 주장을 피력하고 있으며 현재 2012년 대선에 출마할 뜻을 내비치고 있는 것으로 알려져 있다.

연방예산을 스스로 얻어낼 수 있게 하기 위해서 자금이 제공된 것이다. 최근, 로버트슨은 버지니아 주정부로부터 받은 구제자금 relief dollar을 자신의 영리법인 〈다이아몬드 광산회사〉의 장비구입에 유용했다는 혐의로 조사를 받았다. 그럼에도 〈오퍼레이션 블레싱〉의 금고를 향한 행정부의 자금 지원은 끊이지 않았다. 비기독교 단체, 예컨대 유대교·불교·시크교16· 이슬람교 단체들에게 직접적으로 자금이 지원된 선례가 없었기 때문에 기독교 단체에게 중점적으로 지원된 자금은 비판을 피할 수 없었다.(Kaplan 2004a, 2004b) 2005년, 카트리나 사태Katrina hurricane 17 이후 연방 재난관리국의 홈페이지에는 로버트슨의 〈오퍼레이션 블레싱〉이 제공한 상당량의 자선기금이 명기되었다. 하지만 ABC 뉴스가 입수한 문서에 따르면 〈오퍼레이션 블레싱〉은 "로버트슨이 운영하는 기독교방송네트워크에 매년 제공하는 자선기금의 절반수준을 웃도는 정도를 기부했을 뿐이다."(Rich 2005, 12)

부시 행정부의 최고정치고문 칼 로브Karl Rove는 깅거리치가 미처 행하지 못한 일들을 처리했다. 가장 눈에 띄는 점은 로브가 사회정책 형성의 판도를 변형시켰다는 사실이다. 로브는 당대의 주류적 전문 과학자들과 정책 단체의 연방고문들의 집무를 정지시킨 뒤 전문지식이라고는 전혀 갖추지 못한 이름뿐인 이론가들을 그들의 자리에 배정했다. 로브는 민주당 인사들

---

16. [옮긴이] 시크교는 구루 나나크가 15세기경, 힌두교와 이슬람교의 교리를 결합해 만든 인도의 종교로 알려져 있다. 시크교는 힌두교의 교리 중에서는 윤회로부터의 해탈과 신과의 합일을, 이슬람교의 교리 중에서는 유일 신앙을 받아들인다. 시크교는 힌두교의 근본이라 할 수 있는 카스트제도를 부정하고 성실한 노동과 금욕적 생활을 강조한다.
17. [옮긴이] 2005년 8월, 허리케인 카트리나는 미국 남동부를 강타해 2천 5백여 명의 사망자와 실종자를 발생시켰다. 지면의 80% 이상이 해수면보다 낮은 뉴올리언스 주(New Orleans)에서 최대 규모의 피해가 발생했다. 그럼에도 부시 행정부가 카트리나 사태를 적극적으로 해결하기 위해 노력하지 않고 있음을 보여 주는 정황들이 발견되면서 미국 사회는 부시 행정부를 비판하기 시작했다. 정치 비평가들은 부시 행정부가 늑장대응을 펼친 원인으로 뉴올리언스의 인종구성을 들었다. 이들은 뉴올리언스 사람들의 대부분이 흑인이었기 때문에 부시 행정부가 적극적으로 사태에 개입하지 않았다고 주장했다.

에 대해 어떻게 정의내리고 있는지를 묻는 질문을 받자 "박사학위 소지자"라는 모호한 대답을 내놓았다.18 (Kaplan 2004a, 21) 부시·로브 정권에서 〈미국의학협회〉American Medical Association는 아동문제해결을 위한 유엔정상회의가 개최되었을 때 미국 측 의원들에게 의학적 조언을 해 줄 수 없었다. 그 역할은 주로 종교적 성향이 짙은 회원들로 구성된 워싱턴의 보수단체 〈미국을 염려하는 여성들〉Concerned Women for America 19이 수행했다. 예전에는 〈미국변호사협회〉가 법무부에 추천할 법률가들을 가려냈지만 부시 집권기에는 우파 성향의 〈연방주의 사회〉Federalist Society가 이 역할을 맡았다. 캘리포니아 대학과 샌프란시스코 대학의 에이즈예방연구소의 전문가들은 더 이상 대통령 직속 에이즈자문위원회에서 일하지 않게 되었다 : "절제를 주제로 강연을 진행하는 전직 미인대회 출신 여왕들과 〈터닝 포인트〉Turning Point 20 출신의 짙은 복음주의적 성향을 지닌 동성애 반대 운동가들이 그들의 역할을 대신하고 있었다."(Kaplan 2004a, 20; 2004b; Banerjee 2004, Jacoby 2004 참조)

부시는 복음주의에 큰 가치를 둔 결과, 미국의 보수주의적 기독교 유권자들로부터 상당한 지지를 받을 수 있었다. 하지만 거버넌스governance 21

---

18. [옮긴이] 로브가 민주당 인사들을 박사학위 소지자라고 정의를 내린 것은 민주당 의원들의 지적 소양을 극찬하기 위함이 아니다. 로브는 이 말을 통해 민주당 의원들을 현실정치를 잘 모르는 상아탑 속에 갇힌 인물들로 폄하하고 있는 것이다. 이로써 로브는 비록 그가 새로이 배정한 인물들이 전문성을 입증할 만한 학위는 갖추지 않고 있을지라도 현실정치를 잘 아는 "나름의" 인재들임을 드러내고자 한 것이다.

19. [옮긴이] 〈미국을 염려하는 여성들〉은 낙태반대 운동을 펼치는 것으로 유명한 미국의 보수주의적 기독교 대중정책 단체다.

20. [옮긴이] 〈터닝 포인트〉는 하염없이 변화하는 세계 속에서 하나님의 변치 않는 말씀을 전하는 데 창립목적을 두는 미국의 비영리 기독교 단체다. 이 단체는 라디오와 텔레비전, 그리고 월별 기부 프로그램을 담당하는 부서들로 구성돼 있다. 이들의 사업은 데이비드 제러마이어(David Jeremiah)가 진행하는 라디오 혹은 텔레비전 프로그램으로 방영된다. 특정 종파에 소속돼 있지는 않지만 정치적 성향이 강한 다수의 신도들이 가입되어 있기 때문에 〈터닝 포인트〉는 미국 정치에서 큰 비중의 역할을 수행하는 종교 단체 가운데 하나로 평가될 수 있다.

속에서 그의 신앙은 미국인들의 일부와 해외에 거주하는 많은 사람들에게 회의감을 안겨주었다. "수많은 이슬람교도, 특히 아랍인들 앞에서" 이슬람교를 "평화의 종교"라고 격찬했음에도 부시는 여전히 그들을 향해 사악한 마음을 품고 있는 것 같았다. 부시는 기독교 국가를 건설할 목적으로 동방을 탈환하기 위해 애쓴 새로운 십자군의 우두머리였던 것이다.(Fineman 2003, 25) 이슬람교도를 테러리스트로 규정하는 테러와의 전쟁 및 이라크 침공과 십자군이라는 부시의 이미지는 이슬람교도들 사이에 경계심을 키워냈다. "복음주의적 선교사들은 꼭 바그다드가 아니라도 이슬람교도를 기독교로 개종시키려는 그들의 욕망을 숨기지 않는다. 부시가 사담 후세인을 끌어내리려 한 이유 중에 하나가 [이라크 사람들에게] 종교의 자유를 주려고 한 것인데, 어떻게 부시가 [종교의 자유를] 반대할 수 있단 말인가?"(Fineman 2003, 30; Goodstein 2003)

이슬람교에 대항하기 위해 지속된 정치공작

세계무역센터와 미국 국방성에 테러공격이 감행되고 며칠이 지난 2001년 9월 16일, 국토안보부 창설에 관한 부시의 계획은 점차 가시화되었다. 테러와의 전쟁 시국에서 발생할지 모를 시민권 침해 상황에 관한 질문을 받고 부시는, 억압의 시대를 선포하는 것 같은 그 말, 다시 말해 십자군에

---

21. [옮긴이] 조정환의 『인지자본주의』(갈무리, 2011)에 따르면 거버넌스는 정부의 수직적 통치에 반대되는 개념으로 정부, 기업, NGO, 대학 등 시민사회의 다양한 조직들이 자발적이고 수평적으로 상호 의존하고 협력하는 통치 방식 혹은 네트워크 체계를 말한다. 이 정의를 부시 행정부의 정치양상에 대입해 볼 경우, 부시 행정부가 전혀 거버넌스를 실천하지 못했음이 드러난다. 웰치는 현재 정부(government)와 거버넌스를 동의어로 사용하고 있지만 분명 이 두 개념은 구별되어 사용되어야 한다.

대해 언급한다 : "이것은 새로운 종류의 악이다. 그리고 우리[행정부]는 이 점을 알고 있다. 미국인들도 이 사실을 이해하고 있다. 이 십자군 전쟁, 이 테러와의 전쟁은 오래 걸리지 않을 것이다."22 (Suskind 2004, 50) 미국인들은 정치지도자들이 빈곤과의 전쟁war on poverty ▪, 마약과의 전쟁, 테러와의 전쟁 등, 각종 정책들을 선포할 때 과장법이나 은유법을 사용하고 있음을 알고 있었다. 그럼에도 십자군에 대한 언급은 미국인들에게 생소했다. 그리고 십자군이라는 말은 세계화 시대를 맞이한 중동인들이 절대 가볍게 생각할 수 없는 것이었다. 이 말은, 신성한 척하며 이슬람교도를 기독교로 개종시키려는 욕구를 지닌 종교적 침략자를 상기시키기에 충분하기 때문이다. 십자군을 언급한 사실이 이슬람교도들을 자극할 수 있음을 깨달은 부시의 참모들은 정치적 손실을 방지하기 위한 행동에 착수했다. 아리 플레셔Ari Fleischer 백악관 대변인은 다음과 같이 말했다 : "내 생각에 대통령은 이 말을 통해 이슬람교나 또 다른 누군가에게 영향을 줄 의도가 없었다. 이 말은 미국과 세계 주변 국가들에게 [테러와의 전쟁에] 동참해 줄 것을 요청하는 그의 대의를 전달하기 위함이다."(Suskind 2004, 50)

그러나 테러와의 전쟁을 언급할 때 부시가 십자군이라는 말에 호소한 것은 이때만이 아니다. 2002년 2월, 부시는 알래스카에서 한 연설에서 십자군을 또다시 언급했다. 설상가상으로 그곳에는 화형과 가혹한 처벌의 필

---

22. [옮긴이] 부시 대통령은 전쟁이 금방 끝날 것이라고 말함으로써 테러와의 전쟁에 대한 미국 "십자군"의 자신감을 표현하고 있다. 하지만 테러와의 전쟁의 일환으로 개시된 이라크 전쟁의 진행과정만 살펴보아도 부시가 상황을 오판했음이 드러난다. 모두가 알고 있듯이 이라크 전쟁은 제2의 베트남 전쟁이 되었고, 그 결과 미국은 전쟁의 수렁에 빠지게 되었다. 2003년 5월 1일에는 부시가 이라크 전쟁에 대한 종전선언을 했지만, 그것은 이라크 전쟁을 감추기 위함이었다. 그 이후로도 이라크 전쟁은 끝나지 않고 계속된 갈등 국면에 놓여있었다. 2010년 8월 31일이 되어서야 오바마는 자신의 공약 대로 이라크 전쟁에 투입된 전투 병력을 철군시키겠다는 담화를 발표했다. 잠깐이면 끝날 것이라고 한 전쟁이 8년이 넘도록 지속된 것이다. 이는 드 토크빌이 『미국의 민주주의』에서 한 말을 상기시킨다 : "민주국가에게 항상 매우 어려운 두 가지는 전쟁을 시작하는 것과 끝내는 것이다."

요성에 대해 보수 종교 세력에게 연설했던 보이킨 육군 중장과 전쟁정보 제공을 비롯한 전쟁 관련 임무를 수행했던 미국 국방성 장관 대리인이 참석하고 있었다. 군복을 제대로 갖춰 입고 등장한 보이킨은 이슬람교도들이 "진정한 신"이 아닌 "우상"을 숭배한다고 복음주의자 단체에게 설파했다. 그는 급진적 이슬람교도들과 벌이는 미국의 전쟁을 "사탄"과 벌이는 싸움에 비유했고 호전적인 이슬람주의자들이 "기독교 국가"라는 이유로 미국을 파괴하려 한다고 주장했다. 한 연설에서 보이킨은 소말리아에서 본인이 겪은 일화를 언급했다. 그의 일화에 따르면 어떤 이슬람 전사가, 자신이 알라신의 보호를 받고 있기 때문에 미국 군대가 자신을 죽일 수 없다고 자랑했다고 한다. 보이킨은 이 일화를 대중에게 언급하며 이렇게 말했다 : "나의 주님이신 하나님이 그의 신, 알라보다 위대한 존재라는 진실은 당신뿐 아니라 나도 알고 있다. 나는 하나님이 진정한 신이며 알라는 우상에 불과하다는 사실을 알고 있다."(Reuters 2003, A7)

하나님이 부시를 대통령으로 선택했다고 주장한 뒤 보이킨은 메시아에 대해 언급했다 : "왜 부시가 백악관에 있는가? 다수의 미국인들이 그에게 투표하지 않았다. 그런데 왜 그가 거기 있는가? 나는 하나님이 이런 시대에 대비해 그를 거기에 두셨기 때문에 그가 백악관에 있다고 오늘 아침 말하고 있는 것이다." 극렬한 이슬람주의자들과 벌이는 미국의 싸움을 간단히 정리해 보면 다음과 같다 : "이들은 영혼의 적이다. 사탄이라고 불리는 괴물인 그는 암흑의 지배자라고도 불린다." [보이킨이 불러일으킨] 논쟁은, 도널드 H. 럼스펠드Donald H. Rumsfeld 국방장관이 이 연설을 한 보이킨을 비판하기를 거부했을 뿐 아니라 오히려 그를 "뛰어난 군인"으로 찬양하면서 더욱 가열되었다. 〈미국-이슬람 관계위원회〉Council on American Islamic Relations는 보이킨의 연설을 편협한 것으로 규정하고 그의 연설에 대한 분노를 참지 않았다. 이 위원회의 담당자 니하드 아와드Nihad Awad는 이렇게 주장했다 :

"중요한 정책을 결정하는 직위에 이렇게 극단주의적인 사람들이 배치되면 미국의 동기와 의도를 이미 믿지 못하고 있는 이슬람 사회 전반을 향해 잘 못된, 그리고 왜곡된 메시지를 전달할 위험이 있다."(Reuters 2003, A7) 보이킨 은 강렬한 정치적 압력에 굴복해 결국 자신의 연설내용에 문제가 있었음을 인정하고 사과하는 성명을 발표했다. 하지만 그는 직위에서 물러날 의도가 전혀 없다고 분명히 말해두었다.(Jehl 2003, A6)

이슬람교도를 향한 적개심은, 유럽세력이 팔레스타인에 있는 기독교 성지를 탈환할 의도에 따라 군대를 조직했던 11세기의 십자군 전쟁기로 거 슬러 올라간다. 이란에서 444일 동안 52명의 미국인들이 포로로 억류되었 던 1979년, 레바논에 있는 미국 해군기지를 향한 군사공격으로 240명의 사 망자가 발생했던 1983년, 세계무역센터 폭탄테러로 6명의 사망자와 1천 명 이상의 부상자가 발생했던 1993년은 미국 사회가 이슬람교도를 테러리스 트로 낙인찍는 데 결정적 역할을 했다. 이에 따라 미국 사회에는 이슬람교 도에 대한 분노나 회의감이 확산되었다. 1995년, 168명의 사망자를 발생시 킨 오클라호마 연방건물 폭탄테러가 발생한 뒤『뉴욕 포스트』*New York Post* 는 다음과 같은 사설을 발표했다 : "자동차 폭탄테러가 중동 테러리스트들 의 활동으로 알려진 이상, 그들의 목표가 걷잡을 수 없는 공포와 무질서를 촉진시켜 미국인들의 삶을 파괴하는 것이라고 생각해도 무방할 것이다." (Naureckas 1995, 6) 이와 유사하게『뉴욕 타임즈』의 논평자 A. M. 로젠털A. M. Rosenthal은 "중동 테러리즘을 박멸하기 위해 우리가 무엇이든 해내고 있기 때문에 미국을 향한 위협적인 테러공격이 제대로 진행되지 않고 있다" (Glassner 1999, xiii)고 말했다. 하지만 오클라호마 사건의 담당 연구자들은 이 폭탄테러 사건이 이슬람 테러리스트들의 소행이 아니라 백인이자 미국 시 민권자이며 전직 군인이기도 한 티모시 맥베이Timothy McVey 23가 저지른 일 이라고 최종적으로 결론을 지었다. 그럼에도 테러리스트 혹은 미국 국가안보를 위협하는 자라는 말에서 알 수 있듯이 이슬람교도들은 다분히 부정적으로 묘사되었다.(Council on American-Muslim Research Center 1995; Shaneen 1984)

격찬을 받아온 저서『이슬람 다루기 : 언론과 전문가들이 나머지 세계에 대한 우리의 시각을 결정짓는 방법』*Covering Islam : How the Media and the experts Determine How We See the Rest of the World*에서 사이드는 일련의 사건들로 발생한 사회적이고 문화적인 충격을 논의하면서 미국의 언론이 점차 이슬람주의에 반대하는 모습을 취하고 있다고 강조했다.(Mamdani 2004 참조) 1995년, 오클라호마 연방건물 폭탄테러가 발생하자 사이드는 주요 신문과 뉴스 네트워크로부터 약 25통의 전화를 받았다. 그리고 사이드는 "내가 중동 출신이며 중동에 대한 저작 활동을 하고 있기 때문에 다른 누구보다 내가 무언가를 알고 있을 것이라고 그들 모두가 가정하고 있었다. 내가 볼 때 아랍권, 이슬람교, 테러리즘 사이의 관계는 전반적으로 전혀 이치에 맞지 않는 인공적인 창조물에 불과하다"고 말했다.(Said 1997, xiv; 1996) 이슬람에 대한 사이드의 저작, 정확히 말해서 서양이 동양을 어떠한 시선으로 응시하는지를 논하고 있는 그의 책은 언어가 대상을 기술하는 방식뿐 아니라 규정하는 방식을 설명한다. 사이드에 따르면 "이슬람"이라는 낙인은 이슬람을 설명하거나 무차별적으로 이슬람을 향한 비난을 퍼붓기 위해 사용된다. 물론 후자는 매우 공격적이다. 게다가 서구의 자칭 전문가들은 너무나 포괄적인 "이슬람"이라는 말을 사용해 "수십억의 인구와 수많은 민족, 사회, 전통, 언어를 갖고 있는 이슬람 세계"에 대한 계몽적이고 학문적인 이해를 불가능하게 만들고 있다. 사이드를 따라 우리는 이러한 일반화를 오리엔탈리즘

---

23. [옮긴이] 티모시 멕베이는 1995년 4월 19일, 오클라호마시(Oklahoma City)의 알프레드 P. 머라 연방건물에 폭탄테러를 감행한 인물로 유명하다. 이 사건으로 168명의 사망자와 450명의 부상자가 발생했는데, 이는 9·11 테러 이전까지 미국 내에서 최고 수준의 사상자 수였다. 사건 이후 체포된 멕베이는 사형을 언도받고 2001년 6월 11일에 사형이 집행되었다.

Orientalism이라고 부를 수 있다.(1979) 학문적 논의를 경유한 접근 대신에, 대중은 이슬람교도를 향한 언론의 과장된 진술에 따라 이들을 근본주의와 연결하는 데 익숙하다. 이는 완연히 다른 두 가지 개념을 동일한 하나로 가정하는 인지적 단순화를 유발한다. "이슬람 문화를 종교적 측면에서 한 줌의 규율·고정관념·일반화로 소급하려 할 때, 이슬람교의 창시자와 이슬람교도들, 그리고 이슬람과 연관된 모든 부정적 사실들, 즉 폭력성·미개함·격세유전atavism 24·위협성이 강화된다. 그리고 우리가 '근본주의'라는 용어의 정의를 내리지 않고 '극단주의'extremism 25나 '급진주의'radicalism 26에 정확한 의미부여를 하지 않을 경우, 또한 이러한 현상들이 등장한 사회적 맥락이 있음을 언급하지 않을 경우에도 [이슬람에 대한 부정적인 인식의] 강화될 것이다."(Said 1997, xvi)

사이드는 〈미국예술과학연구회〉American Academy of Arts and Science가 5권 분량으로 출판한 "근본주의"에 관한 방대한 연구물에서 일련의 문제점을 발견했다.(1997) 이 연구물에서 이 용어는 조리 있게 정의되지 않았다. 이 연구물들은 이미 사람들에게 많이 알려진 이슬람교도에 대한 부정적 의미를 설명함으로써 독자들로 하여금 이슬람교도를 향한 경각심과 섬뜩함을 갖도록 만들었다.(Lustick 1996 참조) 소련이라는 위협은 탈냉전기가 도래하자, 이슬람이라는 위협으로 대체되었다. 1996년, 『뉴욕 타임즈』는 주간논평의 표제에서 "빨갱이의 위협이 사라졌지만 이제 이슬람이 여기 있다"고 선언

---

24. [옮긴이] 격세유전(잠복유전)은 이전 세대에서 사라진 유전적 특성이 다음 세대에서 나타나는 것을 말한다. 이슬람교와 연관된 부정적 사실 가운데 격세유전이 포함되어 있는 이유는 이전 세대의 이슬람교도로부터 사라진 폭력적 성향이 그들의 다음 세대에 와서 재등장할 수 있다는 사실을 암시하기 위해서이다.
25. [옮긴이] 극단주의란 한 대상에 대해 균형 잡힌 시각을 유지하지 않고 극단적으로 편향된 태도를 취하는 사상을 말한다.
26. [옮긴이] 급진주의란 기존의 정치체제와 사회체제를 근본적 비판대상으로 설정하고 그 뿌리부터 바꾸려는 사상을 말한다. 따라서 급진주의는 온건한 개량주의와 수정주의를 부정한다.

했다.(Sciolino 1996; Esposito 1992 참조) 재커리 캐러벨Zachary Karabell은 언론의 이 같은 편견을 비판했다.(1995, 39) 그는 미국의 언론이 서양인들의 관점에 이슬람에 대한 부정적 이미지를 심어주어, 이슬람에 대한 반감을 상승시키고 있다고 주장했다 : "엘리트 대학이든 아니든 그곳에 다니는 미국 대학생들에게 '이슬람교도'라는 말을 들었을 때 어떤 생각이 드는지 물어봐라. 대답은 분명 동일할 것이다. 총기휴대, 턱수염, 거대한 적, 그리고 미국을 파괴하는 데 필사적인 광신 테러리스트라고 말할 것이다." 몇 가지 사례 가운데 캐러벨은 ABC 방송의 〈20/20 뉴스〉가 이슬람교를, 하나님의 전사들에게 강제로 이슬람주의를 주입하는 종교로 묘사한 사례를 언급했다. 이와 유사하게, 유명한 텔레비전 시리즈물 〈프론트라인〉Frontline은 이슬람에 대한 공포를 조장하기 위해 이슬람 테러리스트에 관한 연구 분야를 지원했다(또한 PBS가 제작한 〈미국 속 지하드〉Jihad in America 참조). 물론 미국 언론이 그려내는 이슬람 적대주의뿐 아니라 헐리웃 영화, 예컨대 〈트루 라이즈〉True Lies, 〈델타 포스〉Delta Force, 〈인디애나 존스〉Indiana Jones는 지속적으로 이슬람교도를 외부의 악당으로 묘사했다. 이러한 특징을 공유하는 영화는 이슬람교도를 "사악하고 폭력성이 강하며 살해당해야 할 존재"로 묘사해 이들을 악마화하고 비인간화하는 데 일조한다.(Said 1997, xxvii; Mamdani 2004)

사이드는 언론에 등장한 이슬람 왜곡현상이 비논리적인 광기의 비주류 중동 연구자들에게만 한정된 것이 아님에 주목했다. 그는 이러한 잘못된 연구경향이 유명한 연구물을 출판한 저자(Miller 1996, Viorst 1994 참조)뿐 아니라 이스라엘의 열렬한 지지자 마틴 페레츠Martin Peretz와 모튼 저커먼Morton Zuckerman이 각각 소유하고 있는 『뉴 리퍼블릭』The New Republic과 『애틀랜틱』The Atlantic 에서도 나타나고 있다고 주장했다(『뉴욕 북 리뷰』The New York Reviews of Books, 『커멘터리』Commentary, 『포린 어페어스』Foreign Affairs 에 게재된 버나드 루이스Bernard Lewis의 논문들 참조). 이슬람을 다루는 언론보도는 중동의 토착어를 읽지도, 말하지도 이해하지도 못하는 기자들과 자칭 중동 전문가들에게 크게 의존하고 있다. 그들의 언어적 문제는 이들의 보도내용에 문제가 있음을 암시한다. 언론보도 전반의 이 같은 행태와 특히 주디스 밀러 Judith Miller의 저작의 부당함을 폭로하며 사이드는 이렇게 주장한다.

애석하게도 밀러에게는 세계의 또 다른 종교 혹은 지역에 대해 기술할 자격이 없다고 볼 수 있다. 그녀는 25년 동안 중동 전문가로서 그녀가 관여한 다양한 사건들과 관련된 이야기를 우리에게 해 주고 있다. 그러나 그녀는 아랍인 혹은 페르시아인과 관련된 어떤 지식도 갖추고 있지 않다. 어디를 가든 그녀에게 전혀 있을 리 없는, 정확한 혹은 믿을 만한 현지어를 구사하기 위한 통역자의 능력이 필요했다는 사실을 그녀 자신도 인정하고 있다. 러시아·프랑스·미국·라틴아메리카·중국·일본에서 활동하기 위해 필요한 언어지식을 전혀 갖추지 못한 기자와 전문가가 내놓은 문서를 우리는 심각하게 받아들일 수 없을 것이다. 그런데 "이슬람"을 연구하기 위해서는 어떠한 언어적 지식도 필요 없는 것 같다. 이슬람은 "진짜" 문화나 종교가 아니라 어떤 심리학적 기형으로 여겨지기 때문일 것이다.(1997, xxxvi)

언론에 대한 사이드의 본질적 비판과 언론이 — 비록 서구에 한정된 것이긴 해도 — 이슬람에 대한 대중적인 관점을 형성하는 방법에 대해 알아보기 위해 우리는 언어의 사회학적 양상에 초점을 맞춰야 한다. 사이드는 언어, 정확히 말해 담론이 지식을 생산하는 통제체계라는 사실을 우리에게 상기시킨다.(1997, 1979) 이 점에서 모든 지식은 이해관계나 집단적 공포, 집단적 불안과 같은 정치·문화적인 여과기를 거쳐 성문화된다.(Chomsky 2003, Herman and Chomsky 1988 참조) 미국 행정부와 언론사들은 이슬람교를 비방했고 의심 가득한 눈으로 아랍권과 이슬람권을 대했다. 그들의 이러한 행위는 9·11

테러 이후에 테러와의 전쟁에서 빼놓을 수 없는 테마가 되었다. 이러한 종류의 낙인찍기로 비극적 효과는 널리 퍼졌고 지금까지도 지속되고 있다. 다음 장에서 논의하겠지만 대테러(십자군)전쟁은 유사 종교적이면서도 다분히 정치적인 발명품에 지나지 않는다. 이 발명품은 증오범죄, 국가범죄, 전쟁범죄를 아우르는 일련의 인권유린 사례가 발생하는 데 크게 기여했다.

결론

이 장에서 주장한 것처럼 9·11 이후의 미국 사회에서 부시 행정부는 홍수처럼 몰아친 종교적이고도 신화적인 사상에 힘입어 그 세력을 키웠고 테러와의 전쟁까지 개시하게 되었다. 사실 테러공격에 대한 사회적 불안은 간단하면서도 심오한 언어를 통해 표현되었다. 대개 테러리즘은 악이라는 말로 수식되었다. 테러공격을 사악한 것, 그리고 테러리스트들을 악인으로 고정하는 작업은 대중의 지지를 이끌어냈을 뿐 아니라 이를 통해 사법행정과 형법체제를 강화하는 고전적 의미의 [사회적] 방어기제를 활성화했다. 테러공격을 향한 이 같은 사고는 사회의 두 층위에서 문제를 야기했다. 정책 수준에서 이 열병은 몹시 잘못된 대테러 전술을 탄생시켰고 문화 층위에서는 계몽주의 시대의 전통, 주지주의intellectualism를 부식시켰다. "선악을 초월적 극단으로 보는 견해는 모든 인간 존재를 우주의 [거짓] 드라마 앞의 관중으로 환원하고 이들을 그 드라마의 영원한 피해자로 만든다."(Carroll 2004c, 7; Morrow 2003) 악에 대한 대중과 정치권의 견해는 종말론적 상상력, 즉 9·11 테러 이후 위험사회를 살아가는 과정에서 발생할지 모를 불안을 이끌어 내는 국가적 세계관의 태동을 자극했다. 문화, 종교, 테러와의 전쟁을 향한 비판적 시각을 유지하며 『슈퍼파워 신드롬 : 미국과 세계의 종말론적 대면』

Superpower Syndrome : America's Apocalyptic Confrontation with the World (2003a)의 저자 로버트 제이 리프튼Robert Jay Lifton 27은 이렇게 설명한다.

> 21세기 초, 종말론적 상상력은 새로운 유형의 폭력을 대량생산해 냈다. 사실 우리는 이를 두고 다양한 비전의 정화 혹은 갱신을 위한, 대량살상에 목표를 둔, 전 세계적 폭력의 전염병이 발생했다고 말할 수 있다. 특히, 우리는 종말론적 대결이라 부를 만한 사건을 경험하고 있다. 이는 종교를 위해 살인을 하거나 죽겠다는 의지를 명백히 표명하는 몽상적인 이슬람의 권력과, 역시나 몽상적인 미국의 권력 사이에 일어난 전투다. 미국은 스스로를 절제되고 합리적인 세력이라고 주장하고 있지만, 강한 호전적 정화욕구를 지닌 군사력을 구체화하고 있다는 점에서 이슬람과 다르지 않다. 양측은 극렬한 형식의 이상주의에 기대어 힘을 얻고 있다. 양측은 자기 진영이 세계를 구원하고 새롭게 하기 위해 악과 전투를 벌여야 하기 때문에 자기 임무를 수행하고 있다고 생각한다. 그리고 양측은 이 목적을 성취하기 위해 실로 막대한 수준의 폭력을 발산할 준비가 되어 있다.(Lifton 2003b, 11)

종말론적 상상력은 폭력을 잠재우기보다 폭력에 힘을 더 실어준 결과를 초래했다. 이 모순으로 가득 찬 테러와의 전쟁이 바로 그것이다. 이슬람권의 군사적 도발에 대한 미국의 과도한 군사대응은 더 많은 테러공격 사건을 유발시킬 수 있는 영감을 테러리스트들에게 주었다. 테러리스트들의 등장 혹은 테러사건의 발생 건수가 증가하고 있다는 점에서 이 폭력의 순환 속

---

27. [옮긴이] 로버트 제이 리프튼은 전쟁과 정치적 폭력의 인과관계에 대한 연구로 유명한 미국의 정신전문의다. 『슈퍼파워 신드롬』 이외에, 그는 『구원하기 위해 세계를 파괴하기 : 옴 진리교, 종말론적 폭력, 새로운 세계 테러리즘』(*Destroying the World to Save It : Aum Shinrikyo, Apocalyptic Violence, and the New Global Terrorism*)과 그레그 미첼(Greg Mitchell)과 함께 『누가 죽음을 소유하는가? 사형, 미국적 양심, 사형의 종언』(*Who Owns Death? Capital Punishment, the American Conscience, and the End of Executions*)을 집필했다.

도는 더 빨라지고 있는 것 같다. 리프튼은, 테러와의 전쟁이 신화적 정화의 기능을 수행하고 있으며 미국 사회를 긴장시킨 악, 테러리스트, 공포가 유지하는 환상에 지나지 않는다고 주장한다.(Lifton 2003b)

이 장에서 우리는 문화라는 렌즈를 통해 최근 미국에서 드러난 종교적이고 정치적인 발달상황을 살펴보았다. 이에 따라 우리는 복음주의의 가파른 상승세뿐 아니라 복음주의가 미국 행정부에게 가한 압력의 수준을 설명할 수 있었다. 여기서 우리는 모든 종교의 내적 가치로 볼 수 있는 자비로운 은총의 증거를 실제적으로 확인하지 못했고, 기독교의 엄격하고도 권위주의적이며 전근대적인 특성과 이에 따라 양산된 편견과 편협한 도량을 발견했을 뿐이다. 이렇게 악의로 무장한 기독교 권력은 사회에 반이슬람 정치활동을 촉발시켜 결국 테러와의 전쟁 과정에서 큰 오점을 남겼다. 다음 장에서 우리는 이 같은 주제에 대한 비판적 논의를 이어가면서 9·11 이후 중동인들에게 가해진 증오범죄와 반격폭력backlash에 대해 자세히 살펴볼 것이다.

5장

반격폭력으로서의 증오범죄

희생양을 향해 대부분의 사람들이 취하는 태도는 보통 폭력이며, 종종 이러한 태도는 사람들 사이에서 권장되기도 한다.

— 아틸라 포크, 「속죄와 희생 : 현대 동부와 중부 유럽의 희생양들」, 『이스트 유로피안 계간지』, 1999

나는 모든 면에서 미국을 지지한다! 나는 미국인이다. 자, 나를 체포하여 테러리스트들이 사나워지게 하라!

— 프랭크 로크, 『우리는 적이 아니다 : 아랍인과 이슬람교도, 그리고 9·11 이후에 아랍인 혹은 이슬람교도로 인식된 사람들에게 가해진 증오범죄』, 〈인권감시단〉, 2000

조지 오웰George Orwell 1은 디스토피아 소설 『1984』에서 "증오의 일상 2분"Daily Two Minutes of Hate이라는 일상 의례를 묘사했다. 욕설과 폭력을 강화하는 집단 표현적 처벌, 증오의 일상 2분은 공동체의 전체 구성원들이 참여해야 하는 의례로서 [구성원들 사이에] 일상적인 욕설과 폭력을 강화한다.

---

1. [옮긴이] 조지 오웰은 전체주의 사회의 문제성을 지적한 작가로 유명하다. 『1984』는 그의 이러한 관점이 다시 한 번 빛을 보인 작품이다. 이외에도 오웰은 러시아의 스탈린식 병영사회를 비판한 것으로 유명한 『동물농장』(*The Animal Farm*, 최윤영 옮김, 민음사, 2001)과 작가 자신의 스페인 내전 참전 경험을 토대로 집필된 『카탈로니아 찬가』(*Homage to Catalonia*, 정영목 옮김, 민음사, 2001)를 써, 자기만의 문학적 주제를 정립한 작가로 평가받고 있다.

증오의 2분에서 엿보이는 끔찍한 점은 한 사회의 일원으로서 이 의례에 참여해야 한다는 의무 자체에 있지 않고 여기에 참여하는 것을 피할 방법이 없다는 데 있었다. 30초 동안 줄곧 어떠한 가식도 필요치 않다. 공포와 원한을 통해 실현되는 끔찍한 황홀함과 살해 혹은 고문, 그리고 큰 망치로 타인의 안면을 때리고 싶은 욕망은 전류처럼 전체 사람들에게 흘러드는 것 같았고 자기 의지에 반해 얼굴을 찡그린 채 소리를 지르는 미치광이로 한 개인을 만들어 버렸다. 하지만 한 개인이 느낀 분노는 추상적이고도 목표가 불분명한 감정이었기 때문에 블로우 램프의 불길처럼 한 쪽에서 다른 한 쪽으로 이동할 수 있었다.(Orwell 1950, 16)

오웰이 묘사하는 이 충동적인 적대감은, 강렬할 뿐 아니라 한 목표물에서 다른 목표물로 이동 가능하기 때문에 유연하기까지 한, 증오의 양면적 모습을 보여 준다. 증오범죄가 사회적 불안의 주요한 지점으로 기능한다는 점에서 증오의 이동 가능성은 위험사회론의 메커니즘과 관계가 있다. 희생양 만들기에서 가장 명백히 드러나는 특징 가운데 하나는 바로 무고한 희생자들을 향한 증오 때문에 폭력이 발생한다는 것이다.

2001년 10월 4일, 마크 스트로먼Mark Stroman은 바수데브 파텔Vasudev Patel을 총으로 쏴 죽였다. 당시 파텔은 49세의 인도인이었고 두 아이의 아버지였으며 텍사스 메스키트Mesquite에서 편의점을 운영하고 있었다. 스트로먼은 9·11 테러에 따른 분노를 이기지 못하고 이슬람교도인 것 같은 한 가게 주인을 살해했다고 말했다 : "우리는 전쟁 중이다. 나는 해야 할 일을 했다. 나는 복수하기 위해 이 일을 했다."(San Antonio Express-News 2002, 1; Tate 2001 참조) 스트로먼은 파텔 살해로 사형을 선고 받았고 그의 사형은 2002년 4월 3일에 집행되었다. 그런데 9·11 테러 이후, 스트로먼이 가한 민족폭력의 피해자는 파텔만이 아니었다. 그는 주유소 직원이었던 라이스 우딘Rais Uddin도 총기로 살해했으며 2001년 9월 16일에 댈러스 식료품점에서 햄버거를 만들고 있다가 살해된 파키스탄인 와쿠어 하산Waquar Hassan의 죽음에도 책임이 있는 것으로 밝혀졌다. 스트로먼은 파텔 살해로 수감된 상태에서 자신의 모든 살인혐의를 인정했고 파텔 살인사건의 판결이 나올 시기에 이러한 사실을 자백했다.(Cooperman 2002; United Press International 2002)

중동인과 남아시아인을 겨냥한 최근의 폭력경향이 9·11 테러공격에 따라 발생한 엄청난 분노 때문에 촉발되었다는 점을 인정하더라도, 우리는 아랍인과 이슬람교도를 향한 편견을 잠재우는 데 종종 실패해 온 미국의 문화가 이 같은 폭력경향을 부추겼다는 사실도 인정해야 한다. 이 증오범죄는 더 넓은 형식의 억압과 차별에 토대를 둔 사회적 행동이다. 『정의와 차이의 정치』Justice and the Politics of Difference에서 아이리스 매리언 영Iris Marion Young 2은 사회 소수집단들이 보통 경험하게 되는 다섯 가지 유형의 "억압의 얼굴"을 설명한다.(1990) 여기에서 영은 고용시의 인종 차별로 대표되는 피착취, 빈곤으로 대표되는 주변인화, 대의제 정치활동을 통해 전혀 보장되지 않는 그들의 무력한 처지, 그들을 천한 존재로 묘사하는 고정관념으로 대표되는 문화제국주의cultural imperialism■, 증오범죄로 대표되는 폭력행위를 다섯 가지 억압의 얼굴로 묘사하고 있다. 일련의 구조적 배제와 문화적 이미지화가 대중적인 지지를 받지 못하는 소수 민족들을 조직적 민족폭력에 노출시키고 있기 때문에 우리는 9·11 테러 이후의 미국 사회에 등장한 이 "억압의 얼굴"의 맥락을 추적해 볼 필요가 있다. "구체적으로 이슬람교도와 아랍계 미국인을 소외시키고 배제하는 현재의 경향, 그리고 그들을 비정상적 타자로 탈바꿈시키는 현상은 반아랍 정서에 따른 폭력이 활동할

---

2. [옮긴이] 아이리스 매리언 영은 시카고 대학의 정치학과 교수로서 젠더 문제와 인권 문제에 대한 연구를 지속해 온 연구자로 유명하다. 근저로는 『세계적 도전 : 전쟁, 민족자결권, 정의를 위한 책임』(Global Challenges : War, Self-Determination, and Responsibility for Justice)과 『정의를 위한 책임』(Responsibility for Justice)이 있다.

수 있는 사회 환경을 조성한다. 전자는 이들을 허약한 목표물로, 후자는 이들을 '합법적인' 목표물로 만든다."(Perry 2002, 9; Hamm 1994a, 1994b 참조)

이 장에서 우리는 세계무역센터와 미국 국방성을 목표로 한 테러공격으로 촉발되어 지금까지 진행되고 있는 민족폭력을 살펴보는 것을 시작으로, 증오범죄의 본질에 대한 비판적 접근을 시도할 것이다. 이 장은 희생양 만들기의 메커니즘뿐 아니라 희생양 만들기를 위해 필요한 광범위한 사회적 토대를 설명하기 위해, 종교적 적대감이 표출된 사회적 현상을 다시 한번 다룸으로써 증오범죄를 심층적으로 논할 것이다. 반격폭력을 깊게 이해하기 위해 반격폭력의 개념적이고 이론적인 의미 또한 다뤄질 것이다.[3]

종교적 적대감 조장하기

4장에서 살펴본 것처럼, 9·11 테러에 대한 미국 행정부의 대응은, 이슬람교를 향한 부정적인 시선을 토대로 계획된 대테러 십자군 전쟁의 형식을 띠고 등장하였다. 이 대테러 십자군 전쟁은 미국 행정부의 유사-종교적이고 정치적인 작품이었다. 보이킨 육군 준장의 이상한 연설과, 테러와의 전쟁 과정에서 이슬람교도들을 개종시키겠다는 의지를 암시한 부시의 연설에는 분명 중대한 의미가 있다. 그런데 우리는 여기에서 검토해 볼 만한 종교적 적대감의 또 다른 원천들이 존재함을 알 수 있다. 이 원천들은 9·11

---

3. 증오범죄를 다루기 위한 제안 혹은 정책은 상당한 양의 협의와 논의를 거쳐 왔다. 사실 논쟁의 양측은 모두 자기 입장에서 설득력 있는 주장을 펼치고 있다(Bakken 2000, 2002, Human Rights Watch 2002a, Jacobs and Potter 1998, Levin 2002, Perry 2003b 참조). 하지만 이번 장의 논의 범위와 비판을 위해 나는 증오범죄에 관한 연구물의 이 중요한 영역을 어쩔 수 없이 우회해 갈 수밖에 없었다. 대신에 나는 9·11 테러공격 이후의 미국에서 발생하고 있는 반격폭력의 기술적이고도 분석적인 요소들과 그것들의 의미를 명백하게 밝히는 데 주로 집중했다.

테러 이후의 미국 사회에 등장한 증오의 생태학 형성에 특별한 기여를 하고 있기 때문에 중요하다. 부시를 포함한 다수의 정치지도자들은, 마치 관용을 중요시하는 것 같은 선언문을 발표해 자신이 아랍인과 이슬람교도를 향한 반격폭력을 노골적으로 지지하고 있지 않는 것 같은 인상을 주었다. 그러나 주목할 만한 예외적 상황도 발생했다. C. 색스비 챔블리스C. Saxby Chambliss 하원의원은 이슬람교도를 향한 의심어린 시선을 유지하며 조지아 주Georgia에서 법무부 관리들에게 "군 보안관들이 주경계선을 자유롭게 넘나들며 모든 이슬람교도를 체포할 수 있도록 해 줄 것"을 요청했다.(*Washington Post* 2001a, 2; Sanders 2002) 열병에 사로잡힌 것 같은 그의 이 언급은 9·11 테러로 발생한 대중의 분노에 편승하려는 선출관료의 부적절한 열정 탓으로 돌려졌다. 하지만 복음주의자들이 발생시킨, 이슬람교도와 아랍인을 둘러싼 증오의 고리는 더 깊은 수준의 종교적 적대감의 출현을 암시하고 있었다.

유명인사인 빌리 그레이엄Billy Graham 목사의 아들 프랭클린 그레이엄Franklin Graham 4은 9·11 테러 이후에 〈NBC 나이트 뉴스〉와 나눈 인터뷰에서 종교적 증오감의 출현을 촉진시켰다 : "그 빌딩으로 돌진한 자들은 감리교도도 아니며 루터교도도 아니다. 이슬람교도들이 이 나라를 공격한 것이다."(Dowd 2003, WK9) 그레이엄은 이슬람교를 "사악하고 폭력적이며 이방의 신을 믿는 종교"로 정의했고, 이슬람교도들이 이번 테러공격에 상응하는 적당한 사과를 하지 않았기 때문에 적절한 배상을 해야 한다고 주장해 종교적 적대감의 기류를 가중시켰다.(Eckstrom 2001, 1) "성경의 신이 진짜 신이

---

4. [옮긴이] 프랭클린 그레이엄은 아버지 빌리 그레이엄만큼의 명성을 지닌 미국의 복음주의 기독교 목사다. 1918년에 출생한 그레이엄은 해리 S. 트루먼(Harry S. Truman)부터 오바마까지 수많은 미국 대통령들과 모임을 가진 그의 경력에서 나타나듯이 미국 내에서 상당한 영향력을 지닌 인물로 평가받고 있다.

고 코란의 신은 가짜 신이다"라고 말했던 그레이엄은, 그의 말에서 드러나 듯이 복음주의적 세계관을 지닌 인물이다.(Dowd 2003, WK9) 이 논쟁은 여기서 끝나지 않았다. 2003년, 미국 국방성은 이슬람 집단의 반대가 있었음에도 국방성의 금요예배에 그레이엄을 초청하여 그의 설교를 듣는 자리를 마련하기로 계획하였다. 빅토리아 클라크Victoria Clarke 국방성 대변인은 그레이엄을 초청할 계획을 철회할 생각이 없다고 분명히 말했다 : "이것은 개방과 포용의 정책이다."(Marquis 2003, A10) 〈미국-이슬람 관계위원회〉의 이브라힘 후퍼Ibrahim Hooper는 국방성의 이 같은 입장에 대해 문제를 제기했다 : "이는 미국을 포함한 주변세계에 전적으로 옳지 않은 메시지를 보낼 것이다. 그레이엄은 줄곧 이슬람을 악으로 규정해 온 인물이다. 이번 일은, 이것이 미국 행정부의 의도든 아니든 미국 행정부가 [그레이엄의 생각에] 동의한다는 의미를 전달하고 있는 것 같다."(Marquis 2003, A10)

반이슬람 정서가 9·11 테러 이후의 미국 사회에 퍼져가는 가운데 또다른 보수 종교인들도 모이기 시작했다. 텔레비전 전도사 패트 로버트슨은 이슬람을 비난하며 "나는 우리가 존경하는 대통령이, 이슬람교가 평화의 종교라고 말한 점을 문제 삼아 왔다. 그건 틀린 말이다"라고 말했다.(*Washington Post* 2002, 22) 로버트슨은 예언자 무함마드를 "사나운 눈을 지닌 광인, 강도, 도적"으로 정의하며 그를 모독했다.(Kristof 2003, A26) 전직 침례교 수장 제리 바인즈 Jerry Vines는 더 거친 목소리를 냈는데, 남부 침례교가 2002년 6월 주관한 연례모임에서, 그는 신자들에게 무함마드를 "악귀 들린 어린이 변태성욕자"에 비유했다.(Shaidle 2001, 24; Ostling 2002)

이슬람을 향한 종교적 적대감이, 보이킨·그레이엄·로버트슨·바인즈의 폭언만으로 쉽게 설명될 수 없다는 것은 분명하다. 이 복음주의 운동은, 특히 영적으로 거듭나는 개종에 대한 이 운동의 열정은, 포착하기에는 너무나 미묘한 증오의 형식들을 우리가 통찰할 수 있게 해 준다. 2003년, 여러 주에서 온 강한 복음주의 성향의 기독교도들은 오하이오 주Ohio 그로브 시Grove City의 한 교회 내에 있는 친교의 전당Church Fellowship Hall에 모여서 이슬람교에서 이슬람교도들을 빼내올 방법을 주제로 하루 종일 세미나를 열었다. 이 모임의 지도자는 이곳에 모인 사람들에게 이슬람교도에게 접근할 때 친절한 태도를 유지하며 사랑, 자비, 환대의 마음을 보여 주라고 조언하였고, 이슬람교도들에게 신약 성경을 선물로 주는 게 도움이 될 것이라고 말했다. 집회장에 모인 사람들의 다수가 미국에 거주하는 이슬람교도들을 개종시키는 사업에 자신의 힘을 사용하길 희망하였고, 해외로 선교활동을 다녀오겠다고 말하는 사람도 있었다. 연수회 기간 동안, 지도자들은 "개종 잠재성을 가진 사람들"potential convert[이슬람교도들]에게 친근한 어조로 화답해 줄 것을 사람들에게 요청했다. 이때 한 지도자가 파워포인트 발표문에서 코란의 몇 구절을 제시했다. 이를 통해 그는 이슬람교가 퇴화적 경향이 강하며 부정하고도 폭력적인 종교임을 증명하고자 했다 : "여기 코란을 보면, 학살하라, 이교도들을 학살하라, 이런 말이 쓰여 있다."(Goodstein 2003a, A1)

그로브시에서 개최된 이 집회는, 풀뿌리 복음주의 운동단체들이 이슬람교도를 기독교로 개종시키는 것을 목표로 한 활동에 중대한 관심을 표하고 있음을 보여 주는 증거다. 인디애나폴리스 주의 〈아랍국제부〉Arab International Ministry 5는 4천 5백 명의 미국 기독교도들에게 이슬람교도를 기독교로 개종시키기 위한 교육을 제공했다고 주장했다. 이 교육과 관련된 대부분의 수료증은 9·11 테러 이후에 발급되었다. 복음주의자들은 기독교

---

5. [옮긴이] 〈아랍국제부〉는 〈크레센트 프로젝트〉(Crescent Project)의 하위부서다. 〈크레센트 프로젝트〉는 북미의 기독교인들이 이슬람교도들에게 예수의 말과 희망을 전달할 수 있는 환경을 조성하는 데 그 창립목적을 두는 기독교 단체로서, 이슬람교도를 기독교로 개종하기 위해 필요한 집회 및 설명회를 개최하는 것으로 유명하다.

를 제외한 모든 종교를 잘못된 종교라고 주장하고 있다. 우리는, 그들이 최근의 활동에서 이슬람교도들을 매도하고 있는 경향에 주목할 필요가 있다. "복음주의자들은 이슬람교도의 다수가 반드시 악의 세력은 아니라고 생각한다. 그러나 우리는 구원과 거리가 먼, 잘못된 성서에 토대를 둔 악마의 종교에 분명 속아 왔다"고 주장한다.(Goodstein 2003a, A23) "죄는 미워하되 죄인은 사랑하라"고 말하는 복음주의의 격언은 변증법적으로 이슬람교도에 대한 새로운 의미의 "거친 사랑"을 만들어 냈다. 이렇게 생색만 내는 태도는 경멸과 증오만을 조장했다. 최근에 등장한 이러한 현상은 잔인한 민족 폭력과 비교했을 때, 상대적으로 자비로워 보인다. 그럼에도 이 현상들은 증오범죄를 등장하게 해 줄 불신의 기류를 형성시킬 수 있기 때문에 더욱 문제적이다.

9·11 테러 이후 미국 사회와 증오범죄

9·11 테러 이후에 사회표면으로 부상한 희생양 만들기 현상의 가장 명확한 사례를 살펴봄으로써 우리는, 미국에 거주하는 아랍인과 이슬람교도뿐 아니라 시크교도나 남아시아인으로 인지되는 사람들이 살인, 폭력, 방화, 총상, 차량공격, 욕설의 주요 대상이 되었다는 사실을 알 수 있다. 게다가 이슬람 사원의 다수가, 이슬람교도들이 그 안에 있다는 이유만으로 공격을 받는 상황들이 연출되었다. "그들이 세계무역센터와 미국 국방성 테러공격에 책임이 있다고 간주된 항공기 납치범들이나 알카에다 조직원들과 국적이 동일했고, 이들과 같은 종교를 믿고 있었기 때문이다. 혹은 설령 그렇지 않더라도 그럴 것이라고 여겨졌기 때문에 이러한 폭력은 그들을 향해 겨냥되었다."(Human Rights Watch 2002a, 3; World Conference Against Racism, Racial

아랍인과 이슬람교도는 지난 20여 년에 걸쳐 미국에서 증오범죄의 희생자가 되었다. 하지만 반격폭력의 일환으로 전개되는 최근의 공격은 9·11 테러 사건과 떨어져 논의될 수 없는 적대감과 분노를 드러내고 있다. 증오범죄 혹은 편견이 촉발시킨 범죄가 형성하고 있는 이 같은 사회 기류는 미국 전역에 퍼지고 있다. FBI 기록에 따르면 반이슬람 범죄건수가 2001년에만 미국 전역에서 약 17배 증가했다.(Federal Bureau of Investigation 2002) 시카고 Chicago의 한 관료에 따르면 반이슬람 혹은 반아랍 성향의 사건이 2000년 에는 겨우 4회 발생했으나 2001년 9·11 테러 이후 3개월 동안 동일한 유형의 사건이 51회로 증가했다.(Chicago Police Department 2002) 2000년 한 해 동안 단 12건의 증오범죄가 발생했던 로스앤젤레스 카운티Los Angeles County 는 2001년, 전년과 비교했을 때 비약적으로 증가한 188건의 증오범죄를 경험해야 했다.(Los Angeles County Commission on Human Relations 2002) 증오범죄 와 관련된 이러한 경향은 법무장관이 9·11 테러를 향한 대응을 언급한 플로리다 주Florida에서도 드러나, 2001년에 보고된 플로리다의 증오범죄 발생건수는 전년도에 비해 대략 25%나 증가했다.(Office of the Attorney General of Florida 2002) 〈인권감시단〉Human RightsWatch 6은 자체 보고서에서 9·11 테러 와 관련된 반격공격에 의해 2천 명이 넘는 피해자들이 발생했다고 밝혔 다.(2002a)

증오범죄는 사회적으로 파괴적인 독특한 유형의 범죄다. 그런데 이와 관련

---

6. [옮긴이] 〈인권감시단〉은 전 세계에 280명이 넘는 직원을 두는 비영리, 비정부 인권단체다. 〈인권감시단〉은 전 세계에서 벌어지는 인권유린의 현장을 고발하고 이러한 사건으로 피해 를 입은 사람들을 돕는 데 그 설립목적을 둔다. 현재 다양한 국적의 법률가, 언론인, 연구자 다수가 현재 〈인권감시단〉의 활동에 참여하고 있다.

된 대중의 관심과 활동은 확실히 증가했다. 편견범죄 혹은 증오범죄를 여타의 범죄와 구별시켜 주는 것은 살인이나 폭력 같은 행위 그 자체가 아니라 인종, 민족, 종교, 성별, 성 지향성에 대한 반감이다. 이 반감이 편견범죄나 증오범죄를 발생시키는 것이다. 증오범죄가 임의로 선별된 한 개인에게 집중되는 경우도 있지만, 증오범죄는 다른 공동체들과 구분될 그들만의 공통적인 특징을 지니고 있는 특정 공동체 전체를 향한 대중의 분노에 의해 자극을 받는다. 증오범죄를 자극하는 이러한 편견은 특히 잔인한 모습을 취한다. 이때 이 편견은 증오범죄의 대상이 된 공동체에 가해질 차별, 공포, 불관용으로 구성된 대중의 광범위한 기류에 토대를 두고 있다. 또한 이 편견은 [행정부의] 공공정책 속에서 메아리치고 증대될 수 있다. 미국의 법과 국제인권법은 증오범죄가 사회에 광범위한 충격을 몰고 올 수 있고 정확히 차별과 불관용에 토대를 두고 있다는 이유를 들어 이 범죄를 특별히 유의해야 할 범죄로 지목했다.(Human Rights Watch 2002a, 5~6; International Covenant on Civil and Political Rights [ICCPR], article 26; International Convention on the Elimination of All forms of Racial Discrimination [CERD], article 2)

시민권 운동까지 거슬러 올라가 보면, 편견과 증오에 따른 폭력의 등장에 우리가 지속적으로 깊은 관심을 표해 왔음이 드러난다. 그 결과, 우리는 증오범죄에 대한 처벌을 강화했고 법률체계에서 이것을 중범죄로 구분하는 사회에 살게 되었다. 이 과정에서 제정된 최초의 법률은 1964년에 통과된 증오범죄 연방 법령federal hate crime statute이다.(18 U.S.C. 245 1964) 이 법률은, 범죄자가 자신의 편견에 따라 다음에 제시된 6가지 활동에 참여하지 못하도록 타인을 방해할 경우 이를 범죄로 규정한다 : (1) 공립학교 등록·등교 (2) 주 정부가 제공하는 서비스나 시설물에의 참여 (3) 개인 혹은 주 고용인이 마련하는 고용시설에 고용된 노동 (4) 배심원 활동 (5) 각 주 사이의 교통시설에서 여행 혹은 시설물들을 이용 (6) 특정 공공 시설물의 서비스 이용. 현재 5개 주를 제외한 미국의 모든 주가 증오범죄 처벌에 관한 법률들을 받아들이고 있다. 증오범죄 처벌에 관한 법률을 옹호하는 사람들에 따르면 이 법률은 모든 시민들이 누려야 할 평등한 사회 조성에 모두가 기여해야 한다는 사회적 가치를 표현하는 대중의 확신을 의미한다.

세계무역센터와 미국 국방성에 테러공격이 가해진 지 몇 분 만에 아랍인들과 이슬람교도들, 그리고 시크교도들은 그들에게 들이닥칠 반격폭력을 감내해야 할 처지에 놓였다. 불길한 분위기를 조장하는 메시지가 인터넷을 통해 미국 내에서 퍼지기 시작했다.

> 오늘 아침 우리에게 비극이 일어났다는 소식을 우리 모두가 접했을 것이라고 나는 확신한다. 말할 것도 없이 우리는 제정신인 이슬람교도 가운데 아무도 이번 사건을 용서하지 않을 것임을 알고 있다. 나는 이 테러공격의 결과로 발생하게 될, 우리가 피할 수 없을 사회 분위기를 당신들 모두가 곧 알게 될 것임을 확실히 말해두기 위해 이 글을 쓰고 있다 : 우리는 백인이 아니고 아랍인이다. 우리는 이슬람교도다. 이 나라의 반아랍·반이슬람 정서는 "심각한 수준으로" 과격해지고 있다. 그러므로 신중히 행동하라. 당신 가족들과 함께 머물고 불필요하게 거리에 나다니지 말고 당신의 동료와 형제자매에게 신경 써라.("Bismillah" September 11, 2001)

민족폭력은 수많은 중동인과 남아시아인에게 최악의 공포를 유발시키며 미국 전역에 급속도로 퍼지고 있다. 9·11 테러가 발생하고 몇 달이 지나는 동안 증오범죄 발생건수는 역대 최악의 수치를 기록했다. 〈미국-이슬람관계위원회〉는 2001년 9월 11일부터 2002년 2월까지 이슬람교도를 목표로 한 반격폭력 혹은 차별 행위가 1,717건 발생했다고 보고했다.(Council on American Islamic Relations 2002a) 대중의 분노에 토대를 둔 이 공격행위의 유형은 이슬람교도를 향한 반달리즘vandalism 7에서 방화, 욕설, 고용시의 차별, 그리고 살인에 이른다.

최소 3명에서 많게는 7명의 사람들이 반격폭력으로 살해당했다. 바수데브 파텔과 와쿠어 하산이 살해당한 사건 외에도 우리는 터번을 쓰고 다니던 49세의 시크교도 빌비르 싱 소디Bilbir Singh Sodhi가 살해당한 사건에 주목할 필요가 있다. 2002년 9월 15일, 소디는 애리조나 주Arizona 메사Mesa에 있던 그의 주유소에서 꽃을 심고 있었다. 이때 소디는 세 차례의 총격을 받고 치명상을 입었다. 그녀를 공격한 프랭크 로크Frank Roque는 예전에 아프가니스탄 출신 미국인의 자택에, 그리고 두 명의 레바논 출신 주유소 직원들에게 고의적으로 총을 발사한 적이 있었다. 그는 동네 술집에서 허풍을 떨며 "9·11 테러에 책임이 있는 이들을 자신이 죽였다"고 말했다.(Human Rights Watch 2002, 17) 이외에도 알리 알만숩Ali Almansoop, 압도 알리 아흐메드Abdo Ali Ahmed, 아델 카라스Adel Karas, 알리 W. 알리Ali W. Ali는 9·11 테러 이후에 민족폭력으로 사망한 희생자들이다.(Human Rights Watch 2002a)

〈미국-이슬람 관계위원회〉에 따르면 9·11 테러 발생 이후 일 년 동안 무고한 사람들을 공격하는 수법으로 수백 건의 민족폭력 사건이 발생했다.(2002b) 몇 가지 경우는 매우 심각한 수준이었다. 시크교도 스와란 카우르 불라Swaran Kaur Bhullar는 2001년 9월 30일, 샌디에이고San Diego에서 아주 악독한 괴한들의 습격을 받았다. 교통신호에 따라 그녀가 자동차를 잠시 정차하고 있을 때 두 명의 괴한이 그녀에게 다가와 그녀의 머리를 칼로 두 번 찔렀다. 그녀를 공격하기 전에 두 괴한은 "당신은 우리에게 한 일에 대한 대가를 치르고 있는 거야. 우리는 당신의 목구멍까지 난도질 할 거야"라고 그녀에게 말했다. 또 다른 자동차가 신호에 걸려 정차했을 때야 비로소 이 두 괴한은 자리를 피했다. 불라는 그 다른 운전자가 나타나지 않았더라

---

7. [옮긴이] 5세기 초, 로마 문화권을 약탈하고 파괴한 반달족에 기원을 두는 반달리즘은 한 집단이 타국의 문화나 종교를 존중하지 않게 되어 그곳의 문화나 문화시설, 유물 등을 파괴하는 행위를 일컫는다.

면 자신이 분명 죽었을 것이라고 확신했다. 두피에 상처를 입은 그녀는 지역병원에서 치료를 받았다. 지방경찰과 연방 법무부 관리는 아직도 불라를 공격한 괴한들이 누구인지를 밝혀내지 못하고 있다.(Human Rights Watch 2002, 20) 뉴욕 시와 워싱턴에 테러공격이 발생한 다음 날, 파키스탄 출신의 파이자 에자즈Faiza Ejaz는 롱아일랜드의 쇼핑몰 밖에 서 있었다. 그 때 76세의 애덤 랭Adam Lang이 그의 차를 몰아 고의적으로 그녀에게 돌진했다. 에자즈는 신속히 길에서 몸을 피해 쇼핑몰로 들어가 자동차에 치이지 않을 수 있었다. 랭은 그때 자기 차에서 나와 자신이 "조국을 위해 이 일을 했으며 너를 반드시 죽이고 말 것"이라고 소리쳤다. 쇼핑몰 경비원들이 랭을 붙잡았다. 이 사건을 회상하며 편견범죄 관리국 국장 로버트 릭스Robert Reecks는 이렇게 말했다 : "몸을 피하지 않았더라면 그녀는 필시 그의 차에 치였을 것이다."(Burson 2001, 12) 랭은 자신의 편견에 따라 이 같은 공격행위를 펼친 사실이 인정돼 가중처벌을 포함한 일급 중과실치상 판결을 받았다.

예배의 장소, 대표적으로 이슬람 사원은 증오범죄의 주된 타격대상이 되었다. 한 조사에 따르면 1백 건이 넘는 편견범죄가 9·11 테러가 발생한 뒤 일 주일 동안 발생했다. 이 편견범죄는 재산손실, 반달리즘, 방화, 총상 등에 이른다. 당연하게도, 집회 참석률은 공포와 위협의 기류 때문에 이 기간 동안 급격히 감소하였다.(South Asian American Leaders of Tomorrow 2002) 9·11 테러에 따른 분노로 발생한 수많은 폭력범죄를 논외로 하더라도 특히 차별에 의존해 전개되는 또 다른 형식의 적대감이 사회에 증가하고 있다는 증거가 발견되고 있다. 연방 고용차별 금지 법령들의 집행을 담당하는 연방부서인 〈미국고용평등위원회〉U.S. Equal Employment Opportunity Commission에는 9·11 테러가 발생하고 난 뒤 8개월 동안, 테러사건과 관련해 발생한 488건의 고용차별 불만사례가 접수되었다. 접수된 3백 건 이상의 불만사례는 부당 해고된 사람들의 것이었다.(Equal Employment Opportunity Commission 2002;

Robbins 2004 참조) 거의 동일한 시기에 이루어진 미국 교통부의 조사에 따르면 111명의 항공기 이용자들이 그들의 민족 혹은 종교 때문에 공항 검색대에서 조사를 받은 경험이 있다고 한다. 나아가 민족 혹은 종교 때문에 항공기 탑승을 금지 당한 경우는 31건에 달했다.(Wan 2002)

9·11 테러에 대한 대응방법들은 증오범죄와 이것의 필요조건인 적대감들의 형태로 나타났다. 이 대응방법들은 그것의 희생자들, 나아가 미국 사회 전체에 장기적인 영향력을 미쳤다. 9·11 테러가 발생하고 1년이 지난 뒤 미국에 거주하고 있는 이슬람교도들이 겪은 부정적 사회효과를 살펴보기 위해 몇 가지 조사가 진행되었다. 〈미국-이슬람 관계위원회〉에 따르면 1천 명 가량의 이슬람 출신의 미국인들 가운데 48%가 9·11 테러 발생 이후 그들의 삶의 질이 악화되었다고 말했다.(2002c) 게다가 57%의 사람들이 이슬람이라는 이유로 욕설을 듣는 경우부터 증오범죄의 희생자가 되는 사건에 이르기까지, 편견 혹은 차별에 따른 공격행위를 경험했다고 말했다. 중동인과 남아시아인을 겨냥한 분노와 증오범죄는 9·11 테러의 지울 수 없는 흔적들을 암시하며 2001년이 지나고 난 뒤에도 몇 년간 지속되었다.(Lueck 2004a; *New York Times* 2004a; Solomon 2003a) 우리는 미국의 이라크 침공과 이와 관련된 정치적 사건들이 미국 사회에 민족적이고 종교적인 적대감이 등장하는 데 기여했음을 부인할 수 없다.(Janofsky 2003) 2004년 여름, 사우디아라비아에서 테러리스트들에게 납치된 뒤, 결국 참수당하고만 미국인 폴 M. 존슨 2세Paul M. Johnson, Jr의 시신이 촬영된 사진이 방영되자 뉴저지 주에 살고 있던 그의 여동생의 이웃들은 자신들의 앞뜰에 이러한 말이 적힌 푯말을 세워 두었다.

지난 밤 나의 마음은 사랑과 기도로 가득했지만 오늘은 증오로 가득 차 있다. 지난 밤 나는 인종차별주의자가 아니었지만 오늘은 이슬람교 신앙에 인종주의적 감정을 품게 되었다.

지난 밤, 이슬람교도들은 폴 존슨의 편이 될 수 있는 기회를 갖고 있었다. 하지만 오늘은 너무 늦었다.

오늘, 이슬람교도들은 잠에서 깨어나 내일에 대해 생각해 보는 게 좋을 것이다.(George and Santora 2004, 16)

다음 장에서 논의될 9·11 테러 이후의 미국 사회에 등장한 반격폭력은 한 국가의 문화와 사회질서의 양태를 지시하는 요소들을 갖는다.

민족 증오의 사회적 맥락

개념들 사이의 관계를 설정하기 위해 4장에서 논의된 일련의 개념들을 다시 한 번 짚고 넘어가도록 하겠다. 지금까지 살펴본 것처럼 개인의 안전과 집단의 안보와 관련해 사람들이 인지하게 된 위협은 위험사회의 주요 불안지점이 되었다. 9·11 테러와 일련의 사건으로 더 악화한 이 긴장상태는 쉽게 증오범죄와 연결된 희생양 만들기 현상을 초래했다. 우리는 이러한 사회적 상황과 이와 관련된 개념들을 구체화하기 위해 작 영의 저서 『배타적 사회 : 현대사회의 사회적 배타성, 범죄, 차이』The Exclusive Society : Social Exclusion, Crime, and Difference in Modern Society (1999)에 주목할 필요가 있다. 이 저서는 우리의 논점에 요구되는 통찰력의 주된 원천을 제공해 주어 9·11 테러 이후의 미국 사회가 맞이한 급격한 변화를 명쾌하게 이해할 수 있게 한다. 1970년대에서 현재에 이르는, 후기 산업사회의 불안을 주제로 저작을 집필한 여타의 연구물처럼 영은, 인간들이 물질적이고도 존재론적으로 불안한 시대를 살아가고 있음을 알았다. 이 같은 불안의 시대는, 무고한 타인에게 잘못을 투영시키는 엄숙한 도덕주의가 성장할 비옥한 토양이 되었다. "사회적 비방과 비난은 사회구조 전반에 폭격을 가한다. 비난의 바늘은 편모가정, 극빈층, 흑인, 뉴에이지 여행객new age traveler 8, 헤로인 중독자, 마약 중독자들 가운데서 돌다가 악마로 지목할 공동체의 몇몇 취약 계층을 향해 멈춰 선다."(Young 1999, vii)

이 같은 문제의식에서 영은 희생양 메커니즘이 배타적 사회를 유지할 비공식적 사회통제수단으로 기능한다고 주장했다.(Cohen 1985 참조) 희생양 만들기는 본래 "우리"와 다르다고 인식되거나 잠재적으로 "우리" 사회에 위협을 가할 것으로 인지되는 개인 혹은 집단, 즉 "타자"를 공격 대상으로 삼는다. 특히 인종, 민족, 종교의 측면에서 "타자"와 우리의 차이가 드러날 때 사회문제 혹은 위기에 대한 비난이 쉽게 타자에게 할당되고 이런 일은 정당화된다.(Kearney 1999, Miller and Schamess 2000 참조) 나아가 희생양 만들기와 증오범죄는 "타자"를 사악한 존재로 치부하는 과정, 다시 말해 악마 만들기에 따라 진행된다. 따라서 "그들"을 향한 폭력은 영구적 선善을 방어한다는 점에서 정당하다고 여겨진다.(Katz 1988 참조) "극단에 이른 악마화 과정은 잔학행위가 영속하도록 하며 타자를 향한 행위가 이른바 문명인의 정상적인 행동의 범위를 벗어나게 만든다."(Young 1999, 112) 이때 희생자를 비방하는 행위로 대표되는 일련의 중성화 기술technique of neutralization■이 이용되기 때문에 비방하기와 관련된 적대감과 그에 따른 폭력은 때때로 누그러뜨리기 어렵다.(Sykes and Matza 1957)

스탠리 코언은 "그들이 그것을 시작했다," "그들이 그것을 도래하게 했

---

8. [옮긴이] 뉴에이지 여행객은 뉴에이지나 히피신앙을 받아들여 음악 축제나 박람회장을 찾아 여행을 다니는 집단의 일원을 의미한다. 이들에게 삶의 목적이란 자신과 유사한 신념을 지닌 타인들과 공동체를 이루어 함께 사는 데 있다. 이 운동은 1980~90년대 영국에서 시작되었다. 21세기에는 소수만 남아 있지만, 이들은 세계 이곳저곳을 여행하며 그들만의 고유한 문화를 이어가고 있다.

다," "그들은 당할 만한 일을 겪었다," "그들이 이해할 수 있는 유일한 언어는 폭력이다" 같은 희생양을 연상시키는 원리와 어휘를 설명해 이 같은 비방의 역학을 규명했다.(1995, 79; 2001) 희생자의 존재를 부인하는 것은 세 가지 사회심리적 과정에 따라 강화되는 현상이다. 첫 번째 단계는 주로 민족적·인종적 비방에 반영된 악마 만들기로서 희생자들의 인간성을 부인하고, 그들을 동정 혹은 공감을 받기에 부족한 존재로 왜곡해 헐뜯는 과정을 포함한다. 두 번째 단계에서 희생자들은, 그들의 존재가치가 폄하된 상태에서 열등하고 야만적이며 비이성적인 존재로 묘사되는데, 이때 중요한 점은 비방자들이 희생자들을 향해 자선을 베푸는 것처럼 생색을 낸다는 사실이다. 이슬람교도들을 향한 이 같은 시각은 이들을 기독교로 개종시키는 데 열중인 복음주의자들에 의해 영속화되고 있다. 이는 특히 9·11 테러 이후의 미국 사회에서 두드러지게 나타나고 있는 현상이다. 세 번째 단계에서 지배세력은 거리감 형성distancing을 통해 타자의 현존을 부정한다. 일반 사람들이 희생자들의 존재 자체를 인식하지 못할 때 희생자들의 고통은 사회감지망 아래에 묻힌다. 정치평론가들에 따르면 증오범죄를 추적하고 처벌하는 데 소극적인 태도를 유지하는 행정부는 이러한 거리감을 형성시키고 있는 [악마 만들기의] 공범에 지나지 않는다.(Human Rights Watch 2002a)

희생양 만들기의 사회적 맥락은 문화적 이동 현상 혹은 정체성 정치학 identity politics ▪이 고려될 때 조금 더 분명해진다. 문화적 이동 현상과 정체성 정치학은 미국 사회 내부에서 역사적으로 한 쌍을 이루었던 백인성과 특권이라는 등식에 문제를 제기한다. 인종적 소수자들과 민족적 소수자들은 미국 사회에 편입되거나 참여하려는 노력으로 지배문화의 정체성에 위협을 가했고, 백인으로 구성된 지배세력이 사회적 불안으로 인한 상당한 수준의 공포를 체감하게 만들었다. 또한 이 소수자들은 종종 [미국 사회의 기득권으로부터] 적대감을 불러일으키기도 했다(Perry 2002, 2003a; Winant 1997) : "인종,

민족, 젠더에 대한 고정적 범주와 더 이상 관계가 없는, 새로운 미국적 정체성과 문화를 구축하는 것은 사회적 변화나 혼란, 그리고 종종 폭력적 상황을 유발시킨다. 부당한 대접을 받을 때 사람들은 무기를 들고 폭력을 행사할 수 있다. 다시 말해 이 폭력의 수준이 변화하는 미국의 국가 정체성 문제와 연관되어 있는 것이다."(Anderson and Collins 1995, 361)

젠더에 대한 언급은 9·11 테러 이후의 미국 사회에 부상한 민족폭력을 이해하는 데 필수적이다. 현재의 폭력 경향을 살펴보면 일반적으로 남성들이 증오범죄를 저지르고 있기 때문이다. 바버라 페리Barbara Perry에 따르면 민족폭력을 자행하는 백인들은, 자신이 백인이라는 사실이 더 이상 어떤 사회적 지위와 안전을 보장해 주지 않음을 깨달았기 때문에 자기 성별과 인종, 그리고 국가 정체성에 위협이 되는 것들에 대해 기이한 반응을 보이고 있다. "결론적으로 다수의 백인들이 그동안 유색인종들만이 줄곧 경험해 온 배제와 박탈감을 맛보게 된 것이다. '희생양=백인' 이미지는, 백인들이 유색인종들을 희생양으로 처벌하는 일을 정당화해 줄 이데올로기적 근거를 제공한다."(Perry 2002, 7) 특히 9·11 테러 이후에 폭발적으로 증가한 민족폭력은, 백인들이 "그들의" 국가, 즉 "국토"를 외부의 위협에서 보호한다는 명목으로 자기 행동을 정당화하고 있음을 보여 준다. 이와 관련하여 잭 캐츠Jack Katz는 영구적인 선을 방어한다는 명분이 결국에는 물적 재산권과 국경을 보호하기 위해 이용되기까지 한다는 사실을 상기시킨다.(1988) 민족주의적이면서 대외강경론적인 발언들은 정치적 동일성에 초점을 맞췄다는 점에서 분명 증오범죄를 정당화하고는 했다. 반복하자면 소디 살해 혐의로 구속된 이후 프랭크 로크가 한 말에는 상징적인 의미가 있다 : "나는 모든 면에서 미국을 지지한다! 나는 미국인이다. 자, 나를 체포해서 테러리스트들이 사나워지게 하라!"(Human Rights Watch 2002a, 17) 사회적으로 조성된 불관용은 이슬람교도들을 미국에 절대 "속할" 수 없는 존재로 묘사한다. 현재 미국 사회에 널리 퍼져 있는 이러한 사회적 경향은 샌프란시스코의 이라크인 소유의 가게에서 발생했던 민족범죄 혹은 파괴행위에도 영향을 미쳤다 : "아랍인이여, 집으로 돌아가라."9 (Council on American-Islamic Relations 2002a; Abraham 1994, Moore 1995 참조)

9·11 테러 이후의 미국에서 이 "타자화"의 역학은 크게 번성했다. 사실 세계무역센터와 미국 국방성에 가해진 테러공격은, 이 사건이 발생하지 않았다면 모호하게 남았을 "그들"이라는 개념을 분명하게 해 주었다. 이 개념의 명확화는 [서로 다른 문화적 환경을 지닌 중동인들을] "중동인"이라는 단일한 집단적 총체로 만들어 버렸다. 이로써 중동인들은 매우 빠른 속도로, 의심, 비방, 박해를 용이하게 진행할 수 있는 "우범자"usual suspect가 되었다. 인종적·민족적 분류는 중동인들을 "백인에 비해 조금 부족한" 존재로 간주하는 정치기술인데, 이는 이 타자화의 방식에서 중요한 역할을 맡고 있다.(Suleiman 1999; Haddad 1998, McCarus 1994 참조) 아랍권의 민족적 전형과 그들의 이미지에 대해 연구한 로널드 스톡튼Ronald Stockton은 아랍권에 할당된 몇 가지의 이미지가 있음을 발견했다. 비록 서구로부터 나온 것이기는 하지만, 이 연구는, 일반인들이 아랍권과 관련된 고정된 이미지를 가지고 있음을 보여 주고 있기 때문에 주목할 만하다.(1994)

1. 성적 부패(예 : 후궁과 벨리댄서belly dancer 10)
2. 아랍인들과 닮은 동물(예 : 해충과 낙타)

---

9. [옮긴이] 이는 이 사건을 저지른 범죄자가 이라크인에게 한 말이다.
10. [옮긴이] 벨리댄스가 아랍권의 성적 부패를 연상시키는 이유는 벨리댄스의 전통 가운데 하나인 샤아비(Sha'abi)와 관련이 있다. 샤아비를 추는 무희들은 여타의 벨리댄서들보다 성행위를 연상시키는 장면을 더 많이 재현한다고 알려져 있다. 하지만 샤아비는 전술했듯이 벨리댄스의 전통 가운데 하나일 뿐이다. 문화적 전통은 그것에 포함된 한 요소로 매도될 수 없을 뿐 아니라 그 전통을 형성시킨 사회적 토대에 대한 논의가 없는 상태에서 단순히 하나의 범주로 귀속될 수도 없는 것이다.

3. 생리적, 심리적 특징(예 : 매력 없는 신체적 특징, 광신, 보복)

4. 야만스러운 지도자(예 : 전쟁광)

5. (사업과 정치에서 드러나는) 속임수

6. 비밀권력(예 : 특히 서구인들을 조종하기 위한 석유 권력)

7. 테러리즘

테러공격 사건의 발생을 특정 인종의 탓으로 돌리는 현상, 즉 "테러의 인종화"racialization of terror는 특히 민족 및 인종 프로파일링에 관한 설명에 큰 도움을 준다. 중요한 점은 서구인들이 중동인을 열등한 존재로 고정시 킬 때 백인 지배세력이 근거 없는 우월성에 빠지게 된다는 것이다. 백인들 은 자신들에게 유리하게 구축된 위계질서의 가장 높은 지점에서 민족폭력 을 정당화할 특권을 누리며 폭력적인 희생양 만들기를 용이하게 진행할 수 있다. 이들은 이 희생양 만들기를 통해 자신들의 이익을 챙기고 있다. 이러 한 [정치] 역학은 권력이 인종·민족과 교차하는 방법을 보여 준다. 나아가 이 고정화는 인종 집단과 민족 집단 사이의 "차이"가 어떤 명백한 특징에 뿌리내리고 있다는 식의 잘못된 신앙에 기초를 둔 근본주의 패러다임과도 연관이 있다.(I. Young 1990; J. Young 1999) 그러므로 우생학 같은 과학적 인종 주의와 더불어 유사-다원주의의 견해는 어떤 방해도 없이 자유로이 이 사 회 안에서 순환하고 있다.(Gould 1981 참조) 페리는 진화, 민족주의, 테러리즘 과 연관된 사고방식에 대한 거의 완벽에 가까운 설명을 인용한다.

웃음을 주려는 의도로 그려진 만화의 이미지는 오히려 일련의 "재미없는" 고정관념을 단호히 이용한다. 9·11 테러 이후에 이를 입증하는 충격적 예시 가 등장했다. 이 만화에는 마치 미친 것 같고 야만스러운 눈빛을 지니고 있 으며 턱수염을 기른 "중동인"이 진화단계에서 원숭이보다 한 단계 앞서 있 는 장면이 그려져 있다. 그리고 이 중동인은 샘 아저씨의 바로 뒤에서 그의 등에 칼을 찌르고 있다. 다시 한 번 이 만화는 중동인들에 대한 불신을 조명하면서도, 이들이 테러리스트라는 널리 퍼져 있는 고정관념을 확고히 드러내고 있다.(Perry 2003a, 187; Shaheen 1999 참조)

우리는 5장의 '민족 증오의 사회적 맥락'이라는 절에서, 증오에 따라 촉발된 민족 적대감 및 민족범죄가 풍부하게 해석될 수 있도록 개념적이고도 이론적인 작업을 진행했다. 또한 이 절에서 우리는 위험사회의 다양한 사회적 강제성과 사회적 현실 사이의 관계성을 파악했다. 이에 따르면 위험사회는 집단적 불안, 혹은 영(1999)이 후기 근대사회의 존재론적 불안ontological precariousness of late modernity이라고 부른 것을 사회적으로 형성하는 데 최선을 다하고 있었다. 이 "타자화"의 역학은 중동인들을 비방하기 위해 특정한 고정관념들을 따르고 있을 뿐 아니라 9·11 테러 발생 이후 더욱 격렬해진 반격폭력을 위한 무대를 마련해 주었다.

결론

9·11 테러공격과 관련된 끔찍한 사건들은, 통상 동일한 민족 집단으로 뭉뚱그려지던 아랍인·이슬람교도·중동인·남아시아인이 "억압의 얼굴들," 즉 착취·주변인화·무력화powerlessness·문화제국주의를 경험하게 만들었다. 특히, 이 잔혹한 사건들은 이들이 겪은 증오범죄에 의한 폭력으로 설명될 수 있었다.(Young 1999) 이 장은 9·11 테러 이후의 미국 사회에 출현한 억압적인 반격폭력의 속성을 자세히 살펴봄으로써 증오의 몇 가지 국면에 대해 알아보았다. 우리는 우선 개종 문제에 열중하고 있는 복음주의자들이 이슬람교를 대상으로 조성한 종교적 적대감을 자세히 살펴보았다. 이

개종 문제는 문화제국주의의 거대한 효과와 분리하기 어려운 억압 방식 가운데 하나다. 물론 이 같은 행위는 물론 증오범죄와 동일한 것으로 취급될 수는 없으나 비인간화와 거리감 형성을 포함한 민족폭력을 발생시킬 사회적 심리역학을 등장시켰다.(Cohen 1995, 2001 참조)

9·11 테러 이후 등장한 사회적 편견에 따라 발생한 범죄는 기물파손에서 편견으로 가득한 거리낙서에 이르렀으며, 나아가 심각한 수준의 공격행위에서부터 결국 살인에까지 이르렀다. 이 적대감은 외국계 범죄자와 노동자를 포함해 중동 출신 혹은 그와 유사한 "외국"에서 출생한 사람들을 차별했다. 항공사들은 자기만의 억압 브랜드를 창출해 서비스 산업에서도 이들을 차별할 수 있게 되었다. 설문조사에 응한 절반 이상의 이슬람계 미국인들이 그들을 향한 부정적 편견으로 고통을 겪어 왔다고 말한 점에서 우리는, 이 같은 적개심이 미국 사회에 널리 퍼져 있음을 알 수 있다. 게다가 설문조사에 응한 절반에 가까운 사람들이 9·11 테러 발생 이후 그들의 삶이 악화되었다는 감정을 가지고 있었다.(The Council on American-Islamic Relations 2002c) 특히 민족 증오의 사회적 맥락은, 우리가 사회적 불안의 한 지점으로 증오범죄를 이해할 수 있게 해 주기 때문에 중요하다. 영(1999)과 코언(1985)이 지적하듯이, 이러한 파괴적 형식의 희생양 만들기는, 인종·민족·계급·젠더가 중요한 문제로 부상하는 배타적 사회를 유지하는, 비공식적 사회 통제의 핵심적 메커니즘으로 기능한다.(Connell 1987, Fine, Weise, and Addelston 1997, Winant 1997 참조)

다음 장에서 더 자세히 다룰 예정인 이 적대감은 상대적으로 약한 희생자들에게 9·11 테러 이후의 좌절감을 표출하기로 결심한 성난 개인 혹은 괴롭힘을 즐기는 소집단에게만 한정된 이야기가 아니다. 국가와 정부부서들도 편견에 의해 추동된 정책들, 즉 테러와의 전쟁에 부분적으로 그리고 전체적으로 관련이 있는 정책들을 집행했다는 점에서 문제적이다. 제도

적 차별은 실종, 임의적이고도 막연하게 진행된 억류조치, 추방으로 이어
진 민족 프로파일링에서 주목할 만한 수준으로 나타났다. 국가범죄와 전
쟁범죄의 영역에서 "억압의 얼굴"은 또한 죄수에게 가해진 학대, 고문, 살
해로 나타났다.(Dow 2004; Hersh 2004; Parenti 2004) 이러한 현상들을 정리하자
면, 편견과 관련된 범죄들은 정부 관료들과 정부부서들이 아랍권과 이슬
람권을 비방하는 견해들을 삽입한 합법적 환경 속에서 발생한다. 9·11 테
러 이후 미국 사회에서 진행된 전국가적 공모와 그 속에서 나타난 "혼란
스러운 메시지들"은, 증오범죄와 국가범죄, 그리고 일련의 시민권 및 인권
침해사례의 점선을 연결하는 데 중요한 도움을 주었다.(Abraham 1994; Perry
2003a, 2003b) 〈미국-이슬람 관계위원회〉의 조슈아 살람Joshua Salaam은 차별
적 성향이 짙은 정부 정책의 집행, 특히 프로파일링이 대중의 사고에 어떤
의미를 전달할 것인지에 관한 의문을 던졌다 : "대부분의 사람들이, '정부
가 이들을 믿지 못하는데 왜 내가 그래야 하느냐'고 반문할 것이다."(Human
Rights Watch 2002a, 26)

6장

9·11 이후 미국에서의 프로파일링과 억류조치

9·11 테러 발생 이후 미국이 진행한 인종 프로파일링의 범위는 분명 점차 확장되고 있다. 흑인과 황인이 운전하면서 겪던 일을 이제 예배를 보던 이슬람교도들이, 길을 걷던 남아시아인이, 항공기에 탑승하려던 중동인이 겪고 있다.
— 벤저민 젤러스, 「프로파일링된 사람들의 프로필」, 『국제사면위원회 : 미국 국제사면위원회에서 발행하는 잡지』, 2004

머리에 기저귀를 차고 그 주변에 팬벨트를 두르고 있는 사람[1]과 마주할 경우, 나는 그 사람이 가는 길을 멈추게 하지 않으면 안 될 것이다.
— 존 쿡시 미국 하원의원 (J. 매키니, 「쿡시 : 인종 프로파일링을 예견하다」, 『애드버킷』, 2001에서 재인용)

　　　　1970년대부터 미국의 형사행정 기구는 상당한 수준의 형벌개혁을 단행했다. 대량 투옥이라는 강경한 전술에 헌신한 데서 알 수 있듯이 미국에서는 보수파의 사법조치들이 계속해서 정치권과 대중의 지지를 얻고 있었고, 통제의 문화를 인정하는 사회적 풍토가 조성되고 있었다.(Garland 2002, 2001; Welch 2005a, 2004d) 9·11 테러와 연관된 사건들은 미국 사회에서 통제의

---

1. [옮긴이] "머리에 기저귀를 차고 그 주변에 팬벨트를 두르고 있는 사람"은 물론 터번(turban) 같은 것을 머리에 두른 이슬람교도나 인도인 등을 의미한다. 쿡시는 이 말을 통해 이슬람권이나 아랍권의 사람들에 대한 검문의 강화를 주장하고 있는 것이다.

문화를 강화했을 뿐 아니라 프로파일링과 억류를 포함한 조치들이 단행되는 데 주요한 역할을 했다. 하지만 일련의 조치들은 불합리하게도 무고한 사람들을 목표로 삼았다. 이는 우리가 앞으로 논의하게 될 내용의 핵심이며, 여기서 희생양 만들기라는 문제가 제기된다. 테러와의 전쟁 가운데 실시된 프로파일링과 억류조치는 테러공격에 가담한 적이 전혀 없는 중동인과 남아시아인에게 불공정하고도 불법적으로 진행되었다는 문제를 드러냈다. 이 점을 인식할 때 우리는 국가와 그 사법기관이 9·11 테러 발생 이후, 점차 대중에게서 호감을 잃어가던 가련한 사람들에게 그 공격성을 전가했다는 사실을 어렵지 않게 발견할 수 있다.

예컨대 안세르 메흐무드Anser Mehmood 사건은 [미국] 행정부가 발생시킨, 말 그대로 암울하고도 부조리한 고통의 사례 가운데 하나다. 2001년 10월 3일, 42세의 트럭 운전기사 메흐무드는 뉴욕 시 근방의 잘 알려져 있지 않은 노동자 도시, 뉴저지 주 베이온Bayonne의 자택에서 휴식을 취하고 있었다. 초인종이 울렸을 때 그는 문을 열었다. 그때 그는 30명의 FBI 요원들이 자신의 집을 둘러싸고 있음을 알 수 있었다. 그의 집을 수색한 뒤 요원들은 그의 집에 아무런 문제가 없음을 확인했다. 그럼에도 그들은 그에게 이민국으로 같이 가줄 것을 요청했다. 1994년에 입국한 뒤 그가 비즈니스 비자 기한을 넘겼다는 이유였다. 이때 FBI는 그를 안심시키며 그가 개인재산과 사업체를 가지고 있고 세금을 잘 내고 있기 때문에 이민국 판사가 그를 잘 봐줄 것이라고 말했다. 다음날 메흐무드는 그가 밤을 새우게 된 맨해튼의 연방 건물로 호송되었다. 그런데 그는, FBI가 그에게 말한 것과는 반대로 판사를 만날 수 없었다. 그는 판사가 아니라 국경경비대 요원들을 만났다. 그들은 메흐무드의 손발을 묶었고 또 다른 4명의 이슬람교도가 탄 자동차에 그를 태웠다. 메흐무드는 브루클린Brooklyn 연방구치소로 이송되었고 그곳 교도관은 그를 차량에서 끌어냈다. 이때 벽에 부딪혀 그는 입술을 다쳤다. 교도관은 격노하며 그에게 이렇게 말했다 : "당신은 지금 세계무역센터 테러사건의 용의자로 여기에 있는 거야."(Rohde 2003, A9) 메흐무드는 넉 달 동안 독방에 수감되었는데, 처음 2주간은 통신시설을 일절 이용할 수 없었고 그의 가족과 변호사 혹은 판사와 접촉할 수 없었다. 또한 그는 투옥사유를 설명해 주는 단 한 마디의 말도 들을 수 없었다.

결국 메흐무드와 몇몇 다른 사람들은 파키스탄으로 추방되었다. 파키스탄에서 이들은 민족적으로나 문화적으로나 궁지에 빠질 수밖에 없었다. 이들은 분명 파키스탄으로 가서는 안 되는 처지에 있었다. 파키스탄 사람들의 다수가 이들을 반이슬람주의적 마녀사냥의 희생자로 보고 있었지만, 일부의 사람들은 반미주의anti-Americanism가 득세하고 있던 그들의 사회적 환경에 영향을 받아 이들을, 조국을 배반한 반역자로 치부했다. 메흐무드와 몇몇 다른 사람들은 자신들이 이슬람교도라는 이유로 부당한 억류조치와 추방조치에 희생되었다고 극렬하게 항의했다(American Civil Liberties Union 2004 참조) : "미국은 그들의 헌법을 기독교인들과 유대인들뿐 아니라 전 세계 사람들에게 모두 적용해야 한다."(Rohde 2003, A9) 그의 변호사는 이렇게 말했다 : "우리는 무죄추정의 원칙presumption of innocence을 져버렸다. 이슬람계 남성들은 테러리즘에 가담하고 있을 것이라고 여겨지며, 그들에게 아무 문제가 없다는 게 밝혀질 때까지 붙잡혀 있어야 하는 처지에 놓여 있다." 이와 비슷한 시각에서 〈미국민권자유연맹〉American Civil Liberties Union 2의 회장 앤서니 로메로Anthony Romero는 이렇게 말했다 : "개별 사건들은 빙산의 일각에 불과하다. 이민국과 FBI는 이슬람교도와 아랍인 등을 수사할 때 이들의 민

---

2. [옮긴이] 〈미국민권자유연맹〉은 공화당과 민주당 가운데 어떤 정당과도 협력하지 않고 미국인들의 시민권 수호를 위해 노력하는 미국에서 가장 대표적인 시민권 운동단체로 유명하다. 〈미국민권자유연맹〉은 미국의 헌법이 보장하고 있는 개인의 권리와 자유를 온전히 보전하는 데 설립목적을 둔다.

족과 종교에 초점을 맞춘다. 이것이 본질적인 문제다."(Rohde 2003, A9; Dow 2004, Stevenson 2003 참조)

이 장은 제도적 민족 프로파일링과 특별 등록 프로그램에 대해 살펴볼 것이다. 특히 이민국과 FBI는 특별 등록 프로그램을 통해 미국에 거주하는 8만 2천 명 이상의 외국인들에 대한 수사권을 행사할 수 있게 되었다. 파죽지세로 시행되었던 특별 등록 프로그램은 결국 테러공격과 연결된 어떠한 실마리도 찾지 못했다. 행정부는 정부정책과 인권의 측면에서 상당한 사회적 혼란을 야기한 억류정책을 계속 시행하였다. 이 정책 때문에 수천 명의 중동인과 남아시아인이 임의로 체포되고 투옥되었으며 감옥에서 이들은 변호사 선임을 포함한 기본권 행사를 거부당한 채 학대행위를 경험해야 했다. 이러한 사회적 상황들과 더불어 이 장에서 우리는 망명신청자들을 억류하는 문제에 대한 논쟁과, 효과가 전혀 없는 것으로 입증된 부적절한 테러와의 전쟁 정책의 구체적인 예시를 살펴볼 것이다.

희생양 만들기와 민족 프로파일링

5장에서 다룬 것처럼 중동인과 남아시아인을 향한 적대감과 이로 인해 표출된 증오범죄는 9·11 테러 발생 이후 크게 증가하였다. 유감스럽게도 법무부, 주방위군, 교통안보청은 희생양 만들기와 관련된 인종 프로파일링을 실시하였다. 인도 시크교도이자 미국의 시민권자인 셰르 J. B. 싱 Sher J. B. Singh는 로드아일랜드Rhode Island를 지나는 앰트랙Amtrak 기차에서 갑자기 끌어내어져, 수갑이 채워진 채 7시간 동안 구속되었다. 싱에 따르면 그가 터번을 착용하고 있었던 것이 이 문제에 대한 원인이었다. 싱은 자신을 심문했던 경찰들과 연방요원들이 세계에서 다섯 번째로 큰 종교에 대해 거의 아는 것이 없었다고 했다. 경찰들이 기차를 수색하고 난 뒤, 연방 요원들은 싱에게 자신들이 누군가를 억류시키지 않을 경우 이 기차가 떠날 수 없게 되어 있다고 말했다 : "그들은 내일이 되면 나를 보내주겠다고 말했다."(Glaberson 2001, EV2) 몇 명의 요원들은 터번을 문제 삼아 그에게 욕설을 퍼부은 뒤 싱에게 시크교에 대한 일반적인 질문을 했다. 하지만 그들은, 그가 테러공격과 어떠한 연관도 없다는 생각은 좀체 하지 않았다. 이러한 취조를 받은 적이 있는 사람들에 따르면 연방요원들은, 그들이 체포한 사람들에게서 확실한 범죄혐의를 찾지 못할지라도 일단 이들을 구속시켜두어야 한다는 강박증에 시달리고 있었다.(Gross and Livingston 2002; Welch 2002a, 2005b)

우리는 캔자스Kansas 의과대학 의학부에서 예방의학부장을 맡고 있는 자스지트 S. 아흐루왈리아Jasjit S. Ahluwalia 박사의 사례에 주목할 필요가 있다. 그는 미국인이었지만 분명 시크교도라는 이유로 난처한 상황에 처하게 되었다. 미니애폴리스Minneapolis 공항에서 주방위군이 그에게 터번을 벗으라고 명령한 것이다. 이에 불응한 결과 그는 주방위군의 제지를 받아야 했다. 금속탐지기와 막대 탐지기 수색을 받은 아흐루왈리아는 이 요청에 당황했다 : "이건 정말이지 부적절한 질문이 아닐 수 없다. 이는 마치 여성에게 브래지어 안을 좀 볼 수 있냐고 묻는 것과 같은 말이다." 수많은 시크교도들은 9·11 테러 발생 이후 공항경찰과 경비직원이 자신들을 표적으로 심문행위를 펼친 적이 있다고 말했다. 24명 이상의 시크교도들과 이들을 지지하는 차별반대 운동단체들은 이러한 문제를 신랄하게 비판했다. 이들은 공공장소에서 터번을 벗으라고 그들에게 요구하는 것에 큰 문제가 있다고 주장했다. 이러한 요구는 사람들 앞에서 머리카락을 드러내지 말 것을 명령하는 그들의 율법을 그들 스스로 위반하라고 강요하는 것과 같기 때문이다. 공항보안직원들은 이슬람교 여성들에게도 히잡hijab을 벗으라고 요구했다. 물론 이것도 그들의 신앙에 위배되는 행위다. 〈미국-아랍위원회〉American-Arab Committee의 법률고문 카림 쇼라Kareem Shora는 이렇게 말했다 : "이는 단순한 프로파일링이 아니라 철저한 차별이며 편견에 기초를 둔 행위다."(Goodstein 2001, B6)

〈미국-아랍 반차별위원회〉American-Arab Anti-Discrimination Committee의 회장 지아드 아살리Ziad Asali는 세계무역센터와 미국 국방성에 테러사건이 발생한 뒤 며칠이 지나고 다음의 성명을 발표했다.

> 불행하게도 슬픔이 [우리도 충분히] 이해할 수 있을 분노에 길을 내 주게 되면서 아랍계 미국인과 이슬람교도를 겨냥한 집단의 비방과 희생양 만들기의 경향이, 어떤 한 개인의 유죄가 확정되기 전임에도 등장하고 있는 것 같다. 비록 아랍세계 혹은 이슬람교 신앙과 연관이 있는 사람들이 이 같은 격노가 발생한 데 진정 책임이 있다고 증명될지라도 어떤 민족 혹은 종교 공동체를 향한 집단적 비방을 정당화해 줄 어떠한 이유도 변명도 인정될 수 없다. 우리는 미국 전역에서 살고 있는 아랍계 미국인과 이슬람교도를 겨냥한 폭력, 공격, 위협, 괴롭힘이 이미 심각한 수준에 이르고 있다는 보고를 받아 왔다. 아직도 그 경향은 증가세에 있다. 결과적으로 이번 테러공격에 따라 아랍계 미국인들은 그들의 동료시민들이 느끼고 있는 심각한 고통과 분노를 공유하고 있을 뿐 아니라 일부 미국인들이 자신을 분노의 분출구로 바라볼지 모른다는 불안에 시달리고 있다. 우리는 이 범죄에 대한 책임이, 그 범죄를 자행한 개인에게 있을 뿐 민족 혹은 종교 집단 전체에게 있지 않다는 사실을 유념해 달라고 모든 미국인들에게 호소한다.(ADC Press Release 2001, EV1~2)

미국 전역에서 이민 관련 업무를 처리하는 변호사들은 그들의 의뢰인들에게 테러리스트 소탕 정책에 발목 잡히지 않도록 항상 이민 관계 서류를 지참하라고 당부한다. 예전에 한 번도 강화된 적이 없었던 이민법이 강력해지기 시작했다는 경고가 이미 심각한 불안을 느끼고 있던 이민자들에게 전달되었다. 이민국은 이미 이민자들을 검거할 때 취조 및 억류 관련 기밀사항을 사용할 수 있게 되어 엄청난 권력을 누리고 있다. 이러한 상황에서 이민법 변호사들은 이민국이 [대테러]수사를 위해 [무고한] 사람들을 잡아들일 구실로 해당 법률조항들을 이용하지는 않을지 우려하고 있다. 연방법에서 보면 이민자들이 자신의 이민관계 서류를 지참하지 않는 것은 경범죄에 해당한다. 9·11 테러공격 이전에 이런 경우로 이민자들이 억류조치를 받는 경우는 거의 없었다. 이민법 변호사 데이비드 리오폴드David Leopold는 자신의 의뢰인들 사이에서 퍼지고 있는 우려에 대해 이렇게 말했다 : "핵심어는 공포다. 지금, 처음으로 이민자들은, 자신이 무력한 존재라는 사실을 깨닫고 있다. 그들에게 지금은 공포의 시간이다."(Kirchgaessner 2001, EV1)

9·11 테러공격에 따른 즉각적인 대응책을 펼친 FBI와 이민국은 테러활동에 관련된 정보를 가지고 있다고 추정되는 수천 명의 사람들을 취조하는 작업을 시작으로 여러 활동들을 전개했다.(Welch 2004a, 2004b) 정보 수색은 빈번히 임의적으로 진행되었고 중동 출신의 남성들, 그리고 그들과 비슷하게 생긴 사람들은 수사 과정에서 특별 분류되었다. 〈인권감시단〉은 자체 보고서 『유죄추정의 원칙 : 9·11 테러공격 이후의 억류자들이 겪은 인권침해 사례』Presumption of Guilt : Human Rights Abuses of Post-September 11th Detainees에서 국적, 종교, 젠더를 근거로 프로파일링을 남용하는 사례가 증가하고 있음을 발견했다고 언급했다.(2002b) 특정 국가 출신의 이슬람계 남성인데다가 시민권까지 없는 자는 의심스러운 행동을 할 사람으로 간주되기 쉽다. 이처럼 사법요원들은 특정 국가 출신의 이슬람계 남성을 테러리즘에 관계되어 있으며 테러 관련 정보를 가진 존재로 단정한 뒤, 그가 무죄라는 사실이 밝혀질 때까지 수사를 진행할 수 있다. 법무부가 정확한 수치를 밝히기를 꺼려하고 있지만 대략 1천 2백 명의 비시민권자들이 이러한 수사과정을

거쳐 체포되고 억류되었음이 확인되었다. 이렇게 체포된 사람들 가운데 752명은 테러 관련 범죄가 아닌 이민법 위반으로 처벌되었다.

용의자를 만들기 위해 국적, 종교, 젠더를 이용하는 것은 미국 헌법을 준수하며 살아가고 있는 중동 및 남아시아 출신의 수백만 명의 이슬람권 이민자들에게 부당한 처사일 뿐 아니라, 사법적으로도 전혀 효율적이지 않은 방법이다. 미국 행정부는 9·11 테러 발생 이후 테러 관련 범죄로 억류시킨 1천 명이상의 사람들 가운데 단 한 사람으로부터도 범죄사실을 찾아내지 못했다. 이러한 표적수사는 기존까지 대테러수사를 위한 중요한 단서를 제공하기위해 협조를 아끼지 않았던 이민 공동체들과 종교 공동체들을 수사대상으로 만듦으로써, 이들로 하여금 미국에 대한 반감을 갖도록 했다.(Human Rights Watch 2002b, 12)

또한 테러공격과 관련된 분명한 증거를 제시한 일련의 사례들은 국적에 의거해 테러용의자들을 프로파일링하는 것에 문제가 있음을 보여 준다. 예컨대 "20번째 항공기 납치범"twentieth hijacker이라고 불린 자카리아스 무사위 Zacarias Moussaoui는 프랑스 시민이다. "신발 폭파범"shoe bomber으로 유명해진 리차드 레이드Richard Reid는 영국 시민이다. 푸에르토리코Puerto Rico계 미국 시민권자인 호세 파디야José Padilla, Aka Abdullah Al Muhajir는 "더러운 폭탄 폭파범"Dirty Bomber으로 유명하다.3

---

3. [옮긴이] 여기서 언급된 테러용의자들은 모두 별명을 가지고 있다. 이들의 별명은 그들이 가담한 테러행위와 연관이 있다. 무사위는 본래 람지 빈 알십(Ramzi bin al-Shibh)을 대신하여 9·11 테러를 저지른 "19명"의 알카에다 조직원들과 함께 9·11 테러에 가담하기로 했다는 혐의로 구속되었기 때문에 20번째 항공기 폭파범이라는 별명을 얻게 되었다. 레이드는 신발 속에 폭발물질을 숨겨서 항공기를 폭파하려고 시도했기 때문에 신발 폭파범이라는 별명을 얻었다. 파디야는 폭파될 때 주변에 방사성 물질을 유포시키는 것으로 유명한 더러운 폭탄을 이용한 테러공격을 계획했다는 혐의로 구속되었기 때문에 더러운 폭탄 폭파범으로 불리게 되었다.

법무부가 [9·11 테러공격과의] 직접적 연계성도 찾지 못하는 수사를 확대하고 시행하자, 시민권주의자들과 [정치]비평가들은 미국 행정부가 미국에 도움이 될 만한 사람들마저 쫓아버리는 터무니없는 인종 프로파일링을 진행하고 있다고 비판했다.(Butterfield 2001) 테러공격 관련 정보를 알고 있을 것이라 추정되는 수천 명의 사람들을 심문하겠다는 법무부의 계획이 발표된 후 〈아랍-미국연구소〉Arab American Institute의 담당자 제임스 조그비James Zogby는 이렇게 말했다 : "9·11 테러가 발생한 직후 대대적으로 시행된 이러한 '그물 던지기'net casting는 당시 충분히 용인될 수 있는 것처럼 보였다. 하지만 지금은 대테러수사를 진행할 때 이보다 더 좋은 방법이 사용되어야 한다."(Farragher and Cullen 2001, EV1) 워싱턴의 〈미국-아랍 반차별위원회〉 대변인 후세인 이비쉬Hussein Ibish는 이러한 수사 행태를 다음과 같이 비판했다 : "이 범주의 모든 사람들이 수사를 받을 필요가 있다는 생각은 아랍계 젊은이들에게 낙인을 찍는다. 이는 경찰이 점차 조야한 형식의 [박해의] 고정유형에 점차 의존하고 있음을 암시한다. 이러한 수사는 대중이, 이 같은 고정유형에 속하는 것처럼 보이는 모든 사람들을 의심하게 만들었다."(Farragher and Cullen 2001, EV2) 애쉬크로프트 법무장관은 그의 전술적 타당성을 계속해서 주장했다. 그에 따르면 이 전쟁은 테러공격에 따라 시작되었기 때문에 통상적으로 우리에게 익숙한 사실들과 완연히 다른 것이다. 이에 따라 그는 테러와의 전쟁을 위한 법집행이 기존의 것과는 뭔가 다른 것이어야 한다고 주장했다. 테러리즘 전문가들은 단호히 이 주장에 반대했다. 노스이스턴 대학의 범죄학 교수 이디스 플린Edith Flynn은, 행정부의 전술을 살펴보면, 행정당국이 소량의 불충분한 증거에 의존하여 또 다른 테러공격을 막는다는 그들의 명분을 어떻게 이어 나가는지가 드러난다고 주장했다. 또한 플린은 "진위를 구별할 능력이 있고 제대로 된 교육을 받은 심문자가 우리 주변에 없는 상황에서" 프로파일링이 과연 제 기능을 발휘할 수 있을지 의심스럽다고 말했다. 덧붙여 플린은 "[심문자와 용의자 사이에 존재하는] 고유의 문화적 차이만 보아도 이러한 프로파일링에 효과가 있을지 의심스럽다"고 말했다.(Farragher and Cullen 2001, EV3) 이민자 권리 단체들은 철저한 대테러수사에 대해 호의적인 입장을 취하면서도 법무부의 광범위한 수사망에 대해서는 염려했다. 이들은 법무부가 수사망을 넓히는 과정에서, 법적 결과를 두려워하여 연방관료에게 말 한마디 꺼내지 못하는 이민자들까지 잡아들이게 될 것이라고 말했다. 〈미국 민권자유연맹〉의 루카스 구텐타크Lucas Guttentag은 이렇게 말했다 : "한 개인에게 이 같은 수사는 본래 위협적이다. 특히 미국에 막 도착한 사람들이 FBI 로부터 심문을 받으면 더욱 그럴 것이다. 아무 말도 하지 않는 결과가 어떤 것일지, 그리고 문을 두드리는 다음 사람이 이민국 직원일지 아닐지, 그 어떤 것도 그들에게는 분명하지 않다."(Farragher and Cullen 2001, EV3)

특별 등록 프로그램

시민권 운동단체들과 인권 운동단체들이 반대했음에도, 법무부는 테러와의 전쟁 과정의 일환으로 2002년 12월에 특별 등록 프로그램을 도입해 프로파일링의 활용범위를 확장했다. 테러활동과 관련된 중대한 정보를 알아낼 목적으로 도입된 이 프로그램은, 16세 이상의 비이민 남성 방문자4를 겨냥한 것이었고 2002년 9월 30일 전에 미국에 공표됐다. 미국 행정부에 따르면 특별 등록 프로그램은 8만 2천 명 이상의 학생, 관광객, 기업인과 그들의 가족을 대상으로 시행되었다. 또한 특별 등록 프로그램은 테러 지원국가인 북한을 포함한 북아프리카, 중동권 국가 출신의 남성들에게 적용되었다. 특별 등록 프로그램에 참여한 사람들은 신상명세서 작성, 지문

---

4. [옮긴이] 미국 이민법이 명시하고 있는 방문비자(Visitor Visa)를 소유한 남성을 의미한다.

채취, 사진촬영으로 구성된 절차를 겪고도 FBI에게 심문까지 받아야 했다. 법무부 대변인 호르헤 마르티네즈Jorge Martinez는 이렇게 수집된 정보가 테러와의 전쟁을 위한 필수적인 정보라고 믿는다. 그는 이렇게 말했다 : "이 사람들은 위험성이 높은 인물로 간주된다. 이 프로그램은 누가 들어오고 나가는지, 그리고 그들이 스스로 하겠다고 말한 것을 정말로 하고 있는지를 알아보는 데 그 목적이 있다."(Gourevitch 2003, EV2)

특별 등록 프로그램이 시행되고 난 뒤 처음 몇 달 동안, 법무부는 이 프로그램을 통해 어떠한 테러리즘 관련 정보도 얻지 못해 이 프로그램의 효율성에 대한 사회적 의구심을 증폭시켰다. 특별 등록 프로그램의 도입 초기 1천 명의 사람들이 이로 인해 억류되었는데, 이 중 15명의 범죄사실만 확인되었다. 그러나 이들 가운데 테러 관련 혐의가 발견된 사람은 없었다. 억류자의 다수는 구직활동을 통해 그들의 지위를 [불법체류자에서] 합법적 거주민으로 바꾸기 위해 비자만료 시한을 어긴 이민법 위반자였다. 이렇게 시작부터 잘못 계획된 특별 등록 프로그램은, 거주 서비스와 이민 서비스 제공에 큰 혼란을 주었다. 법무부는 그들이 찾아낸 정보를 언론에 발표하지 않았고, 법무부 웹사이트에 특정 사실을 제대로 공개하지 않았다. 이는 많은 외국인들이, 자신이 왜 이 프로그램에 등록해야 하고 왜 늦게 출석했기 때문에 체포돼야 했는지를 전혀 알 수 없었던 이유를 설명한다. 법무부는 아랍어로 번역된 특별 등록 프로그램의 규정에서 16세 이상을 16세 이하로 번역한 황당한 실수를 저지르기도 했다.(Gourevitch 2003, EV2)

이민국 관리들과 이민법 변호사들은 특별 등록 프로그램의 정확한 의도를 두고 큰 혼란에 빠졌다. 특별 등록 프로그램은 "외국계 시민들과 외국계 국민들"foreign citizen and national 5이 이 프로그램의 등록대상임을 밝히고

---

5. [옮긴이] 미국 국토안보부에 따르면 외국계 국민이란 미국이 아닌 다른 국가의 시민인 사람

있었다. 그러나 이 요구조건을 기술하기 위해 사용된 "시민"citizen과 "국민"national이라는 말이 어떻게 다른 것인지가 분명하지 않았다. 국민이라는 말이 더욱 어떤 의미를 지니는 말인지가 명백하게 드러나지 않았다. 이를 설명해 줄 수 있는 유일한 규정은 입법된 지 50년이나 지난 법조항에서 찾아볼 수 있다. 이 조항은 "국민"을 "한 국가에 영원히 충성하는 사람"으로 정의한다. 심지어 호르헤 마르티네즈 법무부 대변인은 여기서 말하는 "국민" 개념이 어떻게 정의되는지도 알지 못했다.(Gourevitch 2003, EV3) 이러한 개념상의 혼동으로 인해 이 프로그램에 등록할 필요가 없는 캐나다, 라이베리아, 노르웨이 출신의 몇몇 외국인들이 등록을 하기 위해 나타나는 상황이 연출되기도 했다. 이민국 관리들은, 이 절차를 어떻게 해석해야 할지 몰라 결국 그들을 구속하고 말았다. 이란에서 태어난 뒤 유년기에 미국으로 이주해 온 두 명의 캐나다 시민들이 며칠 동안 억류되기도 했다. 그들은 미국의 첨단기업에서 근무할 목적으로 근로 비자를 받고 미국에 체류하고 있었을 때 자신들이 프로그램에 등록을 해야 하는지 아닌지 확실치 않아 이민국을 찾았다. 이민국 관리들은 자신들이 어떠한 특별 훈련도 받지 않았으며 수천 명의 거주자들의 정보를 처리하기 위해 빈번히 연장근무를 해야 한다고 불평을 늘어놓았다. 버지니아 주의 알링턴Arlington 이민국은 덜레스Dulles 국제공항사무소로 많은 양의 처리 예정의 정보를 보내줘야 했기 때문에 상근자들로 넘쳐났다.

이 프로그램에 등록하기 위해 로스앤젤레스 이민국을 찾은 4백 명 이상의 외국계 국민foreign national들이 수갑이 채워진 상태로 억류된 일은 가장 큰 논쟁을 불러일으킨 사건 가운데 하나다. 로스앤젤레스에서 변호사로

을 지칭한다. 따라서 외국계 국민이란 미국의 시민권자는 아니지만 현재 미국 내에 체류하고 있는 타국의 국민을 가리키는 말이다.

활동하고 있는 소헤일라 조노비Soheila Jonoubi는 억류자들이 구류 상태로 며칠, 경우에 따라서는 몇 주를 보내야 했다고 말했다. 그들 다수는 알몸 수색을 당해야 했고 언어적 위협을 겪어야 했으며 음식, 식수, 잠자리, 필요한 의류를 얻을 수 없었다. 심지어 이들은 자신들이 억류된 이유조차 알 수 없었다. 법무부는 비자 기한 만료를 이유로 그들이 억류되었다고 보고했다. 신상조회가 끝나고 20명을 제외한 나머지 사람들은 석방되었다. 그렇지만 합법적 이민자 지위를 유지하게 된 억류자 다수는 노동 허가서를 받기 위해 대기해야 했다. 이민국이 엄청난 양의 노동 허가서 업무를 처리해야 하는 상황에 놓이게 되어 억류자들이 요구한 노동 허가서의 발급을 계속 뒤로 미뤄야 했기 때문이다.(Talvi 2003a, 2003b)

이 특별 등록 프로그램에 따라 8만 2천 명 이상의 외국계 국민들이 등록과정을 마쳤다. 하지만 이 프로그램은 테러리즘과 연계된 주목할 만한 성과를 전혀 이루지 못했다. 그럼에도 법무부는 이민자 신분이 만료된 1만 3천 명의 아랍인과 이슬람교도에 대한 추방계획을 단행했다. 많은 사람들이 관대한 처벌을 바라는 마음으로 이 프로그램에 적극적으로 협조했는데도 말이다. 추방과 함께 이들에게 단행된 억류조치는 미국 전역의 이민자 공동체들에 공포를 고조시켰을 뿐 아니라 충격을 안겨 주었다. 다수가 미국 시민권자인 중동인들과 그들의 가족은 정치망명을 신청하기 위해 타국, 주로 캐나다로 떠났다.(Cardwell 2003; Elliott 2003)

이렇게 전개된 사회적 상황들은 출입국 관리, 형법체계, 테러와의 전쟁 분야에 도래한 인권의 위기를 보여 준다. 그럼에도 국토안보부와 새로이 조직되고 출범된 이민국인 이민세관집행국Bureau of Immigration and Customs Enforcement의 정부 관료들은 국가안보의 중요성만을 강조하고 있었다. 국토안보부의 짐 차파로Jim Chaparro는 이렇게 주장했다 : "우리는 가장 큰 위협에 집중해 법집행을 단행할 필요가 있다. 이민자들이 우리의 허점을 이용할 수 있다면, 테러리스트들도 마찬가지일 테니까 말이다."(Swarms 2003, A9) 시민권 운동단체들과 인권 운동단체들은 테러와의 전쟁을 치르는 과정에서 이민법을 악용하고 있는 미국 행정부를 비판했다. 그들은 정부가, 멕시코·중앙아메리카 지역 출신 사람들이 이민법을 위반했을 때는 눈감아 주면서도, 아랍권·이슬람 국가 출신 이민자들에게만 이 법을 철저히 적용함으로써 차별적인 법집행의 모습을 보이고 있다고 주장했다.

범죄학자들과 법학자들은 미국 행정부가 테러와의 전쟁을 치르는 과정에서 특별 등록 프로그램을 시행하기 위해 내세운 논리 전체를 향해 의혹의 눈빛을 보냈다. 특히 이 소모적 절차가 지문채취, 사진촬영, FBI 심문 과정을 포함하고 있음을 고려해 보면 어떤 테러리스트가 분명히 조사를 받고 억류당할 것을 알고 있으면서 특별 등록 프로그램에 참여하려 할 것인가? "그리고 정보부 관리들의 말대로 알카에다 소속 테러리스트들이 법률이 요구하는 조건에 순응하고 눈에 띄지 않는 조용한 삶을 살고 있다면 이 민국은 알카에다 조직원이 미국으로 걸어 들어와도 그 사실을 알 길이 없다."(Cole 2003, 5) 전문가들은 대테러작전 중에 효과가 별로 없는 조치의 한 예로 추방을 언급한다. 조지타운 대학의 법학교수 데이비드 콜David Cole은 이렇게 주장했다 : "추방은 진짜 테러리스트들에 대해 우리가 취할 수 있는 최후의 조치다. [그 전에] 우리는 이들에게 법적 책임을 물어 이들을 구속시킬 필요가 있다. 물론 이러한 구속조치는 중간에 끼어 샌드위치 신세가 된 무고한 사람들이 고통을 면하게 해 줄 것이다."(Gourevitch 2003, EV5; Cole and Dempsey 2002, Welch 2003b 참조)

일부 정부부서들조차 특별 등록 프로그램의 시행을 둘러싼 논쟁에 무게를 싣고 있다. 회계감사원General Accounting Office은 이 프로젝트의 의미와 관련된 수많은 의문을 담은 보고서를 발행했다.(2003a) 이 보고서에는 문제 제기만 있을 뿐 대답이나 해결책은 없었다. 이 연구물에는 반테러조치로서 도입된 특별 등록 프로그램의 유용성에 대해 의구심을 표명한 많은 정부 관리들의 인터뷰가 실려 있었다. 이렇게 숱한 의구심이 드러나고 있음에도 여전히 법무부는 특별 관리 프로그램의 시행을 옹호하고 있다. 호르헤 마르티네즈는 특별 등록 프로그램의 시행으로 "부인폭행자, 마약중개상, 폭력범"이 체포되고 있음을 지적하며 "지금까지 이 프로그램이 전적으로 헛된 노력만은 아니었다"고 주장했다.(Gourevitch 2003, EV6) 이에 대해 알렉스 구레비치Alex Gourevitch 6는 이렇게 대응했다 : "그러나 이 프로그램은 테러리스트 검거라는 본래의 목적을 정확히 달성하는 데 실패했다. 우리가 진정 원하는 것이 부인폭행자, 마약중개상, 폭력범을 잡아들이는 것이라면 법무부는 미국의 모든 사람들에게 출두하여 이 프로그램에 등록하라고 요구해야 할 것이다."(2003, EV6) 국토안보부로 편입되기 전의 이민국 또한 이 프로그램의 문제점을 직시하고 있었다. 당시 이민국 장관이었던 제임스 W. 지글러James W. Ziglar는 이 프로그램의 도입을 법무부가 제안했을 때 이에 대해 비판적인 입장을 취했다. 지글러는 상관인 애쉬크로프트 법무장관에게 자신의 생각을 전달했다. 그가 생각하기에 테러리스트들은 이렇게 혹독한 조사과정에 자발적으로 참여하지 않을 가능성이 높았다 : "질문은 '이 모든 것으로 우리가 무엇을 얻을 것인가'다. 예상대로 우리는 이로써 어떠한 것도 얻지 못했다. 내가 알기로는 단 한명의 테러리스트도 발견할 수 없었다. 우리는 테러와의 전쟁 과정에서 우리에게 큰 도움을 줄 수도 있었던 이민자 공동체와 여타의 국가들과 맺어 온 관계를 망쳤고, 일련의 사건으로 우리의 평판을 실추시켰으며, 그로 인해 소송에 휘말렸을 뿐이

6.[옮긴이] 알렉스 구레비치는 하버드 대학의 교수로 활동하고 있는 정치 이론가이다. 구레비치는 콜롬비아 대학원에서 수학하고 있을 때에도 부시 행정부를 공개적으로 비판해 온 인물로 유명하다. 그가 참여한 저작으로는 『주권 없는 정치 : 현대국제정치에 관한 비판』(*Politics Without Sovereignty : A Critique of Contemporary International Relations*)이 대표적이다.

다."(Swarns 2004a, A26) 사실 건초더미에서 바늘을 찾는 이에게 필요한 것은 바늘이지 무성한 건초가 아니다.

반복하건대 테러와의 전쟁이 야기한 프로파일링과 인권유린의 문제들은 대테러수사를 위해 요구되어온 [사회적] 노력의 의미를 퇴색시키고 말았다. "이러한 [대테러작전]명령에 내재된 인종주의적 요소는 쉽게 간과될 수 없는 것이다. 이민자들에게 대규모로 진행된 선별적인 등록, 억류, 추방 조치는 형편없이 계획된 낚시원정fishing expedition 7의 방식을 취하고 말았다. 이 같은 사회통제방식은 우리가 이민자 공동체들로부터 받을 수 있는 도움을 받을 수 없게 만들기 때문에 문제적이다. 이런 낚시원정을 시작할 경우 [부시] 행정부는 스스로 어떠한 근거도 없이 이번 일을 크게 벌이기만 했음을 결국은 인정해야 하는 상황과 마주하게 될 것이다."(Welch, Talvi 2003a, 3에서 재인용)

〈미국민권자유연맹〉과 〈헌법권리연구소〉Center for Constitutional Rights는, 테러와의 전쟁을 효율적으로 치르기 위해 사람들이 자유의 일부를 희생해야 한다고 주장하는 정부에 반대한다. 국가안보가 제한된 시민권에 기초를 두지 않기 때문에 이 정부 논리는 분명히 잘못된 패러다임에 근거를 두고 있다. 특별 등록 프로그램이 발생시킨 대량 억류사태는 [억류조치로서의] 기능을 다하지 못했을 뿐 아니라 비효율적인 결과를 초래하기도 했다. 〈미국민권자유연맹〉의 아이라 글래서Ira Glasser는 우리에게 다음을 상기시킨다 : "테러리즘과 전혀 관련이 없는 여러 사람들을 체포하는 것으로는 단 한 사람의 안전도 보장되지 않는다. 확실히, 정부는 잘못된 목표물에 집중함으로써 시민권을 침해해 왔다. 그런데 미국인 다수가 더욱 문제시하고 있는

---

7. [옮긴이] 웰치는 "낚시 원정"이라는 말을 통해 이 조치들이 월척, 즉 진짜 테러리스트를 잡지 못하고 피라미, 즉 이민법 위반자들이나 다른 경범죄자들만을 잡아냈음을 비판하고 있다.

것은 정부가 공공의 안전을 방치했다는 사실이다."(2003, WK12)

2003년 6월 부시 대통령은, 연방요원들이 인종과 민족에 의거해 수사를 진행하지 않도록 하기 위해서 이를 명시하는 지침을 발표했다. 하지만 이 지침에서 테러리즘은 예외였다. 이에 따라 연방요원들은 테러위협을 조사한다는 명목만 있으면 계속해서 인종이나 민족에 의존할 수 있게 되었다. 이민국 관료들은 계속해서 중동 출신의 미국 방문자들이 특별 등록과 특별 조사를 받도록 할 것이다. 시민권 단체들은 이 같은 선별조사에 법적 정당성을 부여하는 이 지침을 신속히 비판했다. 그들이 보기에 이 지침은 미국 사회에 인종과 민족에 대한 고정관념을 영속시킬 뿐 아니라 당국이 앞으로도 아랍인과 이슬람교, 그리고 이들과 비슷한 부류의 사람들에게 혐의를 두도록 보장해 주고 있었다. 이 지침에는 부시가 인종 프로파일링과 관련해 공언한 사실이 완전히 결여돼 있었다. 2001년 2월, 대국민 연설에서 부시는 인종 프로파일링이 "잘못되었으며 우리는 이것을 미국에서 종결지을 것"이라고 선언했다.(Lichtblau 2003a, A1) 〈미국-이슬람 관계위원회〉의 이브라힘 후퍼는 정부 보고서의 논지를 인용해, 이 지침에 대해 비판했다. 여기서 미국 행정부는 9·11 테러 발생 이후 수백 명의 중동인을 구속하고 억류한 법무부를 비난하고 있었다. 책임을 다른 곳으로 떠넘기고자 한 미국 행정부의 의도가 고스란히 드러난 것이며, 미국 행정부 스스로도 이들의 억류조치에 문제가 있음을 자기도 모르게 고백해 버린 것이다. 이제부터 살펴볼 억류조치의 남용사례는 테러와의 전쟁의 처벌체계에 상당한 수준의 문제가 있음을 보여 줄 것이다.[8]

---

8. FBI의 이슬람 사원 감시는 테러와의 전쟁에서의 프로파일링과 관계된 사법전술 가운데 논쟁을 불러일으킨 또 다른 요소다. 이러한 조치는 이슬람교 지도자들뿐 아니라 시민권 단체들까지 분노하게 했다(American Civil Liberties Union 2003, Lichtblau 2003c; *Newsweek* 2003; 이 책 9장 참조).

남용된 억류조치

앞서 언급한 것처럼 미국 행정부는 특별 등록 프로그램을 시행할 때 프로파일링과 관련된 숱한 문제를 발생시켰다. 이뿐 아니라 억류조치를 단행할 때도 프로파일링과 유사한 수준의 또 다른 인권침해 사례를 발생시켰다. 9·11 테러 발생 이후 법무부는 테러리즘 관련 수사를 위해 각종 조치와 구속 수사를 진행하였다. 이 과정에서 임의적 억류조치와 억류자들을 향한 학대행위, 그리고 일련의 절차에서 발견된 위반행위의 문제성을 언급하는 주장들이 표면으로 부상했다. 시민권 사회단체들과 인권 사회단체들은 지금이 아무리 세계무역센터와 미국 국방성에 테러공격이 발생한 특별 상황이라고 하더라도 이 같은 학대행위는 용납될 수 없다고 주장하며 미국 행정부에게 엄중히 경고했다. 이들의 염려를 무시하며 부시 행정부는 범죄혐의가 있는 이민자들을 갑작스럽게 억류할 수 있는 사법기관의 권한을 강화한다는 성명을 발표했다. 확장된 권한에 따라 법무부는 이민자들의 합법적 체류 여부와 상관없이 이들을 무기한 억류할 수 있게 되었다. (그전에는 법무부가 비자기한 위반 같은 경범죄를 저지른 이민자들을 체포하고 석방할 때 24시간으로 제한된 억류시한이 정해져 있었다.)

무기한 억류조치의 카프카적인Kafkaesque 속성, 다시 말해 그것의 부조리한 속성이 드러나자마자 시민권 변호사들은 재빠르게 그 조치에 대해 비난하고 나섰다. 버지니아 대학의 법과대 교수이자 전직 이민국 고문을 역임한 데이비드 마틴David Martin은 새로이 등장한 규제정책에 "시민권과 관련된 매우 걱정스러운 요소가 있다"고 말했다 : "나는 이 문제에 대해 언급함으로써 불필요한 우려를 자아낼 생각이 없다. 우리가 억류시한에 추가적으로 12시간 혹은 24시간을 덧붙이는 문제에 대해 이야기하고 있는 것이라면 나는 이 이야기에 문제될 것이 없다고 생각한다. 하지만 사람들이 몇 주에 걸쳐 억류될 경우, 혹독한 정밀조사가 펼쳐질 것임을 확신한다."(Shenon and Toner 2001, EV2) 9·11 테러가 발생하기 몇 달 전, 미국 대법원은 불법 이민자들의 본국 정부가 미국에서 추방된 불법 이민자들을 받아들이기를 거부할 경우에도 정부가 이들을 무기한으로 억류시킬 수 없다는 판결을 내렸다.(*Zadvydas v. Underdown* 1999) 새로이 개정된 테러방지 법률들이 야기한 시민권 문제로 수많은 논쟁이 오간 뒤, 의회에서는 〈애국자법〉이 통과되었다. 이 법에 따라 법무부와 이민국의 권력은 한층 강력해졌다. 그러나 이 때까지만 해도 정부가 억류자의 범죄정황을 입증하기 전까지 그들을 억류시킬 수 있는 최대 시한은 7일이었다. 하지만 새로운 법의 제정으로, 미국에서 테러활동에 가담한 것으로 확인된 억류자들의 경우, 6개월까지 수감될 수 있었다.(Rovella 2001)

법무부는 이 새로운 법의 등장으로 재소자와 그들의 변호사 사이에 오가는 대화를 엿들을 수 있게 되었다. 이처럼 법무부는 광범위한 권력을 보유하게 되어 그 세력을 확장할 수 있었다. 이 법은 변호인의 충분한 조력을 받을 수 있는 권리를 설명하는 〈미국 연방 수정헌법〉▪ 제6조를 명백히 위반한 것이다. 〈미국민권자유연맹〉의 레이첼 킹Rachel King은 "정말 무서운" 이 법이 "끔찍한 관례"를 만들어 놓았고 "미국이 이제 경찰국가와 다를 게 없어졌다"고 말했다.(Reuters 2001b, EV1) 〈미국변호사협회〉의 회장 로버트 허숀Robert Hirshon은 이 말을 거들며 〈미국변호사협회〉가 〈애국자법〉 때문에 "심각한 근심"에 빠졌다고 말했다.(Reuters 2001b, EV1) 분명 이 법이 헌법에 위배되며 변호인의 충분한 조력을 받을 권리까지 침해하고 있었기 때문이다. 의원들도 이 새로운 법의 등장으로 곤경에 빠졌다. 〈상원법무위원회〉Senate Judiciary Committee 의장 패트릭 레이히Patrick Leahy는 애쉬크로프트에게 보낸 서한에서 이 새로운 법률이 심각한 우려를 자아내고 있다고 말했다 : "나는 행정부가 이 새로운 법률을 사법적으로 검토해 보지 않고,

법적 권한을 갖지 못했음에도 이 법을 시행하려 한 데 우려를 표하고 싶다."(Reuters 2001b, EV2) 나아가 이 법은 이미 상당 수준의 권력을 누리고 있던 일련의 정부부서에게 더 큰 권력을 안겨 주었다 : "이민법에 따라 법무부는 경찰과 검찰의 기능을 겸비한 이민귀화국과, 외국인의 억류 여부를 결정할 특별법정을 담당하는 이민검토위원회를 보유하게 되었다. 이 점에서 법무부는 검사와 판사의 역할을 모두 수행하게 되었다. 이제 이민국 직원들은 영장 없이도 비시민권자들을 체포할 수 있고 이민법정은 가난한 용의자에게는 변호사를 붙여 주지 않는다."(Bravin, Fields, Adams, and Wartzman 2001, EV1)

마틴 교수는 정부가 행사하고 있는 권력에 대해 이렇게 설명한다 : "범죄 혐의로 누군가를 억류시키기 위한 증거가 지금 당장은 없을 수 있다." 그러나 이민법 위반사실은 발견될 경우, "입증하기가 매우 쉬운" 경우가 많기 때문에 정부 관료들은 쉽게 용의자들을 추방하거나 억류할 수 있다.(Bravin, Fields, Adams, and Wartzman 2001, EV1)

미국 행정부가 1천 2백 명 이상의 이민자와 외국인을 체포하고 억류하자 많은 시민들이 이에 유감을 표했다. 특히 예전에 이와 유사한 방식의 억류조치를 경험한 적이 있었던 시민들은 이 문제에 큰 관심을 보였다. 행정부가 용의자로 간주된 이민자들을 억류시킬 무한의 권력을 추구하고 있음을 밝히는 글, 그리고 미국인들이 인종 프로파일링 시행에 열렬한 지지를 보내고 있음을 보여 주는 여론조사 결과를 접한 샌프란시스코의 계관 시인 詩人 제니스 미리키타니Janice Mirikitani는 자신이 끔찍한 데자뷰를 경험하는 것 같았다고 말했다 : "말도 안 된다. 이럴 수는 없다. 나를 포함한 일본계 미국인들에게 다가오는 이 불길한 느낌은 아프가니스탄과 아랍권 출신 미국인들에게 일어날 일에 대한 것이다. 때문에 우리는 '다시는 절대 안 된다'고 소리치고 싶다."(Nieves 2001, EV1) 연방정부는 당시 유아였던 미리키타니를 구속했다. 그녀의 조부모와 부모, 8명의 고모를 포함한 모든 가족과 다수의 미국 시민들은 일본의 진주만 공습이 일어난 뒤 구속되었다. 이들은 화물기차에 태워져 멀리 있는 어느 수용소로 보내졌다. 가시철사로 철망이 쳐진 이 수용소에서 그들은 2차 세계대전 동안 3년 반의 시간을 보내야 했다. 이 공포와 전쟁 히스테리로 거의 12만 명에 이르는 일본계 미국인들과 거의 1만 1천 명에 이르는 독일인과 독일계 미국인, 그리고 2천 명에 달하는 이탈리아인들이 투옥되었다. 이들 다수에게 미군에서 복무하고 있는 아들 혹은 남편이 있었음에도, 이 투옥된 사람들은 적군에게 원조를 제공할지 모를 의심스러운 사람들로 간주되었다.(Nieves 2001, EV1)

몇몇 단체들은 시민권과 인권에 대한 심각한 피해사례를 기록하는 보고서를 출간했다.(American Civil Liberties Union 2001; Amnesty International 2003a, 2003b; Lawyers Committee for Human Rights 2003) 시민권과 이민 문제 변호사들의 주된 비판은, 미국 행정부가 이민법을 남용하고 있다는 것이었다. 그들은, 테러와의 전쟁을 개시한 미국 행정부가 사법체계에 따라 지켜야 할 의무를 교묘히 피하고 있다는 데 입을 모았다. 게다가 법무부는 새로운 이민정책과 절차를 설립해 이민국이 사람들을 임의적으로 억류시킬 수 없도록 강제했던 예전의 제도들을 무력화했다. 미국 행정부의 이 같은 위반사실은 세 가지 주요 영역, 즉 무작위로 시행된 억류조치·억류자에게 가해진 가혹행위·심문과정의 학대행위로 나뉠 수 있다.(Human Rights Watch 2002b) 게다가 각각의 문제점은, 법무부가 억류자들에 대한 정보 공개를 거부한 점에서 알 수 있듯이, 철저한 비밀주의로 일관한 미국 행정부의 태도로 더 악화되었다.(8장 참조)

무작위로 시행된 억류조치

시민권 단체들과 인권 단체들은, 국제법과 헌법에 따라 신체의 자유가 인간의 기본권 가운데 하나임을 우리에게 상기시킨다. 〈미국 연방 수정헌법〉 5조와 14조에서 밝히고 있는 것처럼 신체의 자유를 요구하는 것은 지극히 정당한 권리 행사다. 따라서 임의로 단행된 억류조치는, 〈미국 연방 수정헌법〉이 보장하는 시민의 권리에 대한 침해다. "국가의 강압적 권력은 임의로 억류된 개인을 무방비 상태에 놓는다. 임의로 시행된 억류조치는 분명 억압적인 정권의 특징이지만 민주 정부들도 자유권 침해를 향한 유혹에서 쉽게 벗어나지 못한다."(Human Rights Watch 2002b, 46; Amnesty International 2003a) 유감스럽게도, 9·11 테러 이후에 진행된 초기 수사기간 동안 구속된 억류자 다수는 임의로 체포되어 장시간 붙잡혀 있었다. 이러한 사례들은 9·11 테러 사건을 둘러싼 당시의 사회적 혼란 때문에 우연히 발생한 것만은 아니다. 임의로 시행된 억류조치는 법무부의 반테러활동에서 구조적 도구로 기능하며 수많은 위반사례를 양산한 새로운 처벌 절차를 창조하는 데 결정적인 역할을 했다. 이러한 처벌 절차들은 미국 행정부에게 더욱 강력한 권력을 제공했고 억류에 따른 사회문제를 예방하기 위해 초기에 설치되었던 안전장치들을 해체하는 데 공헌했다. 앞서 언급한 것처럼 이 새로운 법률은, 한 개인이 공동체에 위협을 가했다는 증거가 불충분한 상황에서도, 그를 구속할 사유가 있다고 판단될 경우 범죄 예방 차원에서 그를 억류할 수 있게 했다.(Lawyers Committee for Human Rights 2003)

미국 헌법과 국제인권법에 따르면, 시민권 소지 여부와 상관없이 모든 사람은 범죄혐의나 이민법 위반으로 개인의 자유가 박탈된 뒤에도 변호사를 선임할 권리를 갖는다. 〈인권감시단〉은 테러활동에 가담했다고 정부가 의심하는 사람들, 다시 말해 "특별 관리" 억류자들이 단순히 이민법을 위반했을 뿐인데도 테러범죄 수사의 일환으로 수감되어 심문을 받았다는 사실을 밝혀냈다.(2002b) 억류자 다수는 범죄사실뿐 아니라 그들의 이민 자격과 관련해 FBI와 이민국 직원들의 심문을 받았다. 이민법 변호사들은, 미국 행정부가 미국의 사법체계가 부여하는 개인의 권리와 법적 보호조치를 테러 용의자에게 보장하지 않은 상태에서 그들을 억류하고 심문하기 위해 이민법 관련 행정절차를 밟고 있다고 비판했다. 이때 묵살된 안전장치 가운데 하나가, 바로 구속수사를 받을 때 필요할 경우 국선 변호인을 포함하여 변호사를 선임할 수 있는 권리다.(Cole 2003b; Cole and Dempsey 2002)

억류자에게 가해진 가혹행위

세계무역센터와 미국 국방성에 가해진 테러공격으로 미국 사회의 정서가 거칠어지면서 억류자들은 공포에 휩싸였다. 그들은 교도관과 동료 죄수들이 자신에게 행사할지 모를 강도 높은 폭력의 복수를 두려워했다. 이 폭력의 형식은 희생양 만들기라는 말로 가장 적합하게 묘사될 수 있다.(Welch 2003a, 2003b) 몇 가지 경우에서 이 공포는 현실화되었다. 인권 변호사들은, 교도관과 죄수들이 행사한 신체적 폭력과 언어폭력을 억류자들이 수없이 많이 경험했다고 말했다. 예컨대 우리는 합법적인 미국 영주권 취득자이자 요르단의 시민이었던 오사마 아와달라Osama Awadallah의 사례에 집중할 필요가 있다. 아와달라는 참고인 자격으로 83일 동안 억류되었다. 이 기간 동안 그는 인격 모독과 신체학대를 경험했다. 캘리포니아 주 California, 샌 버나디노 카운티San Bernardino County 교도소의 교도관들은, 아와달라에게 여성 교도관 앞에서 완전히 탈의할 것을 강요했다. 이 때 한 교도관이 그의 팔을 비틀어 그가 고개를 숙이게 했고 그 다음에는 그의 머리를 바닥으로 내동댕이쳤다. 오클라호마 주 연방감옥으로 이감된 이후에도 그는 계속 수모를 겪어야 했다. 이곳에서 한 교도관은 그의 머리와 얼굴에 신발을 내던지고 그를 비방하는 욕설과 그의 종교를 비꼬는 말을 퍼부었다.

이후에 아와달라는 족쇄를 차고 뉴욕 시로 이감되었다. 이감될 때 그는 그의 형제도 구속시키겠다는 교도관의 협박과 아랍권에 대한 저주를 듣고 있어야 했다. 메트로폴리탄 교도소Metropolitan Correctional Center에서 그는 몸

이 파래질 정도로 추운 방에 수감되었다. 한 교도관이 아와달라를 문과 벽으로 밀어 수갑이 채워진 그의 손에 피가 나게 한 일을 시작으로 신체학대는 끊이지 않았다. 이 교도관은 그의 족쇄를 걷어찼을 뿐 아니라 그의 얼굴이 성조기를 향하게 하기 위해 그의 머리카락을 잡아당겼다. 한 번은 교도관들이 발로 아와달라를 걷어차서 죽여 버리겠다고 협박한 적도 있었다. 거의 3달 동안 억류된 뒤에야 아와달라는 보석으로 석방되었다. 이 같은 끔찍한 인권유린 사건을 조사한 미국 행정부는 아와달라가 신체가혹행위 physical mistreatment를 경험했음을 확인했다. 아와달라를 대신해 그의 변호사는 미국 행정부의 이 같은 처사를 맹렬히 비난했다.(Human Rights Watch 2002b; Amnesty International 2003a 참조)

9·11 테러가 발생하고 몇 주가 지나자 억류자들에게 가해진 이 같은 가혹행위와 학대행위를 드러내는 엄청난 양의 증거가 표면으로 떠올랐고 이 문제는 인권 변호사들 사이에서 관심의 대상이 되었다.

미시시피 주 : 파키스탄 출신의 한 20살 학생은, 재소자들이 자신의 옷을 벗기고 구타를 가했다고 말했다. 이 때 교도관들은 이 문제에 개입하기를 꺼렸고 그가 적절한 의료 행위를 받지 못하게 했다.

뉴욕 주 : 이집트 출신의 억류자가 법정에서 자신이 교도관에게서 학대행위를 당했다고 진술한 사건에 대해 검찰 수사가 이루어졌다. 또한 이스라엘 영사는 다섯 명의 이스라엘인들이 눈가리개가 씌워지고 수갑이 채워진 상태로 감옥에 수감되어 거짓말 탐지기 수사에 협조할 것을 강요당한 일에 대해 유감을 표했다.

중서부에 위치를 둔 세 개 주 : 이민국 관리들은 테러 발생 이후 일주일 동안 억류자들이 면회나 전화를 이용할 수 없게 했다. 이 관리들은 현재 이 명령의 문제점을 인정하고 있다.

텍사스 주 : 한 사우디아라비아 출신자의 변호사에 따르면 그는 처음에 변

호사를 선임할 수 없었고 침대 매트리스, 담요, 물잔, 그리고 이슬람교도로서 제시간에 맞게 기도를 드리기 위해 필수인 시계를 이용할 수 없었다. (Serrano 2001a, EV1; 2001b)

이들 억류자들이 세계무역센터와 미국 국방성 테러사건과 어떠한 연관도 없다는 점에서 위에서 제시된 가혹행위 사례들은 희생양 만들기와 다를 게 없다. 이들 가운데 누구도 믿을 만한 증거에 따라 체포되지 않았고 단 2명만이 조기 석방되었다. 미국 행정부의 초기수사는 테러공격 혐의로 억류된 사람들과 테러 사건 사이의 연관성을 전혀 밝혀내지 못했다. 억류자 다수는 보통 비자기간 만료 같은 이민법만 위반했을 뿐이었다. 젊은 남자 몇 사람이 변호사 선임의 권리를 박탈당하고 적절한 음식과 보호조치를 받지 못한 상태로 수감되었다는 사실이 네 건 이상 드러났음에도 애쉬크로프트 법무장관은 억류자들에게 가해진 대대적인 학대행위는 없었다고 주장했다. 플로리다 주와 펜실베이니아 주에서 새로 발생한 한 사건에서는, 한 파키스탄 사람이 살인 용의자들 및 폭력 범죄자들과 함께 억류돼 있던 동안 10kg에 가까운 체중이 빠지기도 했다. 억압적인 정권을 피해 미국으로 도망쳤던 한 이라크 소년의 가족들은, 그 소년이 현재 또 하나의 억압적인 정권을 미국에서 발견하게 되어 극심한 공포에 빠져 있다고 말했다.(Serrano 2001b)

무하마드 라피크 부트Muhammad Rafiq Butt가 뉴저지 주에 있는 허드슨 카운티 교도소에서 사망한 채로 발견된 사건은 테러리스트 체포과정에서 발생한 비극적인 사건 가운데 하나다. 불안을 느낀 대중의 제보로 수백만의 사람들이 불법체류로 체포되었을 때 그 중에 부트가 있었다. 당시 부트는 55세였고 일 년째 미국에 머물고 있었다. 그런 그가 교도소에서 주검으로 발견된 것이다. 부검을 해 보니 부트는 미국생활의 시작부터 건강상태가 좋지 않았고 특히 심장 질환으로 고생했던 것으로 드러났다. 결국 그는 감옥에서 심장마비로 사망한 것으로 밝혀졌다. 그가 죽은 뒤에야 이민국은, 그를 구속시켜 두었던 33일 동안 미루었던 일들을 해야 했다. 이민국은 전과 달리 공식적으로 그의 존재를 인정해야 했을 뿐 아니라 그의 체포, 억류, 죽음 뒤에 숨어 있던 정황들을 설명해야 했다. 부트의 집 근처에 있는 교회의 목사가 FBI에게 허위 제보를 하여 그가 체포되었다는 사실도 대중에게 공개되었다. 그의 유일한 위반사실은 방문비자 기간만료였다. 단 하루 만에 미국 행정부는 대테러수사를 진행하기 위해 그를 억류시켜 놓은 것이 아니라는 점을 시인해야 했다 : "실제적으로 영어를 말할 줄도 모르고 영어 교육을 받은 적이 거의 없었던 부트는 변호사도 입회하지 않은 상태에서 추방 판결을 듣게 돼 있었다. 감옥에서 그는 자신의 친척들뿐 아니라 뉴욕의 파키스탄 영사에게 전화 한 통 하지 못했다."(Sengupta 2001a, EV1~2)

〈시민권과 정치적 권리에 관한 국제규약〉 International Covenant on Civil and Political Rights 10조는 "자유가 박탈된 모든 사람들도 인류애와 인간에 내재한 존엄성에 따른 대우를 받을 자격이 있다"고 선언하고 있다. 다시 말해 이 국제규약은 인간에 대한 비인간적이고 가혹한 대우 및 처벌을 금지하고 있다. 인권 변호사들은 9·11 테러 이후, 이민국에 의해 억류된 사람들이 범죄행위로 고발되지도 않았고 유죄가 입증되지 않았음에도 부적절한 수감조건에서 학대행위를 받아 왔다고 주장했다. 간단히 말해 수사 초기부터 이 억류자들은, 유죄가 확정된 테러리스트들처럼 다루어졌고 몇 주, 때로는 몇 개월 동안 독방에 수감되고는 했다. 덧붙여 말하면 그들은 이례적으로 엄격한 보안조치를 받게 되었다. 이 조치로 그들은 가족이나 변호사와 접촉할 수 없었다. 설상가상으로 이들 가운데 일부는 언어적 학대행위와 신체적 학대행위의 희생자가 되었고 의료행위를 받을 수 없었으며 범죄용의자 혹은 유죄판결을 받은 범죄자들과 함께 수감되어야 했다.(Human Rights Watch 2002b; Welch 2002a, 2002b)

심문과정에서 나타난 학대행위

9·11 테러 발생 이후 대두된 고문의 문제는 억류자에게 가해진 가혹행위에 관한 논쟁과 더불어 우리가 관심을 가져야 할 주제다. 고문사용에 대한 논쟁이 진행되고 있을 때 테러수사에 참여했던 한 숙련된 FBI 요원은 "고문이, 우리가 가고자 하는 지점으로 우리를 데려다 준다"고 말했다. (*Washington Post* 2001b, 25) 전직 법무부 관리 로버트 리트Robert Litt는 고문이 인정되어서는 안 된다고 주장하면서도 앞서 제시된 말과 비슷한 주장을 펼쳤다. 리트는 "긴급한 상황"에서 고문을 가한 사람이 이후 고문을 통해 그가 원하는 "결과를 얻었다"는 인상을 줄 수 있을 경우에는 고문이 일부 허용될 수 있을지 모른다고 주장했다.(Williams 2001, 11) 이 같은 주장은 일부 대중의 지지를 얻고 있는 것 같다. 최근에 시행된 CNN 여론조사는 테러리즘에 대한 정보를 얻을 수 있다면 45%의 사람들이 고문에 반대하지 않는다는 점을 보여 준다.(Williams 2001) 기자들과 인권단체들은 재빠르게 이에 대응했다. "우리가 볼 때, 부시 행정부가 고문의 심각성을 고려하고 있지 않은 것 같다. 애쉬크로프트는 9·11 테러 이후에 미국 행정부가 구속된 사람들에게 가한 일들이 합헌적인지 아닌지에 대해 여전히 고민하지 않고 있다. 그의 부주의한 모습 때문에 사람들은, 의회가 최근에 그에게 부여한 광범위한 수사권을 그가 분별없이 사용할 것 같아서 불안해하고 있다."(*New York Times* 2001, A22; Millett 1994 참조) 〈국제사면위원회〉는 [미국 행정부가] 고문을 허용한다고 말한 대목을 비난했다. 특히 〈국제사면위원회〉는 9·11 테러 발생 이후 다수의 구속자들이 신속하게 변호사와 가족들을 접견하지 못하고 있음을 제시하는 수많은 보고서에 의거해 억류자들의 안위에 대해 우려를 표했다.(2001) 게다가 억류자들에게 가해진 가혹행위에 대한 의문들은, 정부가 관련 정보를 공개하기를 거부하고 있기 때문에 아직 충분히 답변되지 않았다. 당연히 비밀주의와 혼란으로 은폐된 대량억류 정책은 인권 변호사

들과 시민권 변호사들에게 심각한 고민을 안겨 주었다.

구속수사 기간 동안 변호사를 선임할 권리는 절차의 문제로서, 억압적인 심문과정을 예방하기 위해 기능한다. 그러나 9·11 테러와 관련된 일련의 구속사건에서 증명된 것처럼 억류자들은 바로 변호사를 접견할 수 없었을 뿐 아니라 학대행위로 고통 받아야 했다. 미국 헌법과 〈유엔 기본 원칙〉 제21조는 가혹행위가 개인의 판단 능력에 해를 입힐 수 있다는 점에서, 심문과정에 학대행위가 사용되는 것을 금지한다. 이렇게 진행된 심문과정은 허위 자백을 유도할 수 있기 때문이다.

예컨대, 아브달라 히가지Abdallah Higazy의 경우를 살펴보자. 그는 이집트 출신의 30세 대학원생이며 유효 비자를 소지하고 있었다. 그는 2001년 12월 17일에 참고인 자격으로 억류되었다. 그가 9월 11일에 머물렀던 뉴욕시티 호텔의 객실에서 항공기 조종사용 무전기가 발견되었기 때문이다. 히가지는 맨해튼에 있는 메트로폴리탄 교도소 독방에 수감되었다. 그의 결백을 증명하기 위해 그는 거짓말 테스트기 검사에 자원했다. 휴식, 음식, 음료가 주어지지 않는 상태에서 무려 5시간 동안, 그는 녹초가 될 정도로 힘든 심문과정을 겪어야 했다. 법무부가 만들어 낸 몇 가지 이상한 제한조건 때문에 히가지의 변호인은 심문과정을 참관할 수 없었다. 그래서 그의 변호사는 그에게 법률조언을 전혀 해 줄 수 없었다. 히가지는 심문시작부터 요원들이 그와 그의 가족을 위협했다고 말했다. 심문과정의 학대행위로 정신적으로나 육체적으로나 극심하게 피로해진 탓에 히가지는 결국 무전기의 주인이 자신이라고 허위 자백을 했다. 법무부는 FBI에게 거짓진술을 한 혐의로 히가지에게 법적 책임을 물으려고 했지만, 그 후 3일이 지났을 때 그 무전기의 주인이 등장했다. 알고 보니 어떤 미국인 항공기 조종사가 그 무전기의 주인이었다. 히가지의 모든 혐의는 무효로 선언되었고 그는 독방 생활 한 달 만에 죄수복을 입은 상태로 메트로폴리탄 교도소에서 풀려났다. 정확히 말해 그는 지하철 요금으로 쓰라고 교도소가 지급한 3달러를 손에 쥔 상태로 뉴욕의 한 거리에 버려졌다. 몇 개월이 지난 뒤 로널드 페리Ronald Ferry는, 자신이 히가지에게 혐의를 덮어씌우기 위해 이야기를 조작했음을 자백했다. 페리는 무전기가 발견된 호텔에서 예전에 경비로 일한 적이 있었으며, 그 날 그 무전기를 발견했다고 신고한 사람이었다. 그는 FBI에게 거짓 제보를 한 대가로 징역 6개월을 선고받았다. 페리는, 무전기가 하가지 소유의 금고 안에 있지 않았다는 사실을 알고 있었다고 자백했다. 한 때 경찰이었던 페리는, "애국심의 시기時機"에 거짓말을 했으며 이 점에 대해 송구스럽게 생각한다고 말했다. 담당 판사는 그의 행동이 "편견에 근간을 두는 고정관념, 잘못된 애국심, 혹은 그릇된 영웅주의가 옳지 못한 방식으로 나타난 것이다"라고 말했다.(Human Rights Watch 2002b, 39; Weiser 2002 참조)

2003년 감찰 보고서

이 장 전반에서 논의된 것처럼 테러와의 전쟁 과정에서 미국 행정부가 취한 대응방식은, 시민권 사회단체들과 인권 사회단체들이 미국 행정부의 수사관행에 대해 비판적 태도를 줄곧 유지하게 했다. 2003년 6월, 법무부 감찰관 글렌 A. 파인Glenn A. Fine이 발표한 보고서의 등장으로 미국 행정부는 스스로 이러한 비판의 범주를 확장시키는 결과를 초래했다. 이 보고서가, 테러와의 전쟁과 관련된 법무부의 대응방식에 학대행위가 가득하다는 사회적 비판을 확인해 주고 있었기 때문에, 시민권 변호사들과 인권 변호사들은 이 보고서의 등장을 환대했다. 미국 행정부가 테러리즘에 아무런 연관도 없는 사람들을 형언할 수 없을 만큼 가혹한 환경에 수감시켜 고통 받게 했음을 이 보고서는 지적했다. 또한 이 보고서는 9·11 테러 발생 이후 미국 행정부가 수백 명의 불법 이민자들을 구속시킨 조치를 가리켜 실수라고 평가했다. 파인에 따르면 법무부에 소속된 일부 법률가들은, 고위관리들이 남용하고 있었던 대테러전술의 합헌성에 대해 심각한 우려를 표하기까지 했다. 이 보고서는 법무부가 대테러수사를 펼치면서 광범위한 수사망을 이용했음을 밝혔고, 특히 뉴욕 시의 FBI 관료들에게 비판의 시선을 보내고 있었다. 이 보고서에 따르면 FBI 요원들은, 진정 테러리즘에 가담할 가능성이 농후한 이민자들과, 수사과정에서 이유를 알 수 없게 구속된 이민자들을 전혀 구분하려 하지 않았다. 2002년, 이민법 위반으로 8개월 동안 억류되었던 샤나즈 모하메드Shanaz Mohammed는 이 보고서의 등장을 환영하며 다음과 같이 말했다 : "우리가 현실에서 경험해야 했던 이 모든 일이, 사실은 우리가 절대 경험하지 말았어야 할 일이었다고 누군가 말해 줄 수 있게 되어 기쁘다. 나는 나처럼 아랍식 이름을 가진 사람들을 추려낸 미국 행정부의 대응이 실로 너무한 것이었다고 생각한다. 우리 모두는 테러리스트로 간주되었다. 우리는 학대당했다."(Lichtblau 2003b, A1; U.S. Department of Justice 2003a, 2003b; von Zielbauer 2003a)

체포와 억류에 대해 법무부가 비밀주의 정책을 취하고 있는 상황을 고려해 볼 때 이 보고서는 그 개방성만으로도 충분히 주목받을 만하다. 억류자들이 언제 수감되었는지, 어떤 혐의로 체포된 것인지, 변호사 선임 과정에서 그들이 얼마나 오랜 시간을 기다려야 했는지, 감옥에서 그들이 어떤 학대행위를 경험해야 했는지를 정부문건 중에서는 이 보고서가 가장 자세히 대중에게 전달하고 있기 때문이다. 〈국제사면위원회〉 미국 지부의 실무 책임자 윌리엄 F. 슐츠William F. Schulz는 이 감찰관 보고서가 "단지 정부정책과 관련된 여론 진정용이 아니기 때문에 격찬 받을 만하다"고 말했다.(Lichtblau 2003b, A18) 이 보고서에서 인용된 수치를 보면 세계무역센터와 미국 국방성에 테러가 발생한 이후 762명의 이민자들이 증명 서류를 지참하지 못했다는 이유로 몇 주에서 몇 개월 동안 억류되었다. 이 가운데 아무도 테러리스트로 밝혀지지 않았지만 대부분의 사람들이 결국에는 추방되었다.(American Civil Liberties Union 2004 참조) 이 보고서에 따르면 브루클린의 메트로폴리탄 구치소의 교도관에게서 84명의 억류자들이 신체적이고 언어적인 학대를 경험했다고 주장한 것은 진실이었다. 교도소 직원들은 끝내 비디오 영상이 존재하지 않는다고 주장했지만 수사과정에서 교도관들이 사슬에 묶인 억류자들을 벽에 밀치고 그들의 팔꿈치를 비트는 장면을 담은 비디오 영상이 발견되었다. 이 비디오 영상은, 한 교도관이 벽에 부착된 티셔츠에 억류자의 얼굴을 부딪치게 하는 장면을 보여 주었다. 이 티셔츠에는 성조기와 "이 색깔은 없어지지 않는다"These Colors Don't Run 9라는 문구가 인쇄되어 있었다. 또한 억류자들은 23시간 감금처럼 말도 안 되는 가혹한 억류정책으로 고통을 받았고, 독방 밖으로 이동할 때는 항상 수갑과 족쇄를 차거나 사슬에 묶여야 했다.(U.S. Department of Justice 2003a, 2003b; von Zielbauer 2003a)

완전히 고립된 억류자들은 한 통의 전화도 걸 수 없었고 브루클린에 수감된 일부 억류자들의 가족들은, 그들의 가족이 거기에 수감되어 있음에도 그렇지 않다는 말까지 들어야 했다. 가족들로부터 억류자들에게 전화가 걸려오지 못하게 하려고 교도소 측이 거짓말을 한 것이다. 이 보고서는, 법무부가 용의자 수사를 조금 더 신속하게 처리하지 못한 점, 즉 누가 계속 억류되어야 하고 누가 석방되어야 할지를 결정하는 절차를 제대로 마련하지 못한 점을 문제 삼는다. 요컨대 〈미국민권자유연맹〉의 로메로는

---

9. [옮긴이] "These Colors Don't Run"은 미국의 친부시 성향의 보수단체 〈미국이여, 전진하라〉(Move America Forward)가 애용했던 정치구호로 유명하다. 여기서 "Colors"는 성조기를 뜻하고 있다. 직역하자면 위에서 제시된 의미가 되지만, 의역하면 "미국인들은 적을 보고 도망치지 않는다" 혹은 "미국인들은 적들과의 싸움을 겁내지 않는다" 정도의 의미가 된다.

이 보고서가 발견한 내용들이, "9·11 테러 발생 이후, 우리의 시민권과 이민자들의 권리가 유린당하고 있다는, 우리의 오랜 생각을 입증해 주었다"고 말했다.(Lichtblau 2003b, A18; Liptak 2003a, New York Times 2003b 참조)

이 보고서가 시민권 침해를 증명하는 여러 증거를 제시하고 있음에도 법무부 관리들은, 담당요원들이 테러리스트 용의자를 색출할 때 법의 테두리 안에서 그들의 임무를 수행했다고 주장했다. 이는 미국 행정부의 입장을 옹호하는 것이었다. 법무부 대변인 바버라 컴스톡Barbara Comstock은 다음과 같은 성명을 발표했다 : "우리는 테러공격에서 미국 대중을 보호하기 위해 가능한 모든 합법적 통로를 이용했기 때문에 어떠한 사과도 할 필요가 없다."(Lichtblau 2003b, A1) 법무부 관리들은 이 보고서의 결론에 대해 부분적으로 반대 입장을 취했다. 그럼에도 이들은, 감찰관이 제안한 21가지의 권고사항 가운데 몇 가지를 수용해야 했다. 이들이 받아들인 권고사항에는 효율적으로 억류조치를 처리하기 위해 더욱 명확한 기준을 마련해야 한다는 내용이 포함되어 있었다. 예컨대 억류자에게 어떠한 혐의점도 발견되지 않을 때 억류자를 적당한 시기에 맞춰 석방하는 것, 억류자를 대하는 요원들의 교육의 질을 향상시키는 것, 수감시설의 상태를 우수한 상태로 유지하기 위한 감독을 강화하는 것이 포함되었다.(Welch 2002b, 2000b 참조)

억류된 망명신청자들

이민자들과 외국인들뿐 아니라, 미국 사회의 가장 취약한 이민자 집단 가운데 하나인 망명신청자들에게도 증명서류를 지참하지 않았다는 이유로 강제추방 조치가 예외 없이 적용되었다. 테러리즘, 범죄, 유색인종, 이민자들을 향한 획일적 공포가 형성되는 가운데 미국 사회는 기존의 망명절차에 대해 의구심을 품기 시작했다 : "이 사람들은 미국에 나타나서 망명을 신청하고는 다시 [이 나라의 어디론가] 사라질 것이다. 그들은 그곳에서 계속 머무를 것이다."(Congressman Lamar Smith, R-Tex, Tulsky 2000a, EV3에서 재인용) 하지만 전문가들은, 일반인들이 미국 입성의 수단으로 망명을 이용하는 빈도가 잦아질수록 테러리스트들이 더욱 곤란한 상황에 처하게 될 것이라고 주장하고 있다. 모든 망명신청자들이 철저한 지문채취와 엄격한 심문과정을 거쳐야 할 뿐 아니라 몇 개월에서 몇 년에 이르는 억류기간을 보내야 하기 때문이다.(Amnesty International 2003b)

2001년 9월 11일부터 2003년 12월에 이르는 기간 동안 15,300명 이상의 망명신청자들이 미국 공항과 국경에서 억류되었다. 미국에 들어서자마자 망명신청자들은, 보통 그들의 억류사유를 명확하게 이해하지 못한 상태에서 수갑이 채워져 감옥으로 이송되었다. 억류과정에서 적격 심사를 통과하고 공동체 내에서의 확실한 인간관계, 공동체에 대한 위험의 부재, 신분확인 같은 국토안보부의 가석방 기준을 충족시킬 경우에 한해, 망명신청자들은 관련법에 따라 가석방될 자격을 얻었다. 그러나 실제로는, 이 같은 기준을 충족시켰더라도 망명신청자들은 석방되지 않았다.(Asylum Protection News 2004) 이민국 관리는, 가석방 기준이 공식규정이기보다 권고사항에 지나지 않기 때문에 이를 쉽게 무시하거나 선별적으로만 적용한다. 이러한 사안을 종합해 보면 망명신청자들의 가석방 신청을 거부해 온 국토안보부의 관리들이 처음부터 망명신청자들을 가석방시켜 줄 생각을 갖고 있지 않았음이 드러난다. 그들은 자체 권한으로 이 문제를 해결하고자 하지 않았을 뿐 아니라 이민국 판사에게 이 문제에 대한 판결을 요구할 생각도 하지 않았다.(Asylum Protection News 21 2003; Jones 2003; Lawyers Committee for Human Rights 2004) '자유방패작전'Operation Liberty Shield과 '2003 총괄적 억류 명령'Blanket Detention Order of 2003으로 대표되는 9·11 테러 발생 이후에 등장한 엄격한 조치들은 미국의 망명신청자들에게 악영향을 끼쳤다.

인권 변호사들은 공식적으로 자유방패작전이라고 명명된 프로그램을 보고 섬뜩한 기분을 느꼈다. 자유방패작전은 이라크 전쟁을 개시하기 바로 전날 국토안보부가 단행한 프로그램이다. 이 프로그램은 알카에다가 활동하고 있다고 알려진 33개국에서 미국에 입국한 망명신청자들을 억류시킬 것을 요구한다. 국가안보 혹은 항공기 안전에 위험을 가할 확률이 거의 없는 상황에서도 자유방패작전에 따라 망명신청자들은 망명절차가 진행되는 동안 예정대로 억류되었다. 국토안보부는 망명신청이 접수될 경우, 신청내용을 평가하여 망명허가 여부를 결정한다. 이때 소요되는 기간은 대략 6개월이 넘는다. 결과적으로 망명신청자들 다수는 가석방조차 요구하지 못하는 긴박한 상태에서 6개월이 넘는 기간 동안 억류되어 있어야 했다.(Lawyers Committee for Human Rights 2004)

2003년 4월 17일, 애쉬크로프트 법무장관은 심오한 어조로 중대한 조치를 발표했다. 이는 테러와의 전쟁의 분위기를 고조시키려는 미국 행정부의 노력과 궤를 같이 했다. 이 조치 아래에서 망명신청자들과 불법 이민자들은, 그들의 존재가 국가 안보와 연결된다고 판단될 경우 어떠한 보장도 없이 무기한 억류되어야 했다. 애쉬크로프트는 확신에 찬 어조로 말했다 : "국가안보에 대해 고심한 결과, 나는 합리적인 근거에 의해 일련의 석방조치들을 단호하고도 분별 있게 거부할 수 있었다."(Anderson 2003, EV-1) 하지만 아이티Haiti 출신의 망명신청자 데이비드 조셉David Joseph의 사례는 총괄적 억류 명령이 국가안보의 유지라는 논리에 의거해 성립된 것이 아니었음을 보여 준다. 이민문제 전반에 대한 결정권을 보유한 국토안보부는, 보석금 2천 5백 달러를 조건으로 조셉의 석방을 허가한 이민국 판사의 결정을 이민위원회가 지지하고 나서자, 애쉬크로프트 법무장관에게 의견을 구했다. [이때] 애쉬크로프트는 이렇게 말했다 : "만약 일련의 석방조치로 엄청난 수의 이민자들이 미국의 해안에 발을 담그게 되었다면 분명 미국의 국가안보는 커다란 위협을 받았을 것이다. 만약 이런 일이 발생했다면 이미 혹사당하고 있는 연안경비대, 국경경비대, 그리고 테러공격을 막느라 바쁜 또 다른 정부기관들이 과중한 부담을 떠안게 됐을 것이다."(Anderson 2003, EV-1) [한편,] 국무부는 [애쉬크로프트와 다른 방식으로] 이 논쟁에 무게를 더해 주었다. 국무부는 파키스탄인과 팔레스타인인 같이 국가안보에 위협적인 인물로 간주되는 사람들이 미국에 입성할 때 아이티를 이용하고 있다고 주장했다. 하지만 이러한 주장은 예전부터 이민 전문가들과 국가안보 전문가들이 주장해 오던 것에 불과했다.(Welch 2004c, Welch and Schuster 2005a, 2005b 참조)

국토안보부가 이민과 관계된 대부분의 문제를 결정하고 있었지만 망명 신청과 관련된 문제들은 법무장관에게 거의 일임되어 있었다. 인권단체와 이민법 변호사들은 총괄적 억류조치들에 신속히 반대했다. 〈국제사면위원회〉는 미국 행정부가 미국에 어떠한 위협도 가하지 않은 사람들에게 억류조치를 취하고 있다고 주장하며, 망명신청자들과 비시민권자들에게 무기한 억류조치를 강행하고 있는 애쉬크로프트를 비판했다. 〈국제사면위원회〉 미국 지부의 담당자 빌 슐츠Bill Schulz는 "애쉬크로프트 법무장관이 아이티 출신의 모든 망명신청자들이 미국 안보에 위협을 가하고 있다는 주장을 퍼뜨리기 위해 일련의 작업을 진행하고 있다"고 말했다. 슐츠는 "그가 이 주장을 이용해 미국 대중을 쉽게 설복시키고 있다. 분명 그의 이 같은 주장은 미국의 이민법을 조롱하는 행위에 지나지 않는다"고 덧붙였다 : "단순히 그들의 국적 때문에 망명신청자들을 억류시키는 조치를 취하는 것은 차별 행위이며, 나아가 국제법을 위반하는 행위다."(Amnesty International 2003, EV1) 인권단체들은 테러공격으로부터 국가안보를 보호하기 위해 미국 행정부가 합법적 수단을 취해야 한다고 주장한다. 그러나 총괄적 억류 정책은 명백한 국제법 위반이다. 국제법은 망명신청자에 대한 억류조치를 예외적인 상황에서만 허가하고 있기 때문이다. 미국 행정부가 망명신청자들을 억류시킬 때 위반하고 있는 조항은 여기서 그치지 않는다. 미국 행정부는 망명신청자들이 사법기관이나 이와 유사한 정부부서 앞에 서기 전에 신속하고 공정한 개별 심문을 받도록 보장해 주는 데 관심이 없다. 현재 시행되고 있는 억류정책과 그 시행결과는 망명신청자를 보호해 온 역사적 전통에서 필경 후퇴한 것이다. 〈미국 국제사면위원회〉에서 망명자 프로그램을 담당한 빌 프레릭Bill Frelick은 이렇게 말했다 : "이러한 일들은 이미 인권 유린을 경험했던 사람들에게, 당신들이 미국 혹은 부시 대통령이 지목한 국가, 즉 엄청난 고문과 학대가 자행되고 있는 바로 그 국가의 출신일 경우, 우리는 당신들을 억류시킬 것이라는 메시지를 보낸다."(Shenon 2003a, A22)

『서민 악마와 도덕적 공황』에서 코언은 근래에 "익명의" 민간인 악마가 더 많이 등장할 것임을 예견했다. 이 예상은 망명신청자들의 처지를 잘 설명해 준다. 망명신청자들의 정체성과 삶의 기록은 보통 일반대중의 의식 너머에 희미하게, 보이지 않게 남아 있기 때문이다. 누구도 이들에 관해서는 잘 모른다. 이제 "예전에는 비정상이라고 간주되었던 사회 정책, 즉 이윤추구를 그 목적으로 하는 사기업이 경영하는 구치소에 수백 명의 망명신청자들을 억류하는 통제조치가, 현재는 정상적이고 합리적이며 우리 전통에 맞는 것처럼 보인다."(Cohen 2002, xxxiv; Molenaar and Neufeld 2003 참조) 코언은 영국에 억류된 망명신청자들로 인해 발생한 도덕적 공황 현상을 거론했다. 영국 내부에서 이 문제로 인한 대중의 분노가 고조되면서 도덕적 공황 현상은 많은 사회적 소음을 발생시켰다. 이와 대조적으로 미국에 억류된 망명신청자로 인해 발생한 문제는 미국 대중이 이를 전혀 감지하지 못한 상태에서, 억류조치의 집행을 담당하는 정부부서들 사이에서 조용히 은폐되었다.(Welch 2004c; Welch and Schuster 2005)

결론

1920년대에 윌리엄 아이작 토마스William Isaac Thomas 10는, 사람들이 진짜라고 믿는 것이 결국에는 진짜가 된다고 주장했다. 그 이후 사회학자들은 대중적 인식의 중요성과 그 인식의 사회적 영향력에 주목해 왔다.(Best 1999; Glassner 1999) 도덕적 공황론은 공동체의 소란스러운 반응에 대한 것이다. 이때 나타나는 공동체의 아우성은 사회적 문제로 양산된 재앙의 감성에 따른 것이다. 이 같은 감성으로 인해 사회가 위험에 처해 있다는 믿음 혹은 신화가 사회 전반에 퍼졌기 때문이다. 결과적으로 지금 무언가 조치를 취하지 않으면 자신이 소속된 사회가 이후에 파국에 직면할 것이라는 위기감이 대두된다. 이 위기감은 불합리하고 위협적인 상황들을 사회 내부에 퍼뜨려 사회정책의 중대한 변질 과정을 야기한다.(Cohen 2002) 이러한 사회구조는 특정 사회집단을 겨냥한 대중의 강렬한 적대감과 비난의식을 발생시킨다. 이때 대중은 스스로 형법·경찰서·교도소의 개수를 늘리는 데 더욱 기여하게 되어, 결국 본의 아니게 사회통제조직을 강화하는 결과를 초래한다.(Welch 2005b; Welch, Fenwick, and Roberts 1997)

2001년에 제정된 〈애국자법〉 이외에도 시민권과 인권은 1996년에 제정된 〈테러방지와 효율적 사형집행에 관한 법률〉Antiterrorism and Effective Death Penalty Act과 〈이민 개혁과 이민자 책임에 관한 법률〉Illegal Immigration Reform and Immigrant Responsibility Act로 심각한 위협을 받아 왔다(8장 참조). 이 법률

---

10. [옮긴이] 윌리엄 아이작 토마스는 네 가지 소망 이론으로 유명한 미국의 사회학자이자 사회심리학자다. 네 가지 소망 이론에 따르면 인간은 새로운 경험에 대한 소망, 안전에 대한 소망, 타인의 반응을 구하는 소망, 인지에 대한 소망을 갖는다. 토마스는 인간의 소망, 혹은 스스로의 믿음이 인간의 행동을 위한 원동력일 뿐 아니라 사회구동의 힘이라고 주장했다. 그의 대표작으로는 『사회적 기원을 위한 교재』(Source Book for Social Origins), 『부적응의 소녀』(The Unadjusted Girl), 『미국의 아동』(The Child in America)이 있다.

들에는 인종적, 민족적 특징들이 기술되어 있는데 이 내용들은 외국인과 유색인종 이민자들을 범인으로 지목하기 위해 충분히 이용될 것으로 예상된다. 반테러 전술은, 중동인 전반을 국가안보를 위협하는 대상으로 묘사하는 방식의 고정화 작업에 의존하였다. 〈미국민권자유연맹〉의 앤서니 D. 로메로가 언급하는 것처럼 "테러와의 전쟁은 빠른 속도로 이민자와의 전쟁으로 변질되었다."(Liptak 2003, A18) 다음 장에 따르면 시민권 단체들조차, 미국 행정부가 테러와의 전쟁을 효율적으로 치르기 위해 시민들에게 그들의 자유 일부를 희생해야 한다고 언급한 내용만은 예외로 인정해 주고 있다. 이 같은 정부 논리는, 국가안보가 시민권의 축소에 기초를 두지 않는다는 사실에 비추어 보면 분명 잘못된 패러다임을 따르고 있다. 특별 등록 프로그램이 만들어 낸 대량억류 사태는 기능성과 생산성 면에서 우리에게 전혀 만족스럽지 못했다. 대중과 정치지도자들은 9·11 테러공격에 따라 발생한 비극적 사건들에 과잉대응해서는 안 된다.(Cole 2003; Cole and Dempsey 2002) 사회구성주의와 도덕적 공황론에서 모종의 결론을 이끌어 낸다면, 이민자·포로·망명신청자들에 대한 공평하고 정의로운 조치들을 취하기 위해, 테러를 향한 공포와 국가안보에 대한 불안을 과도하게 드러내기만 하는 게 능사가 아님을 인식할 책임이 우리에게 있는 것이다.

7장

테러와의 전쟁과 국가범죄

인간은 선과 악이 정확히 구별되는 세계를 욕망한다. 인간은 이해하기보다 먼저 판단하고자 하는, 억누를
수 없는 욕망을 타고난 존재이기 때문이다.
— 밀란 쿤데라, 『참을 수 없는 존재의 가벼움』, 1984

이러한 소외된 집단들의 사람들을 박해의 고정유형에 따라 희생양으로 만들고, 프로파일링하고 정형화
하는 것은 국가에게 매우 쉬운 일이다. 국가와 이 집단들 사이에 권력이 균등하지 않기 때문이다. 그러므
로 국가가, 이러한 집단들을 배척하는 부도덕한 법률의 집행과 정책의 실행을 위한 지원을 활성화하는 일
을 어렵지 않게 해내고 있는 것은 전혀 놀랄 만한 일이 아니다.
— 데이비드 카우즈라리치·릭 매튜즈·윌리엄 밀러, 「국가범죄의 피해자학에 대하여」, 『비판범죄학』, 2001

　　9·11 테러 이후에 발생한 일련의 사건들은 미국 행정부가 그 이후의
세계에서 그릇된 군사행동을 펼침으로써 문제를 발생시켰다는 사실을 보
여 준다. 미국은 단시간에, 엄청난 국제적 동정을 받는 대상에서 전 세계
의 경멸을 받는 국가로 전락했다. 이 때 이라크 침공이, 테러와의 전쟁에
서 이용된 일련의 불법적이고 부정한 전술들과 함께 결정적인 역할을 했
다.(Knowlton 2005) 9·11 테러공격은, 무소불위의 초강대국으로 군림해 오던
미국이 종전부터 가지고 있던 권능감sense of entitlement 1을 강화해 주었을
뿐이다. 테러와의 전쟁에서 미국은 9·11 테러공격으로 느꼈던 일종의 모

멸감을 폭력을 통해서라도 치유하고 싶은 내적 충동을 드러내었다. 대테러 정책 그 자체와 그 정책의 집행 모습은 전쟁이라는 말이 강조될수록 군사화되고 있었고 전쟁이라는 말의 상징적 의미와 문자적 의미에 따라 속전속결로 진행되었다. 리프튼에 따르면, "이때 특별한 역사적 사명이 되는 전쟁은, 그 국가일원들의 불멸성을 유지하고 단일 국가를 방어하기 위해, 영웅적이며, 심지어 신화적인 임무로서 진행된다."(Lifton 2003b, 12; Hedges 2002; Katz 1988)

비판범죄학자들은 인지된 위협의 의미를 축소할 목적으로 등장한 정부의 호전적 정책들에 집중함으로써 범죄에 대한 정부의 대응방법들, 예컨대 범죄와의 전쟁과 마약과의 전쟁, 그리고 테러와의 전쟁에 대해 분석했다.(Pepinsky 1991; Quinney 2000; Welch, Bryan, Wolff 1999; Welch 2003a) 이 같은 논의 형성에 기여한 그레그 배럭Gregg Barak 2은 전쟁을 양산하는 범죄학의 중대한 의미와 미국의 대외적 국가행동에서 두드러지게 발견되는 일련의 의미를 설명하고 있다.(Barak, 2005, 2003, 1991) 다시 말해 그는 미국 내에서 발생하는 범죄들의 처벌사례뿐 아니라 국가범죄를 발생시키는 국가범죄학에 대해 논하고 있는 것이다. 국가범죄에는 다양한 정의가 존재하며, 행정부의 범죄·정치권의 범죄·국가조직의 범죄 등이 포함된다. 그럼에도 대부분의 학자들은 "사회적으로 볼 때 부당하면서도 해롭고, 불법적이면서도 부정한 행동일 뿐 아니라 국가의 개별 주체들의 사적 이익에 전혀 부합하지 않는, 국가만을 위한, 그리고 정부부처의 이익을 위한 국가적 행위"라는

---

1. [옮긴이] 일반적으로 권능감의 주체는 자신에게 어떠한 권리를 주장하고 행사할 자격이 있다고 믿는 경향이 있다.
2. [옮긴이] 이스턴 미시간 대학교의 범죄학과 교수인 그레그 배럭은 미국 사회의 정의와 범죄에 대한 문제를 연구하는 데 주력하는 비판범죄학자로 유명하다. 『범죄학 : 통합적 접근』(*Criminology : An Integrated Approach*)과 『계급, 인종, 젠더, 범죄 : 미국적 정의의 사회적 현실』(*Class, Race, Gender, and Crime : The Social Realities of Justice in America*)은 그의 연구 분야를 잘 보여 주고 있는 저작이다. 그는 홈페이지를 운영하여 자신의 연구결과를 대중에게 널리 전하고 있다(http://www.greggbarak.com/).

국가범죄의 정의에 대해서는 합의를 이루고 있다.(Kauzlarich, Matthews, and Miller 2001, 175; Chambliss 1989, Friedrichs 1998, Ross 2000a, 2000b 참조) 국가범죄를 이 렇게 이해할 때 우리는, 셀 수 없이 많은 권력남용 사례와 법률이 보장하는 일련의 인권을 침해하는 국가의 잔혹행위를 함께 살펴봐야 한다.(Kramer and Michalowski 2005 참조)

테러와의 전쟁이 드러낸 국가범죄의 정도를 단순히 설명하는 접근법 을 넘어서, 전쟁생산 범죄학war-making criminology을 비판적으로 분석해 볼 경우, 우리는 적대주의adversarialism적 의례들에 대한 단서를 얻을 수 있다. 배럭에 따르면 "적대주의적 의례는 분노, 비난, 불명예, 모욕, 정복, 승리 를 한 데 묶는 문화적 산물이다. 적대주의적 의례는 구조적이고 예측 가능 한 방법에 의존해 적대감을 유지한다. 이 의례는 여타의 사회적 의례와 뭔 가 다른 면모를 갖는다. 이는 진정한 대화와 변화의 가능성을 회피하는, 틀에 박힌 방식을 표현한다."(2005, 145) 이 적대주의적 의례는 본래 강압적 이며, 살해·음해·비하·부인이라는 네 가지 요소로 구성된다.(Fellman 1998 참조) 아마도 전쟁은 치명적 폭력 형식이라는 점에서 가장 극단적인 살해 의식의 한 유형일 것이다. 그리고 음해는 공격자들이 그들의 희생자들보다 우월한 인종인 것처럼 묘사하기 위해 비방으로부터 힘을 얻는다. 즉 음해 는 한 사회가 위협을 가하기로 의도한 대상을 향한 일련의 모욕과 공격 전 술을 일컫는다. 마지막으로 부인은 "타자" 비방하기에 조금 더 의존한다는 점에서 특별한 기능을 맡는다. 이 부인하기는 이후 공격자 자신의 무죄의 식을 형성해 주는 환상이나 "영구적인 선을 지키고 있다"고 믿고 있는 공격 자 자신의 폭력을 정당화해 준다.(Katz 1988)

9·11 테러 이후의 범죄학 연구 상황을 살펴본 마크 햄Mark Hamm은 "테 러리즘이 범죄학의 고유한 목적을 명확하게 해 준 도구가 되었다"고 언급 했다.(2005, 245; 2002) 이 장에서 우리는 테러리즘을 향한 미국 행정부의 대

응, 특히 국가범죄를 초래한 미국 행정부의 정책 자체와 그 정책의 집행과정을 살펴볼 것이다. 여기서 전개할 논의는, 미국의 테러와의 전쟁과 불가분의 관계에 있는 이라크 침공, 이라크·아프가니스탄 수용소에서 일어난 스캔들, 관타나모만에 불법 억류된 적군 포로, 고문행위 등 네 가지 사건에 집중할 것이다. 희생양 만들기는 정부의 전술에서 많이 발견된다. 이들 전술에서 미국 행정부가 대중안전과 국가안보를 지키기 위한 노력보다는 공격성 전위시키기나 "궁둥이 차주기"에 더 의존하고 있기 때문이다. 비방은 증가하고 있고 누구에게 책임이 있는지는 불분명해지는 사회 분위기 속에서 미국 사회가 위험사회로 진입했음을 암시하는 다양한 현상이 관찰되고 있다. 미국 행정부의 위법사실을 입증하는 더 많은 증거가 표면화할수록 더 많은 뜨거운 감자가 등장할 것이다. 국가 및 군대의 관료들이 일련의 국가범죄에 가담했음에도 이들에게 어떠한 처벌도 내려지지 않는 미국 사회에는 이로 인해 불처벌의 문화 culture of impunity ▪가 정착될 것이다.

이라크 전쟁에서 드러난 불법사실

미국 행정부가 이라크 점령을 위한 사유를 처음에 제시한 것과 다른 것으로 변경하는 모습을 보이자, 미국인들은 이라크 침공을 향해 의혹의 눈빛을 보내기 시작했다. 이 때 부시 행정부는 9·11 테러사건을 언급하며 이라크 전쟁에 대한 사회적 의혹을 일소하고자 했다. 오랜 시간 동안 부시 행정부는 이라크 전쟁을 정당화하기 위해 사담 후세인과 9·11 테러공격 사이에 모종의 연관성이 있다고 맹렬히 주장했다. 하지만 그들의 입장을 뒷받침할 증거의 부족, 다시 말해 대량살상무기가 이라크에 존재하지 않았다는 사실이 점차 현실로 드러나자 백악관은 "정부는 이렇게 주장한 적이 없고 오직 이라크와 알카에다 사이에 비밀스러운 협력관계가 있다고 말했을 뿐"이라고 주장하며 한 걸음 뒤로 물러섰다.(*New York Times* 2004b, 4) 그런데 백악관이 발표한 사실을 조금만 정밀하게 살펴볼 경우, 우리는 이들이 종전과 완전히 다른 이야기를 하고 있음을 알 수 있다. 다음의 내용을 살펴보면 우리는 부시 대통령이 가장 많은 신화 혹은 거짓을 주장한 인물 가운데 한 명이라는 사실을 알 수 있다.

사담 후세인은 알카에다와 관계가 있기 때문에 위험한 인물이다.(부시, 워싱턴 기자회견, 2002년 11월 7일)

이라크는 알카에다에 폭탄제조 및 문서 위조 전문가들을 공급했다. 또한 이라크는 알카에다에 생화학 무기제조에 필요한 정보를 제공했다.(부시, 연설문 「세계는 이 순간에 잘 대응할 수 있다」, 2003년 2월 6일)

이라크는 알카에다를 돕기 위해 폭탄제조와 문서위조 분야의 전문가들을 그곳으로 전파했다. 또한 이라크는 알카에다에게 생화학 무기와 그것의 제조에 필요한 훈련과정을 제공했다.(부시, 이라크에서의 주요 군사작전들의 종결에 대한 선언, 2003년 5월 1일)

이라크 해방은 대테러작전에서 중대한 목적을 나타낸다. 우리는 알카에다의 한 동맹국을 제거한 것이다.(부시, 이라크에서의 주요 군사작전들의 종결에 대한 선언, 2003년 5월 1일)

내가 이라크, 사담, 알카에다 사이에 어떤 관계가 있다고 계속해서 주장했던 이유는 이라크와 알카에다 사이에 어떤 협력관계가 있었기 때문이다.(부시, 각료회의 이후의 성명, 2004년 6월 17일)

이와 유사한 목소리를 내며 체니 부통령도 정당의 입장에 따라 이렇게 언급했다 : "나는 계속해서 믿고 있다. 나는 알카에다와 이라크 정부 사이에 어떤 협력관계가 있었음을 입증하는 압도적인 증거가 분명히 존재한다고 생각한다."(체니, 공영 라디오 방송과의 인터뷰, 2004년 1월 22일) 위기감을 증폭시키며 콜린 파월 국무장관은 "우리가 머뭇거릴수록, 알카에다를 포함한 무수의 테러집단과 연계돼 있는 독재자 후세인은, 그들에게 무기를 넘겨줄 것이고, 그들과 테러에 관련된 기술을 공유하거나 그 무기를 사용할 더 많은 기회를 얻게 될 것이다."(파월, 세계경제포럼에서의 연설, 2003년 1월 26일) 비슷한 어조로 콘돌리자 라이스 국가안전보장담당 대통령보좌관은 이렇게 말했다 : "우리가 오지 않길 원하는 그 날은, 사담 후세인이 미국의 제제조치를 더 이상 견딜 수 없다고 판단하게 되는 날이다. 임기 동안 그가 이 같은 무기들 가운데 하나, 무언가 들어 있는 작은 물병 하나를 테러리스트들에게 넘겨주면 우리에게는 끝장을 볼 일이 발생할 것이다."[3] (라이스, 〈페이스 더 네이션〉과의 인터뷰, 2003년 3월 9일)

이 전쟁에 대한 지지는 미국 전역에서 다소 약화되고 있는 추세지만 여전히 막강하다. 그럼에도 미국의 군국주의에 대한 비판은 관련된 근거제시와 함께 지속적으로 등장하고 있다.(*International Herald Tribune* 2005) 클린턴 행정부에서 부통령을 지낸 앨 고어는 부시를 맹렬한 어조로 비판했다 : "부시는 미국을 배신했다! 그는 우리의 공포를 이용했다. 그는 우리 군대를 위험하고도 잘못된 대외적 모험으로, 그리고 미국을 9·11 테러공격이 발생하기 전부터 이미 예정되어 있던 모험의 여정으로 내몰았다."(Seelye 2004b, A18) 테러리즘에 대해 고심한 끝에, 『네이션』*Nation*의 편집자들은 테러와의 전

---

3. 최근에 실시된 여론조사에 따르면 70%의 미국인이 이라크 지도부가 9·11 테러공격과 관련이 있다고 믿고 있다(Associated Press 2003a).

쟁의 의미론에 대한 중대한 관심을 표명하였다 : "테러와의 전쟁이라는 말은 존재할 수가 없다. 테러리즘은 어떤 전술을 뜻하는 말이지 조직이나 국가를 의미하는 말이 아니기 때문이다."(Nation 2004, 3) 이들의 주장은 테러와의 전쟁의 비극적 현실에 드리워진 여러 단상을 조명하고 있다. 이러한 현실은 더 큰 규모의 군국주의를 지지하고 있는 미국의 네오콘 세력이 범한 중대한 실수와 그들의 과실, 그리고 계산착오에 따라 발생한 것이다 : "네오콘 집단은 사담 후세인이 대량살상무기를 보유하고 있다고 말했지만, 이 주장은 사실이 아니었다. 그들은 후세인이 오사마 빈라덴과 연계되어 있다고 말했지만, 그것도 사실이 아니었다. 그들은 이라크에서 전쟁 이후, 대규모의 폭동이 발생하지 않을 것이라고 말했지만, 아직도 폭동이 이어지고 있다. 그들은 미국이 단독으로 대담한 군사행동을 펼칠 경우 중동과 전 세계에 친미주의의 물결이 일 것이라고 말했지만, 지역적으로, 그리고 전 세계적으로 반미주의의 물결이 일고 있다."(Lind 2004, 23) 이 같은 사건과 그 발달상황은 테러와의 전쟁의 정당성을 측정하는 데 중요한 요소이며, 대량의 인명과 재산을 파괴하는 데 일조한 국가범죄의 실상을 제대로 보여 준다. 우리는 이라크를 침공한 이유와 관련해 부시 행정부가 권력을 남용하고 전 세계를 오도했음을 입증할 증거로 이른바 「다우닝가 10번지 문건」Downing Street Memo 10이 제공하는 정보에 주목할 필요가 있다.4 영국의 이 기밀문서는 2002년 7월 23일에 작성되었다. 이 문서에 따르면 부시 행정부는 전쟁 승인을 받기 전에 이라크에 전쟁을 개시할 의도를 품고 있었으며, 전쟁이 개시되기도 전에 "군사행동으로 사담 후세인을 제거할 것"을 결정했다.(Jehl 2005, A10) 백악관의 대테러 최고고문을 지낸 클라크와 재무장관을 지낸 오

---

4. [옮긴이] 영국 런던 다우닝가 10번지에는 영국 수상의 공식 관저가 있다. 여기서 이 문건이 작성되었기 때문에 이 문건은 이런 별칭을 얻게 되었다.

닐이 남긴 기록에 따르면, 부시는 2002년 여름에 이미 이라크 침공을 결정 했다.(Suskind 2004) 이 문건은 이 같은 주장의 유효성을 입증하는 여러 자료 중 하나에 불과하다. 미국 하원의 민주당 의원 89명은 이라크 침공이 개시 되기 8개월 전에 작성된 이 문건이 미국 행정부의 당시 생각을 보여 주고 있는 것인지를 알아보기 위해 백악관을 방문했다. 미국 하원 법무위원회의 존 칸니어스 2세 John Conyers Jr, D-Mich 민주당 최고 위원은 "이 문건이 이라 크 전쟁의 정당성뿐 아니라 미국 행정부의 청렴함을 둘러싸고 새로이 부각 되는 일련의 불편한 질문을 발생시키고 있다"고 말했다.(Jehl 2005a, A10)

이 문건은 워싱턴 회담에 참석한 영국 정보부장 리차드 디어러브 경Sir Richard Dearlove이 영국 고위 관료들과 대화를 나눌 때 거론한 내용을 담고 있다. 그 내용에는 후세인을 테러리즘과 대량살상무기 제조에 연관시키 는 방식으로 군사행동의 정당성을 확보한 뒤, 전쟁을 개시해 후세인을 제 거하길 원한 부시의 전술이 드러나 있다. "하지만 이 정책의 수립을 위해 필요한 관련 정보와 사실은 그때까지 제대로 수집되어 있지 않았다."(Jehl 2005a, A10) 다시 말해 이라크 침공과 관련해 미국 행정부가 전개하고자 한 어떠한 정책도 이에 필요한 정보와 사실을 중요시하지 않았다는 말이다. 이 전쟁의 합법성을 둘러싼 문제는 『내셔널 가톨릭 리포터』National Catholic Reporter의 바티칸 특파원 존 L. 앨런 2세John L. Allen, Jr를 비롯한 다양한 정 치평론가들의 관심을 끌게 되었다. 앨런은 이렇게 언급했다 : "부시 행정부 는 미국에 위기가 임박했다는 정보를 얻게 되는 순간, 미국이 선제공격을 펼칠 권리를 갖게 된다고 주장한다. 바티칸은 어떠한 단일 민족국가도 이 러한 권리를 가질 수 없다고 주장한다. 다만, 전쟁의 진정한 목표로 특정 국가에서 발생할 정치적·상업적 이익이 아니라 무장해제가 확실히 채택 될 때만, 미국은 공격자를 무장해제하기 위해 군사행동을 진행할 권위를 부여받게 될 것이다."(Allen 2004, A27) 그리고 코피 아난Kofi Annan 유엔 사무

총장의 발언은 큰 소용돌이를 일으키기에 충분했다. 그는 이라크 전쟁이 명백한 "불법"이며 국제법 기준에도 저촉된다고 말했다 : "나는 [이라크 전쟁에 제동을 걸 수 있었을] 두 번째 결의안이 필시 있었어야 한다고 믿는 사람 가운데 한 명이다. 안보이사회Security Council는 이라크 전쟁이 발생시킨 결과들이 이라크의 비동맹국들에게 어떠한 모습으로 나타날지를 결정하거나 이 전쟁을 승인할 권리를 가지고 있었다. 나는 이라크 전쟁이 유엔헌장에 따른 안전보장이사회의 결정과 관련이 없었음을 주장해 왔다." 그의 주장을 정리하며 아난은 이렇게 말한다 : "당신이 아무리 그렇지 않을 거라고 바라고 있어도 이 전쟁은 필시 불법이다. 우리의 관점과 유엔헌장에 비추어 보아도 이 전쟁이 불법이라는 사실은 변하지 않는다."(Tyler 2004b, A11)

영국 법무장관 골드스미스 경Lord Goldsmith은 이 군사행동을 지지하기 위해 영국 행정부가 합법적으로 임무를 수행하고 있다는 공식 담화를 발표했다. "그러나 그가 토니 블레어Tony Blair 영국 총리에게 개인적으로 전달한 조언을 살펴보면 그가 이라크 전쟁의 합법성에 대해 의구심을 품고 있었을 가능성이 있다."(Tyler 2004b, A11) 블레어가 이라크의 정권교체가 이라크 침공에 합법성을 부여해 주었다는 입장을 고수한 반면 골드스미스는 정권교체가 이라크 전쟁에 합법성을 부여해 주지는 않는다고 주장했다. 영국 해군제독이자 최고 사령관인 마이클 보이스 경Sir Michael Boyce은 이라크 전쟁이 시작될 때 이라크 침공에 가담한 죄로 자신이 국제사법재판소에 기소될 가능성이 있음을 염려했다.(Cowell 2005) 기밀등급이 일부 해제되어 대중에게 공개된, 영국 외무부 법률고문 엘리자베스 윌름셔스트Elizabeth Wilmshurst의 사임서에 따르면, 윌름셔스트는 이라크 침공이 있기 하루 전 날, 이라크 침공이 유엔 안보리 1441번 결의안으로부터 어떠한 권위도 부여받을 수 없을 것이며 결국에는 "침략 범죄"crime of aggression로 남게 될 것임을 밝히고 있었다.(*Nation* 2005a, 8; Hinds 2005 참조)

이라크 전쟁에 참전한 미국 병사들을 포함한 여러 사람들도 윌름셔스트의 관점에 동의했다. 플로리다 주 방위군의 카밀로 메지아Camilo Mejia에 따르면 "이라크 전쟁은 부도덕하고 부당하며 불법적인 전쟁이다. 모든 것이 거짓말에 토대를 두고 있다. 대량살상무기와 테러리즘과 연관된 어떠한 흔적도 발견되지 않았다. 이 전쟁은 석유를 비롯한 국가재건사업 계약, 그리고 중동 지배를 위한 것이다."(Parenti 2004, 202) 2004년 대선에서 무소속 후보로 출마했던 랠프 네이더Ralph Nadar는 부시를 "메시아주의적 전쟁광"이라고 정의하고 그를 향한 비난을 퍼부었다. 그리고 그는, 부시가 거짓의 간계를 토대로 미국을 이라크 전쟁으로 내몰았기 때문에 응당 탄핵돼야 한다고 주장했다. 네이더는 "건국의 아버지들은 한 사람의 손으로 전쟁이 선포되는 것을 원치 않았을 것이다. 그러나 부시 행정부는 현재 고도의 범죄와 비행을 저지르고 있다"고 역설했다. 그는 부시 행정부가, 백악관과 긴밀한 관계를 맺고 있는 기업들이 이윤을 챙길 수 있도록 그들과 군사 계약을 체결하기 위해 더 많은 군국주의 정책을 펼치고 있다고 주장한다. 이것이 부시 행정부에 대한 네이더의 비판의 핵심이다. 네이더는, 부시 행정부가 이러한 정책을 시행하기 위해 필요한 대중의 지지를 이끌어 낼 요량으로 대중의 공포를 이용해 거짓선동을 펼치고 있다고 주장했다.5 (Lueck 2004b, A21) 연방재판에서도 이라크 전쟁의 합법성 논란은 계속되었다. 행정당국이 불법적인 시민 불복종unlawful civil disobedience으로 규정한 시위에 가담한 네 명의 반전 운동가들은 법정진술에서, 그들의 견해나 국제법에 비추어 봤을 때 이라크 전쟁은 명백한 불법적 전쟁이며 그들에 대한 재판관들의 유죄판

---

5. 미국 헌법 2조 4항에 따르면 대통령·부통령·정부부처의 공무원이 유죄선고를 받거나 공무원의 국가반역죄·뇌물수수죄·기타 상급범죄사실이 인정될 경우, 그 자는 탄핵되어 직무 권한을 상실하게 된다. 탄핵 관련 조항의 초안 작성은 전직 법무장관 램지 클라크(Ramsey Clark)가 맡았다(www.voteimpeach.org/www.impeachbush.org).

결 또한 위법적이라고 주장했다.(York 2005, B3)

이라크 전쟁은 사실 재정과 인명의 관점에서도 상당한 비용을 치른 것으로 증명되었다. 2005년 중반까지 820억 달러 상당의 비용을 요구한 긴급 전쟁비용 법안emergency war-spending bill이 통과되면서 전체 전쟁비용은 2천억 달러를 돌파했다.(Kirkpatrick 2005c, A5) 다시 말해 지금까지 상당량의 비용을 쓰고도 실질적으로 이라크 전쟁은 만족할 만한 결과를 가져다 주지 않고 있으며, 정치평론가들의 말 대로 이 전쟁은 엄청난 재정낭비 사례로 기록될 것이다.(Nation 2005b; Parenti 2004) 심지어 감찰부Inspector General's Office는 설명할 수 없을 만큼의 재건 자금에 실제로 투입된 수백만 달러에 대해 언급한 적이 있다. 구체적으로 말해 이라크 재건 사업에 광적으로 착수한 미국 관료들은 현금 8천 9백 4십만 달러의 사용내역에 대한 어떠한 기록도 가지고 있지 않으며 7백 2십만 달러의 사용내역에 대해서는 설명조차 못하고 있다 : "정치평론가들은 이에 대한 책임을 요구하고 있다. 본래는 2004년부터 권한을 가질 예정이었던 새로 선출된 이라크 행정부에게 이라크 재건 자금을 이용할 권한 또한 있었다. 하지만 그 당시에는 미국 행정부에게 그 권한이 위임되어 있었기 때문에 미국 관료들이 독단적으로 이라크 자금을 재빨리 사용해 버릴 수 있었던 것이다. 이 같이 석연찮은 구석이 다분한 미국의 이라크 통제는 국제적 관심사가 되었다. 엄격한 회계를 요구하는 유엔의 감시 아래에서 미국이 이런 방식으로 자금을 유용하고 있었기 때문이다."(Eckholm 2005, A16)

사망자 수치로 관심을 돌릴 경우, 우리는 더 큰 절망에 빠지게 된다. 하지만 한 가지 사실, 즉 전쟁공격의 최대 피해자가 이라크에 있던 민간인들이라는 사실은 분명하다.(Howard 2005) 민간인 사상자수는 맹렬한 논쟁의 대상이 되었다. 2004년 후반, 볼티모어Baltimore의 존스 홉킨스 대학 블룸버그 공공보건학부Bloomberg School of Public Health at Johns Hopkins 연구팀의 발표에 따르면, 2004년 3월에 미국이 감행한 이라크 침공의 직·간접적인 결과로 약 10만 명의 민간인들이 사망했다.6 (Rosenthall 2004, A8) 미군 사상자수 또한 사상자수 증가에 한 몫을 했다. 2006년 5월 중순까지 2,440명 이상의 미군이 군사작전을 펼치다 사망했다. 특히 이 전쟁이 펼쳐진 가혹한 환경 속에서 다수의 미군 병사들은 교전 수칙에 맞게 그들 자신을 스스로 지휘해 왔다.(Parenti 2004; Wright 2004a, 2004b) 즉, 이라크 전쟁은 제대로 된 군사지휘체계 없이 진행되었다. 인권 변호사들은 여러 사례를 추적해 이라크 전쟁에서 전쟁범죄가 발생했음을 밝혀냈다. 또한 피신하고 있던 이라크 민간인들을 미군이 팔루자Falluja 7로 되돌려 보낸 2004년 11월 11일에, 미군 병사들이 전쟁범죄를 저질렀을 가능성이 있다고 국제법 변호사들은 주장한다. 변호사들은 〈제네바 협약〉의 몇 가지 조항들이 밝히고 있는 전쟁 관련 규정들을 인용해, 군대는 민간인들을 난민으로서 보호해야 하며 그들을 전쟁 지역으로 돌려보내서는 안 된다고 주장했다. 휴스턴 대학의 법학과 교수이자 군대 검찰관으로 재직한 적이 있는 조던 포스트 Jordon Paust에 따르면, 교전이 진행되고 있는 지역으로 민간인들을 돌려보내 이들을 중대한 위험 상황에 노출시켰다는 점에서, 이러한 군사행위는 상당히 문제적이다. 이와 유사하게 〈인권감시단〉의 최고법률고문 제임스 로스 James Ross는 "그런 일이 정말 일어났다면 이는 분명 전쟁범죄였을 것"이라고 언급했다.(Janofsky 2004, A8) 그럼에도 미국이 국제사법재판소 재판 참석을 거부하고 있기 때문에

---

6. 다음 웹사이트는 테러와의 전쟁으로 인한 사망자수를 기록하고 있다 : Iraqbodycount.net/ Icasualties.org/oif.
7. [옮긴이] 이라크 중부의 알 안바르(Al Anbar) 주에 있는 도시인 팔루자는 후세인 행정부 시절, 바트당원들이 아랍사회주의 국가를 건설할 목적으로 거주했던 곳으로 유명하다. 이라크 전쟁으로 바그다드가 함락된 뒤에도 팔루자는 미국에 대한 이라크의 저항세력들의 거점으로서 기능했으며, 한국인들에게는 2006년 사망한 김선일의 시신이 발견된 곳으로도 알려져 있다.

미국 군대의 책임 여부는 적어도 국제법의 테두리 안에서는 여전히 알 수 없게 되었다.(Kramer and Michalowski 2005 참조)

미군이 2004년 11월 9일에 감행한 중앙보건소 폭격작전은 팔루자에서 진행된 전투들 가운데서도 숱한 의문을 남긴 사건이다. 미군은 중앙보건소를 폭격한 적이 없다고, 즉 이 사건이 일어난 적이 없는 사건이라고 부인하고 있다. 하지만 사건 당시 근무하고 있던 의사 사밀 알-주마일리Samil al-Jumaili는 미군 전투기가 세 개의 폭탄을 병원에 투하했다고 증언했다. 그에 따르면 그 당시 병원에는 대략 60명의 환자들이 치료를 받고 있었고 이들 가운데 다수가 이전에 감행된 미국 공군의 폭격으로 심각한 부상을 당한 사람들이었다. 알-주마일리는 이 공습으로 35명의 환자가 사망했으며, 이 사망자 수치에는 두 명의 10세 미만 소녀와 세 명의 소년이 포함되어 있다고 말했다. 알-주마일리는 국제법에 따라 필시 보호를 받아야 할 병원건물이, 폭격의 결과로 환자들 위로 무너져 내려 15명의 의사, 4명의 간호사, 5명의 의료보조원이 사망했다고 말했다. 〈인권감시단〉의 제임스 로스에 따르면, "미국 행정부가, 그 병원이 군사적 목적에 따라 사용되고 있었다는 점, 따라서 미군의 이 같은 대응이 적절했다는 점을 입증할 수 있을지라도, 이는 분명 치욕적인 일로 남을 것이다. 병원 내부에 저격수가 있었다고 할지라도, 병원을 파괴하는 것은 절대 정당화될 수 없는 일이다."(Schuman 2004, 5~6) 〈박애주의변호사협의회〉 Association of Humanitarian Lawyers는 이 사건을 수사하기 위해 〈미주인권위원회〉 Inter-American Commission on Human Rights of the Organization of American States에 탄원서를 제출했다.8

---

8. 논쟁을 불러일으킨 또 다른 분야를 살펴보자면, 미군은 의도적으로 이라크 기자들을 표적으로 삼고 있다는 비난을 듣고 있다. 2003년 4월 3일, "미국 전투기가 급습해 알 자지라 사무실에 폭격을 가해" 타레크 아유브(Tareq Ayyoub) 통신원이 사망했다. 그리고 2003년 4월 8일, "미국 에이브러햄 탱크가 백 명 이상의 국제기자들의 집이자 사무실이었던 팔레스타인 호텔을 공격했다. 이때 포탄이 로이터 통신사 사무실이 있던 15층까지 날아와 2명의 카메라 기자

또 다른 폭력행위의 합법성 또한 수많은 의문을 자아내고 있다. 무장해제된 상태에서 부상까지 입은 이라크 죄수를 미군 해병대 병사가 총살한 유명한 사건은 주목할 만한 일이다. 이 병사는 NBC 촬영기사 케빈 사이츠Kevin Sites가 자신을 촬영하고 있다는 사실을 몰랐다. 2004년 11월 13일, 팔루자의 한 사원 내부에서 총살이 진행되었고, 이라크 죄수는 이 총살로 사망했다. 그는 총살 직전까지 갑작스럽거나 위협적인 어떠한 행동도 취하지 않았다.(Glanz and Wong 2004, A13; www.kevinsites.net) 이 총살장면이 전 세계적으로 방송되자, 중동은 이 사건으로 인한 강렬한 분노로 들끓었다. 이 사건에 관한 조사를 위해 총살에 가담한 병사는 전투지에서 해임되었다. 〈인권감시단〉의 로스는 "저항능력이 없는 억류자를 총살하는 행위는 명백한 무력분쟁법 위반"이라고 말했다.(Schmitt 2004, A12)

부상 및 비무장 병사를 향한 사형집행은 "무기를 내려놓은 군인뿐 아니라 질병·부상·억류를 비롯한 또 다른 이유로 전투력을 상실한 사람들, 그리고 적대행위에 적극적으로 참여할 수 없는 사람들을 어떤 상황에서도 인도적으로 대우할 것"을 요구하는 〈전쟁 포로 대우에 관한 제네바 협약〉 Geneva Convention Relative to the Treatment of Prisoners of War 제3조의 명백한 위반이다. 이 비디오를 보면 누구라도 그 사원에서 명백한 전쟁범죄가 발생했다는 사실을 알 수 있다. 미국 행정부와 미군은 전례 없이 신속한 속도로 이에 대응했다. 이라크 대사 존 니그로폰트 John Negroponte는 즉시 아야드 알라위Ayad Allawi 국무총리에게 유감의 뜻을 전하고 "담당 책임자를 처벌할 것"을 약속했다. 그의 지휘관들은 "적군 포로의 죽음에 불법적인 무력이 사용됐다는 주장"의 진위를 밝히기 위한 수사를 진행할 것이라고 발표했다.(Wright 2004a, 22)

가 사망했다"(*Nation* 2005c, 4~5).

2005년에 미군 탱크중대의 지휘관 로젤리오 메이울렛Rogelio Mayulet 대위는 명백한 살인행위로 밝혀진 사건으로 예편되었다. 메이울렛은 이 살인을 "안락사"라는 말로 정의했다. 하지만 그는 군사재판을 받은 이후에 거의 바로 석방되었다. 본래 메이울렛은 고의로 살인을 저지른 혐의가 인정돼 10년간 수감될 위기에 처한 상태에 있었지만, 그에 대한 처벌은 예편 정도에 머물렀고 그는 하루도 구속되지 않은 채 석방되었다. 사건 담당 검사는 최대 징역 20년의 처벌이 가능한 고의적 살인행위의 책임을 물어 그를 압박했지만, 결국 이 같이 관대한 처벌이 메이울렛에게 내려졌다. 또 다른 두 명의 미군 병사도 2004년 12월과 2005년 1월에 이라크 청소년을 살해한 혐의로 유죄판결을 받았을 때, 자신들을 변호하며 "안락사"를 언급했다.(*New York Times* 2005c, A5) 그리고 같은 해에 셰인 워스트Shane Werst 육군하사는 비무장 상태였던 이라크인을 살해했음에도 석방되었다. 재판 당시 그는, 동료병사를 구하기 위해 발포했다고 증언했다. 그는 원래 법정최고형인 감형이 없는 종신형을 선고받게 되어 있었다. 워스트의 증언에 따르면 그와 동료병사는 무기를 찾아, 희생자와 함께 한 집에 들어갔다. 워스트는 이라크인에게 총을 발포한 뒤, 이라크인의 권총으로 침상을 쏘았으며 또 다른 병사에게 권총에 이라크인의 지문을 묻히라고 명령했다. 워스트는 한 번도 사람을 총으로 쏴 본 적이 없었기 때문에 당시에 상당한 두려움을 느끼고 있었다고 증언했다. 담당 검사는 이 이야기가 전혀 말이 안 된다고 말했다 : "이 행위가 합법적인 살인이라면, 그리고 교전수칙을 따른 것이라면, 그는 도대체 왜 거짓말을 해야 했을까."(*New York Times* 2005b, A18)

이와 유사하게 일래리오 팬타노Ilario Pantano 소위는 두 명의 이라크인의 등에 60여발을 난사해 살해한 사건으로 인해 유죄판결을 받았다. 2004년 4월 15일, 팬타노는 M-16 소총으로 탄창 두 통을 비운 뒤 이라크인들에게 "아군으로서는 최고 - 적으로선 최악"No Better Friend-No Worse Enemy이라고 적힌 표시를 남겼다. 이 말은 이라크인들에게 반란에 가담하지 말라는 의미의 경고 메시지이면서도 [그들이 반란에 가담할 경우] "총살"을 당하게 될 것임을 암시하는 것이기도 했다. 팬타노는 자신의 행위가 자기 방어를 위한 것이었다고 주장했다. 재판관은 보고서에 "팬타노가 그릇된 판단을 한 건 사실이지만 그의 행동을 범죄로 볼 수 없다"고 기록했다."(DeSantis 2005a, A10; www.defendthedefenders.org 참조) 미국 해병 제2사단장 리차드 A. 헉 Richard A. Huck 소장은, 이후에 전개된 공판에서 제시된 증거가 계획살인 혐의로 팬타노를 기소하기에 부족하다고 주장했다.(DeSantis 2005b, A18)

이라크 전쟁이 계속되는 가운데 수많은 군인들은 스스로 자행한 폭력의 도덕성에 대해 고심하기 시작했다. 한 하사관은 이반 라이트Evan Wright 기자에게 자신이 살인문제로 담당 목사와 상담을 나눴다고 말했다 : "목사는 그가 살인을 즐기고 있지 않는 한, 정부를 위해 살인하는 것이 정당한 것이라고 그에게 말해 주었다." 그의 부대가 바그다드의 외곽지역에 도달했을 때 이 하사관은 자신이 최소한 네 명을 살인했음을 확신하게 되었다. 그 이후에 그는 담당 목사가 살인에 대해 자신에게 말해 준 것을 되짚어 보았다 : "도대체 성경 어디에서 예수가 자기 정부를 위해 살인을 해도 된다고 말했을까? 나에게 그래도 된다고 말한 목사의 말을 모두 믿을 수 없다." 라이트와 나눈 인터뷰에서 다른 병사는 "우리가 여기서 저지른 일 가운데 딱 반만 미국에서 저질러도 우리는 감옥에 갈 것"이라고 말했다.(Wright 2004a, 24)

아부 그라이브 학대 사건

2002년 후반, 『워싱턴 포스트』Washington Post는 미국 정보부 요원들이 아프가니스탄의 바그람 공군기지에 붙잡혀 있던 억류자들에게 학대와 고문을 가한 사례를 상세히 보도했다.(Priest and Gellman 2002) 이 이야기는 1면에 소개되었지만, 대중과 정치권은 이 사건에 큰 관심을 표하지 않았다. 이로부터 약 15개월이 지나고 아부 그라이브에서 발생한 무시무시한 사건들이 폭로되었다. 학대와 고문행위를 다룬 점에서 유사성을 보인 두 보도내용은 사진 활용의 여부에서 분명한 차이를 드러냈다. 이 끔찍한 이야기가 폭로된 지 며칠 만에 이 참상을 담은 사진은 전 세계로 유포되어 많은 이들이 사건의 진실을 목격하게 되었다. 개들에게 조롱을 당하고 있거나 성교행위를 모방하며 인간 피라미드를 쌓고 있는 알몸의 이라크 죄수들을 담은 이 사진들은, 미군이 이들에게서 정보를 뽑아내기 위해, 혹은 단순히 이들을 처벌하고 모멸감을 주기 위해 학대와 고문 행위에 의존하고 있음을 보여 주었다. 그리고 이 사진들로 미군이 국제법의 경계를 넘어 명백한 위법행위를 벌이고 있다는 의혹이 기정사실화되었다.(Hersh 2004) 수잔 손택Susan Sontag 9은 아부 그라이브 사태를 광범위한 역사적 맥락에 비추어 살펴보았다 : "강간이나 생식기에 고통을 가하는 것은 가장 보편적인 고문의 방식 가운데 하나다. 나치의 강제 수용소나 후세인 시절의 아부 그라이브도 예외는 아니다. 미국인들도 자신들보다 약한 권력을 지닌 사람들은 굴복당하거나 고문당해도 된다는 지시를 듣거나, 그렇게 하고 싶은 기분이 들면 약자들을 강간하거나 그들의 생식기에 고통을 가했다. 미국인들은 자신들이 고문하는 사람들이 열등한 인종이나 종교권에 속해 있다고 믿게 되었을 때, 이러한 일들을 저질렀다."(2004, 28)

아부 그라이브 사태를 기록한 일련의 이미지들은 1880년대부터 1930

9.[옮긴이] 수잔 손택은 미국의 작가이자 문학이론가이며 정치활동가로 유명하다. 그녀의 유명세는 그녀를 지칭하는 말, "대중문화의 퍼스트 레이디"라는 말만 보아도 잘 알 수 있다. 『은유로서의 질병』(Illness as Metaphor, 이재원 옮김, 이후, 2002), 『타인의 고통』(Regarding the Pain of Others, 이재원 옮김, 이후, 2004), 『사진에 관하여』(On Photography, 이재원 옮김, 시울, 2005) 등, 손택의 많은 저서는 국내에 번역, 출판되어 있다.

년대에 걸쳐 남부 미국에서 발생한 린치를 찍은 사진들, 예컨대 불구가 돼 나무에 매달린 나체의 흑인을 찍은 사진들과 매우 유사하다. 이 사진의 전 경에는 떼를 지어 돌아다니는 마을 사람들의 모습이 찍혀 있다. 이 장면은 손가락질하며 웃고 있는 아부 그라이브 헌병들의 모습과 닮아 있다. 희생 양 만들기 역학의 증거가 다시 명백히 드러난 것이다 : "린치 장면을 찍은 사진은 폭행자들이 그들의 집단행동을 전적으로 정당하게 여기고 있음을 보여 주는 기념물이다."(Sontag 2004, 27) 이 말처럼, 아부 그라이브에 관한 사 진들도 이 사건을 은폐하기 위함이 아니라 일종의 전리품으로서 이 사건을 기록하고 이 사건의 의미를 공유하기 위해 촬영된 것이다. 뤽 상트Luc Sante 는 "이 전쟁에 내가 있다"라는 이름의 그래픽 파일을 발견했다.(2004) 여기 서 나타난 학대와 고문의 일상성은 우리를 당황케 한다. 이 사진을 본 손택 은 이라크에 있던 미국 병사들을 관광객에 비유했다. 이에 대해 도널드 럼 스펠드 국방장관은 이렇게 말했다 : "디지털 카메라를 가지고 주변을 돌아 다니면서 이 같이 믿기 어려운 사진을 찍고 이런 일을 벌인 것은 위법이고 언론도 우리도 놀랄 만한 일이다."(Sontag 2004, 42)

이 사진은 고문과 학대가 발생했음을 입증해 줄 뿐 아니라 미국 행정 부, 미군, 미국인들의 치부를 드러내었다. 아마 이 점이 이 사건의 사회적 파장을 잠재우기 위해 많은 관심이 여기에 집중된 상황을 설명해 주는 이 유일지 모른다. 미국 행정부와 미군은 그들의 학대와 고문 행위가 광범위 하고도 체계적으로 진행되었다는 주장에 반격하기 위해 애썼지만 틀에 박 힌 잘못된 설명을 재빨리 내놓았을 뿐이다.(New York Times 2004c) 아부 그라 이브 사태로 빚어진 논쟁은 장기간 이어졌다. 그런데 아부 그라이브의 인 권침해 사례는 일련의 사진 속에서 등장했던 한 줌의 재향군인들만의 문제 인 것처럼 비춰졌다. 다시 말해 미군의 고위간부들은 이 사태에 책임이 전 혀 없는 것처럼 비춰졌다는 말이다. 대중은 미국에게 어떤 잘못도 없다고 생각했다. 특히 비방이 어느 쪽으로 이동했는지를 살펴보면, 백악관과 미국 국방성이 미군의 고위간부와 주요 정책 입안자들을 문책과 처벌에서 면제해 주기 위해 불처벌의 문화를 영속화했다고 믿을 만한 충분한 이유가 발견된다 : "전군 총사령관 조지 W. 부시 아래에서 명령책무, 즉 명령을 내린 자에게 책임이 있음을 나타내는 개념은 폐기되었다. 부시가 만들어 놓은 전쟁의 세상에서, 일반 병사들은 이 전쟁의 광기에 책임이 있는 사람들이 되었다. 사건에 대한 처벌은 계급이 낮은 병사들의 몫이 되었다. 미군의 고위간부들은 그들의 실책과 상관없이 승진했다. 대대적인 처벌은 이들을 빗겨갔다."(Herbert 2005a, A25)

이 사건의 수사가 국방부에 예속된 일련의 위원회들에서 논의되고 있었기 때문에, 정부의 "썩은 사과들"은 아부 그라이브 사건에 대해 똑같은 설명을 계속할 수 있었다. 예컨대 해군 중장 앨버트 처치 3세Albert Church III의 조사에 기초를 둔 「처치 보고서」Church Report는 지휘관이나 군속 감독관들이 아닌 낮은 계급의 병사들에게만 법적 책임을 물을 것을 결론으로 내놓았다. 정치평론가들은 「처치 보고서」가 부시의 공식적인 선언들, 즉 "테러리스트들이 〈제네바 협약〉에 따른 보호조치의 적용대상자가 되지 않는다는 점과 이라크 전쟁이 테러와의 전쟁의 일환으로 진행되고 있다는 점"을 의도적으로 회피했다고 주장한다. 〈처치위원회〉Church Commission는 〈제네바 협약〉 위반에 해당하는 관타나모만의 심문기술을 럼스펠드가 용인한 사실을 다루지 않았다. 또한 〈처치위원회〉는 법무부가 불법적 고문조치를 합법적 조치인 것처럼 위장하라고 군검사관에게 명령한 문건에 대해 일절 언급하지 않았다.(Greenberg and Dratel 2005; Danner 2004) 「처치 보고서」는 "아부 그라이브에서 촬영된 어떠한 학대행위도 미국 행정부가 승인한 정책의 본질과 절대 일치하지 않는다"고 주장했다. 다시 말해 미국 행정부는 이 같은 끔찍한 사건에 개입한 적도 없으며 이 같은 상황을 방치하지도 않았다는 말이다. 처치 해군 중장과 그의 조사관들은 머리씌우개가 덮혀 있거나, 힘든 자세를 취하도록 강요받거나, 개에게 위협을 받고 있던 죄수들이 찍힌 사진을 보지 못한 것이 분명하다. 럼스펠드뿐 아니라 미군의 고위관리들은 과거에 한두 번 이러한 학대와 고문 기술을 용인한 적이 있었다.[10] 흥미롭게도 전직 국방장관 제임스 슐레진저James Schlesinger는 아부 그라이브 사태에 "상당 수준의 제도적인, 그리고 개인적인 책임이 있다"고 주장했다.(New York Times 2005e, A22) 미국 상원의 〈군사위원회〉는 청문회를 추가로 개최할 계획이었으나 분명 그것만으로는 부족했다. 인권 변호사들은 의회 차원의 중대한 조사가 진행돼야 한다고 주장했다. 그러나 의원들은 여기에 별 관심을 보이지 않았다.(Harbury 2005 참조)

여기서 우리는, 이라크의 억류자들에게 발생했던 일련의 학대사건이 인정되어 아부 그라이브 사태에 관한 조사가 한창 진행되고 있었을 당시, 공수 82사단에 근무했던 세 명의 미군 간부의 발언에 집중할 필요가 있다. 이들의 증언에 따르면, 팔루자 근처에 주둔하고 있던 머큐리 부대의 사병들은 죄수들로부터 폭동에 관한 정보를 얻은 뒤, 단순히 그들의 쾌락을 위해 죄수들을 구타하고 학대했다. 이안 피시백Ian Fishback은 이와 관련된 증언을 한 인물 가운데 한 사람이다. 피시백은 두 명의 공화당 소속 고위 간부와 나눈 편지에서 이 같은 주장을 제시했다. 그는 자신의 상관에게 이 학대사건의 발생사실을 17개월 동안 보고하고 나서야 겨우 상원의원 사무실과 연결될 수 있었다.(Human Rights Watch 2005; Schmitt 2005) 간수로 복무했던 한 하사관은, 군정보부의 지시에 따라 자신이 죄수들을 학대한 적이 있음을 고백했다. 간수의 지시에 따라 죄수들은 자신들끼리 모여 인간 피라미드를

---

10. [옮긴이] 2004년 5월 6일, 럼스펠드 국방장관은 아부 그라이브 사태와 관련해 공개된 사진들이 "빙산의 일각"에 지나지 않는다는 점, 즉 강간과 살인 장면을 담은 비디오 영상물들을 포함해 한층 더 충격적인 자료들이 존재한다는 사실을 거듭 인정해야 했다.

쌓아야 했고, 팔을 뻗고 5갤런gallon의 물주전자를 들고 서 있거나 의식을 잃을 때까지 팔 벌려 뛰기를 해야 했다 : "우리는 그들의 머리, 가슴, 다리, 배를 구타해 그들을 쓰러뜨린 뒤 발로 걷어차기도 했다. 이런 일은 일상이 었다." 이 하사관은 이렇게 말했다 : "언젠가 우리는 조금 지루해졌다. 그래 서 우리는 모든 죄수들을 구석에 앉히고 인간 피라미드를 쌓도록 했다. 이 런 일들은 아부 그라이브 사태가 세상에 드러나기 전의 것이지만 아부 그 라이브 사태의 것과 별반 다르지 않다. 우리는 재미 삼아 이런 일들을 벌였 다."(Schmitt 2005, A1, A6) 그는 사전심문 때 죄수들이 조금 더 협조적으로 조사 에 응하게 만들기 위해 이 같은 행위를 저지를 수밖에 없었다고 증언했다. 군정보부가 군부대에서 통제대상으로 분류된 죄수들이 조금 더 온순하게 굴도록 만들라고 병사들에게 명령했기 때문이다. "그들은 정보를 원했다. 통제대상으로 분류된 죄수들이 죽지 않는 한 이 행위는 계속되었다. 우리 는 이들의 사지가 부러질 때까지 학대를 멈추지 않았다"고 그는 증언했다. 또 다른 하사관은 한 병사가 광물질을 바른 막대를 이용해 죄수들을 구타 하는 장면을 본 적이 있다고 말했다 : "어둠 속에서 그 막대기는 빛을 냈다. 정말 웃겼다. 그러나 이 막대는 죄수들의 눈에 화상을 입혔고 이로 인해 그 들은 피부에 상당한 상처를 입었다."(Human Rights Watch 2005, 2)

미군 병사들은, "통제대상"으로 분류된 죄수들에게 학대기술을 사용하는 것 을 "담배피우기"smoking 혹은 "성교하기"fucking라고 부르며 가볍게 여겼다. "통제대상의 죄수와 담배피우기"는 죄수에게 힘든 육체활동을 반복시켜 그 를 기진맥진하게 만들거나, 죄수가 고통스러운 자세를 취하게 해 놓고 계속 방치해 두는 것을 미군 병사들이 우회적으로 표현하는 은어다. 때때로 죄수 가 의식을 잃을 때까지 이 학대행위는 계속되었다. "통제대상 죄수와 성교하 기"는 극단적 수준의 구타와 고문을 죄수에게 가하는 학대행위를 의미하는 이들의 은어다. 미군 병사들에 따르면, 군정보부는 심문 전의 죄수들에게

"담배피우기"를 실시할 것을 정기적으로 지시했다.

한 하사관은 〈인권감시단〉에게 이렇게 말했다 : "우리는 부대의 모든 병사들이 절망감을 해소하고자 할 때 통제대상으로 분류된 죄수가 있는 장소로 갈 것임을 알고 있었다. 어떤 면에서 이는 스포츠였다. 어느 날, 한 하사관이 통제대상 죄수에게 다가가더니 몸을 숙이라고 말했다. 그리고 그는 죄수의 다리를 금속 방망이로 구타했다. 물론 그 죄수의 다리는 부러졌다."(Human Rights Watch 2005, 2)

아부 그라이브 사태가 공론화된 이후에도 미군은 조금 더 신중한 방법으로 학대행위를 계속했다 : "우리는 여전히 이런 일을 신중하게 자행했다." (Schmitt 2005, A6) 그리고 부시 행정부는, 해외 주둔 미군이 자행한 학대사건은 지극히 예외적인 상황이며 미국 행정부의 대외정책과 무관하게 우연히 발생한 사고일 뿐이라고 주장했다. 하지만 미군이 저지른 일련의 학대행위는, 부시 행정부가 공언한 내용을 무색하게 만들 뿐이다. 〈인권감시단〉은 미군이 저지른 학대행위가, 미군의 실패한 리더십의 참상을 드러낼 뿐 아니라, 심문과정에 관한 규정과 〈제네바 협약〉을 전혀 이해하고 있지 못한 미군의 현실을 드러내고 있다고 주장했다.(2005) 또한 〈인권감시단〉에 따르면, 해외 주둔 미군에 의한 억류자 학대사례가 이례적이고도 드문 일이며 대테러정책과 상관이 없다는 부시 행정부의 주장은 사실이 아니다.

아프가니스탄 죄수학대사건

미국 국방성은, 포로학대 사건이 아부 그라이브의 난폭한 병사들이 저지른 우연한 사건이며 오직 그들에게만 책임이 있다고 주장하고 있다. 즉 미국 국방성은, 이 같은 학대사건이 미군 내부에 만연해 있지 않으며 미군의 구조적 문제에서 기인하지도 않는다는 주장을 펼치고 있다. 하지만 지속적으로 드러나고 있는 증거들은 그들의 주장과 매우 다른 현실의 모습을 보여 준다. 아프가니스탄 전쟁에 관한 보고서들은, 몇 가지 종류의 학대행위가 테러와의 전쟁의 공식적 혹은 비공식적 정책의 결과라는 점을 보여 준다.(Human Rights Watch 2004; Priest and Gellman 2002; Rohde 2004) 우리는 다음의 사건에 주목할 필요가 있다.

아프가니스탄 젊은이가 그들의 앞에서 죽어가고 있었지만 미국인 간수들은 그에게 계속해서 고문을 가했다. 그 젊은이의 이름은 딜라워Dilawar로 알려져 있었고 22살이었으며 전직 택시 운전기사였다. 그는 새벽 2시 무렵 아프가니스탄의 바그람 수용소의 감방에서 끌어내어져, 미군 기지를 향한 로켓 공격에 관한 심문을 받기 시작했다. 그의 통역관은, 딜라워가 취조실에 도착해 플라스틱 의자에 앉았을 때 그가 다리를 주체할 수 없이 떨고 있었다고 증언했다. 그가 지난 4일 동안 줄곧 손목에 사슬이 묶인 채 감방 상반부에 매달려 있었기 때문이다.

두 명의 죄수가 사망한 2002년, 이 사건으로 궁지에 빠진 미군은 그들의 사망 원인이 "무딘 외상"blunt force trauma 11이라고 결론을 지었다. 곧 바그람의 사병들은 조사관에게 미군의 간수들이 두 사람이 사슬이 묶여 있는 동안 그들의 허벅지를 계속 구타했고, 군심문관들이 그 중 한 명을 학대했다고 증언했다.(Golden and Van Natta 2005a, A12)

군검사관들은, 살인사건의 진상파악을 위해 시행된 부검의 결과와 간수들의 구타행위가 두 죄수를 사망에 이르게 했다는 사병들의 진술을 받아

---

11. [옮긴이] 무딘 외상은 주로 집단폭행에 의한 것이라고 알려져 있다.

들여, 일단은 어떠한 문책 없이 부대폐쇄를 권고했다. 미군 범죄조사 부대는 누가 정확히 죄수들의 사망에 대한 책임을 질 수 있는지 결정할 수 없으며 군검사관들도 이 점을 인정했다고 상부에 보고했다. 이 사건을 조사한 군검사관 가운데 제프 A. 보바닉Jeff A. Bovarnick 소령은 조사관들에게 여러 사망 사건 가운데 한 사례를 제시하며 이렇게 말했다 : "나는 죄수들을 살해하기 위해 헌병들이 의도적으로 범죄를 자행하는 경우를 본 적이 없다. 우리는, 사망한 죄수가 가장 호전적인 성향의 인물이었다는 헌병대의 이야기를 믿고 있다."(Golden and Van Natta 2005b, A18) 이 사건은 군심문 과정을 거쳐, 거의 2년 동안 죄수들에게 구타가 가해진 점이 인정되어 7명의 사병이 처벌되는 것으로 종결되었다. 이 사건에 관한 일련의 문서에는 중대한 증인들의 인터뷰 내용이 수록되지 않았다. 그리고 이 사건과 관련된 모든 보고서와 문건들은 행방이 묘연해졌다. 이는 주요 단서들이 잘못 다루어졌다는 사실을 보여 준다. 쉴 새 없는 언론의 노력에 힘입어 대중에게 이 사건의 전말이 알려졌을 때 『뉴욕 타임즈』는 이렇게 보도했다 : "부시 대통령은, 언젠가 전 세계가 미국 행정부의 아부 그라이브 수용소 학대사건 처리과정을 투명성과 책임감의 모범사례로 인정해 줄 것이라고 말했다. 그는, 이 사건관련자들이 지휘고하를 막론하고 구조적 책임을 지고 있다고 말했다. 하지만 그가 한 이 말은 금요일 아침에 대통령 집무실에서 개최된 카메라맨 회견을 위한 것이었을 뿐이며, 불행하게도 그가 말한 것 가운데 진실은 없다."(New York Times 2005f, A18)

바그람의 사망사건에 관한 끔찍한 이야기는 아부 그라이브의 사건들이 전혀 이례적인 일이 아니었으며, 미군이 일상적으로 저지르고 있던 일 가운데 하나임을 확인해 주었다. 또한 부시 행정부의 고위관리들이 전쟁 초기에 내린 결정들의 깊은 영향력을 보여 주었다. 다시 말해 테러와의 전쟁의 작전과정에서 체포된 죄수들에게 〈제네바 협약〉뿐 아니라 심지어 미국 헌법도 적용하지 않겠다는 그들의 사악한 의지를 다시 드러내 주었다. 바그람 사건에 대한 조사문건들이 보여 주듯이 죄수에게 가해진 가혹행위는 다분히 일상적이었다 : "감방 천장에 죄수들을 매달아 놓거나 잠을 못 자게 하는 행위, 구타하거나 성적 모멸감을 느끼게 하는 행위, 감시견으로 협박하는 행위는 이라크에서 반복해서 나타난 가혹행위의 종류다."(*New York Times* 2005f, A18) 조직적으로 가혹 행위를 가할 때마다 미군이 이용한 방법은 "총으로 비골을 가격하는 것"으로, 죄수에게 심각한 고통을 주기 위해 무릎 상부의 측면을 가격하는 것을 가리킨다. 부검 보고서에 따르면 딜라워는, 지속적인 구타가 유발한 극심한 고통 때문에 심장이 멎어 사망에 이르렀다.(*New York Times* 2005f, A18; Davey 2005, Weisman 2005 참조)

불법적 적군 전투원과 관타나모만

불법적 적군 전투원unlawful enemy combatant▪은 테러와의 전쟁으로 발생된 논쟁의 한 중심을 차지한다. 미군 행정부서들은, 자신들이 미국 시민뿐 아니라 심지어 전투지의 민간인들까지 투옥할 수 있는 단호하면서도 광범위한 권리를 갖는다고 주장했다. 예컨대 미국 행정부는 파디야를 알카에다와 관련된 인물로 간주하고 그에게 억류조치를 가했다. 파디야는 명백한 미국 시민이었다. 하지만 미국 고등법원은 이 억류조치의 합법성을 인정하지 않았고, 부시가, 헌법이 미연방 대통령에게 부여하고 있는 권한을 넘어서는 행동을 했다고 2003년 12월에 판결을 내렸다. 다시 말해 고등법원은 파디야 사건에 다분히 문제적 소지가 있음을 지적한 것이다. 당시 파디야는 미국에 다량의 방사능을 유출시킬 "더러운 폭탄"을 폭파시킬 계획을 세웠다는 혐의로 기소되었다. 공식적으로 처벌되지는 않았지만 그는 외부와의 통신이 일체 두절된 채 사우스캐롤라이나 주South Carolina 군사교도소의 독방에 수감되었다. 파디야 사건의 초점이 전투지에서 체포된 미국 시민이라는 데 맞춰지면서 미국 행정부의 적군 전투원 수색작전에 대한 논쟁은 국제적으로 퍼져 나갔다. 이 문제의 중심에는 쿠바의 남동쪽의 관타나모만이 있다. 이곳은, 미국이 1백 년이 넘게 군사시설을 배치해 둔 장소로 유명하다. 미군은 6백 명 이상의 불법적 적군 전투원을 이 군사시설에 불법적인 방법으로 투옥해 두었다. 9·11 테러가 발생한 후 테러와의 전쟁이 개시되었던 초기에 많은 죄수들이 아프가니스탄에서 체포되었다. 미국 행정부는, 이 죄수들이 탈레반이나 알카에다와 관계가 있으며 미국 국가안보에 심각한 위협을 가할 수 있는 테러리스트들이라고 주장했다. 미국 행정부는 위와 같은 이유로 구속사유가 불분명함에도 이들을 구속할 권리가 미국에게 있으며, 선별된 몇 명의 죄수들은 민간재판정이 아닌 군사법정에 세워질 것이라고 주장했다.(Lewis 2004a)

이 문제에 대한 강렬한 논쟁은 2004년 전까지 계속되었다. 그리고 2004년, 미국 대법원은 유사한 종류의 세 가지 사건에 대한 판결을 내렸다. 대법원은 적군 전투원에 대해 미국 행정부가 주장한 자기 권한이 위헌이라고 판결했다. "전시라고 해서 대통령에게 백지수표가 주어지는 것은 아니다"라고 선언한 미국 대법원은 미국과 관타나모만에 억류되어 있는 죄수들이 중립적인 민간 재판기관 앞에서 그들에게 가해진 억류조치에 대해 항변할 권리를 갖는다는 판결을 내렸다.(Greenhouse 2004b, A1) 국외에서 억류되었던 미국 시민 야세르 에삼 함디Yasser Esam Hamdi의 사건을 가리켜 법원은, 관타나모만에서 그가 2년 동안 억류된 것은 시작부터 잘못되었을 뿐 아니라 미국 헌법과 관계 법령에 비추어 봤을 때도 논리적으로 말이 안 된다는 판결을 내렸다. 또한 법원은 함디가 자신이 불법적으로 억류되었다는 사실을 항변하기 위해 연방법원을 이용할 권리를 갖는다고 판결했다.(*Hamdi v.*

Rumsfeld) 관타나모만에 억류된 16명과 관련된 다른 두 사건에 대해서도 법원은, 이들이 군사작전 중에 해외에서 체포된 것이지만, 미국 법정을 거치지 않고 비시민권자들이 구속될 수는 없다고 판결했다.(Rasul v. Bush and United States) 법원은 럼스펠드 대 파디야Rumsfeld v. Padilla 소송에 대한 판결을 내리지 않겠다고 결정했다. 재판관들은 파디야가 뉴욕의 법원에 소송을 제기한 것이 잘못된 것이며 그가 억류되었던 지역인 사우스캐롤라이나 주의 연방법원에 소송을 제기해야 한다고 말했다.

그러나 부시 행정부가 불법적 적군 전투원 지위를 적용하는 방식에 대한 법적 논쟁은 이 판결들로 끝나지 않았다. 2004년 말, 연방판사 조이스 헨즈 그린Joyce Hens Green은, 대통령이 권력을 이용해 적군 전투원들을 억류시킬 수 없고, 억류자들이 법적 권리에 따라 연방법원 재판을 받을 수 있다는 대법원 판결을 백악관이 수용할지에 관심을 표하고 있다. 법원에서 그린은 담당 검사 브라이언 보일Brian Boyle에게 한 가설을 설명했다 : "자신의 돈이 결국 알카에다의 테러리스트 활동에 재정적인 도움을 줄 것임을 모른 채 어떤 여성이 한 자선단체에 기부를 했을 때, 미국 대통령은 스위스 출신의 이 중년여성을 적군 전투원으로 지목해 구속할 수 있을까요?" 이 질문을 받고 난 뒤 잠시 침묵하던 보일은 이렇게 대답했다 : "아마도요." 그는 나아가 적군 전투원의 범위가 "무기를 휴대한 사람에 한정되지 않습니다"라고 말했다. 적군 전투원이라는 용어가 남용될 수 있다는 사실이 드러나자, 그린은 테러와의 전쟁의 예상기간과 그 기간 동안 펼쳐질 적군 전투원 수색작전의 예상범위에 대해 질문했다 : "이번 일이 언제 끝날 것 같은가요?" 그리고 그린은 적군 전투원에 대한 체포명령이 권력의 정치적 수단이 될 수 있음을 강조했다. 이때 보일은 이렇게 대답했다 : "제가 여기에서 대답해 줄 수 있으면 참 좋을 텐데요."(Lewis 2004b, A36) 적군 전투원으로 민간인을 지목하는 것은 또 다른 곤경을 발생시킨다. 그린 판사가 담당한 사건에서 조셉 마굴리즈 Joseph Margulies 변호사는, 재판 관련 자료가 모두 기밀로 처리되어 있어 억류자들이 그들 자신과 관련해 제기된 증거들을 검토해볼 수 없다는 점에서, 전투원 지위 심사법정Combatant Status Review Tribunal 12이 "정당한 절차를 따르지 않고 있다"고 주장했다. 나아가 전투원 지위 심사법정이 한 사람을 적군 전투원을 몰아가기 위해 다수의 증거를 제시하고 있지만, 그 증거들은 대부분 억류자의 자백에 근거를 둔 것들이었다. 문제는 그 자백내용이 고문에 의해 조작된 허위진술이라는 점이다.(Lewis 2004b, A36)

그린의 판결에 따르면 관타나모만의 죄수들은 연방법원에서 재판을 받을 수 있고 이를 통해 그들이 합법적 절차에 따라 억류되었는지를 검증받아야 한다. 또한 부시 행정부는 이 결과를 받아들여야 한다. 덧붙여 그린은, 전투원 지위 심사법정이 헌법에 위배되는 일을 저질렀다고 판결했고, 이와 관련된 또 다른 문제들을 언급하며 죄수들을 고문해 얻은 자백이 과연 믿을 만한 것인지에 대해 강한 의심을 표했다. 그린은 부시 대통령이, 아프가니스탄에서 구속된 탈레반 병사들이 〈제네바 협약〉의 보호를 받을 자격이 없다고 말했을 때부터 이미 대통령의 월권행위가 시작되었다고 결론지었다.(Lewis 2005b) 이와 비슷한 어조로 2005년, 사우스캐롤라이나 주의 연방판사 해리 F. 플로이드Harry F. Floyd는 부시 행정부가 정확히 확인된 범죄사실 없이 파디야를 적군 전투원으로 지목해 거의 3년 동안 억류한 것은 미국 행정부의 심각한 월권행위라고 판결했다. 플로이드는 미국 행정부에게 45일 내에 파디야를 석방시키라고 판결했지만 아쉽게도 부시 행정부에게 이 45일은 항소를 준비할 시간을 의미했다.(Lewis 2005b, A14) 이러한 상황에서 컬럼비아 특별구District of Colombia의 연방 순회 항소법원U.S. Circuit Court

---

12. [옮긴이] 전투원 지위 심사법정은 미국의 관타나모만 수용소의 죄수가 적군 전투원인지 아닌지를 결정하는 군사법정이다.

of Appeals에 소속된 3인의 판사는 만장일치로, 워싱턴의 연방판사들이 갑작스럽게 효력을 중지시켰던 관타나모만의 군사법정들을 부시 행정부가 다시 활성화해야 한다고 판결했다. 미국 영토 밖에 있는 관타나모만의 군사법정들이 부활한다는 소식은 비보였다. 연방 순회 항소법원은 2001년 9월 11일 이후에 처리된 결의안에 따라 의회가, 부시 대통령에게 모든 권한을 위임했음을 언급했다. 이 판결은 월권행위를 펼친 혐의로 비난받고 있던 백악관에게 크나큰 승리였다.

인권 단체들은 적군 전투원 지목행위의 위헌성뿐 아니라, 미군이 죄수들에게 고문, 학대, 가혹 행위를 가해 왔음을 부각시키며 관타나모만의 제도적 환경을 비판하고 있다. 예전에 이곳에 억류되었던 죄수들은, 관타나모만의 미군 병사가 그들을 구타하고 희롱했으며 심지어 심문과정에서 그들의 머리에 총을 겨누기까지 했음을 언론에 공개했다. 그들 다수의 주장에 따르면 일부 죄수들은 15시간까지 사슬이나 수갑으로 묶여 있어야 했고, 유통기간이 10년이 지난 음식을 어쩔 수 없이 먹어야 했으며, 도저히 마실 수 없는 물을 마실 수밖에 없는 상황에 놓여 있었다. 한 죄수는, 미군이 불분명한 물질을 자신에게 투약하려는 것을 거부했다가 구타를 당했다고 말했다.(Lewis 2004a; Tyler 2004; Waldman 2004) 2005년 5월, 관타나모만에서 발생한 억류자 가혹행위 사건을 조사한 미군 고위수사부는 "정보를 얻기 위해 고안된 혁신적인 방법을 이용한 결과, 일부 죄수들이 불법적인 가혹행위를 당하거나 희롱당한 것 같다"고 발표했다. 일련의 가혹행위에는 여성심문관이 남성죄수의 성기를 강제적으로 움켜쥔 사례도 포함된다.(Lewis and Schmitt 2005, 35) 한 문건에서 FBI는 다분히 문제가 될 만한 심문방식을 목격했다고 보고했다. 이 문건은 본래 대중에게 공개되지 않을 예정이었다. 한 요원은 이렇게 말했다 : "업무를 처리하려고 취조실에 들어갔을 때 나는 한 죄수가 손과 발이 사슬에 묶여 있는 장면을 목격했다. 이는 태아의 모습을 연상시켰다. 그는 의자, 음식, 물도 제공되지 않는 환경에서 그냥 바닥에 누워 있었다. 그는 대부분 자신의 몸 위에다 대소변을 눌 수밖에 없었고 그 상태로 18시간에서 24시간 이상 방치되었다."(A. Lewis 2005, EV1)

2001년 9월 11일, 모하메드 알-카흐타니Mohamed al-Kahtani는 항공기를 납치한 혐의로 구속되었다. 이 사우디아라비아인에게 가해진 학대행위는 세상에 널리 알려졌다. 알-카흐타니는 휴식 없이 최대 20시간 동안 심문을 받았고, 한 번은 세 봉지 반 분량의 알 수 없는 액체를 정맥에 투여 당했다. 그가 소변을 누고 싶다고 요청하자 간수들은 그에게 바지를 입은 상태에서 그대로 소변을 보라고 명령해 그는 어쩔 수 없이 그렇게 하였다. 알-카흐타니가 경험한 가혹행위에 대해 언급하면서 FBI 요원들은 그를 "위협하기 위해 조금 더 공격적인 방법을 사용해야 할 필요성을 느껴" 개를 사용했다고 말했다. 이 사건과 관련된 기록에 따르면, 알-카흐타니의 심문관은 그가 개처럼 존경심을 표하는 방법을 배울 필요가 있다고 그에게 말했다 : "우리는 죄수의 사회적 지위를 개의 지위까지 상승시켜 주기 위해 죄수들에게 기다리고 달려오고 짖는 행위를 가르치기 시작했다. 이때 죄수들은 평정심을 잃기 시작했다."(A. Lewis 2005, EV1)

〈제네바 협약〉, 〈고문행위금지에 관한 유엔협약〉 United Nations Convention Against Torture, 〈통일군사재판법〉 Uniform Code of Military Justice은 죄수들에게 가혹행위를 하는 것을 범죄로 규정해 금지하고 있다. 다시 말해 어떤 일이 있어도 죄수에게 잔혹행위, 억압행위, 가학행위를 가할 수 없는 것이다. 군 소속 검사들도 대테러전술들의 몇 가지 문제점을 지적하며 심문자들이 죄수를 다룰 때 〈통일군사재판법〉과 범죄 관련 연방법을 위반하는 사례가 속출하고 있다고 염려하고 있다. ABC 뉴스가 보도한 미국 국방성 문건에 따르면 미국 국방성 관계자들은 심문자들을 문책하지 않아 불거진 사회적 논쟁의 심각성을 인정하면서도, 심문자 문책을 위해서는 대통령의 명령이 필요함을 분명히 했다 : "우리는 대통령의 증서가 필요하다."(A. Lewis 2005, EV1) 학대행위의 실상에 대한 보고서들은 〈국제적십자〉 사International Red Cross와 〈인권을 위한 의사회〉Physicians for Human Rights가 자체 보고서에서 "최소한 2002년부터 미국이 관타나모만에서 체계적으로 죄수들에게 정신고문을 가하기 시작했다"고 언급한 내용과 많은 부분에서 일치한다. (Lewis and Schmitt 2005, 35)

정치평론가들은, 관타나모만에 수용된 6백 명 이상의 죄수 가운데 대부분이 테러리스트도 아니고 불법적 적군 전투원으로 규정될 사람들도 아니라고 역설한다. 오히려 그들은 탈레반 조직이 몰락하던 시기에 발생한 전쟁의 혼란스러운 여파 속에서 불운하게 체포된 희생자들에 불과하다.(Lewis 2004b) 그런데 흥미롭게도 1백 명 이상의 죄수들이 석방되는 일이 발생했다. 이로써 관타나모만에는 정말 최악의 죄수들만 구속되어 있는 것이라고 주장해 오던 미국 행정부는 의혹의 눈초리를 사게 되었다. 1년 이상 억류된 뒤에야 석방된 사람들 중에는 12세가량의 아이들도 세 명이나 있었다. 알고 보니 전투지에서 체포되지도 않았고 무기를 휴대하고 있지도 않았는데도 탈레반과 연계가 있다는 혐의로 억류된 아이들이었다. 그러나 다른 아이들은 여전히 관타나모만에 구류되어 있었다. 그리고 미군은 빈약한 증거를 제시하여 아이들까지 체포하고 억류하는 일을 계속하고 있었다.(Gall 2004; Golden and Van Natta 2004)

테러와의 전쟁 기간에 자행된 고문

아부 그라이브 수용소 사태가 언론에 폭로되기 1년 반 전인 2002년 12월, 『워싱턴 포스트』의 데이나 프리스트Dana Priest와 바튼 겔먼Barton Gellman

은 미국 행정부가 해외 비밀시설에서 테러 용의자들에게 문제적 소지가 있는 심문기법을 사용하고 있다는 내용을 1면에 보도했다. 보도내용에 따르면 미군은 스트레스와 강박증을 이용한 심문기법을 주로 사용하고 있었다. 프리스트와 겔먼은 미군이 점령한 아프가니스탄의 바그람 공군 기지의 비밀 억류부대에 대해 설명했다. 이곳의 금속 선적 컨테이너에는 고위 알카에다 요원과 탈레반 지도부들이라고 의심되는 사람들이 억류되어 있었다. CIA 심문관들에게 협조하기를 거부한 억류자들은, 때때로 검은색 머리씩우개를 착용하거나 스프레이가 칠해져 있어서 앞을 볼 수 없는 고글을 착용한 채로, 오랜 시간 동안 서 있거나 무릎을 꿇고 있어야 했다. 이들은 종종 어색하고 고통스러운 자세를 취하고 있어야 했고 24시간 동안 포격조명 앞에서 잠을 자지 못해 수면권을 침해당했다 : "심문에 협조한 자들은 음식물을 배급받았고, 육체적으로 편안한 상태에서 심문을 받을 수 있었다. 실제로는 거짓우애와 거짓존중으로 가득 차 있으면서 죄수들 앞에서는 타문화를 존중하는 것처럼 행동하는 온화한 심문관이 그들의 심문을 진행하였다. 이 죄수들에게는 종종 돈이 지급되기도 했다. 협조를 거부한 자들은 공식 용어로 '되갚아 주다'라고 불렸던 복수의 상황에 놓이게 되었고, 고문으로 유명한 대외정보요원에 의한 심문과정에 참여해야 했다."(Priest and Gellman 2002, A1)

미국 행정부는 미군이 고문행위에 가담한 적이 없다고 주장한다. 하지만 『워싱턴 포스트』와 나눈 인터뷰에서 국가안보 관리들은, 미군이 필요한 만큼의 정당한 폭력을 포로들에게 가했다고 말했다. 더 나아가 그들은 미국의 대중이 그들의 편임을 확신하고 있다고 말했다. 테러리스트들의 체포와 이송을 담당한 관료의 말에 따르면 우리는 다음과 같은 사실과 마주하게 된다 : "인권을 침해할까 두려워 정말로 필요한 일을 하지 않는다면, 당신은 아마 당신에게 주어진 임무에 충실했다고 말할 수 없을 것이다. 나는 우리 개개인이 자신의 임무를 다할 때마다 불관용을 확산시킬 의도를 가지고 있었다고 생각하지 않는다. 임무에 충실하기 위해 억류자들의 인권을 침해하는 것은 오랜 시간 동안 CIA와 함께해 온 조직차원의 문제다."(Priest and Gellman 2002, A1) 안타깝게도, 고문행위를 지지하는 상당한 수의 대중이 미국에 존재하는 것 같다. CNN 여론조사는 고문을 가해 테러리즘에 대한 정보를 얻을 수만 있다면 죄수를 고문하는 일을 반대하지 않을 것이라고 45%의 미국 시민들이 응답했다는 통계를 제시했다.(Williams 2001) 『워싱턴 포스트』의 기자 가운데서 유일하게 고문행위를 거론한 프리스트는 다른 언론사들이 뒤따라 이 문제에 관심을 보이지 않은 이유를 묻는 질문에 이렇게 대답했다 : "청문회를 요구하는 의회의 움직임이 없고 대중의 분노가 분명히 드러나지 않는 상황에서, 이 같은 사안을 사회적으로 제기하기란 어렵다."(Hentoff 2003a, 33)

그럼에도 『워싱턴 포스트』가 이 문제를 조명하자, 인권 단체들은 지체없이 정부에 맞섰다. 〈인권감시단〉의 켄 로스Ken Roth는 백악관에 단호한 어조의 편지를 보내 고문이 발생했음을 강조했다. 이 편지에서 그는 부시 행정부가 신속히 조사에 착수하여, 알카에다에 가담한 혐의로 기소된 억류자들에게 고문이 가해졌음을 스스로 인정하고 해당 관련자들을 처벌해야 한다고 주장했다. 로스는 『워싱턴 포스트』가 제기한 주장, 즉 아프가니스탄의 미군 수용소나 미군 동맹국의 수용소에 있는 억류자들이 고문행위를 포함한 여러 유형의 가혹행위에 노출되어 있다는 사실이 "심히 걱정스럽다"고 덧붙였다. 로스는 "어떤 상황에서도 고문행위는 금지되어야 한다"고 주장했다 : "미국 관료들은 고문을 용인했고 고문에 가담했으며 심지어 이 사실을 눈감아 주기까지 했다. 이들은 전 세계의 어느 법정에서나 기소될 수 있는 죄를 지었다."(Roth 2002, 1)

희생양 만들기는 이 같은 형식의 전위된 공격행동에 가담하거나 이를 용인한 사람들에게 어떤 만족을 느끼게 해 줄지도 모른다. 하지만 고문은 비효율적일 뿐 아니라 장기적으로 볼 경우, 정부의 합법성에 흠을 낼 수 있는 부도덕한 행위다 : "우리는 정보수집의 악명 높은 도구인 고문행위에서 효율성을 기대할 수 없다. 고문행위를 중지시키기 위해 죄수들은 위증을 택하게 될 뿐이다. 장기적으로 보아도 고문행위는 국가안보를 위협하는 문제들을 해결하는 데 어떠한 도움도 되지 않는다."(Press 2003, 16) 고문의 문제점과 관련된 논쟁에 덧붙여, 고문의 정확한 의미에 대한 논의가 시작되었다. 〈고문과 잔인하고 비인간적이며 불명예스런 조치 혹은 처벌에 관한 유엔협약〉 United Nations Convention Against Torture and Other Cruel, Inhuman or Degrading Treatment or Punishment(이하 〈고문에 관한 협약〉)은 1항에서 국제적 수준에서 널리 받아들여지고 있는 고문의 의미를 밝히고 있다.

"고문"이란 한 개인에게 의도적으로, 정신적이든 육체적이든 심각한 수준의 고통과 피해를 입히는 행위다. 고문은 당사자나 제3자에게서 정보나 자백을 받아 내거나, 당사자나 제3자가 저질렀다고 의심되는 행위로 그를 처벌·위협·억압할 어떤 목적으로 모종의 차별을 그에게 가하는 방식으로 진행된다. 피고문자가 당한 고통스러운 피해사례는 공공 관료 및 공적 권한에 따라 행동하는 사람들의 동의나 묵인에 의해 발생한다. 단, 법률적 허가를 받고 시행된 물리적 조치로 사람들이 고통스러운 피해를 입었을 경우는 고문행위에 포함되지 않는다.(1984)

9·11 테러 발생 이후 백악관은 고문 관련 협약을 제멋대로 해석해 왔다. 이로써 정부 관료들이 의도적으로 1994년에 비준된 이 협약의 효력을 약화시키고 있는 게 아니냐는 지적이 부상하고 있다. 제이 S. 바이비Jay S. Bybee가 작성한 문건은 미국 행정부가 〈고문에 관한 협약〉의 의미를 다소 바꾸었음을 보여 준다 : "고문과정에서 허용될 피고문자의 육체적 고통의

정도는 장기파열과 같은 심각한 부상과 신체기능 장애에 이른다. 경우에 따라, 고문과정에서 피고문자는 사망에 이를 수도 있다."13 (Gonzales 2002; Greenberg and Dratel 2005, 172, Danner 2004 참조) 백악관은 〈고문에 관한 협약〉뿐 아니라 1992년에 비준된 〈시민권과 정치적 권리에 관한 국제규약〉과 고문을 금지하고 있는 주요 연방 헌법 조항들을 무시하고 있다. 이로 인해 인권 단체들은 불안함을 금치 못하고 있다. 여러 정부 관료들이 고문을 통한 심문기술을 자신들이 용인했다는 것을 공공연하게 말하고 있어 더 큰 문제가 불거지고 있다. 포터 J. 그로스Porter J. Gross CIA 국장은 미국 상원에서 심문을 받을 당시, 5년 동안 베트남에서 전쟁포로로 억류되었던 존 맥케인John McCain 상원의원과 대면했다. 맥케인이 CIA가 이용한 "물고문"(다시 말해, 죄수가 스스로 익사할 것 같다고 생각하게 할 만큼 잔인한 이 고문방식)에 관해 질문하자, 그로스는 이 고문방법이 "자신이 특별 심문 기술이라고 부를 만한 영역"에 포함될 수 있다고 대답했다.(Jehl 2005b, A11; Herbert 2005b 참조)

이른바 "미국인 탈레반"이라고 알려진 존 워커 린드John Walker Lindh의 체포와 기소를 둘러싼 일련의 사건은 미국 행정부가 고문 행위에 가담했을 뿐 아니라 이에 따른 위반사실을 은폐하기 위해 광범위한 작업을 진행했음을 드러내 주었다. 이 사건을 가까이서 접한 사람들은 린드가 고문을 받은 것이 분명하다고 믿는다. 억압적 심문과정을 거치면서 린드가 어쩔 수 없이 진술서에 서명했음을 입증하는 근거들이 드러났기 때문이다. 2002년 6월 12일, 이러한 상황에서 린드는 "맹세코 며칠에 걸쳐 미군 병사들이 나에게 가한 고문행위 때문에 진술서에 서명하게 되었다"고 주장했다. 이 사건

---

13. [옮긴이] 바이비는 백악관 고문직을 거쳐 법무장관을 지낸 알베르토 R. 곤잘레스(Alberto R. Gonzales)의 아래에서 법무차관이었던 인물이다.

을 담당한 연방판사는, 재판 과정에서 린드가 증인석에 오르는 것을 허락했다. 이 연방판사는 미군 장교들뿐 아니라 관타나모만 수용소의 죄수들까지도 린드가 경험한 학대행위의 증인이라고 말했다. 난처한 상황에 놓인 미국 국방성은 억압적 심문과정에 관한 재판의 진행을 막아 줄 것을 법무부에 요청했다. 전직 법무부 범죄부장이자 현직 국토안보부 장관으로서 체어토프는 검찰에 거래를 제안했다 : "린드의 위반사실, 그러니까 테러리즘뿐 아니라 그가 미국인들을 살인하기 위해 꾸민 음모에 대한 그의 죄책은 모두 기각될 것이다. 그는 '미국의 적국에게 원조를 제공한 것'과 '무기를 휴대한 것'에 대해서만 책임을 지게 될 것이다." 이로써 린드는 가혹하기 짝이 없는 징역 20년을 받아들여야 했다. 하지만 징역 20년은 이 두 가지의 죄목에 따른 형량치고는 매우 적은, 절반 수준이었다. 이 거래의 일환으로 린드는 체포자가 그에게 의도적으로 가혹행위를 가하지 않았음을 인정하고, 그가 당한 가혹행위나 고문행위를 근거로 추후에 문제제기를 하지 않겠다는 내용의, 권리포기를 약속하는 문건에 서명해야 했다. 체어토프는 또한 본래 발언금지 명령을 의미하는 "특별행정조치"를 첨부해 린드가 자신이 겪은 일을 형 집행 기간 동안 발설할 수 없도록 하였다.(Lindorff 2005, 6)

고문행위에 관한 또 다른 사례들은 공식적으로 기록되어 왔다. 2003년, 두 명의 병사는 고문행위에 대한 처벌을 받고 예편되었다. 그들이 이라크 죄수들에게 사형식을 가짜로 경험하게 할 계획을 세웠기 때문이다. 죄수가 죽음이 임박했다고 믿게 하기 위해 치러지는 가짜 사형식은 분명 고문의 요소를 가지고 있었다. 때문에 미군은 이것을 금지하고 있었다. 이와 관련된 한 사례를 보자면, 어떤 미군 대위가 한 이라크 용접공을 사막으로 데려간 뒤 총을 쏘는 장면을 연출하기 직전에 용접공에게 자신의 무덤을 팔 것을 명령한 사건이 발생하기도 했다. 가짜 사형식과 유사한 행위를 연출한 그 미군 대위는 법정에서도 대담한 모습을 보였다. 결국 그는 가혹행위와 구타행위로 유죄판결을 받아 45일 동안 수감되었고, 1만 2천 달러 감봉되었다.(*New York Times* 2005g, A10) 이렇게 고문 금지법을 위반한 미군 병사들이 기소되는 사례가 종종 나타나기도 한다. 하지만 그들이 저지른 잔혹행위의 정도가 어느 정도였는지는 공개되지 않고 있다. 또한 백악관과 미국 국방성에 소속된 관료들이 죄수 고문을 위해 어떤 방식으로 고문 권한을 제3자에게 외주로 넘겼는지, 그리고 어떻게 이런 일에 이례적으로 관여할 수 있었는지에 대한 의문은 여전히 남아 있다.

1998년에 미국 의회는 한 법안을 통과시켰다 : "미국은 미국 거주자이든 아니든, 범인이든 아니든, 한 개인이 고문당할 위험에 처하게 된다고 판단될 만한 분명한 근거를 갖추고 있는 국가로 그 사람의 의사에 반하여 그 사람을 송환하거나 추방·인도하지 않는 것을 국가 정책의 기조로 삼는다."(Mayer 2005, EV2) 이렇게 고문 위험이 높은 국가로 범인을 인도하는 일이 법적으로 명백히 금지되고 있음에도, 부시 행정부가 빈번하게 그리고 조직적으로 이 법을 위반해 왔다는 사실을 드러내는 증거가 계속 등장하고 있다.(*New York Times* 2005h; Scheuer 2005; Shane, Grey and Williams 2005) 조지타운 대학의 법학교수 콜은 이런 의견을 제시했다 : "우리는 클린턴 대통령과 백악관 인턴 사이에 일어난 부적절한 관계로 불거진 사건, 그리고 클린턴의 화이트워터 스캔들Whitewater Scandal 14을 수사하는 데 7천 3백만 달러를 사용한 적이 있다. 하지만 우리는 수백 명의 죄수에게 미군이 가한 잔혹하고 비인간적이며 부도덕한 고문 및 가혹행위를 중립적인 조사관들로 하여금 수사하게 하는 것을 꺼리고 있다."(2005, 4; Gearty 2005, Harbury 2005 참조)

---

14. [옮긴이] 화이트워터 논쟁 혹은 화이트워터게이트라고도 부르는 이 스캔들은 클린턴 부부와 그들의 동료인 짐 맥두걸(Jim McDougal)과 수잔 맥두걸(Susan McDougal)의 부동산 투자 문제가 야기한 정치사건이다. 1970~80년대에 〈화이트워터 개발회사〉와 맥두걸 부부가 관련되어 있었기 때문에 이 사건을 화이트워터 스캔들이라고 부르게 되었다.

결론

이 장에서 우리는 테러와의 전쟁에 나타난, 국가범죄와 연결된 일련의 사건들을 자세하고 비판적인 시각에서 살펴보았다. 9·11 테러 이후, 미국 행정부는 일련의 전쟁을 개시함으로써 대규모로 불법을 자행했다. 이 전쟁의 결과로 인권침해 사례가 폭주했을 뿐 아니라, 군인이 아닌 민간인들도 인권의 사각지대에 놓이게 되었다. 미국의 이라크 침공과 점령을 정당화하기 위해 급조된 근거들 중에는 미국 국방성이 테러리스트들을 섬멸할 목적으로 테러와의 전쟁에 착수했다는 주장이 있다. 그러나 테러리즘 전문가들은 이라크 전쟁이 미국의 상황을 악화시켰다고 주장한다.(Scheuer 2004; Clarke 2004; Danner 2005) 국가정보위원회와 CIA는 "오히려 이라크 전쟁이 테러리스트들이 필요로 했던 훈련공간을 제공했으며, 지난 15년에 걸쳐 테러리즘 배후의 주요 요소들이 섬멸되었음을 제시하는 어떠한 증거도 발견되지 않고 있다"는 결론을 냈다.(Jehl 2005c, 4) 이와 같이 관타나모만 사건이 야기한 논쟁과 더불어 이라크와 아프가니스탄에서 발생한 죄수 학대 및 고문 사건은 미국 행정부의 도덕적 권위에 치명상을 입혔고, 미국은 테러리즘을 봉쇄하기 위해 필요한 국제협력을 더 이상 기대할 수 없게 되었다.

비판범죄학Critical Criminology은, 우리가 미국 행정부의 불법적인 군사개입에 내재한 속성들을 심도 있게 관찰할 수 있게 해 주었다. 또한 우리는 비판범죄학의 논의를 통해, 억류자에게 가혹행위와 고문행위가 가해지지 못하도록 이것들을 금지하고 있는 국제법과 국내법을 살펴봄으로써, 테러와의 전쟁에서 나타난 국가범죄를 분석했다. 테러리즘에 대한 일반적인 대응방법으로서의 전쟁생산 범죄학은 정치적 폭력을 영속화했을 뿐 아니라, 평화를 위한 전망을 발전시키는 데 사용되었어야 했을 사회적 정의의 기본적 원리들에 치명상을 입혔다. 이와 비슷한 논조로 배럭은 미국의 행정부,

법무부, 기업 등에 소속된 엘리트들과 알카에다로 대표되는 극단주의적 테러조직에 소속된 엘리트들 사이에 "상호의존적 결합"codependent marriage이 발생하고 있음을 주장했다. 다시 말해 서로를 파괴하기 위해 노력할수록, 결과적으로 양측이 서로에게 도움을 주게 된다는 말이다.(2005, 135)

　다음 장에서 조금 더 자세히 다룰 예정인 테러와의 전쟁은 대중의 안전과 국가의 안보를 지키지 못하고 실패한, 일련의 조치들을 양산했고, 오류와 모순으로 가득 찬 정부부서와 거대 공기업의 참상을 드러내 주었다. 이 같은 사회상황에서 우리는 특정 민족 집단이나 종교 집단이 9·11 테러의 직간접적인 원흉으로 지목되어 비방을 받았다는 점에 집중해야 한다. 이것이 바로 희생양 만들기의 전형이기 때문이다. 이 점을 인지하는 것은 중요하다. 비판범죄학이, 국가 내부의 개인들뿐 아니라 전 세계 모든 이들에게 영향을 끼치고 있는 국가범죄의 피해자학을 정립하는 데, 큰 관심을 두고 있기 때문이다.(Kaularich et al, 2005; Hamm 2005, Kramer and Michalowski 2005 참조)

8장

유효성을 주장하기

위험한 테러리스트들을 심문하기 위해 우리가 보낸 조사관들은, 미국의 국가안보에 위협적인 존재였던 적이 없는 불운하고 무고한 사람들과, 어리석은 언사와 행동을 보인 잡다한 패거리와 함께 돌아왔다.
— 『뉴욕 타임즈』, 2004.

당신이 1천 명 이상의 억류자들이 존재한다는 사실을 들었다고 가정해 보자. 당신은 그들이 사람들을 가두고 있는 이유가, 그들이 수사에서 효과를 거두고 있는 것처럼 보이게 하기 위한 것은 아닌지 의심해 보아야 한다.
— 데이비드 리오폴드 변호사 (T. 리윈·A. L. 코완, 「수많은 이스라엘 유대인들이 연방구류조치 아래 있다」, 『뉴욕 타임즈』, 2001에서 재인용)

　　대테러정책과 그 집행과정의 최근의 결과를 살펴보면, 특히 법률을 집행하고 죄인을 기소할 때 드러난 상황을 살펴보면, 우리는 대테러정책의 성과를 평가하는 데 필요한 논리적이고 합리적인 방법을 얻을 수 있다. 우리는 이 방법을 통해 실제적인 근거들을 발견할 수 있는데, 이 근거들은 대테러정책의 유효성을 평가하는 데 필요한 현실 점검의 토대를 형성한다.(Welch 2004d) 또한 이 평가방법은, 미국 행정부의 너무나 말이 안 되는 실수들로 인해 정부에 대한 대중의 신뢰가 약화되고 있고, 그들이 시민들을 테러위협으로부터 보호할 만한 능력을 가지고 있는지조차 의심스러운 상황 속에서, 우리가 미국 행정부의 문제와 실수에 대해 자세하게 살펴볼 수 있게 해 준다. 일부 사법부 관료들이 최근에 보여 준 행보는 국내적으로나 대외적으로나 사람들을 당황시킬 뿐이다. 191명의 사망자와 2천 명 이상의 부상자를 발생시킨, 마드리드 기차 폭탄 테러가 발생한 2004년 3월 11일 이후 며칠이 지났을 때, 스페인 당국은 기폭장치로 가득 찬 비닐가방에서 발견된 몇 가지 지문을 조회해 달라고 FBI에게 의뢰했다. FBI는 재빨리 지문의 디지털 사본과 일치하는 사람을 찾았다는 확신에 찬 목소리를 냈고, 이로 인해 포틀랜드Portland 지역의 이민법 변호사로 일하던 브랜든 메이필드Brandon Mayfield가 체포되어 억류되는 사태가 벌어졌다.

14일 뒤에 메이필드는 석방되었다. 그럼에도 FBI는 그들이 전달한 정보가 "100%" 정확하다고 주장했다. 이로 인해 스페인 당국까지도 FBI의 지문 조회체계에 대해 심각한 의구심을 품게 되었다. 기밀 해제된 법원기록에 따르면 4월 21일, 마드리드에 있던 FBI는 스페인 당국이 제공한 지문 샘플을 조사하는 데 전혀 신중을 기하지 않았고, 예전에 테러리즘 혐의로 구속된 적이 있었던 37세의 이슬람 개종자 메이필드를 대상으로 강압적인 수사를 진행하고 있었다. 이때 메이필드는 FBI의 모든 기소 내용을 부정했다. FBI는 그가 연방 감시명단federal watch list에 등록된 이슬람 단체와 연계돼 있다고 주장했다. 미국 행정부는, 메이필드가 FBI의 감시 아래 있던 이슬람 사원에 방문했을 때 그를 체포했으며, 이는 분명히 정당한 절차에 따른 체포과정이었다고 말했다. 이러한 주장은 테러리스트 프로파일링 정책이 자신들을 겨냥하고 있다는 생각으로 언짢아하고 있던 이슬람교도들을 격노하게 하였다. 〈미국-이슬람 관계위원회〉의 대변인 후퍼는 불편한 심기를 드러내며 이렇게 말했다 : "최근에 조사를 받은 적이 없는 이슬람 사원이 이 나라에 존재한다면 그것은 상당히 놀라운 일이다. 전반적으로 현재 상황은 케빈 베이컨 게임Kevin Bacon Game▪을 보는 것 같다. 이 방법대

로라면 테러리즘으로부터 여섯 단계 이상 떨어져 있는 이슬람교도는 없
다."(Kershaw and Lichtblau 2004a, A20; New York Times 2004e)

이 장은 미국 행정부가 전력을 다하고 있는 테러와의 전쟁에 대해 살펴
볼 것이다. 불행하게도 이 장은 미국 행정부가 진행한 형편없는 수사내용
과 문제투성이의 작전들과 연관된 증거들을 제시하게 될 것이다. 이 장이
다루고 있는 사례들에 비추어 봤을 때, 이슬람 씨Mr. Islam(캣 스티븐즈)와
케네디 상원의원이 경험한 당황스러운 항공편 취소 사태는 상대적으로 문
제가 없어 보인다. 테러와의 전쟁은 이보다 더 심한 결과를 발생시켰다. 정
부기구들에 의해 억류된 사람들은 가혹한 감옥에서 몇 달 혹은 몇 년 동안
희롱과 학대를 경험하며 기약 없는 석방을 기다려야 했다.(Lipton 2005b) 게
다가 지금까지 드러난 수많은 사례를 보면 알 수 있듯이, 이 때 억류된 용
의자들은 테러리즘과 관계되었다는 이유로 심각한 법적 책임을 져야 할 처
지에 있었으나 끝내는 모두 무혐의 처리를 받았다.

이 장은 부시 행정부가 벌인 테러와의 전쟁이 그들의 주장만큼 효율적
이지 못하다는 사실을 뒷받침할 직접적인 근거를 제공하는 데 목적이 있
다. 부시 행정부는 셀 수 없이 많은 문제를 드러냈을 뿐 아니라 무의미하기
까지 한 결과를 발생시켰다. 그들이 성과라고 주장하고 있는 잔혹한 결과
들은 그들이 만들어 낸 법률의 내용에 전혀 부합하지 않는다. 사실, 테러와
의 전쟁에서 그들이 얻어낸 것은 아무 것도 없다. 지면 관계상 우리가 테러
와의 전쟁의 효과를 반감시킨 모든 문제에 대해 논의할 수는 없을 것이라
는 점은 분명하다.[1] 그럼에도 일련의 주요 사례, 사건, 상황은 대테러정책

---

1. 대테러정책이 대중의 안전을 도모하는 데 그 목적을 둔다는 주장은 점차 설득력을 잃고 있
다. 미국에서 대테러정책이 시행되었음에도 총기 규제 법안에 나타난 결함은 시정되지 않았
기 때문이다. 예컨대 회계감사원은 연방 감시명단에 오른 수많은 테러 용의자들이 미국에서
합법적으로 총기를 구매할 수 있음을 알아냈다. "테러조직의 구성원이라는 혐의를 지닌 사
람들은 총기를 합법적으로 구매할 수 있는 자격에서 자동적으로 제외되지 않는다. 그리고

과 관련된 법집행과 기소행위의 일반적 효율성을 평가해 볼 수 있는 충분한 기회를 제공한다. 이 장은 법무부 주도로 진행되고 있는 현재의 대테러 정책과 결국에 실패한 정책으로 기록된 마약과의 전쟁 사이에 나타난 유사성을 설명하는 데 머물지 않고, 테러와의 전쟁이 지금 향하고 있는 목적지의 끔찍한 모습에 대해 예측해 볼 것이다.

테러와의 전쟁에서 드러난 실패 사례들

여기서 우리는 미국 행정부가 테러와의 전쟁을 진행하며 범한 실책들에 대해 자세히 열거하지 않을 것이다. 하지만 분명한 사실은 애쉬크로프트 법무장관이 지휘한 테러와의 전쟁이 "간단히 말해 미국 사회에서 신랄한 비판을 받은 부당한 학대행위를 비롯해, 실로 테러공격과 전혀 관계가 없었던 무고한 아프가니스탄인·이라크인·이슬람교도로 군교도소를 채운 문제에 이르기까지 셀 수 없이 많은 잘못된 작전들의 보고"라는 점이다.(*New York Times* 2004d, A26) 『테러리즘과 헌법』*Terrorism and the Constitution* (2002)의 공저자 가운데 한 명인 콜은 9·11 테러 발생 시점부터 2004년 말까지 법무부가 약 5천 명의 사람들을 체포하고 억류했지만 그 중 한 명에게만 유죄판결이 내려졌고, 그조차 디트로이트 법원 항소심에서 끝내 무죄판결을 받았음을 지적했다. 미국 행정부는 다수의 체포사례에서 그들이 대중의 안전을 위해 노력했다는 메시지를 전달하려 했다. 이 목적을 이루기 위해 미국 행정부는 난폭한 어조의 기자회견을 고안해 냈다. 그런데 결국 테러용의자로 기소된 사람들이 자유의 몸이 되어 교도소를 빠져나가게 되자, 법무부는 할

회계감사원은 테러조직에 가담하고 있는 명백한 증거가 있는 사람이 이 법적 결함을 정기적으로 이용해 왔다는 사실을 지적했다"(Lichtblau 2005, A1; *New York Times* 2005b).

말을 잃게 되었다.(Cole 2004a)

미국 행정부는 앞서 언급한 디트로이트 사건에서 몇 가지 쓰디쓴 교훈을 얻었다. 9·11 테러가 발생한 지 한 달이 지났을 때, 애쉬크로프트는 알카에다의 조직 근간을 해체하기 위해 수없이 진행한 작전들 가운데서 최초로 알카에다 조직원을 체포했다고 밝혔다. 하지만 그의 주장은 시작부터 문제점을 드러내며 사람들로부터 의심을 자아냈다. 그럼에도 부시 대통령은 담화를 통해 이 사실을 지지했다. 이에 힘입어 미국 행정부는, 당시 버려져 있던 한 아파트 내부에서 "알카에다 조직원들이 사용하지 않고 있던 전투 작전실"을 발견한 뒤 즉시 파괴했다고 주장했다. 하지만 법무부는 이 작전실에서 어떠한 테러작전들이 계획되었는지를 정확하게 규명하지 못했고, 그곳에서 체포한 피고인들과 알카에다의 연관성을 찾지 못했다. 검사들은 테러계획과 관련된 만족할 만한 증거들을 제시할 수 없었다. 대신에 그들은 스스로 "포장재질"casing material이라 부른 것에 의존하는 모습을 보였다.[2] 증인석에 섰던 미국 행정부 소속의 전문가가 이후에 자신이 위증을 했다고 밝히면서, 꽤나 문제적인 국면이 시작되었다. 그는 미국 행정부와 모종의 거래를 했었고, 자신이 정부에 유리한 증언을 해 주겠다고 약속한 적이 있음을 밝혔다. 마침내 항소심에서 최초의 판결이 뒤집힌 후, 이 사건의 문제점을 점검하기 위한 조사가 진행되었다. 그 과정에서, 진실보다는 거짓이나 추측에 의존해 수사가 진행되었다는 사실이 드

---

2. [옮긴이] 여기서 검사들이 언급한 "포장재질"이란 아파트에서 발견된 두 개의 약도와 비디오테이프를 의미한다. 우리는 미국 행정부의 테러전문가들도 증거물품을 가리켜 포장재질이라고 부르지 않는 현실에서 검사들이 사건 관련 증거물을 포장재질이라고 부른 이유에 집중할 필요가 있다. 흥미롭게도 검사들은 그 내부에 무엇이 있든 없든, 그것이 테러계획이든 아니든, 약도와 비디오테이프가 이 사건을 테러모의사건처럼 보이게 해 줄 증거라고 주장하기 위해 이 증거물들을 "포장재질"로 불렀던 것이다. 이렇게 검사들은 진실보다는 진실처럼 보이게 해 줄 외피에 의존해 이 사건의 수사를 진행하고 있었다.

러났다.(*United States v. Koubriti* 2004, 2003)

　『뉴욕 타임즈』가 입수한 법무부 내부 문건에 따르면 이 사건을 담당했던 검사들은 처음에는 분명 이 사건에 대해 의혹을 품고 있었다. 그러나 이들은 이후에는 수사를 거침없이 진행시켰다. 법무부 대테러정책부장 배리 세이빈Barry Sabin은 "우리는 상황이 호전될 것이라는 희망과, 상황이 악화하지 않을 것이라는 확신을 갖고 이 사건을 맡았다"고 말했다.(Hakim and Lichtblau 2004, A1) 그러나 이 사건의 상황은 점차 악화되고 있었고 법무부는 당황할 수밖에 없었다. 이 재판 이후 1년 이상의 기간 동안 미국 행정부는 이 사건의 판결을 인정하지 않았고 오히려 검찰의 잘못을 찾기 위해 노력했다. 흥미롭게도 법무부는 이 사건의 담당검사 리차드 G. 컨버티노Richard G. Convertino에게 이 사건을 둘러싼 비난의 책임을 돌렸다. 지금 그의 상관들은 그를 "부패한 검사"라고 부르고 있다. 그렇지만 법무부의 고위 관료들은, 전략 수립에서부터 기소초안 준비, 피고인을 투옥하는 방법에 관한 의논에 이르는 필수적인 기소과정에서, 컨버티노가 잘못한 점이 전혀 없음을 알고 있다.(Hakim and Lichtblau 2004, A1)

　디트로이트 사건은 과잉충성에 의한 기소행위의 한 예를 보여줬을 뿐 아니라 법무부의 수많은 과실과 깊어진 내분을 간접적으로 드러내 주었다. 이 사건은 미국에 대한 테러공격의 계획이 표면화하기 전에 테러계획을 세운 집단을 선제공격하겠다고 선언한 부시 행정부의 대테러전략에 영향을 끼쳤다. 이에 대해 로저스 윌리엄즈 대학교의 법학교수 피터 마굴리즈Peter Margulies는 다음과 같은 의견을 내놓았다 : "테러와의 전쟁 과정에서 이 사건은 법무부에게 '포스터 붙이는 아이'poster child 3가 되었다. 증거가 불충분했음에도 법무부가 이 사건에 대한 수사를 강행한 결과, 앞으로 법무부는 제

---

3. [옮긴이] 포스터 붙이는 아이는 누군가의 잘못을 폭로하는 성가신 존재라는 의미를 갖는다.

도적 견제와 균형을 위한 자기 권리를 쉽게 행사할 수 없는 처지에 놓였다."(Hakim and Lichtblau 2004, A32) 파룩 알리-하이모드Farouk Ali-Haimoud, 아흐메드 한난Ahmed Hannan, 카림 코브리티Karim Koubriti, 아브델 일라 엘마도디Abdel Ilah Elmardoudi가 체포되고 1년이 지난 상황에서, 다시 말해 그들이 억류된 지 1년이 지나도록 그들이 받고 있는 혐의는 단 하나, 문서위조다. 2001년 10월 31일에 열린 기자회견에서 애쉬크로프트는 위에서 언급된 사람들이 9·11 테러공격과 관련된 정보를 알고 있었다고 말해 전 세계의 이목을 집중시켰다. 이 발언은 주요 뉴스 보도를 통해 방송되었지만 역시나 그의 주장은 어떠한 근거도 갖추고 있지 않았다. 이틀 뒤 법무부는 애쉬크로프트의 이 주장을 철회했다. 미국 행정부는 9주 동안의 재판 이후 이들에 대한 법원의 판결을 받아들여야 했다. 법원판결은 이들 모두에게 제각각 달랐다. 한난과 코브리티에게는 테러가담과 문서위조 혐의가 인정되었고, 엘마도디에게는 문서위조 혐의만 인정되었다. 따라서 이들은 가벼운 처벌만 받게 되었다. 그리고 하이모드에게는 무죄가 선고되어 그는 석방되었다. 애쉬크로프트는 법원이 어쨌든 일부 유죄판결을 내렸다는 데 의의를 두고 법원의 판결을 환영했다. 그리고 그는 자축하는 어조로 미국 행정부가 "테러 활동을 감지하고 파괴하기 위해 부단히 노력하고 있다"는 "명확한 메시지"를 전달했다.(Hakim and Lichtblau 2004, A32)

2004년 8월 31일, 법무부는 디트로이트 사건에 대한 법원의 재검토자료를 공개했다. 이 역시 결과가 좋지 않았다. 클리브랜드Cleveland시 변호사 크레이그 몰포드Craig Morford는 이 사건을 "삼발의자"three legged stool 4에 비유했다. 이 사건이 우선, 불확실한 근거를 토대로 진행되었을 뿐 아니라 미국 행

---

4. [옮긴이] 삼발의자는 본래 신학자들이 삼위일체를 설명하기 위해 사용했던 비유다. 몰포드는 디트로이트 사건이 미국 행정부의 세 가지 잘못이 합해져 하나의 커다란 실책이 되었음을 지적하기 위해 삼발의자라는 말을 사용했다.

정부가 피고인들이 무죄임을 지시하는 정보를 가지고 있었음에도 이를 은폐했기 때문이다. 그리고 몰포드에 따르면 이들에 대한 기소사실은 "대중을 호도하는 추측성이 강한 주장들로 가득한 기록을 창조해 냈다."(Hakim and Lichtblau 2004, A32; Hakim 2004a) 테러활동에 대한 한난과 코브리티의 유죄사실은 끝내 기각되었다. 그러나 그들은 문서위조와 추방심의에 대한 재판을 받기 위해 감옥에서 대기해야 했다. 이런 상황에서 한난과 코브리티는 악취가 진동하는 법무부의 보복조치에 시달려야 했다. 법무부는 2001년, 그들이 교통사고를 당했을 때 부상을 당하지 않았음에도 보험사를 속여 보험금을 사취했다는 혐의를 그들에게 뒤집어 씌웠다. 이로써 한난과 코브리티는 다분히 음모에 가까운 상황에 빠지게 되었다.(New York Times 2004f, A37) 대부분의 억류기간 동안 그들은 하루 23시간 동안 독방에 있어야 했고 테러용의자라는 이유로 언어폭력을 감내해야 했다. 코브리티는 "모든 일을 있는 그대로 당신에게 말해 줄 수는 없지만 특히 부관들이 우리에게 저지른 짓은 모두 끔직했다. 나는 온갖 소리를 다 들었다. 그들은 우리를 악마 숭배자나 괴물로 불렀고 테러의 신에게 가서 기도나 드리라는 말을 하기까지 했다"고 말했다.(Hakim 2004b, A16) 피고의 변호를 맡은 제임스 토마스James Thomas는 정부에 있는 누군가가 디트로이트 사건으로 인해 발생한 모든 일에 대해 책임을 져야 한다고 주장했다 : "이 사람들이 무죄라는 사실은 어느 정도 입증되었다. 아마도 우리는 이 사람들을 우리에게 공포심을 불러일으킨 자들로 보고 있을지 모른다. 우리 미국 시민들은 이러한 종류의 공포, 즉 조작된 공포에 너무나 무력하다."(Hakim and Lichtblau 2004, A32)

그러던 중 미국 행정부는 2004년에 발생한 한 사건으로 정치적 타격을 입었다. 아이다호 주 Idaho, 보이시Boise의 연방법원 배심원단이 사미 오마르 알-후사옌Sami Omar Al-Hussayen에게 석방판결을 내린 것이다. 담당검사는 법정에서, 컴퓨터 기술을 이용해 이슬람 테러리스트들이 자금을 축적하고 추종자를 모집할 수 있도록 도와준 인물로 알-후사옌을 묘사했다. 배심원단의 판결은 테러리스트에게 전문가적 조언이나 원조를 제공하는 행위를 범죄로 규정하는 〈애국자법〉의 주요 조항들을 전면적으로 부정하고 있다는 점에서 의미심장하다. 검사들은 컴퓨터 공학 박사학위 과정을 밟고 있던 알-후사옌이 웹사이트를 만들어 자살폭탄 테러를 정당화하는 종교적 칙령을 게시한 사실을 문제 삼았다. 알-후사옌은 검사들의 기소사실을 부정했다. 실제로 그는 웹사이트에 이러한 문건을 올린 적이 없었다. 그의 변호사는, 이 기소사실이 진정 사실일지라도 검사들이 표현의 자유를 옹호하는 〈미국 연방 수정헌법〉 제1조를 위반하고 있다고 주장했다. 검사들이 언급한 세 가지 기소사실은 모두 기각되어 알-후사옌은 석방되었다. 알-후사옌의 위증사실에 관한 소인訴因뿐 아니라 사증查證 위조 사실에 관한 두 가지 소인이 모두 기각되었다. 배심원단 가운데 존 스테거John Steger는 "이 사건에 대한 수사가 확실한 증거 없이 진행되었고 그 과정에서 알-후사옌이 테러리스트임을 입증할 결정적 증거도 발견되지 않았다"고 말했다.(*New York Times* 2004g, A14) 만약 알-후사옌이 유죄판결을 받았다면 그는 필시 세 건의 테러가담혐의로 징역 15년, 두 건의 사증위조혐의로 25년, 위증으로 5년, 모두 합해 45년 동안 감옥에 있어야 했을 것이다. 미국 행정부가, 알-후사옌이 추방판결에 대한 항소를 취하할 경우 그에 관한 모든 기소사실을 취하하겠다고 말한 뒤 이 사건은 일단 휴지기에 들어섰다.(*New York Times* 2004h)

2004년 1월, 캘리포니아 주의 연방판사는 그가 맡은 다른 사건에서 알-후사옌 사건을 언급했다. 그리고 그는 알-후사옌을 기소할 때 검사들이 이용한 〈애국자법〉이 〈미국 연방 수정헌법〉 제1조와 제5조를 위반하고 있다는 판결을 내렸다. 그의 판결은 캘리포니아를 벗어나 미국의 다른 지역에도 영향을 미쳤다.(*Humanitarian Law Project v. Ashcroft* 2004) 로스앤젤레스 연방법원 판사 오드리 B. 콜린스Audrey B. Collins는 한 박애주의 단체와 관련된 재판에서 의미 있는 판결을 내렸다. 이 단체는 터키와 스리랑카에서 테러 단체로 지목된 비폭력 박애주의 단체가 비폭력 저항을 계속할 수 있도록 원조를 제공하고 있었다. 그 원조를 위해 이 단체는 과자를 판매했는데 그 과자를 어떤 여성이 구매하면서 문제가 발생했다. 콜린스 판사는 한 여성의 구매행위가 테러리스트로 지목된 단체에게 도움이 되었더라도, "추방된 쿠르드족 난민들5에게 새로운 거처를 마련해 주고 싶은 마음에 자신이 운영하던 식료품점 밖에 설치되어 있던 제과판매대에서 과자를 구매한 여성에게는 잘못이 없다"고 말했다.(Egan 2004, A16)

　　뉴욕의 올버니Albany에서 발생한 사건은, 검사들이 대테러재판에서 심각한 어려움을 겪을 수밖에 없는 현실을 보여 주었다. 그들은 생소한 외국어를 영어로 번역하는 문제로 고생하고 있었다. 한 정부 밀고자는, 쇼울더 파이어 미사일shoulder fire missile 6 판매로 발생한 돈을 세탁해 미국 행정부로 하여금 이 돈이 불법적인 경로로 조성되지 않았다고 믿게 하기 위해, 자신이 고용했던 두 사람에게 테러리스트라는 누명을 씌우려 했다. 그는 정교한 계획을 세워 1년 동안이나 이들을 구속시키기 위해 노력했다. 그의 계획은 성공하여 결국 연방당국이 야신 M. 아레프Yassin M. Aref와 모하메드 M. 호사인Mohammed M. Hossain을 체포하는 상황이 벌어졌다. 이때 쇼울더 파이어 미사일이 증거로 제시되었다. 그 무기는 뉴욕 시의 파키스탄 외교관을 공격하기 위해 사용될 예정이었다. 하지만 검사들은 주요 증거를 수집하는 과정에서 다분히 문제가 있었음을 처음부터 인정했다. 국방부는 아레프의

---

5. [옮긴이] 쿠르드족은 숱한 추방의 역사를 갖는 세계 최대의 유랑민족이다. 우리는 1990년대 이라크 쿠르드족의 추방사례에 주목할 필요가 있다. 후세인 집권 시절, 이라크 행정부는 수많은 쿠르드족 사람들을 추방하거나 즉결 처형한 악행을 저질렀다. 이 시기 이후에 추방된 쿠르드족 사람들의 수는 3백만 명이 넘을 것으로 추산된다. 이때부터 추방된 쿠르드족 사람들을 돕기 위한 자선행사나 선교활동이 활성화되기 시작했다.
6. [옮긴이] 쇼울더 파이어 미사일은 어깨에 올려놓고 탄도를 발사할 수 있는 무기의 한 종류다.

이름과 주소가 적힌 공책 한 권을 검사들에게 넘겨주었다. 미국 행정부에 따르면 이 공책은 아레프가 이라크 서부의 테러리스트 훈련소에서 군사훈련을 받았다는 기록을 담고 있었다. 미국 행정부는 이 공책이 아랍어로 작성된 것이라고 주장했다. 이 공책에서, 아레프는 "사령관"commander으로 지칭되고 있었다. 하지만 이 공책은 쿠르드어, 정확히 말해 아랍어의 철자로 기록된 쿠르드어로 기록된 것이었다. "사령관"이라는 용어가 잘못 번역되었을 가능성이 있었다. "사령관"이라는 말은 "형제"로도 번역될 수도 있기 때문이다. 『뉴욕 타임즈』의 요청에 따라 쿠르드인 지역 정부의 미국 대표인 니자르 셈딘Nijyar Shemdin은 이 공책을 검토하였고, 어떻게 "사령관"이 적당한 번역어로 채택되었는지 이해할 수 없다고 말했다. 니자르 셈딘은 아레프가 이 공책에서 명예로운 인물에게 전통적으로 부여되는 호칭인 "카크"kak, 즉 상황에 따라 "형제"brother나 "아무개 씨"mister를 뜻하는 말로 불리고 있다고 말했다.

아레프의 변호사 테렌스 L. 킨들런Terence L. Kindlon은, 아레프 사건이 미국 행정부가 대테러정책에서 드러내고 있는 심각한 문제 가운데 가장 대표적인 실수를 보여 준다고 주장했다 : "내가 보기에 이것은 하찮은 날조 사건 같다. 법조인으로서 30년 동안 정부 소속 검사들에게 늘 양질의 사법행정 업무를 기대해 온 내가 볼 때, 이번 사건은 추레하기 짝이 없다. 정치적인 무언가가 이러한 사건을 추동하고 있는 것은 아닌지 의심스럽다."(Santora 2004, B8) 킨들런은 또한 쿠르드인 아레프에 대한 기소사실이 거짓에 기초를 두고 있고, 테러리스트 훈련소에서 그 공책이 발견되었다는 사실을 입증할 명백한 증거도 발견되지 않았다고 주장했다. 이 사건의 또 다른 피고인 호사인은, 아레프가 그에게 정부 밀고자의 거래행위를 목격해 달라고 요청한 순간 부지불식간에 체포되었다. 이들의 대화내용은 녹화되었고 서면으로도 기록되었다. 이때도 정확한 번역의 문제가 제기되었다.

그 정부 밀고자와 그가 나눈 대화내용은 우르두어Urdu 7뿐 아니라 아랍어
와 영어로도 진행되었기 때문이다.(Santora 2004, B8)

　뉴욕 시에서 진행된 셰이크 모하메드 알리 하산 알-모아야드Sheik Moha-
mmed Ali Hassan al-Moayad의 재판은 사회적 논란을 일으켰다. 미국 행정부는,
이 사건의 증인으로 선 모하메드 알란시Mohamed Alanssi를 기소함으로써, 재
판과정에서 오히려 불리한 위치에 놓이게 되었을 뿐 아니라 테러계획들을
분쇄하기 위해 정부 밀고자들을 고용해야 하는 딜레마에 빠져 있음을 드러
내고 말았다. 한때 예멘 미국 대사관의 직원으로 일했던 알란시는 미국 대
사관에서 한 번이 아니라 두 번이나 해고되었고, 그에 대한 체포영장이 발
부된 상태에서 예멘을 떠난 인물이었다. 다시 말해 믿을 만한 인물이 아니
었다. 그러나 연방당국은 그가 테러리스트에게 자금을 대는 주요 인사들을
잡는 데 도움을 줄 수 있다고 주장하자, 그 믿지 못할 사람의 정보에 의존하
려고 했다. 2003년에 알란시는 독일의 프랑크푸르트Frankfurt에서 알-모아야
드, 그리고 한 FBI 요원과의 만남을 주선했다. 그 FBI 요원은 자신이 마치
지하드 jihad를 위해 수백만 달러를 기꺼이 사용하곤 했던 〈흑표범당〉Black
Panther 8 당원인 것처럼 행세하며 그 자리에 참석했다. 2003년에 개최된 의
회 청문회 기간 동안 애쉬크로프트는 이 사건에 대한 주장을 의원들 앞에
서 열정적으로 펼쳤다. 이때 그는 알-모아야드가, 브룩클린에서 벌어들인
2천만 달러를 오사마 빈라덴에게 기부했다고 주장했다. 파란만장한 과거
전력으로 유명한 알란시 때문에 알-모아야드가 재판을 받아야 했던 것이
다. 친구들과 지인들 사이에서 알란시는 일확천금을 향한 욕망에 사로잡힌
사람으로 유명했고, 셀 수 없이 많은 미납 청구서와 부도 수표로 명성이 자

---

7. [옮긴이] 우르두어는 인도의 주요 공용어인 힌두스타니(Hindustani)의 고어다.
8. [옮긴이] 〈흑표범당〉은 미국의 대표적 흑인과격파 단체로 유명하다.

자한 사람이었다. 한때 코드명 "CI1"로 불리며 FBI의 유급 정보 밀고자로 활동했던 알란시는 당시 더 많은 돈이 필요했다. 그래서 그는 자신의 건강이 악화되어 병원치료가 시급하다고 떠벌리고 다니는 등, 주변인들로부터 동정을 받기 위해 노력했다.

> 변호사들이 말하길, 이 사건에 지금 찬물을 끼얹고 있는 것은 알란시 씨의 과거에 대해 폭로된 내용들이 이 사건에 얼마나 많은 악영향을 끼칠 것인가에 대한 질문이다. 폭로된 내용들 중에 가장 중요한 것은 다음과 같다. 알란시 씨가 정부 밀고자로서 십만 달러를 받았음에도 부도 수표를 남발하고 다녔다는 사실을 알게 되었을 때, 알란시 씨의 정보에 의존하고 있었던 그 동일한 검사들이 조용히 알란시 씨를 기소했다. 알란시 씨가 주요 정부 밀고자였다는 사실 때문에 국제적 주목을 받고 있던 이 사건이 재판을 기다리고 있던 2004년 5월에, 알란시 씨는 금융사기 혐의로 기소되었다.(Glaberson, Urdin, and Newman 2004, B4)

비밀리에 촬영된 프랑크푸르트에서의 만남은 알-모아야드의 기소장에 기록되어 있는 것처럼, 알-모아야드가 "테러단체에 실제적 원조를 제공했다"는 사실을 배심원들에게 납득시킬 목적으로 계획되었다. 하지만 이 세 사람의 대화는 원만하게 진행되지 않았다. 〈흑표범당〉 당원인 체 했던 현직 FBI 요원이, 미국을 향해 계획된 테러공격과 관련된 자세한 정보를 말해줄 것을 알-모아야드에게 강력히 요구했을 때, 알-모아야드가 신경이 날카로워져 그때부터 대화에 제대로 참여하지 않았기 때문이었다. 알-모아야드는 뉴욕의 "거대한 사탄"에 대항해 전투를 치를 이슬람 전사들이 존재하는지를 묻는 질문을 받았을 때 "적당한 시기에 입을 열겠다"고 대답했다.(Glaberson, Urbin, and Newman 2004, B4) 재판장에서 알-모아야드와 그의 측근들, 그리고 또 다른 피고들은 아랍어로 증언을 했고 알란시가 이 말을

FBI 요원들에게 통역해 주었다. 하지만 누군가 촬영된 비디오에서 몇 장면을 고의적으로 삭제했음이 분명했다. 피고 측 변호인들은 그 사라진 장면들에 "분명 피고인에게 도움이 될" 피고인의 증언이 담겨 있었을 것이라고 주장했다.9 (Glaberson 2005a, B3)

　알란시가 재판에서 불리한 위치에 있었던 것이 사실이지만, 아무도 그가 어떤 또 다른 행동을 취할 것이라고 생각하지 않았다. 경찰 보고서에 따르면, 2004년 11월 15일에 한 "중동인 남성"이 부시 대통령에게 편지를 전달하기 위해 백악관 정문 앞에 나타났다. "정보부 요원과 대화를 나눈 뒤 그 사람은 라이터를 꺼내 자신의 웃옷에 불을 붙였다."(Glaberson, Urbin, and Newman 2004, B4) 알란시는 신체의 30%에 심각한 화상을 입게 되었고 이후 병원으로 옮겨졌다. 이러한 충격적인 사건이 발생했음에도 알-모아야드 사건은 계속 진행될 예정이었다. 검사들이 그들의 스타 증인, 알란시의 증언을 듣기 거부했지만 말이다. 재판이 시작되자 이 사건의 실상은 대물을 체포했다고 호들갑을 떨던 애쉬크로프트의 주장과 거의 일치하지 않게 되었다. 알-모아야드와 알카에다, 그리고 빈라덴과 알-모아야드의 연계성에 대한 주장은 점차 설득력을 잃어 갔다. 이에 따라 검사들은 알-모아야드가 빈라덴에게 전달했다는 2천만 달러에 대해서는 일절 언급을 자제했다. 대신, 검사들은 미국이 테러집단이자 자선단체로 지목한 〈하마스〉Hamas와 알-모아야드 사이의 연관성에 집중했다. 알-모아야드의 한 변호사는 기자들에게 이렇게 말했다 : "이 재판은 기각되어야 한다. 검사들은 이 사건이 기각되어야 함을 알고 있다. 이 재판은 알-모아야드와 빈라덴이 연

---

9. [옮긴이] 물론 비디오 속에서 삭제된 장면들에는 알란시에게 유리한 부분도 있었을 수 있다. 누가 비디오의 일부 장면을 삭제했는지는 밝혀지지 않았지만 정부 밀고자 알란시의 이용가치가 소멸된 상황을 염두에 둘 경우, 우리는 미국 행정부가 이 장면들을 삭제했을 가능성이 농후함을 짐작할 수 있다.

관되어 있다는 추측이 제기되었기 때문에 시작되었다. 지금 검사들은 그와 빈라덴 사이에 어떠한 연관성도 없다는 점을 분명히 알고 있다."(Glaberson 2005b, B8) 당시 알-모아야드의 조수로 일했던 모하메드 모흐센 야흐야 자예드Mohammed Mohsen Yahya Zayed의 변호사 조나단 마크스Jonathan Marks는, 검사들이 스스로 필요한 어떤 것도 얻지 못했고 오히려 이 사건으로 곤경에 처했다고 믿고 있었다 : "테러와의 전쟁에서 승리를 거두고 있는 장면을 보여 주는 것은 부시 행정부에게 매우 중요한 일이다. 애쉬크로프트 법무장관은 이 사건이 알카에다의 주요 재정 지원자가 관계되어 있는 사건이라고 주장했다. 하지만 그의 주장에 대한 증거는 전혀 발견되지 않았다."(Glaberson 2005b, B8)

이렇게 5주간의 재판기간 동안, 극적이고 특색 있는 여러 상황들이 발생했다. 이러한 분위기 속에서 배심원단은 알카에다에게 원조를 제공할 음모를 꾸민 죄뿐 아니라 또 다른 죄를 인정해 알-모아야드와 그의 조수에게 유죄판결을 내렸다. 검사들은 재판결과를 자축하면서, 이 판결이 테러와의 전쟁 과정에서 새로운 목표물에 전통적인 법률을 적용시킨 성공적인 정치행위의 전형이라고 주장했다. 축제의 분위기 속에서 로슬린 모스코프Roslynn Mauskopf 검사는 이렇게 말했다 : "돈이 바로 테러리즘의 생명수다." (Glaberson 2005c, B6) 알-모아야드의 변호사 윌리엄 H. 굿맨William H. Goodman은 기자들에게, "이 기소사실은, 대중이 느낄 수 있는 최악의 공포를 조장할 목적으로 계획되고 진행된 것"이라고 말했다. 그리고 그는 이 판결이 "더 많은 테러공격을 자행할 이 세계의 악인들에게 힘을 줄" 부정의에 기초를 두고 있다고 주장했다.(Glaberson 2005c, B6) 재판 결과, 알-모아야드와 자예드는 각각 징역 75년과 징역 45년의 형량을 선고받았다.

검사들은 알-모아야드 재판에서 분명한 "승리"를 거두었음에도, 피고측 변호인들이 비윤리적이라고 비판하는 사법전술을 사용했다는 문제점을 드러냈다. 검사들은 자신들이 처음에 의도했던 재판의 목적에서 벗어나 재판을 진행했다. 예컨대, 우리는 〈중요증인법〉Material Witness Statute의 남용에 관한 논쟁을 살펴볼 필요가 있다. 미국 행정부는 증인의 억류여부를 결정할 때, 증인을 억류시킬 만한 필연적인 사유가 있는지를 고심해야 했다. 하지만 미국 행정부는 이 중요한 과정을 생략했을 뿐 아니라 증인을 억류시켜야 하는 필연적인 사유가 부재한 상황에서도 일단 〈중요증인법〉에 따라 증인들을 억류시켰다. 미연방공화국의 초창기에 선출된 미국 행정부들은 오직 범죄사건과 관련된 중요한 정보를 알고 있는 개인이 증언대에 서기 전에 행방불명되는 것을 막기 위해 〈중요증인법〉을 이용했다. 하지만 9·11 테러 발생 이후, 미국 행정부는 전혀 다른 방식으로 이 법을 해석하고 이용했다. 테러활동이나 다른 범죄행위와 관련된 중요한 정보를 알고 있는 증인들은 법정증언을 하기 위해 소환되지 않았다. 이들은 법정진술을 하러 왔다가 오히려 타인의 범죄를 뒤집어쓰게 되는 경우가 많았다. 이렇게 구속된 중요증인들은 범죄 용의자들조차 응당 누리고 있던 헌법의 보호를 전혀 받지 못했다. 그들에게는 미란다 원칙이 공지되지 않았고 변호사 선임의 권리도 주어지지 않았다. 그들에게 주어진 것이 있다면 길고도 가혹한 구속의 시간뿐이었다. 연방당국은 〈중요증인법〉이 사법적으로 정당하게 집행되어야 한다고 주장해 왔다. 연방당국은 〈중요증인법〉의 남용이 야기할 수 있는 사회적 위험성을 잘 알고 있었기 때문이다. 하지만 미연방의 검사들은 〈중요증인법〉의 남용사례들을 합법적 절차를 따르다 보면 수반될 수밖에 없는 부산물 정도로 여기고 있다. 법학자들은 검사들의 이러한 생각을 비판해 왔다. 조지아 대학의 법학교수 로널드 L. 칼슨Ronald L. Carlson은 9·11 테러 이후 미국 사회에 등장한 당혹스러운 현실을 이렇게 묘사했다 : "〈중요증인법〉은 용의자 B씨가 저지른 범죄에 대해 중요증인 A씨가 증언을 할 수 있도록 A씨를 잠시 억류시키기 위해 고안된 것이다. 하지만 지금 검사들은 분명 아까는 B씨의 중요증인이었던 A씨를 이번에는 A씨 자신의 범죄사실에 대해 증언할 중요증인으로 탈바꿈시키고는 A씨를 가둬 놓았다. 다시 말해 A씨의 범죄를 증언할 중요증인으로 동일인물인 A씨를 가둬 놓았다는 말이다. 이는 '자신이 구속될 만한 죄를 자백하기 전까지 A씨를 가둬 두겠다'는 것을 의미한다."(Liptak 2004a, A20)

〈인권감시단〉은 〈미국민권자유연맹〉과 공동으로, 테러와의 전쟁 기간 중에 〈중요증인법〉이 남용된 사례를 정리한 연구물을 발표했다.(2004) 이 보고서에 따르면 9·11 테러 발생 이후, 대테러수사로 57명의 사람들이 중요증인 신분으로 억류되었다. 이들 가운데 18명은 테러리즘과 관계가 없는 범죄로 처벌되었고 7명은 테러 관련 범죄에 대한 유죄가 인정되었으며 2명은 적군 포로로 지목되었다. 이들 중요증인 가운데 30명은 어떠한 처벌도 받지 않았다. 피고 측 변호인들은 다수의 중요증인들이 협조적으로 증언을 했음에도 그들이 억류되어야 했다고 주장했다. 미국 행정부는 이들 다수가 항공기에 테러위협을 가할 수 있는 인물들이기 때문에 이들은 억류되어야 한다고 주장했다. 또한 우리는 57명의 사람들 가운데 한 명을 제외한 모든 사람들이 이슬람교도라는 점에서 분명히 드러나는 것처럼, 이 법의 적용방식에 민족적이고 종교적인 편파성이 존재하고 있음을 알 수 있다.(Human Rights Watch 2004) 이들 가운데 세 명의 중요증인을 변호한 랜돌 하무드Randall Hamud는 이렇게 주장했다 : "지금 중동과의 연관성이 있어 보이는 모든 사람들은 항공기에 테러위협을 가할 사람으로 간주될 수 있다. 지금의 상황은 이례적이다. 이러한 가정법은 사람들을 분류하기 위한 목적으로 사용되고 있으며 큰 인기를 끌고 있다. 이것은 민족에 따라 분류된 특정 집단에 대항하기 위한 조직적 무기다. 이것은 억류 장치이다."(Liptak 2004a, A20)

미국 행정부는 테러리즘이나 테러리즘과 관련된 혐의로 사람들을 기소하기 위해 노력해 왔다. 하지만 최근의 상황들을 살펴보면 우리는 이로 인해 오히려 미국 행정부가 곤란한 상황에 빠졌음을 알 수 있다.(Landler 2004; *New York Times* 2004i) 2004년 말에 직위 해제된 애쉬크로프트 법무장관의 리더십은 법무부에 대한 비판 가운데 가장 중심적인 문제였다. 한 기록에 따르면 9·11 테러공격이 발생하기 전만하더라도 애쉬크로프트는 대테러정책에 전혀 관심이 없었다. 실제로 2001년 5월, 법무부의 전략적 우선순위를 정리하기 위해 그가 작성한 문건에는 테러리즘과 관련된 내용이 발견되지 않았다. 〈9·11 위원회〉가 그에게 원래 테러와의 전쟁에 대해 공식적으로는 관심이 없었지 않았느냐고 물었을 때 애쉬크로프트는 〈9·11 위원회〉의 토론자이자 클린턴 행정부에서 법무차관을 지냈던 제이미 S. 고어릭Jamie S. Gorelick을 인신공격했다. 애쉬크로프트는 클린턴 행정부에게 이 뜨거운 감자의 책임을 돌리는 것으로 그 질문에 대한 대답을 대신했다.(National Commission on Terrorist Attacks Upon the United States 2004) 이 장면을 목격한 사람들은 애쉬크로프트가 자신의 대테러전술을 향한 비판을 잠재우기 위해 두 가지 전술을 사용했다고 주장했다. 하나는 사람들의 시선을 끌기 위한 행동이며 또 다른 하나는 비밀주의다. 고별연설에서 애쉬크로프트는 법무부 직원들 앞에서 용감한 목소리로 몇 명의 직원들을 지목하며 이렇게 말했다 : "지난 3년 동안 법무부의 당신, 그리고 당신과 함께 일한 모든 이들이 테러공격을 허락하지 않았기 때문에 테러리스트들이 미국인들을 공격할 수 없었던 것이다."(*Village Voice* 2004, 24)

흥미롭게도 이른바 "더러운 폭탄 폭파범"으로 알려진 파디야가 2002년 5월에 체포되었을 때 법무부는 이 사건과 관련된 정보를 일절 대중에게 공개하지 않았다. 하지만 2002년 6월 6일, FBI 요원 콜린 로울리Colleen Rowley가, 테러공격이 발생한 해에 진행된 모든 대테러수사가 실패였음을 미국 의회에 폭로하자 상황이 바뀌었다. 그로부터 사흘 뒤 애쉬크로프트는 파디야의 체포를 대중과 언론에게 알리는 극적인 기자회견을 개최했다.(Krugman 2004b) 당시, 법무부가 대테러전술에서 고문행위와 학대행위를 용인했음이 기록된 문건이 대중에게 공개되어 사회적 분노는 극에 달해 있었다. 이때 애쉬크로프트는 한 소말리아인을 체포했다는 소식을 전하기 위해 또 다른 기자 회견을 열었다. 미국 행정부는 이 소말리아인을 오하이오 주의 한 쇼핑몰을 폭파할 계획을 세운 인물로 지목했다.(Johnston 2004) 그러나 이 사람에게서 "테러모의와 무기소지, 그리고 테러계획을 입증할 어떠한 증거도 발견되지 않았다. 그럼에도 오하이오 주의 사람들은 쇼핑을 하러 가는 게 과연 안전한지 아닌지를 두고 며칠에 걸쳐 고민을 해야 했다."(*New York Times* 2004b, A26) 애쉬크로프트가 대중의 시선을 끌기 위해 다소 과장되게 행동하고 있다는 비난을 처음부터 제기해 왔던 폴 크루그먼 Paul Krugman 10은 이번 체포사건에 대해서도 회의적인 시각을 유지했다. 크루그먼에 따르면 애쉬크로프트는 어쩌다 우연히 걸려든 소말리아인 체포사건을 스스로 생각했을 때 가장 좋은 시기에 발표한 것이다 : "나는 그 좋은 타이밍이 단순한 우연에 따른 것이었다고 확신한다."(2004b; A23) 애쉬크로프트가 사임을 선언했을 때 『뉴욕 타임즈』는 이러한 의견을 내놓았다 : "다음에 취임할 법무장관은 애쉬크로프트의 법무부가 자행해 놓고도 일절 논의하지 않은 상태로 방치해 둔 실패작들을 복구하기 위해 노력해야 할 것이다. 기각된 사건들·잘못 지목된 용의자들·경범죄 위반자들을 제외한

---

10. [옮긴이] 폴 크루그먼은 신무역이론을 제기한 미국의 경제학자로 1990년대 아시아 국가들을 휩쓴 금융위기를 예견하여 큰 주목을 받기 시작했다. 2008년 노벨경제학상을 받기도 한 크루그먼은 "부시 저격수"로서 부자만을 위한 경제정책을 내놓았던 부시 행정부를 신랄하게 비판한 사회 참여적 지식인으로도 유명하다. 그의 홈페이지는 그의 주요 논문들을 대부분 저장하고 있는 지식의 보고다(http://web.mit.edu/krugman/www/). 그의 대표작들은 대부분 한국에 번역, 출판되어 있는데, 이 가운데 『경제학의 향연』(*Peddling Prosperity*, 김이수 옮김, 부키, 1998), 『미래를 말하다』(*The Conscience of a Liberal*, 예상한 옮김, 현대경제연구원, 2008), 『불황의 경제학』(*The Return of Depression Economics*, 안진환 옮김, 세종서적, 2009)은 그의 정치, 경제사상을 이해하기 위한 필독서다.

다면, 9·11 테러 이후, 국내 테러사건을 위한 적합한 수사 및 기소는 거의 진행되지 않았다."(*New York Times* 2004j, A32; Hentoff 2004a 참조)

정치평론가들에 따르면 애쉬크로프트의 잘못은 테러와의 전쟁을 부추긴 그의 정책뿐 아니라 마치 강박감에 사로잡힌 것처럼 그가 철저히 고수해 온 비밀주의에서도 발견된다. 재임기간 동안 애쉬크로프트는, 미국 행정부가 어떠한 사람들을 구속시켰고 그 구속사유가 무엇인지를 설명하는 최소한의 기본정보도 제공하지 않는 방식으로 시민권 단체들과 언론사, 나아가 미국 의원들까지도 실망시켰다. 다음 절에서 다루게 될 정부의 비밀주의는, 민주주의에 심각한 위협을 가했을 뿐 아니라 대테러전술의 법적 정당성의 근간마저 뒤흔들었다.

정부의 비밀주의

테러와의 전쟁 기간 중에 미국 행정부가 고수한 비밀주의는 일련의 실패한 정책과 군사작전, 그리고 민족 프로파일링과 억류조치의 남용으로 이미 악화될 대로 악화된 그들의 정치상황을 더 큰 곤경에 빠뜨렸다.(Dow 2001) 세계무역센터와 미국 국방성을 향한 테러공격에 관한 수사가 진행된 몇 달 동안, 애쉬크로프트 법무장관은 미국 행정부가 억류시킨 사람들의 성명과 그들이 억류된 장소를 기록한 정보를 일절 공개하지 않았다. 정확히 말해 애쉬크로프트는 이에 관한 정보공개요청을 일체 거부했다. 시민권 및 인권 변호사들뿐 아니라 언론들도 그의 이러한 비밀주의를 비판해 왔다. 심지어 몇 명의 정치지도자까지 나서서 애쉬크로프트가, 이러한 극단적 조치를 취할 수밖에 없는 필연성을 스스로 적절히 설명하지 못하고 있다고 주장하며 그 비판의 물결에 가세했다. 〈국가안보연구소〉Center for

National Security Studies 소장 케이트 마틴Kate Martin은 "수백 명의 사람들을 비밀리에 분류해 그들을 체포하고 억류시키는 일, 게다가 그들의 가족이 그들이 억류된 위치를 전혀 알 수 없게 하고 대중에게도 이 같은 사실을 전하지 않은 일은 이 나라에서 전례가 없었을 뿐 아니라 비정상적인 일"이라고 말했다.(Donohue 2001, EV1) 또한 마틴은 애쉬크로프트가 실시하고 있는 억류조치가 라틴 아메리카의 전체주의 정권이 사람들을 비밀리에, 그것도 빈번히 억류시키던 시절에 실시했던 "실종" 정책과 소름끼치도록 유사하다고 주장했다.(Williams 2001, 11) 샌디에이고에서 세 사람에게 취해진 억류조치에 관한 재판에서 이들을 대변한 변호사는 그들의 억류사건을 공산권을 향한 대중의 공포가 치솟았던 1920년대에 진행된 "빨갱이 소동"Red Scare에 비유했다. 이 당시는 공산주의자뿐 아니라 공산주의 동조자에 대한 소탕작전이 전개되던 시대였다. 이들의 변호사는 그의 의뢰인들이 어디에 구금되어 있는지를 설명하는 어떠한 언급도 들을 수 없었고 그들과 접촉하는 것조차 허가되지 않았다는 비판을 내놓았다.(Fox 2001) 이러한 시대상황을 가리켜 〈미국민권자유연맹〉의 하비 그로스먼Harvey Grossman은 이렇게 주장했다 : "이들에게 어떠한 혐의도 발견되지 않았음에도 7백 명의 일본계 이민자들은 일본의 진주만 공습 이후에 분류되어 오랜 기간 동안, 통신도 두절된 상태로 억류되어야 했다. 이 시대 이후, 억류조치가 이렇게 대규모로 진행된 사례는 아직까지 없었다."(*Chicago Tribune* 2001, EV2)

일련의 보고에 따르면 억류자들은 범죄를 저지른 사실이 전혀 없었음에도 전화도 사용할 수 없었고, 변호사를 선임할 수 있는 그들의 법적 권리마저 누리지 못한 상태에서 독방에 수감되어야 했다. 이러한 사실은 일반인들로 하여금 억류자들이 무슨 이유로 미국 헌법이 보장하는 법적 권리를 누리지 못했는지에 대해 의문을 갖도록 만들었다. 억류자들이 법적 권리를 누리지 못했다는 사실과 법무부가 호언장담하고 있던 점, 즉 9·11 테러가 발생한 이후에 체포된 모든 이들이 법률 고문의 도움을 받고 있다는 법무부의 주장은 분명 상충되었다. 의원들은 대테러수사 과정에서 미국 행정부가 외국인들에게 취한 조치들을 비판하기 시작했다. 나아가 의원들은 법무장관에게 테러공격 발생 이후에 억류된 1천 2백 명 이상의 사람들에 대한 자세한 정보를 공개하라고 요구했다. 애쉬크로프트가 대테러법안을 제안할 당시, 공동입법자로 활동한 사실로 유명해진 7명의 민주당 의원과 〈상원법무위원회〉 의장 패트릭 레이히, 그리고 당시 이 법안을 유일하게 반대했던 러셀 파인골드Russell Feingold 상원의원이 이 같은 요구를 한 것이다. 그들은 애쉬크로프트에게 첫째, 법무부가 해당 조치를 이렇게 밖에 취할 수 없었던 합리적 사유를 설명할 것, 둘째 법률을 집행할 때 기밀을 유지해 달라고 당부한 미국 행정부의 모든 요구사항을 공개할 것, 셋째 테러리즘과 전혀 무관하다고 판명된 사람들에게조차 억류조치를 단행할 수 있게 한 법적 근거를 제시하고 해명할 것을 요구했다. 당시 미국 행정부가 "미래에 발생할지 모를 테러공격을 예방하기 위해 공격적인 수사를 진행해야 했다"고 해명하고 있었지만, 의원들은 "미국 의회와 시민들이, 법무부가 헌법과 적법한 절차에 따라 국가정책을 시행하고 있는지를 판단할 수 있도록 충분한 정보를 전달해야 할 책임 또한 법무부에게 있다"는 사실을 강조했다.(Cohen 2001, EV1)

인권 단체들은 비밀주의라는 두꺼운 장막 뒤에서 은밀히 테러와의 전쟁을 진행한 법무부를 비판했다. 이들의 주장에 따르면, 법무부의 대테러 전술은 "공공 투명성과 책임감으로 대표되는 민주주의의 원리에 비추어 봤을 때, 믿기 어려울 만큼 불명예스러운 것이었다."(Human Rights Watch 2002b, 5; Lawyers Committee for Human Rights 2003; Welch 2004b) 미국 행정부는 대테러정책과 관련된 당국의 수사가 적법한 절차에 따라 진행되었는지를 판단할 때 매우 중요한 역할을 하는 정보들을 모두 기밀로 유지했다. 이로써 미국 행정부는 대중이 이와 관련된 수사과정에 대해 어떠한 정보도 갖지 못하도록 했다. 미국 행정부가 대테러정책을 향한 일련의 비판을 억누르려 했을 때 시민권 변호사들은 반발했다. 미국 행정부가 이 같은 비판의 물결을 잠잠하게 만들기 위해 취한 조치는 애쉬크로프트의 악명 높은 의회 연설에 잘 반영되어 있다 : "나는 '평화애호가들에게, 그리고 공포를 안겨 주기 위해 잃어버린 자유의 유령을 들고 나온 사람들'[11]에게, 이렇게 말해 주고 싶다. 당신들의 전술은 테러리스트들을 돕는 것에 지나지 않는다. 당신들의 전술이 미국의 단결력을 약화시키고 미국의 결단력을 나약하게 만들기 때문이다. 당신들의 위험한 전술은 미국의 적들에게는 군수품을 제공해 주고 있고 미국의 우방들을 망설이게 만들고 있다. 당신들은 악과 대면한 상황 속에서 선의의 사람들로 하여금 침묵하게 만들고 있다."(Ashcroft 2003)

법률 전문가들은, 미국 행정부가 테러와의 전쟁에서 이용한 이러한 전술을 시정할 필요가 있다고 주장했다. 대테러전술은 분명 시민권 침해 사례를 유발해서는 안 된다. 때문에 대테러전술에 공공의 검증이 수반되어야 하는 것이다. 이때 세 가지가 요구된다. 첫째, 법무부는 억류자들에 관한 정보, 예컨대 이들의 성명과 이들의 억류 장소를 공개해야 한다. 대테러정책에서 법무부가 이용한 비밀억류조치는, 유엔총회가 1992년에 결의한 〈강

---

11. [옮긴이] "평화애호가"와 "잃어버린 자유의 유령"이라는 표현은 애쉬크로프트의 이 말이 진정 무엇을 의도하고 있는지를 알 수 없게 만든다. 이는 부시를 포함한 부시 행정부에 소속된 인사들의 언어에서 나타나는 공통적인 특징이다. 이들은 한 단어가 가지고 있던 기존의 의미를 자기들에게 유리하도록 변용하는 정치수사학을 펼쳤다. 여기서 평화애호가란 반전주의자 같은 이들을 말하는 것이 아니라 "전쟁을 통해 도래할 평화를 사랑하는 사람들"을, 잃어버린 자유의 유령이란 "9·11 테러로 어쩔 수 없이 반드시, 그러나 잠시(이것도 정말 모호한 의미를 갖는 말이다) 유예되어야 할 미국적 자유"를 말한다. 이 인용문 말미에 등장하는 "선의의 사람들"도 본래 의미와 전혀 다른, 즉 "전쟁을 지지하는 사람들" 정도로 해석될 수 있다. 부시 행정부의 이 같은 정치수사학은 특정한 언어 프레임을 가지고 있는데, 이와 관련된 논의는 조지 레이코프(George Lakoff)의 『코끼리는 생각하지 마』(Don't Think of an Elephant, 유나영 옮김, 삼인, 2006)에서 자세하게 다루어지고 있다.

제실종보호협약) Declaration on the Protection of All Persons from Enforced Disappearance 에 위배된다. 비록 법적 강제성은 없을지라도 법무부의 비밀억류조치는 명백한 국제법 위반이다. 둘째, 억류자들이 공정하고 인간적인 대우를 받을 수 있도록 이를 관찰하는 독립감시단체를 설립하고 이들에게 억류시설에 어떠한 제한 없이 접근할 수 있는 권리를 부여해야 한다 : "언어 능력과 정치적 능력이 부족할 뿐 아니라 미국 사법체계에 익숙하지 않아 법률 조언을 얻을 때 어려움을 느낄 수밖에 없는 외국인들에게 이러한 권리가 박탈되면 이들은 더욱 무력해질 수밖에 없다. 그러므로 이에 대한 관리 및 감독체계는 특히 중요성을 갖는다고 할 수 있다."(Human Rights Watch 2003, 23) 셋째, 이민절차를 더 이상 비밀리에 진행하지 말아야 한다. 공개심의는 미국 헌법에 부합할 뿐 아니라 거의 50년 동안 이민국이 지켜 온 전통이다.(Cole 2003b; Cole and Dempsey 2002)

그런데 연방 순회 항소법원이, 비밀억류조치를 일삼아온 미국 행정부를 비판하려 한 시민발의권에 찬물을 끼얹고 말았다. 2003년, 9·11 테러가 발생한 이후 모호한 기준에 따라 분류되어 억류된 7백 명 이상의 사람들의 성명을 공개하지 않겠다는 법무부의 발표가 있었을 때 연방순회 항소법원은 찬성 2표, 반대 1표로 법무부의 손을 들어주었다. 시민권 단체들이 법무부가 정보공개법에 따라 이민법 위반으로 구속된 사람들의 성명을 공개해야 한다고 주장해 왔지만 이 같은 판결이 내려지고 말았다. 비밀주의는 법무부 관료들이 업무상에 필요한 책임감을 갖지 않도록 만들 수 있기 때문에 위험한 것이다. 이 책임감의 부재는 법무부 관료들로 하여금 학대행위를 무덤덤하게 받아들이게 만든다. 자신이 벌이는 일이 세상에 공개되지 않을 것이라는 생각이 들면, 인간은 잔혹한 사건을 아무렇지도 않게 저지를 수 있게 된다. 이러한 위험성을 직시한 시민단체들은 테러와의 전쟁 과정에서 비밀주의를 고수한 미국 행정부를 상대로 또 다른 대결의 장을 형성할 수 있었다.

"비밀주의라는 거울"secrecy mirror 12에 대한 애쉬크로프트의 강박증은, 비밀정치에 과도하게 의존해 온 백악관, 그리고 체니 부통령이 "자치구"zone of autonomy 13라고 부른 모종의 사적 정치의 공간 덕분에 형성되었다.(Green-house 2004a, 16) 대통령과 행정부 직원들이 대중의 시선이 닿지 않는 기밀구역에서 일하는 존재임을 인정하더라도, 부시 행정부처럼 지나칠 정도로 비밀리에 행정업무를 처리했던 행정부는 미국 역사상 전례가 없는 것이다.(New York Times 2003b; Phillips 2004) 다음의 내용은 시민들이 알 권리를 행사할 수 있는 정보에까지 미국 행정부가 자물쇠를 걸어 놓았음을 입증하는 중요한 예시다. 대통령에 취임한 지 9일째 되던 날, 부시는 국가 에너지 정책 수립을 위한 연구단체를 설립했다. 그리고 부시는 체니를 이 연구단체의 회장으로 임명했다. 이 연구에 참여한 기업들이 굳게 닫힌 문 뒤에서 국가 에너지 정책을 결정하고 있다는 비판이 제기되고 있었지만, 체니의 연구단체는 비밀주의를 고수한 채 부시에게 여러 권고사항을 제출했고 부시는 그것들을 받아들였다.(Lewis 2003) 2003년에 부시는 셀 수 없이 많은 정부 문건의 공개시한을 연기한다는 내용이 담긴 행정명령서에 서명했다. 이로써 대통령과 행정부가, 정부의 행적을 기록한 역사적 기록물을 쉽게 기밀로 유지할 수 있는 행정토대가 완성되었다.(Bumiller 2003; Stolberg and Lee 2004;

---

12. [옮긴이] 거울은 그 앞에 선 사람에게만 재현된 현실을 드러내 준다는 특징이 있다. 비밀주의라는 거울은 그 앞에 설 수 있는 애쉬크로프트, 나아가 법무부, 그리고 미국 행정부에게만 이들 정책이 발생시킨 참상을 보여 줄 뿐 그 앞에 설 권리가 없는 나머지 미국 사회에게는 어떠한 현실도 보여 주지 않는다. 이 점에서 웰치는 비밀주의를 거울에 비유하고 있는 이 표현을 이용하고 있다.

13. [옮긴이] 자치나 자율이라는 말이 갖는 어감을 생각해 볼 경우, 우리는 체니가 "autonomy"를 "자신의 마음대로 하는 것" 정도의 의미로 사용하고 있다는 사실을 알 수 있다. 이렇게 긍정적 어감의 단어를 이용해 지극히 부정적인 의미를 표현해 내는 것은 부시와 그의 행정부 인사들의 대표적인 언어적 특징이다.

Wiener 2004) 이라크 전쟁이 끝난 후 이라크를 재건하는 과정에서 재건사업에 참여한 기업들은 고전적 의미의 "캐치-22"Catch-22, 14에 빠졌다. 연방법에 따라 이라크 재건사업에 참여하기로 한 모든 무역업체들은 이 중대한 개발 사업을 진행시키기 위해 반드시 투자자를 유치해야 했다. 이미 이라크에 들어와 있던 무역업체들도 투자자를 찾지 못할 경우 미국으로 돌아가야 했다 : "하지만 이라크 재건 사업과 관련된 계약은 지나칠 정도로 비밀리에 체결되었다. 그럼에도 대다수의 기업임원들은, 미국 행정부와의 관계가 나빠져, 2차 세계대전 이후의 유럽에서 미국 행정부가 추진한 마셜 플랜Marshall Plan■과 맞먹는 이라크 재건사업에 참여하지 못하게 될까봐 우려했기 때문에 자기 회사가 해낼 수 있는 역할에 대해 언급할 때 극도의 신중을 기했다."(Henriques 2003, C1)

〈테러공격에 대한 국가 위원회〉National Commission on Terrorist Attacks upon the United States 15는, 백악관이 수사 방해 공작을 펼치고 있었지만 테러공격에 대한 정보를 가능한 많이 모으기 위해 필사적으로 노력했다. 부시 행정부는 처음에는 〈테러공격에 대한 국가 위원회〉의 구성을 반대했으나 이내 대중의 요구에 투항해야 했다. 부시는 자신을 포함한 미국 행정부 관리들이 이 위원회의 요청에 협조하겠지만, 이 위원회의 활동으로 혹시 생길지 모를 위태로운 상황에 대비해 이 위원회가 정보부 문건을 이용하는 것만큼은 제한하겠다고 말했다. 이 말대로 백악관은 28장 분량의 의회 보고서를 기밀사항으로 분류했다. 이 의회 보고서에는 사우디아라비아가 9·11 테러범들에게 자금을 지원했다는 사실이 기록되어 있었다.(Johnston and Jehl 2003;

---

14. [옮긴이] 캐치-22란 진퇴양난이나 딜레마를 의미한다. 미국 소설가 조지프 헬러(Joseph Heller)가 2차 세계대전 상황을 배경으로, 1961년에 발간한 소설『캐치-22』(*Catch-22*, 안정효 옮김, 민음사, 2008)에 기원을 두는 표현이다. 2차 세계대전 중의 군 관료주의를 비판하며, 헬러는 미군이 처한 진퇴양난의 상황을 표현했다.
15. [옮긴이] 〈테러공격에 대한 국가 위원회〉는 〈9·11 위원회〉의 정식명칭이다.

O'Brien 2003 참조) 연방항공청Federal Aviation Administration에 수사정보를 공개할 것을 명시한 요구서를 여러 차례에 걸쳐 전달했던 〈9·11 위원회〉는 연방 항공청이 위원회의 요구에 계속 불응할 경우, 법적 조치를 취하겠다고 경고했다.(International Herald Tribune 2003a; New York Times 2003c) 하지만 위원회의 경고는 별반 힘을 발휘하지 못했다. 결국에는 부시 행정부가 해당 문건들을 편집해 〈9·11 위원회〉에 전달하는 조건으로 양측의 거래가 성립되었다. 〈양당 공동 위원단〉Bi-partisan Panel의 구성원으로 활동하고 있던 10명의 의원 중에서 민주당 소속이었던 두 의원은 부시 행정부의 이 같은 결정에 반대하며 대통령 집무실에서 진행되는 브리핑, 즉 대통령 일간보고를 기록한 문건을 〈9·11 위원회〉가 온전한 상태에서 검토해 볼 수 있어야 한다고 주장했다. 이 두 의원은 수사내용을 취사선택해 전달할 결정권을 백악관이 소유하고 있음에 대해 심히 유감스러워 했다. 인디애나 주의 민주당 의원 티모시 J. 로에머Timothy J. Roemer는 〈9·11 위원회〉의 이러한 정보 공개 요구가 오히려 부시 행정부에게, "결정적 증거"smoking gun가 될 만큼 중요한 문건을 제거할 기회를 제공한 것은 아닌지 염려스럽다고 말했다. 〈패밀리 스티어링 위원회〉Family Steering Committee 16는 해당 수사 문건에 대한 편집권을 백악관에게 부여한 합의를 비판하는 성명을 발표했다. 이 위원회는 〈9·11 위원회〉의 발족을 위한 압력을 행사할 때 가장 큰 공을 세운 변호사들로 구성되어 있었다. 이들의 성명에 따르면 이러한 일은 "온전한 진실을 규명하지 못하게 할 뿐 아니라 절대 용납될 수 없는 것이다."(Shenon 2003b, 24; New York Times 2004j)

---

16. [옮긴이] 〈패밀리 스티어링 위원회〉는 9·11 테러로 사랑하는 가족과 친구를 잃은 사람들로 구성된 비정부기구로 독립적 위원회를 구성해 9·11 테러의 진상을 규명하는 데 설립목적을 둔다. 미국 사회 내에 〈패밀리 스티어링 위원회〉 같은 단체가 있다는 사실은 〈9·11 위원회〉에 대한 미국인들의 불신을 반증한다.

FBI와 CIA마저도 테러와의 전쟁에서 백악관이 고수해 온 비밀주의에 의존했다. 2003년에 FBI는, 요원들이 국제 테러리즘에 관한 문건을 언론단체들로부터 압수하는 방식으로 자신들에게 부여된 권한을 남용하고 있지 않은지를 알아보기 위해 자체 내부 윤리 조사를 진행했다. 조사 결과는 역시나 그런 일이 FBI 내에서 비일비재하게 발생하고 있었음을 보여 주었다. 정부 관료가 〈미국 연방 수정헌법〉 제1조를 위반했다는 점에서 이러한 사례들은 큰 문제였다.(Lichtblau 2003d) 나아가 더 큰 문제는, 미국 행정부의 비밀주의가 정보부 요원들로 하여금 자신에게 부여된 권한을 남용하게 하고 자신이 저지른 과오를 은폐하도록 만들고 있다는 점이었다. CIA 국장 조지 테닛George Tenet은 가장 눈에 띄는 정보부의 실수 가운데 한 가지에 책임이 있는 요원의 이름을 의회에 제출하겠다고 약속했다. 하지만 이 정보부 요원의 실수로 미연에 방지할 수 있었던 9·11 테러공격이 끝내 현실화되었는데도 테닛은 의회와의 약속을 지키지 않았다. 9·11 테러공격이 발생하기 전, CIA는 실제로 항공기를 납치한 것으로 드러난 두 명의 테러 용의자들을 연방 감시명단에 올리는 데 놀랍게도 20개월이라는 시간을 낭비했다. 미국 의회의 수사관들은 "항공기 납치범 칼리드 알-미드하르Khalid al-Midhar와 나와크 알하즈미Nawaq Alhazmi에 관한 정보가 지체 없이 다른 관련 부서로 전달되었다면, 미국 행정부가 9·11 테러공격의 피해규모를 줄일 수 있었을 것이며, 어쩌면 완전히 막아 낼 수도 있었을 것"이라고 보고했다.(Gerth 2003, A25; Jehl 2004a 참조)

닉슨 행정부에서 고문을 지낸 존 딘John Dean은 『워터게이트 사건보다 나쁜 : 비밀의 대통령 조지 W. 부시』Worse than Watergate : The Secret Presidency of George W. Bush에서 백악관이 꾸준히 취하고 있는 비밀주의적 입장을 신랄하게 비판했다. 딘은 부시 행정부가 정보를 통제하기 위해 취하고 있는 방법들이 사회에 그릇된 영향을 미친다는 점을 설명하고 정부의 비밀주의에 대한 비판을 전개했다 : 첫째, 비밀주의는 비민주적이다. 둘째, 비밀주의는 자유를 위협한다. 셋째, 비밀주의는 공적 책임감이 형성되지 못하도록 방해한다. 넷째, 비밀주의는 불화를 조장한다. 다섯째, 비밀주의는 행정부의 평판에 악영향을 끼친다. 여섯째, 비밀주의는 위험하다. 일곱째, 비밀주의는 무능을 조장한다.(2004, 185~88) 우리가 최종적으로 상기해야 할 점은, 실수가 쉽게 무마되는 상황에서는 인간이 신중하게 일을 처리하기 위한 마음을 품기 어렵다는 것이다. 아마 이 점은 백악관이 행정부의 활동 다수를 비밀주의 장막으로 가려놓은 상태에서 테러와의 전쟁에 역진해 온 이유를 설명해 주는 것 같다. 이로써 미국 행정부는 그들이 범한 과오를 은폐했을 뿐 아니라 뜨거운 감자 넘기기가 난무한 비방게임에서 비난을 듣지 않아도 되었다.(Clymer 2003, Lott and Wyden 2004 참조)

마약과의 전쟁이 남긴 교훈

형법적 의미에서 실시되었고 대중의 압도적 지지를 받았다는 점에서 테러와의 전쟁은 마약과의 전쟁과 매우 유사하다. 특히 이 두 사례의 초기 단계는 더 큰 유사성을 보인다. 두 정책은 모두 인종 및 민족과 관련된 문제와 복잡한 관련성을 맺고 있었을 뿐 아니라 불필요한 억류조치를 진행하여 시민권 침해사례를 양산했다.(Talvi 2003b; Welch 2005a, 2004a, 1999a) 또한 테러와의 전쟁과 마약과의 전쟁은 예산의 사용과 정책의 효율성 면에서 심각한 문제를 드러냈다. 마약과의 전쟁은 흑인이나 라틴계 극빈층을 전례가 없었던 불합리한 방식으로 구속시키는 데 성공했다. 그러나 결과를 놓고 보았을 때 불법적이거나 합법적인 마약의 소비를 줄이는 데는 실패했다.(Husak 2002; Welch, Bryan, and Wolff 1999) 결국 마약과의 전쟁은 거대 마약조직 체포

같은 본래의 목적을 달성하지 못했고, 사회적 소수자들만 괴롭힌 결과를 초래했다. 이와 유사하게, 테러와의 전쟁도 테러리즘과 관계가 있는 거물보다는 테러리즘과 전혀 상관이 없는 사람들을 체포하는 데 혈안이 되어 있다.

시러큐스 대학의 〈법률정보연구소〉Transactional Records Access Clearinghouse 소장 데이비드 번햄David Burnham은 보고서를 통해 테러와의 전쟁, 그리고 이와 관련해 진행된 민족 프로파일링이 거의 성공을 이루지 못했다고 주장했다.(TRAC 2003) 이 보고서에서 번햄은, 미국 행정부가 이른바 테러리스트들에게 적용한 다수의 기소사실이 문서위조, 신분증 절도, 우발적 위협행위, 이민법 위반처럼 경범죄에 불과하다고 말했다. 이러한 경범죄를 저지른 사람은 유죄가 확정되어도 징역 몇 개월 수준의 처벌만을 받게 된다. 세계무역센터와 미국 국방성에 테러공격이 발생한 후 1년 사이에 테러리즘과 관련된 범죄로 기소된 사례는 전년의 115건에서 2002년에는 1,208건으로 10배 이상 증가했다. 그런데 폭발적으로 증가한 테러 관련 범죄 재판에서 법원이 구형한 총 형량은 예전에 비해 급격하게 감소했다. 2001년만 해도 테러 관련 범죄로 유죄가 확정될 때에 범죄자에게는 징역 2년 정도가 구형되었다. 그런데 2002년에는 테러 범죄자에게 징역 2개월 정도가 구형되었다. 레이히 상원의원은 이러한 사실을 강조하며 "테러리즘과 관련이 전혀 없는 경범죄에 너무 많은 정부자원이 집중되고 있는 것은 아닌지 의구심이 든다"고 주장했다.(Lichtblau 2003e, A16; Lichtblau 2003f 참조)

연방검사들이 2002년에 테러혐의로 기소한 사건들을 마치 성공사례나 된다는 듯이 부풀려 보고했음을 회계감사원이 공개하자,(2003) 이와 관련된 의혹은 증폭되었다. 이때 연방검사들이 거의 절반에 가까운 기소사실을 엉뚱한 사건으로 잘못 분류했음이 드러났다. 조사관들에 따르면 국제·국내 테러리즘이나 테러날조사건으로 보고되었던 288건의 기소사실 가운데 132건이 잘못 분류된 사건, 즉 분명 테러리즘과 전혀 관련이 없는 사건이었다.(*New York Times* 2003b) 이와 유사한 문제는 뉴저지 주에서도 발견되었다. 뉴저지 주의 검사들은 그들이 2002년에 62건의 "국제 테러리즘" 관련 사건을 기소했다고 보고했다. 하지만 이들이 언급했던 62건 가운데 단 두 건만 테러리즘과 관련이 있었고 나머지 사건은 모두 테러리즘과 전혀 관계가 없었다. 한 중동계 학생이 자신을 대신해 영어시험을 봐 줄 사람을 고용했던 사건도 62건의 사건에 포함되어 있었다. 당시 기소되었던 대부분의 학생들은 보석심의를 거쳐 석방되었다. 그러나 이들 중 9명은 유죄선고를 받았고, 벌금형을 받았다. 이들은 250달러에서 1천 달러에 달하는 벌금을 내고도 결국 추방되었다.(Associated Press 2003b)

미국 행정부는 실패한 마약과의 전쟁이라는 역사적 경험을 망각했는지 당시와 유사한 잘못된 선택을 반복했다. 미국 행정부는 장기간에 걸쳐 정부 자원과 자금을 지속적으로 투입하여 테러리즘의 문제를 해결하는 데 헌신할 것을 서약했다. 명백한 실패로 드러난 마약규제 정책은 우리에게 의미 있는 교훈을 제시하고 있다. 마약과의 전쟁은 미국 행정부가 테러와의 전쟁을 성공적으로 이끌기 위해 테러리즘의 문제적 원인을 민족적, 종교적 소수자들에게 돌리지 말아야 한다는 역사적 교훈을 제시한다.(Marable 2003; Robin 2003) 덧붙여 시민들은 대중의 안전을 위한 대가로서 시민권의 의미가 줄어들어야 한다고 주장하는 잘못된 패러다임을 받아들여서는 안 된다.(Ratner 2003) 사실, 강력한 민주정권의 상징은 국가안보를 위험에 빠뜨리는 데 있지 않고 시민권을 보호하는 데 있다. 1927년, 전직 미국 대법원장 루이스 D. 브랜다이스Louis D. Brandeis가 기록한 내용처럼 미국 헌법의 초안을 작성했던 이들은 이 점을 알고 있었다 : "공포는 억압을 낳고 그 억압은 증오를 낳는다. 그리고 그 증오는 견고한 행정부의 구조에 위협을 가한다."(*Whitney v. California* 1927; Human Rights Watch 2003, 2002b, Lawyers Committee for Human Rights 2003 참조)

결론

부시 행정부는 대중의 눈을 가리기 위해 테러와의 전쟁을 이용했고 이 전쟁을 근거로 하여 자신들이 테러공격에서 시민들을 보호하고 있음을 부각시켰다. 이렇게 테러와의 전쟁은 부시 행정부의 재집권뿐 아니라 이들의 권력의 공고화를 위해서 지속적으로 이용되었다. 이 장에서 우리는 부시 행정부가 주장했던 테러와의 전쟁의 높은 효율성이 허위사실에 지나지 않음을 뒷받침할 수많은 증거를 발견할 수 있었다. 미국 행정부가 다수의 무고한 사람들을 이른바 테러리스트로 지목하고, 체포하고, 기소하여 이들에게 유죄를 선고해 왔음을 입증해 줄 중대한 증거들은 지금까지도 발견되고 있다. 이는 물론 여러 기자회견과 연설을 통해 부시와 애쉬크로프트, 그리고 국토안보부 장관 리지가 주장했던 것과는 대조를 이룬다. 부시 행정부에게는 그들의 정책적 오류를 보여 주는 장황하면서도 씁쓸한 이야기만 남아 있지, 성공의 이야기는 남아 있지 않다. 그들을 자멸시키거나 그들에게 역풍을 몰고 온 실패한 정책의 이야기만이 그들과 함께하고 있다. 이들의 법집행을 기록한 문건에서는 자랑할 만한 어떠한 가치도 발견되지 않는다.(Cole, 2004; Krugman, 2004b; *New York Times* 2004d) 앞서 언급한 이들과는 다른 미국 행정부 소속 수사관들과 대테러 전문가들도 많이 있었다. 그들은 테러리즘의 위험을 발생 가능성이 높은 실제적인 위험으로 인식했기 때문에 대중의 안녕과 국가의 안보를 지키기 위해 헌신적이고도 책임감 있게 자기 의무에 임했다. 게다가 그들은 대테러정책과 관련된 말도 안 되는 오류와 그릇된 정책집행의 사례를 발견할 때마다 공식적으로 이를 문제 삼았다. 하지만 유감스럽게도 그들에게 돌아온 것은 상관의 분노 섞인 질타뿐이었다. 우리는 2002년, FBI에서 문서번역을 담당했던 사이벨 에드몬즈Sibel Edmonds가 경험했던 일에 주목할 필요가 있다. 에드몬즈는 FBI가 완벽을 기하지 않고 부주의하게 정보부 문건을 번역해 내어 일련의 부적절한 결과를 낳았을 뿐 아니라, 자신이 동료요원의 스파이 활동을 고발했음에도 이를 적극적으로 수사하지도 않았다고 주장했다.(Lichtblau 2004c)

모두가 알고 있는 것처럼 FBI는 미국 행정부의 대표적 정보기관이다. 그럼에도 에드몬즈의 주장에 따르면 미국을 대표하는 이 정보기관은 세 가지의 결함을 안고 있다. 이 결함들을 열거하자면, 부실한 증거에 의존하는 근거의 취약성, 테러공격과 관련된 증거물을 정확하게 번역할 수 없는 언어적 무능력, 정당한 고발행위였음에도 내부 고발 내용을 묵살하는 근무태만이 바로 그것들이다. 에즈몬즈 사건이 발생하자 법무부는 언제나 그랬듯이 이 사건과 관련된 모든 세부사항을 "국가기밀"로 분류했다.(Lichtblau 2004c, A1) 법무부는 9·11 테러 희생자들이 제기한 소송의 재판에서 에드몬즈가 증언대에 앉을 수 없도록 조치를 취했을 뿐 아니라, 2002년의 의회보고서를 비롯해 그녀의 사건과 관련된 모든 수사내용이 기록된 감찰관 종합보고서를 기밀로 분류했다.(Files 2005, Lichtblau 2004a, *New York Times* 2005a 참조)

테러리즘과 관련된 정보를 담고 있는 문건을 정확하게 번역하는 작업과 연관된 문제는 계속해서 제기되었다. 9·11 테러가 발생하고 3년이 지날 때까지 FBI의 어학자들은 12만 시간에 달하는 테러 관련 녹음기록들을 번역하지 않고 있었다. 이 자료들에 테러사건을 분석하기 위해 반드시 필요한 내용이 기록되어 있을 수도 있는데 말이다. 설상가상으로 컴퓨터가 오작동을 일으키는 상황이 발생해 일부의 알카에다 음성기록물들은 삭제되기까지 했다. 법무부 감찰관 파인은, FBI가 도청장치뿐 아니라 또 다른 출처를 통해 수집된 테러리즘 관련 증거를 제대로 번역할 능력을 갖추고 있지 않다고 보고했다. 게다가 새로이 유입된 광대한 양의 자료들은 이미 FBI가 스스로 해결 가능한 범위를 초과했다. 9·11 테러사건 발생 하루 전인 2001년 9월 10일, 〈국가안보국〉National Security Agency 17은 알카에다의 메시지를 입수했다. 당시 그들이 입수했던 메시지는 "내일 시작할 것이다"
와 "경기가 시작될 것이다"였다. 불행히도 이 메시지는 바로 번역되지 않
았다. 9·11 테러의 비극이 발생하고 며칠이 지나서야 이 메시지는 번역되
었다.(Lichtblau 2004d, A1) 파인은 FBI의 언어능력을 검증하기 위한 조치가 예
정되어 있다고 말했다. 그리고 파인은 이를 검증하기 위해 필요한 세부사
항들이 과거에는 늘 무시되어 왔기 때문에 번역의 정확성을 둘러싼 불안
을 야기한 현실에 FBI가 봉착하게 된 것이라고 주장했다. 이렇게 일련의
부적절한 결과가 드러나자 미국 의회는 이구동성으로 FBI를 비판했다. 버
몬트 주의 민주당 상원의원 레이히는 의미심장한 질문을 제기했다 : "영어
가 아닌 외국어로 진행되는 정보부 표적인사들의 대화를 수천 시간의 분
량으로 녹음해 봤자, 우리에게 이 기록물들을 신속하고 안전하게, 그리고
정확하고 효율적으로 해석해 낼 능력이 없는데 이게 다 무슨 소용이란 말
인가?"(Lichtblau 2004d, A22) 찰스 그래슬리Charles Grassley 아이오와 주의 공화
당 상원의원은 이 말에 무게를 더했다 : "테러리스트들이 9월 11일에 미국
을 공격한 이래로, FBI는 미국 의회와 대중에게 FBI의 번역 프로그램이 제
대로 작동하고 있음을 알리는 방식으로 우리를 안심시키기 위해 노력해 왔
다. 불행히도 이 보고서에 따르면 FBI는 아직도 번역을 기다리는 수백 건의
오디오 자료를 가지고 있다. 현재 FBI는 이 테러정보의 바다에 빠져 허우적
대고 있다."(Lichtblau 2004d, A22, Scheuer 2004; Janofsky 2005, Weiser 2004 참조)

물론 이 장에서 우리가 언급한 테러와의 전쟁의 문제점은 당시의 상황
을 제대로 파악하기 위해 노력한 언론의 보도문과 파인 감찰관이 작성한
감찰 보고서 안에서 다루어진 인물들에게만 국한된 것이다. 이를 제외하고

---

17. [옮긴이] 국가안보국은 1952년에 설립된 미국 국방성의 정보수집기관으로서 CIA보다 중요
한 기밀자료를 취급하며 전군에 대한 감독권을 행사한다.

당시의 상황이 얼마나 끔찍했는지를 정확히 알고 싶어도 이를 알 방법은 거의 없을 것이다. 특히 사법행정과 기소과정에서 미국 행정부가 범한 오류와 과실, 그리고 그들의 잘못된 의사결정을 보여 주는 기록들이 상당 부분 은폐되고 있기 때문에 더욱 그러하다. 다음 장에서 우리는 지금까지 우리가 언급한 것과는 또 다른 문제, 즉 테러와의 전쟁 속에서 시민권의 근간을 뒤흔든 미국 행정부의 정책과 전술에 대해 살펴볼 것이다.

9장

시민권을 향한 공격

법학자들과 시민권 변호사들에 따르면 미국 행정부는 9·11 테러가 몰고 온 공포의 분위기 속에서 헌법의 상당 부분을 바꿔 버렸다.(Cole and Dempsey 2002; Gross 2003; Hentoff 2003c) 그 결과 헌법이 보장했던 다수의 권리들은 테러와의 전쟁 과정에서 등장한 새로운 법률에 따라 좌지우지될 운명에 처하게 되었다. 8장에서 논의한 것처럼 법무부는 〈애국자법〉을 등에 업고 테러리즘과 어떠한 연관도 없는 중동인들을 무분별하게 체포, 억류, 추방했다. 결론적으로 말해 일련의 행정조치들은 무고한 사람들을 체포하고 억류한 결과를 초래했을 뿐, 대중의 안녕과 국가의 안보를 위해 어떠한 기여도 하지 않았다. 이로써 누구 하나 이득을 본 사람이 없었다. 미국 의원들 가운데 누구도 〈애국자법〉의 위험성에 대해 공개적으로 언급한 적이 없었다. 342장에 달하는 이 법안은 매우 복잡했을 뿐 아니라 성급히 작성된 것 같았다. 이 법안의 위험성을 논하기 위한 공개심의회나 공청회는 개최되지 않았고, 이와 관련된 의회 보고서나 위원회 보고서도 제출되지 않았다. 미국 하원은 찬성 356표, 반대 66표로 이 법을 통과시켰다. 상원의원 가운데 위스콘신 주Wisconsin의 파인골드 위원만이 〈애국자법〉을 반대했다. 파인골드는 자신의 유명한 반대연설에서 이렇게 경고했다.

물론 우리가 경찰국가에서 살게 된다면 테러리스트를 훨씬 쉽게 잡을 수 있을 것이다. 이유와 시간을 막론하고 경찰이 당신의 집을 수색할 수 있는 국가에서 우리가 살게 된다면, 정부가 당신의 우편물을 열람할 수 있고 당신의 통화내용을 도청할 수 있는 국가에서 우리가 살게 된다면, 사유가 불확실함에도 정부가 독단으로 고안해 낸 조작된 이야기와 대부분 형편없고 단순한 그들의 의심만 있으면 사람들이 투옥될 수 있는 국가에서 우리가 살게 된다면, 의심할 여지없이 정부는 지금보다 더 많은 테러리스트를 색출해 내어 검거할 수 있을지도 모른다. 하지만 아마도 이러한 모습의 국가는, 우리가 살고자 하는 국가가 아닐 것이다. 그리고 이러한 모습의 국가는, 각자의 양심에 따라 우리가 젊은이들에게 그들의 목숨을 바쳐 꼭 지켜달라고 요구할 만한 국가의 모습도 아니다. 요컨대, 미국은 이러한 모습의 국가와 거리가 먼 것 같다. 우리가 지금 테러와의 전쟁에 관여하고 있는 중대한 이유 가운데 하나는 우리의 자유를 수호하기를 원하기 때문이다. 만약 미국인들의 자유가 희생된다면 총 한 발 맞지 않고도 전쟁에서 패한 것과 같다.(2001; Brill 2003 참조)

이 장에서 다뤄질 일련의 대테러전술과 더불어 〈애국자법〉에는 시민권을 향한 중대한 위협요인이 배치되어 있다. 〈애국자법〉은 일련의 저항행위를 범죄로 규정하고 반대의견의 숨통을 조일 잠재력을 갖고 있다. 여기서 우리는 테러와의 전쟁이 우리에게 제시하는 목적지의 참상과 자유의 사회에 미친 이 전쟁의 심각한 영향력을 살펴볼 것이며 이를 위해 최근의 사회적 상황들에 집중할 것이다. 이 논의의 시작에서 우리는 〈애국자법〉을 비판적으로 조명해 볼 것이다. 물론 이를 위해 우리는 미국 헌법과 권리장전 Bill of Rights이 보장하고 있는 시민권과 자유권에 대한 논의도 진행할 것이다.

〈애국자법〉에 관한 논쟁

〈헌법권리연구소〉의 낸시 챙Nancy Chang은 테러와의 전쟁을 향한 예리하고도 명료한 비판을 전개하며 〈애국자법〉의 세 가지 논쟁 지점을 지적한다.(2002) 첫째, 이 법은 "국내 테러리즘"domestic terrorism이라는 새로운 종류의 범죄개념을 만들어 정치적 발언과 정치적 참여의 자유를 보장하는 〈미국연방 수정헌법〉 제1조의 근간을 위태롭게 하였다. 그리고 〈애국자법〉은 외국계 국민들의 입국을 금지했다. 둘째, 미국 행정부의 감시권력을 강화해 국가가 개인의 사생활에 간섭할 수 있게 했다. 셋째, 비非시민권자들이 적법 절차를 밟을 수 없도록 이와 관련된 그들의 권리를 약화시켰고, 미국 행정부가 테러활동을 펼친 혐의를 씌워 이들을 억류하거나 추방할 수 있는 권력을 갖게 했다.(American Civil Liberties Union 2005, 2003a 참조)

챙이 언급한 첫 번째 내용을 살펴보면 우리는 〈애국자법〉 802항이 "국내 테러리즘"이라는 연방법상 유효한 범죄유형을 만들었음을 알 수 있다. 802항에 따르면, 국내 테러리즘의 의미는 "주로 미국의 사법권 안에서 등장하여, 미국 행정부의 정책을 위협하거나 강제할 의도를 지니고 있을 뿐아니라 인간의 생명을 위험에 빠뜨리는 형법 위반행위"까지 확장된다.(Section 802) 〈애국자법〉의 여러 특징들처럼 이 조항의 법률적인 적용 범위는 너무 광범위하며 모호하기까지 하다. 이 모호함은 〈애국자법〉의 위험성을 보여 준다. 다시 말해 연방 사법기관들은 이 조항을 토대로 정부 정책을 반대하는 정치 활동가들뿐 아니라 그들이 소속된 단체들을 쉽게 감시하고 수사할 수 있다. 실상, 이 법을 이용할 경우 사법기관들은 한 개인이 적법절차에 따라 표명한 정치적 반대의견까지 범죄행위로 규정할 수 있다. 챙은 본래 정치적 저항행위가 "정부 정책에 영향을 끼칠 목적으로 …… 사람들이 위협적 행동이나 상황을 이용해 벌이는 행위"임을 지적했다.(2002) 하지만 이 802항에 의하면 시민의 불복종, 즉 법률을 전혀 위반하지 않으면서 대부분 비폭력적으로 진행되는 정치적 반대행위조차 "인간의 생명을 위험에 빠뜨리는 행위"나 "형법 위반행위"로 해석될 것이다. 검사들이 시민운동가들의 정치적 반대행동을 모종의 파괴행위로 규정지을 경우 환경운동가, 낙태반대운동가, 반세계화운동가로 대표되는 단호한 정치행동을 하는 시민운동가들은 "국내 테러리스트"로 규정되어 체포될 수 있다.(Welch 2000a, 1999b, Welch and Bryan 1998, 1997 참조)

〈애국자법〉 411항은 미국 입국절차에 이념성 검사를 제도화했다. 411항은 미국 대중에게 낯선 정치적 입장이나 이데올로기를 엄중히 단속하겠다는 미국 행정부의 확고한 의지를 드러내고 있다. 411항에 따르면 정치단체 및 사회단체의 대표자들에게 뭔가 의심스러운 구석이 있다고 판단될 경우, 다시 말해 "국무장관이 이들의 정치활동과 사회활동이 대중에게 테러활동으로 비춰질 수 있고, 이들이, 미국 행정부가 테러사건의 발생횟수를 줄이고 테러리즘의 존재 자체를 제거하기 위해 벌이고 있는 일련의 작업에 해를 끼칠 것 같다고 판단할 경우" 이들 단체의 대표자의 입국은 허가되지 않는다. 411항은 〈맥캐런-월터법〉McCarran-Walter Act (1952) 1과 유사하다. 냉전기간 동안 국무부는 이 법을 통해 외국의 정치지도자들의 입국허가 여부를 결정했다. 이때 국무부는 그 정치지도자의 정치적 신념에 따라 입국 여부를 결정했다. 하지만 이 법은 1990년에 폐지되었다. 외국의 정치지도자가 주장하는 내용을 미국 시민들이 청취할 권리를 보장하는 〈미국 연방 수정헌법〉 제1조의 내용과 이 법이 대조를 이루고 있었기 때문이다. 〈맥캐런-월터법〉이 회귀한 것 같은 인상을 주는 411항은 사실상의 견제세력을 갖지 않는 국무부의 단독결정에 따라 적용되었다. 이로 인해 "특정 국가에서 테러활동을 찬성하고 지지해 온 정치행보를 통해 유명해진" 비시민권자들의 입국은 거부되었다.(Brown 2003; Chang 2002) 또한 〈애국자법〉은 대부분의 미국 시민이 당연시해 오던 자유의 영역, 즉 개인의 사생활을 파괴하는 세 가지 공격을 단행했다.

첫째, 〈애국자법〉을 통해 미국 행정부는 견제세력이 없는 매우 이례적인 감시권력을 갖게 되었다. 이 강력해진 감시권한을 이용해 미국 행정부는 개인의 이메일과 인터넷 이용내역을 열람해 볼 수 있었다. 또한 비밀리에 한 개인에 대한 수사를 진행할 수 있었으며 제3자에게서 타인의 민감한 신상기록을 획득할 수 있었다. 이뿐 아니라 개인의 금융거래 내역까지 열람할 수 있었으며 미국 전역을 도청할 수 있었다.

둘째, 〈애국자법〉은 "중대한 목적"을 위해 혹은 외국에 대한 정보를 획득하기 위해 수사가 진행된다는 점이 인정될 때에 한에서, 그리고 수사를 위한 필연적 이유가 존재할 때에 한해서, 법무부처들에게 도청과 수색의 권한을 부여하는 〈미국 연방 수정헌법〉 제4조를 교묘히 피해갈 수 있게 해 주었다.

---

1. [옮긴이] 1952년에 제정된 〈맥캐런-월터법〉은 미국의 이민법이자 국적법이다. 〈맥캐런-월터법〉는 법무부에게 테러리즘 같은 파괴적 행위에 가담한 이민자 혹은 귀화자를 국외로 추방할 수 있는 권한을 부여하고 있다.

셋째, 〈애국자법〉은 법무부처와 정보부처가, 23인 이하로 구성되는 대배심원과 관련된 정보뿐 아니라 여타의 정보를 서로 공유할 수 있게 하여, 과거에 CIA가 진행했던 국내 첩보활동을 부활시키기 위한 교두보가 되었다.(Chang 2002, 47; American Civil Liberties Union 2003b 참조)

일부 의원들은, 〈애국자법〉이 강화한 감시절차가 미국 시민들의 사생활을 심각한 위험에 빠뜨렸음을 인정했다. 〈애국자법〉에 최소한의 안전장치를 마련하기 위해 의회는 "석양 조항"sunset clause을 고안해 냈다. 이 조항에 따라 일련의 강력한 감시절차는 2005년 12월 31일을 기점으로 법적 효력을 상실했다. 하지만 이를 제외한 다수의 조항들은 이 기한이 지나도 법적 효력을 유지했다. 특히 외국정보수사와 관련된 사건들에서 말이다. "석양 조항"의 도입을 반대한 부시 행정부는 강화한 감시절차를 지속시키라고 의회에 압력을 넣었다. 재선 유세기간 동안 부시는 이렇게 주장했다 : "〈애국자법〉을 비판하는 사람들은 지금 미국을 지키는 최전선에 있는 사람들이 하는 말에 귀를 기울여야 한다. 〈애국자법〉은 우리의 자유와 헌법을 지켜주고 있다."(Nagourney 2004a, A18)

〈애국자법〉이 통과되자마자 법무부는 통신사업체들에게 그들의 고객정보를 넘겨달라고 막무가내로 요구했다. 또한 법무부는 정보를 얻기 위해 반드시 요구되는 적법절차를 밟지 않았다. 소환장이나 법원명령서 없이 법무부는 국가안보와 애국심을 내세워, 통신사업자들이 자발적으로 법무부처가 요구한 기록을 넘겨줘야 한다고 주장했다. 이에 따라 진보자유협회장 제프리 아이센나크Jeffrey Eisenach는 "고객들이 〈아메리카 온라인〉이나 〈마이크로소프트〉가 보유하고 있는 자신들에 관한 개인정보가 이민국이나 FBI에 전달되고 있음을 알고 있어야 한다"고 언급했다. 또한 그는 지금까지 개발된 첨단기술로 인해 "미국 행정부가 사실상 모든 사람들의 행방을

감시할 능력을 갖게 되었다"고 주장했다.(Bensor 2002, 28; Parenti 2003)

　미국 행정부는 미국 시민들에 관한 개인정보를 수집하는 자신들의 능력을 활성화하기 위해 혈안이 되어 있었다. 그들의 강박증은 도서관이 보유한 시민정보에까지 손을 뻗게 했다. 〈전미도서관협회〉American Library Association 회장 에밀리 셰케토프Emily Sheketoff는 이 같은 상황을 목격하고 미국 행정부의 움직임이 정말 "두려울 정도"라고 언급했다.(Blumner 2002, 13A) 이에 따라 FBI가 도서관 이용기록을 얻어내기 위해 〈애국자법〉 215항을 이용하고 있다는 비난이 일었다. 이 비난을 되받아치며 애쉬크로프트 법무장관은, 〈전미도서관협회〉가 제기한 도서관 이용자들의 사생활이 침해받고 있다는 염려 섞인 주장을 "근거 없는 히스테리"로 규정했다. 셰케토프는 즉각 애쉬크로프트의 이 언급을 반박하고 나섰다 : "그가 우리를 이렇게나 세밀하게 수사하고 있는 게 사실이라면 우리는 분명 충격 받을 것이다."(Lichtblau 2003g, A23) 애쉬크로프트와 셰케토프 사이의 논쟁을 살펴본 언론은 흥미로운 사실 하나를 발견했다 : "연방부처가 〈애국자법〉을 이용해 실제로 얼마나 많은 도서관 기록을 열람했는지는 결코 밝혀질 수 없을 것이다. 이 내역 조회와 관련된 기록이 모두 기밀로 묶여 있기 때문이다. 이 기록은 또한 발언금지로도 묶여 있다."(Lichtblau 2003g, A23) 언론이 이 점을 보도하고 며칠이 지났을 때 법무부는 담화를 발표해 이 문제와 관련된 논란을 잠재우려 했다. 이 담화는 연방부처가 도서관 이용내역을 열람하기 위해 215항을 이용하지 않았음을 지적하고 있었다. 그럼에도 이와 관련된 의혹은 수그러들지 않았다. 미국 행정부가 테러리스트를 색출하기 위해 도서관 이용내역을 손에 넣지 않았다면, 그 때 그들이 215항을 이용하지 않았다면 215항이 존재해야 할 이유는 무엇이란 말인가. 콜은 미국 행정부가 미국 시민들 사이에 실질적인 위축효과chilling effect 2를 발생시키기 위해 〈애국자법〉을 이용했다고 주장했다.(Lichtblau 2003h, A20; Hentoff 2003d) 다시 말해 미국 행정부에게 〈애국자법〉의 가치는 법률 그 자체보다는 그 법률을 사용하면서 발생하게 될 부산물에 있었다. 〈애국자법〉을 이용해 미국 행정부는, 그들이 아닌 여러 단체들이 미국 시민들의 사적 공간에 침입할 수 없게 했다. 그들이 철저하게 감시하고 있는 상황에서 누구도 미국 시민들에게 접근할 수 없게 되었다. 그러나 동시에 미국 행정부는 〈애국자법〉을 이용해 "빅 브라더"Big Brother■를 창조했다. 이 결과, 대중은 빅 브라더가 항상 그들을 지켜보고 있다고 믿게 되었고 이로 인해 공포에 빠졌다. 미국 행정부는 그야말로 완벽한 사회통제 방법을 고안해 냈다.3 (Parenti 2003, Staples 1997 참조)

〈애국자법〉의 도구

〈애국자법〉의 도구상자를 살펴보면 미국 행정부가 감시권력을 강화하기 위해 이용한 일련의 전술도구가 발견된다. "도청과 감청"sneak-and-peek과 국제 수사기록이나 인터넷 이용내역을 자유로이 열람하는 수사방법이 그것이다.(Chang 2002; New York Times 2004k) 〈애국자법〉 213항에 따라 연방부처는 개인의 주택이나 사무실을 "도청과 감청"을 동원해 수사할 수 있다. 수사가 끝날 때까지 연방부처는 이러한 공간들을 대놓고 도청할 수 있고 이를 위해 수색영장을 제시하지 않아도 된다. 다시 말해 이들은 이제 기존에 요구되었던 적법절차를 밟을 필요가 없다. 정치평론가들은 이 같은 수사방법이 헌법의 원칙을 위배한다고 주장했다. 그래서 이들은 "도청과 감청"을

---

2. [옮긴이] 위축효과란 상대방을 두렵게 할 만한 것을 이용해서 상대방의 말과 행동을 통제했을 때 나타난다. 예컨대, 한 인물이 법적 책임을 두려워한 결과, 자신의 언행을 조심하고 사회 순응적인 삶을 살고 있을 때, 우리는 그 인물에게 위축효과가 발생했다고 말할 수 있다.

3. 2004년 7월, 미국 행정부가 테러수사를 목적으로 도서관이나 서점의 이용내역을 열람할 수 없게 하는 〈애국자법〉 수정안이 미국 하원에서 입법되었으나 지극히 당파적이고 잔혹한 표결과정의 결과, 한 표차로 기각되고 말았다(Lichtblau 2004k, A16).

동원한 수사방식을 반대했다. 헌법의 원칙에 따르면 법무부처의 요원들은 수사를 시작하기 전에 그들이 수색할 장소에 방문해 "문을 두드리고" 그 장소의 주인에게 "이 [수사] 사실을 알려야" 한다. 요원들이 주인에게서 수사에 관한 허가를 받아야 하기 때문이다. 이는 〈미국 연방 수정헌법〉 제4조의 합리적 요구조건을 따른 것이다.(*Wilson v. Arkansas* 1995) 따라서 〈애국자법〉 215항은 〈미국 연방 수정헌법〉 제4조와 정면충돌하고 있는 것이다. 나아가 215항은 〈연방형사소송규칙〉 Federal Rules of Criminal Procedure 제41조에도 부합하지 않는다. 〈연방형사소송규칙〉은 수사관이 피수사자의 사유재산을 압수하려는 경우 수사관은 보증서 사본과 압수물품에 관한 인수증을 제공해야 함을 규정하고 있다. 하지만 215항에 따르면 수사관들은 이렇게 할 필요가 없다. 215항이 우리의 눈을 끄는 이유는 이것만이 아니다. 215항은 테러수사에 국한되어 적용되지 않고 모든 범죄수사에서 이용될 수 있다. 또한 215항은 법적 효력이 만료되는 시한도 갖지 않는다.(*New York Times* 2004l 참조)

〈애국자법〉의 감시권력은 기존에 분명한 효력을 발휘하고 있던 〈미국 연방 수정헌법〉과 연방법의 영향력을 추락시켰다. 또한 215항은 1978년에 제정된 〈해외정보감시법〉 Foreign Intelligence Surveillance Act의 법적 영향력을 대폭 강화했다.(FISA : 50 U.S.C. 1978) 215항은 FBI 국장뿐 아니라 특수수사 보조기관의 하급직원이 벌이는 수사 활동도 철저히 보호해 준다. 따라서 이들은 215항을 등에 업고 법원명령을 이용해, "국제 테러리즘이나 첩보활동에서 미국을 보호한다는 명목"의 수사를 진행하기 위해 필요한 "서적, 신문, 서류 같은 모든 종류의 물적 자료"를 달라고 요구할 수 있었다. 따라서 법원명령을 요구할 때 미국 행정부는, 법원이 "법원명령 요구서에 기록된 인물이 외국의 권력자이거나 외국의 권력단체의 요원이라고 믿도록 하는, 실제적인 근거를 토대로 하는 명증한 사실"을 제시하지 않아도 되었다. 또한 FBI는 피수사자의 기록을 조회하는 과정에서 잘못된 조치를 취해도 어떠한 의심도 받지 않았다. 215항은 외국의 권력자나 외국 권력단체의 요원들에게만 적용되지 않는다. 미국 시민들과 미국 영주권자도 그 영향권에 포함되어 있다. 의회는 215항의 집행을 감독할 목적으로 법무장관에게 215항을 토대로 진행된 수사 활동내역을 매년 두 차례 보고하라고 요구하고 있다. 2006년 3월의 개정에 따라 이 같은 의회감독이 가능해졌다.

〈애국자법〉이 미국 시민들의 인터넷과 전화 이용내역을 열람할 수 있는 권한을 갖는다는 사실은 우리가 언급할 두 번째 논란을 일으켰다. 한 검사에게 필요한 어떤 정보가 "진행되고 있는 범죄수사와 관련이 있다"고 증명되면 216항에 따라 법원은 전화기의 발신번호를 기록하는 펜 레지스터pen register 장치뿐 아니라 수신번호를 기록하는 트랩-앤-트레이스trap-and-trace 장치를 해당 장소에 설치하도록 명령해야 한다. 이들 장치는 피수사자의 전화와 인터넷 이용내역에 기록된 다이얼, 경로, 주소, 신호와 관련된 정보를 추적한다. 216항은 수사관들에게 통신내용 수사에 관한 권한은 부여하고 있지 않다. 하지만 216항은 모든 통신상황의 다이얼 정보와 통신내용의 경계를 명확히 구분하지 않는다. 전화통화에서는 다이얼 정보가 통화내용과 구별되고 있지만 이메일 메시지의 경우는 사정이 다르다. 또한 216항은 피수사자가 웹사이트나 웹페이지를 방문한 기록에 다이얼 정보나 통신내용이 포함되는지를 정확히 언급하지 않는다. 이런 법률 해석의 모호성 때문에 〈애국자법〉은 미국 행정부가 216항이 언급하고 있는 내용을 상당히 폭넓게 해석할 수 있게 해 준다.

이렇게 문제를 가중시키고 있는 216항은 미국 행정부가 "카니보어" Carnivore나 "DCS 1000"을 설치할 수 있게 했다. "카니보어"나 "DCS 1000"은 이메일 내용, 웹페이지 방문내역, 인터넷 통신내역 같은 다양한 인터넷 활동을 감시하는 강력한 도구다. 또한 인터넷 서비스 사업자가 네트워크를 통해 전달하는 모든 정보, 다시 말해 감시되는 대상이 전달한 정보의 내용

뿐 아니라 이 네트워크를 이용하는 사람들의 모든 정보를 추적할 수 있다. FBI는 "카니보어"가 자체 필터 프로그램을 이용해 법원명령에 따라 엄격하게 명령된 메시지만 선별해 추적하고 있다고 주장했다. "하지만 '카니보어'의 필터 프로그램의 정확성과 프로그래머의 완벽성 가운데 어떤 것도 증명되지 않았다."(Chang 2002, 55; Parenti 2003) 이러한 감시의 속성 이외에, 시민권 단체들은, 216항과 관련된 여러 우려 가운데 216항에 법적 효력 상실기한이 없음을 지적한다.

나아가 시민권 단체들과 일부 의원들은, 부시 행정부가 뻔뻔스럽게도 감시활동에 관한 법률 감독과 검토 과정을 요구하는 〈미국 연방 수정헌법〉 제4조를 준수할 의무가 있음에도 이를 지키지 않으려 하고 있어 기겁하고 있다. 데니얼 J. 브라이언트Daniel J. Bryant 법무차관은 일부 상원의원에게 편지를 보냈다. 이 상원의원들은 외국의 국가안보 위협사건을 수사하기 위해 〈미국 연방 수정헌법〉 제4조의 법적 효력을 상실시키는 데 찬성한 인물들이었다. 이 편지에서 브라이언트는 다음의 논리를 제시했다 : "여기, 〈미국 연방 수정헌법〉 제4조의 목적을 보면, 자기방어에 관한 권리는 단 한 명의 개인이 아닌 국가와 시민들의 것이다. 미국 행정부가 자기 방어에 대해 더욱 관심을 갖게 될 경우, 치명적인 군사력의 사용이 정당화될 것이다. 그렇게 될 경우, 이 정당화에 따라 영장 없는 수색까지 분명 정당화될 것이다."4 (Chang 2002, 56 참조)

부시 행정부는 218항을 이용해 "권력분립론"의 근간을 뒤흔들 계획을 세웠다. 사실, 218항은 〈도청 및 물리적 수색에 관한 해외정보감시법〉FISA's

---

4. 브라이언트 법무차관은 〈애국자법〉이 의회에서 심의되고 있는 동안 다음의 상원의원들, 밥 그레이엄(Bob Graham), 오린 해치(Orrin Hatch), 레이히, 리차드 셸비(Richard Shelby)에게 발신일자도 기록되지 않은 9장의 편지를 보냈다. 〈헌법권리연구소〉의 챙은 이 편지의 사본을 보관하고 있다(Chang 2002, 56 참조).

Wiretap and Physical Search Provision의 일부 조항을 수정한 결과에 불과하다. 이는 영장 없는 수사를 실현시켜 주었다 : "〈해외정보감시법〉에 따른 법원 명령은, 미국 행정부가 범죄수사를 진행할 때 〈미국 연방 수정헌법〉 제4조가 요구하는 범죄사실에 관한 필연적 사유를 제시하지 않아도, 외국의 정보를 얻기 위해 도청과 물리적 수색을 진행할 수 있게 해 주었다."(Chang 2002, 54~56) 하지만 미국 행정부는, 동부 미시건 주 연방법원이 미국 행정부를 상대로 제기한 소송 때문에 발목이 잡히고 말았다. 미국 대법원은 닉슨 대통령이 그의 재임기간 중 국가안보와 관련된 범죄사실을 수사할 때 외국과 관계가 전혀 없는 국내의 단체들을 영장 없이도 도청할 수 있게 해 준 것에 문제가 있었다고 판결했다. 대법원은 판결문에서, 각각의 정부부처 사이의 권력분립과 기능분할을 유지하기 위해 영장신청에 대한 법률 감독을 계속할 필요가 있음을 재차 강조했다. 이 판결은 218항의 합헌성을 의심스럽게 만들었다. 그리고 〈미국 연방 수정헌법〉 제4조가 요구하는 범죄자 기소시의 "필연적 이유"를 거의 무시하고 있는 미국 행정부는 이 판결로 인해, 앞으로 다양한 난관에 빠지게 될 수 있었다. 법원들은 미국 행정부가 불법적으로 수집한 증거들을 위법수집 증거 배제원칙exclusionary rule에 따라 기각할 수 있게 되었다. 218항은 2006년 3월에 갱신되었다.5 (Chang 2002; Lichtblau and Liptak 2003)

마지막으로, 〈애국자법〉이 논란을 일으킨 세 번째 도구는 미국 사회가 비시민권자를 위해 유지해 온 헌법적 보호조치에 관한 것이다. 프로파일링

---

5. 민감한 범죄사실과 외국 정보부 문건의 공유를 허가하는 203항은 이외에도 시민권 단체들의 우려를 자아내는 또 다른 문제를 안고 있다. 203항의 또 다른 문제는 증인의 자유롭고 솔직한 증언을 보장하기 위해 엄격한 비밀주의 규정을 준수해 온 대배심원 절차를 이제 일부에게 공개해야 한다고 규정하는 데 있다. CIA와 연방부처가 이들 증언을 기밀로 유지해 공유한다고 해도 203항은 대배심원의 완결성을 약화할 위협요인을 내포하고 있다는 점에서 문제적이다(American Civil Liberties Union 2003a, 2003b; Chang 2002).

과 억류조치에 관해 6장에서 분명히 설명한 것처럼 미국 행정부는, 9·11 테러공격 이후에 등장한 사건들에서 무고한 중동인들과 남아시아인들을 무자비한 방법으로 체포하고 억류했다. 설상가상으로 〈애국자법〉의 411항과 412항은 비시민권자들이 마땅히 누려야 할 적법절차와 〈미국 연방 수정헌법〉 제1조가 보장하는 내용을 그들이 누릴 수 없게 했다. 411항은 "테러리즘", "테러활동 가담", "테러단체 조직"의 의미를 확장했고 미국 행정부가 테러리즘을 근거로 수많은 비시민권자들을 손쉽게 추방할 수 있게 해 주었다. 이와 유사하게 412항은 비시민권자들의 추방심의가 진행될 때 미국 행정부가 이들을 억류시킬 수 있도록 해 주어, 결론적으로 미국 행정부에게 더 큰 권력을 부여하였다.6 (Cole 2003, 2002; Cole and Dempsey 2002)

역풍을 맞은 반테러법

〈애국자법〉이 제정된 이후 몇 년이 흐르는 동안, 법원은 〈애국자법〉에서 논란을 일으킨 일부 조항들의 합헌성을 놓고 고심해 왔다. 그 결과, 법원은 〈애국자법〉을 고안한 의원들과 주요 행정부 인사들이 역풍에 직면하도록 했다. 미국 법원은 〈애국자법〉이 위헌이라고 판결했을 뿐 아니라

---

6. 시민권 단체들과 피고인 변호사들은, 미국 행정부가 테러용의자들이 변호인의 조력 받을 수 없는 사회적 분위기를 만들기 위해 전략적으로 위축효과를 발생시키고 있는 상황에 대해 우려를 표했다. 린 F. 스튜어트(Lynne F. Stewart)와 관련된 일련의 소송 결과들은 미국 행정부의 이 같은 감시권력의 진상을 보여 주었다(Glaberson 2005d). 당시 스튜어트는 셰이크 오마르 아브델 로흐만(Sheik Omar Abdel Rohman)이라는 죄수를 변호하고 있었다. 로흐만은 뉴욕 시의 거점들을 공격할 음모를 꾸민 죄로 1995년 유죄판결을 받았고 이로 인해 종신형이 선고되어 연방교도소에 수감되었다. 그런데 2005년, 법원은 스튜어트가 연방법에 따라 로흐만과 그의 동료들 사이에 대화가 이루어지지 않게 하겠다고 서약했음에도 이를 지키지 않고 미국 행정부를 상대로 거짓말을 한 점과 테러단체에 물적 원조를 제공한 점을 모두 인정했다. 그 결과, 그녀는 유죄판결을 받고 말았다(Preston 2005). 정치평론가들은 변호사와 의뢰인 사이에 전개되는 대화를 엿듣고 기록하는 것을 허용하는 이 새로운 법률이 변호인의 충분한 조력을 받을 권리를 요구하는 〈미국 연방 수정헌법〉 제6조를 위반하고 있다고 비판했다(Napolitano 2005).

이 법의 주요 조항들에 문제가 있음을 지적했다. 2004년 9월, 맨해튼 연방 법원 판사 빅터 마레로Victor Marrero는 〈애국자법〉의 주요 감시조항을 비판했다. 그는 미국 행정부가 견제 없는 권력을 얻어 개인정보를 수집해 온 사실을 제시하며, 〈애국자법〉이 미국 헌법을 여러 부분에서 위배한다고 판결했다. 그의 판결에 따르면 505항은 〈미국 연방 수정헌법〉이 보장하는 자유발언권이나 불합리한 수사로부터 보호받을 권리를 모두 위반하고 있다. 이에 따라 또 다른 법원들도 이와 유사한 판결을 내릴 수 있게 되었다. 〈미국민권자유연맹〉은 이 문제와 관련된 또 다른 소송을 제기했다. 이는 국가안보명령서로 알려진 소환장 문제에 관한 것이었다. 미국 행정부는 국가안보명령서를 이용해 인터넷 서비스 사업자에게, 이용자의 성명, 주소, 신용카드 사용내역, 온라인 활동에 관한 세부사항뿐 아니라 그들의 개인정보까지 전달할 것을 요구하였다.(John Doe, American Civil Liberties Union v. John Ashcroft and FBI Director Robert Mueller 2004)

또한 505항은 이 소환장을 받은 사실을 변호사뿐 아니라 누구에게도 발설하지 못하게 하고 있다. 505항에 따르면 이 소환장은 법원명령 없이 발부된다. 마레로 판사는 505항이 [법적용의 모호하고] "포괄적인 범위"all-inclusive sweep를 가지고 있다는 점에서 독단적인, 그리고 "우리의 열린사회 속에서는 발 디딜 곳이 전혀 없는" 위헌적 조항이라고 주장했다.(Preston 2004a, A26) 정확히 말하자면 마레로 판사는 이 소환장이 법원의 검토 없이 발부된다는 점, 즉 〈미국 연방 수정헌법〉 제4조에 대한 위반이라는 점에서 이 같은 판결을 내렸던 것이다. 법원 판결논평자이자 언론 법률분석관인 앤드류 나폴리타노Andrew Napolitano 판사는 "마레로의 이러한 판결로 인해 FBI가 이 소환장을 발부하지 못하게 되었다"고 말했다.(Hentoff 2004a, 26; Preston 2004a 참조) 즉 마레로 판사에게 〈애국자법〉이 반격당한 것이다.

2003년, 〈애국자법〉은 또 다른 역풍을 맞았다. 샌프란시스코의 제9차 연방순회 항소법원은 〈테러방지와 효율적 사형집행에 관한 법률〉이 위헌임을 판결했다. 이 법은 테러조직으로 지목된 집단에 원조를 제공하는 행위를 범죄로 규정하기 위해 1996년에 제정되었다. 터키의 쿠르드인들과 스리랑카의 타밀인들에게 인도주의적 원조와 법률 조언을 제공한 두 단체에 대한 재판에서, 배심원단은 테러조직의 혐의를 쓴 단체들이 테러단체에 원조를 제공하지 않았음이 명백하며 오히려 무고한 이들이 〈테러방지와 효율적 사형집행에 관한 법률〉 때문에 위태로운 상황에 놓이게 되었다고 판결했다.(*Humanitarian Law Project v. Ashcroft* 2003) 이 법에 관한 미국 행정부의 해석을 살펴본 법원은, 스리랑카의 불법집단이 운영하는 보육원에 기부를 하거나 쿠르드인 포로들을 돕기 위해 제과 판매대에서 쿠키를 구매한 사람이, 자신의 인도주의적 의도와는 상관없이 테러집단을 지원한 죄로 기나긴 형량을 선고받을 위험에 처해 있음을 발견했다. 나아가 법원은, 아무리 테러집단이라고 할지라도 이들을 훈련시키고 이들에게 요원을 충원해 주는 일이 불법으로 규정될 수 없다고 주장했다. 미국 헌법이 개인의 자유의사를 존중하고 있기 때문이다. 이와 유사하게 이 법은 미국 헌법이 보장하는 자유발언권을 침해하고 있었다. 이 재판에서 인도주의 단체의 변호를 맡은 콜은 이렇게 역설했다 : "미국 행정부가 이 법을 이렇게 해석할 경우, 미국 시민들은 아무리 관심이 있어도 미국 행정부가 테러단체로 지목한 무고한 단체들의 활동지역으로 인도주의적 원조를 제공할 수 없게 된다. 모든 이들이 이러한 극단적 위축효과에 영향을 받게 된다면 더 이상 어떤 선행도 발생하지 않게 될 것이다."(Lichtblau 2003i, A37)

　　미시간 주Michigan에서 〈미국민권자유연맹〉은 〈애국자법〉 215항을 비판했다. 215항에 따라 FBI는 테러활동과 관련된 물적 증거를 얻기 위해 필요한 법원명령을 쉽게 받을 수 있었다. 이 법원명령에 따르면 미국 행정부가 어떠한 물적 증거를 테러활동과 관련되어 있다고 판단할 경우, 미국의 모든 단체는 행정부가 요구한 그 물적 증거를 FBI에게 전달해야 한다. 〈애국자법〉이 존재하지 않았을 때는 이와 상황이 달랐다. 과거의 수사관들은 법원명령을 받기 위해 특정 단체나 특정 인물이 외국 정부에 소속된 첩자이거나 테러리스트임을 증명해 법원을 납득시켜야 했다. 〈미국민권 자유연맹〉은 215항이 미국 시민의 사생활뿐 아니라, 그들이 응당 누려야 할 적법절차와 자유발언권을 침해하고 있다고 주장했다. 또한 연방요원들에게 견제권력 없는 무소불위의 권력을 보장해, 미국 시민을 상대로 첩보전을 펼칠 수 있게 해 주었다고 역설했다. 한 재판기록에 따르면, 앤아버Ann Arbor 7의 한 이슬람교도와 6개의 이슬람교 집단은 FBI가 부당한 방법으로 자신들을 선별해 심문했다고 진술했다. 이들 가운데 일부는 구속된 이후에 추방되었다. 재판에서 이들을 변호한 앤 비슨Ann Beeson은 이렇게 말했다 : "우리는 미국 헌법이 진정 우리 편이라고 생각한다."(Lichtblau 2003j, A17; Preston 2004a 참조)

질식 직전의 〈미국 연방 수정헌법〉 제1조와 정치적 반대

국가안보가 위험에 처해 있을지라도, 대중이 한 국가의 주요 의사결정에 참여한다는 민주사회의 특징을 유념한다면 우리는 〈미국 연방 수정헌법〉 제1조가 보장하는 자유, 특히 발언과 집회의 자유가 이러한 시기에도 위축될 수 없음을 알 수 있다.(Stone 2004; Hitchens 2004; Kakutani 2004 참조) 변호사 챙은 이 점을 지적하고 있다 : "위기는 우리에게 가장 중대한 문제에 대한 판단을 요구한다. 전쟁을 선포해야 할지, 군사행동을 취하고 시민들에

---

7. [옮긴이] 앤아버는 미국의 미시간 주 남동부에 자리 잡고 있는 도시다.

게 군복무를 강요해야 할지, 정치적인 자유와 개인의 자유를 제한해야 할지, 누구를 친구라고 부르고 누구를 적이라고 불러야 할지를 결정하도록 한다. 지금 보니 군인과 민간인, 그리고 미국인과 외국인의 사망자 수가 균형을 이루고 있는 것 같다. 이미 내려진 결정들 때문에, 장기적으로 펼쳐질 어떤 반발현상이 미국의 지리적 경계를 한참 넘어선 곳에서 분명 발생할 것이다."(2002, 92) 미국의 권위주의 지배체제가 〈미국 연방 수정헌법〉 제1조를 취약하게 만들었다는 점은 테러와의 전쟁과 그 확장판인 이라크 전쟁을 통해 드러났다. 이를 염려하며 앤토닌 스컬리아Antonin Scalia 판사는 존 캐롤 대학에서 가진 연설에서 이렇게 언급했다 : "지금 당신들이 누리고 있는 대부분의 권리는 미국 헌법에 쓰여 있지 않다. 미국 헌법이 당신이 지켜야 할 최소한의 것들만 명시하고 있기 때문이다. 물론 미국 행정부가 전쟁 상황에서 취할 각종 보호조치들도 미국 헌법처럼 사람들에게 최소한의 것만 요구해야 한다."(Hentoff 2003b; Lawyers Committee for Human Rights 2003) 8장에서 다룬 것처럼 정부의 비밀주의는 국가안보와 전쟁수행 같은 중대한 문제를 대중이 인식할 수 없게 했고 이들에게서 이 같은 문제를 결정하는 권한을 박탈했다. 게다가 9·11 이후의 미국 사회는 자유주의적 시민들이 염려할 만한 일련의 상황을 경험하고 있다. 미국 행정부는 정치 활동가들을 침묵시키기 위해 이들의 정치적 연대를 범죄행위로 규정했다.

〈미국 연방 수정헌법〉 제1조는 표현의 자유뿐 아니라 한 집단의 정치적 행동을 위해 한 개인이 다른 개인과 자유로이 연대할 수 있는 권리를 보장한다.(*Bates v. City of Little Rock 1960; NAACP v. Alabama ex rel Patterson* 1958) 미국 대법원이, 합법과 불법의 경계에 관계없이 한 개인이 어떤 단체에 가입하는 행위가, 유죄판결을 위한 사유로 절대 채택될 수 없다고 판결한 것은 〈미국 연방 수정헌법〉 제1조에 따른 것이다.(*NAACP v. Claiborne Hardware Co. 1982; Scale v. United States 1961; United States v. Robel* 1967) 우리는 1950년대를 휩쓴 매카시 시대의 소동을 기억하고 있다. 충성심의 망령이 깃든 정치지도자들이 공산주의자들을 마녀사냥하던 그 때를 말이다. 이 빨갱이 소동은 자유 및 결사의 권리의 근간을 위협했고 미국 사회가 헌법이 보장하는 이 권리를 향해 의심의 눈초리를 보내도록 만들었다. 이는 미국의 역사에서 분명 어둠의 시기였다.(Goldstein 1978; Murphy 1972; Welch 2000a) 이와 유사하게 9·11 테러공격 이후, 부시 행정부는 테러활동에 가담한 사람들을 넘어서 "테러리스트의 철학을 지지하는 모든 사람들"까지 사냥하겠다고 맹세했다. 이뿐 아니라 테러리스트를 색출하기 위해 여러 불길한 조치들을 진행시켰다.(Sanger 2002, A1) 부시의 "거친 담화" 속에서 핵심을 이루고 있는 이 주장을 간과한 사람도 있을 것이다. 하지만 정치의 자유, 결사의 자유를 범죄로 규정하는 전술을 통해 그의 말은 오랜 시간 동안 울려 퍼졌다. 테러와의 전쟁의 이름으로 미국 행정부는, 국무장관이 직접 테러집단으로 지적한 단체뿐 아니라 정치활동에 참여한 (비)시민권자들을 공격할 대상으로 설정했다.(Chang 2002; *International Herald Tribune* 2003b)

〈애국자법〉과 〈테러방지와 효율적 사형집행에 관한 법률〉은 여러 행정부처들이, 미국 행정부가 테러조직으로 지목한 단체에 가담한 사람들을 처벌할 수 있게 해 주었다. 물론 미국의 역사에서 전례 없는 일이었다. 국무장관이 "외국 테러단체"로 분류한 약 33개의 조직들 가운데 단 한 곳에라도 물적 원조를 제공한 사람은 누구든지 처벌되었다. 정치평론가들은 외국의 테러단체들에 대한 목록이, 실상 어떠한 혁명을 시도한 적도 없고 미국을 직간접적으로 위협한 적도 없는 평범한 단체들까지 다루고 있다고 비판했다. 또한 이들은 이 목록이 명확한 기준에 의해 작성된 것도 아니라고 말했다.(Chang 2002; *Imperial Hubris* 2004 참조) 테러와의 전쟁이 빠른 속도로 국제적 규모로 확대되고 있는 상황에서 이보다 더 많은 단체들이 외국 테러단체에 관한 목록에 추가될 가능성이 있었다. 나아가 전쟁의 규모가 확산됨에 따라 대테러수사망도 확대될 가능성이 있었다. 이로써, 미국의 국가안보에 전혀 위협을 가한 적이 없었던 사람들이 테러용의자가 되어 체포될 가능성이 훨씬 높아졌다.(Dreyfuss 2002a)

이와 유사한 욕망에 따라 부시 행정부는 다분히 비폭력적인 시민의 불복종을 비롯한 정치적 반대행위를 제압해 왔다. 특히 법무부와 FBI는 지방경찰청이 좌파 정치조직에 침투해 좌파적 정치성향을 가진 자들을 감시하고 처벌할 수 있도록 전보다 더 많은 자금과 기술을 지원했고 이 지원수준을 계속 향상시켰다.(Dreyfuss 2002b; Hentoff 2004b, 2003a) 덴버 경찰청은 3천 2백 명 이상의 참가자와 208개의 참가단체가 개최한 평화적 정치집회를 상대로 대규모의 "스파이 수사"를 진행했다. 이때 이른바 "좌파분대"red squad■가 덴버Denver에 등장하여 덴버 경찰청을 도와주었다. 덴버 경찰청은, 1947년의 노벨평화상 수상에 빛나는 〈미국 프렌드교회 사회복지사업회〉American Friends Service Committee뿐 아니라 세계 곳곳의 억압된 정의를 회복하기 위해 애써온 〈국제사면위원회〉를 감시했다. 또한 북미와 치아파스 원주민들의 권리를 개선하고 경찰의 부정을 비판하기 위해 열렸던 정치집회에 참여했던 조직들도 덴버 경찰청의 감시대상이 되었다.(Cart 2002; *New York Times* 2002) 2002년, 〈미국민권자유연맹〉은 〈미국 프렌드교회 사회복지사업회〉와 또 다른 스파이 수사 대상 단체들을 대변해 집단소송을 제기했다. 이를 통해 〈미국민권자유연맹〉은 덴버 경찰청이 더 이상 이들 단체를 감시할 수 없게 하는 법원 금지명령을 받아내고자 했다. 이와 관련된 소송에서 덴버 경찰청이 스파이나 이용할 법한 방법에 의존해 온 사실이 부각되었다. 다시 말해 덴버 경찰청이 적법절차를 무시하고 평화집회에 참여한 사람들을 사진기나 캠코더로 비밀리에 촬영했음이 드러난 것이다. 나아가 덴버 경찰청은 "스파이 수사"의 결과물을 다른 법무부처와 공유한 점에서 비난을 피할 수 없었다. 이 수사 결과물이 또 다른 곳으로 유출되지 않으리라는 법도 없었다.

이 소송을 담당한 판사는 〈미국 연방 수정헌법〉 제1조와 제4조를 인용하면서, 덴버 경찰청이 노벨평화상을 수상한 평화주의 퀘이커교 단체를 "과격 범죄단체"로 지목한 것에 크나큰 문제가 있었다고 언급했다. 되짚어보면 당시 덴버 경찰청은, 이러한 과정을 통해 앞서 언급한 사회적 위축효과를 발생시켰던 것이다. 명백한 평화주의 단체까지 과격한 범죄단체로 조작되어 지목되는 현실 속에서 사회 운동가들은 사회운동 단체에 가입하는 것에 대해 종전보다 더욱 신중해져야 했다.(*American Friends Service Committee, et al., v. City and Counter of Denver*, Civil Action 2002; Chang 2002)

〈미국민권자유연맹〉은 그들의 주목할 만한 보고서, 「포화 아래의 자유 : 9·11 이후의 미국 내 반대행위」Freedom Under Fire : Dissent in Post-9/11 America를 발행했다.(2003b) 이 보고서에서 〈미국민권자유연맹〉은 정치적 의사표현과 정치적 저항을 봉쇄하기 위해 미국 행정부가 취해 온 과도한 사법조치들을 자세히 설명했다. 이에 따르면 주로 세 가지 형식의 반대행위가 처벌대상이 되고 있었다. 집단적 저항행위와 집회의 조직, 구호나 의복을 이용해 표현한 정치적 메시지, 그리고 집단이나 개인이 벌이는 저항행위가 그것이다. 이 같은 반대행위를 진압할 때 연방경찰은 다분히 비합법적인 방법을 동원했다 : "연방경찰은 미주리 주 저항집단의 일원들을 구타했을 뿐 아니라 뉴욕에서 일어난 집회에 참가한 대중에게 말을 타고 다가가 총을 겨누기까지 했다. 이뿐 아니라 FBI 요원들이 애머스트의 매사추세츠 대학 교수들과 학생들을 상대로 스파이 활동을 전개할 수 있도록 도와주었다."(*Civil Liberties Reporter* 2003, 1; Sisario 2004 참조)

2004년, 아이오와 주 디모인Des Moines의 합동테러대책반Joint Terrorism Task Force과 공조수사를 벌이고 있던 법무부 관리는 드레이크 대학 총회 임원들의 성명, 회의안건, 연례보고서뿐 아니라 〈국가변호사조합〉National

Lawyer Guild에 소속된 학생들과 관련된 모든 기록을 공개하라고 드레이크 대학 측에 요구했다. 또한 미국 행정부는 〈국가변호사조합〉이 후원한 집회에 참가한 학생들의 인적사항을 요구했다. 이 집회에서 학생들은 "점령을 멈춰라! 아이오와의 군대를 집으로 돌려보내라!" 같은 구호를 외쳤다. 검사들은 대배심원 앞에서 일부 집회참가자들이 증언을 하기 전에 미리 그들을 소환했다. 법원명령에 따라 드레이크 대학은 이 같은 소환사실을 외부로 알릴 수 없었다. 하지만 미국 행정부의 이 같은 행정조치는 대중에게 알려지게 되었다. 상황이 이렇게 되자 법무부는 이 소환장을 재빨리 철회했고 드레이크 대학에 관한 수사를 종결했다고 발표했다. 앞서 언급한 것처럼 2002년 6월, 애쉬크로프트 법무장관은 정치 및 종교단체로부터 범죄의 혐의점이 발견되지 않아도 이 단체들의 집회에 개입할 수 있는 권리를 FBI에게 주었다.(Solomon 2003b 참조)

2003년 10월은 테러와의 전쟁과 반전활동가들 사이의 전투가 공식적으로 드러난 시기였다. 이는 FBI가 "테러리즘과 관련된 전략"을 게시했을 때 촉발되었다. FBI는 인터넷을 이용해 자금을 마련하고 이 자금으로 집회를 조직하는 것이 평화집회 참가자들의 전술 가운데 하나라고 주장했다. 〈미국민권자유연맹〉의 로메로는 "FBI가 합법적인 저항이나 정치적 반대행위에 불과한 집회에 참가하는 미국 시민들을 목표로 삼고 있는 것에는 위험성이 있다. 이 결과, 부당한 테러리즘과 정당한 시민의 불복종 사이의 차이가 모호해지고 있다"고 말했다.(Lichtblau 2003k, A1) 9·11 테러 이후, 분명 〈애국자법〉은 의회의 지지를 얻고 있었다. 하지만 정치평론가들은 미국 행정부가 규정한 "국내 테러리즘"의 새로운 의미가 정치집회에 적용될 가능성이 높다는 사실을 비판해 왔다. 〈애국자법〉의 지지자들은 이들의 비판에 문제가 있다고 주장했고 자유주의적 시민들이 현재 병적으로 흥분되어 정상이 아니라고 비난했다. 이에 대해 콜은 이렇게 언급했다 : "모든 것은 백문불여일견百聞不如一見이다. 연방수사관들은 〈애국자법〉과 드레이크 대학 사건 사이에 관련이 전혀 없다고 주장했다. 하지만 미국 행정부가 〈반전학생회의〉와 이들의 반전집회에 대해 대배심절차를 시행하고 집회 참가자들에 대한 기록을 확보했다는 것은, 주어진 일들도 현재 해내기 힘겨운 것이 그들의 현실임에도, 정부가 정치적 반대행위에 대한 감시를 '테러와의 전쟁'의 중요한 부분으로 간주하고 있다는 것을 보여 준다."(2004b, 5)

2004년, 민주당과 공화당의 전당대회가 열리기 전, 연방 사법요원들은 정치권에서 분쟁을 곧잘 일으켜 온, 이른바 "정치권의 말썽쟁이들"을 주시하고 있었다. FBI는 각각의 전당대회에서 나타날지 모를 방해수작과 관련된 정보를 찾는 과정에서, 요원들에게 이 잔당들을 처리하라고 명령했다. FBI 요원들은 정치집회 참가자들을 심문하거나 때때로 소환하기도 했다. 그럼에도 이들은 이 계획의 종합적인 목적이 정치적 반대자들을 소탕하기 위해서가 아니라 혹시라도 발생할지 모를 범죄를 막는 데 있었다고 주장했다. 그러나 당시 FBI의 심문을 받았던 집회 참가자들은 당혹스러움을 금할 수 없었고 FBI 요원에게서 정치집회에 참여하지 말라는 모종의 경고 메시지를 받은 것 같은 기분이 들었다. 당시 새러 바드웰Sarah Bardwell은 덴버의 한 반전단체에서 인턴으로 일하고 있었다. 그녀는 6명의 요원들에게 심문을 받은 뒤 자신이 느낀 감정을 이렇게 털어놓았다 : "내가 그들에게 받은 메시지는 이랬다. 요원들이 나뿐 아니라 집회에 참가한 모든 사람들을 더이상 어떠한 집회에도 참가하지 못하도록 위협하고 있다는 느낌을 받았다. 이들은 우리가 '감시받고 있다'는 사실을 직시하게 만들려고 애쓰고 있었다."(Lichtblau 2004e, A1) 〈애국자법〉이 의회에서 통과되었을 때 FBI는 합법적이고 평화주의적인 정치활동들까지 감시할 수 있는 거대한 권력을 부여받았다. 테러의 시대의 도래에 따라 FBI는 국가안보를 보호하는 것과 시민의 자유발언권을 침해하는 것 사이의 차이를 소멸시켰다. 그 결과, 앞서 언급한 위축효과가 우리 시대를 장악하게 된 것이다 : "자신이 행한 어떠한 정치행위를 이유로 FBI가 자신에 관한 수사를 시작하는 것을 당연한 것으로 여기게 될 때, 사람들은 집회에 참가하고 탄원서에 서명하는 것조차 두려워하게 될 것이다."(Lichtblau 2004e, A11; Lichtblau 2004f, *New York Times* 2004m 참조)

공화당의 뉴욕 전당대회에서 부시 대통령은 테러와의 전쟁에 대한 미국 행정부의 헌신뿐 아니라 9·11 테러의 여전히 중요한 의미를 미국 시민들에게 상기시킬 예정이었다. 〈평화정의연합〉United for Peace and Justice은 공화당 전당대회에 맞춰 센트럴 파크Central Park의 그레이트 론Great Lawn에서 거대한 반전집회를 열자고 제안했다. 뉴욕 경찰서장 레이몬드 켈리Raymond Kelly는 이 집회가 테러사건을 부를 수 있다는 이유로 〈평화정의연합〉의 이 요청을 허가해 주지 않았다. 그는 미국 행정부가 공공의 안전을 도모하기 위해 〈미국 연방 수정헌법〉 제1조를 약간 제한하는 것에 미국 시민들이 재빨리 적응해야 한다고 주장했다. 켈리는 대규모의 집회가 대량의 사상자 수를 발생시킬 수 있는 조건을 제공하기 때문에 테러리스트들의 표적이 될 수 있다는 의견을 내놓았다. 그리고 9·11 테러 이후의 세계에 등장한 "위험사회의 언어"를 동원해 켈리는 이렇게 말했다 : "내 생각에 시위자들은 모든 이들의 삶이 변화했음을 인식해야 한다. 그리고 그들은 우리 모두가 지금 달라진 환경에서 살고 있다는 사실에 적응하고 그것을 받아들일 필요가 있다."(Cardwell 2004, B1; Chang 2004 참조)

공화당의 정당대회는 사회적 불안 속에서 개최되었다. 위험사회라는 이 시대의 배경, 테러공격에 대한 공포, 그리고 9·11 테러를 정치화한 부시를 비판하기 위해 뉴욕을 찾은 시위자들을 경찰이 탄압하면서 이 같은 사회적 불안이 조성되었다. 뉴욕 시는 시위자들을 막기 위해 "폐쇄형 사각 우리"closed four-sided pen를 사용하겠다는 계획을 발표했다. 즉 이를 이용해 시위자들이 움직이지 못하도록 이들을 가두겠다는 의미였다. 당연히 논란이 불거졌다. 이 발표는, 시위자들이 스스로 정치적 의사표현의 벼랑 끝에 몰렸다는 기분이 들게 했고 시위자들의 분노에 불을 지피고 말았다. 뉴욕 시는 여기서 멈추지 않았다. 뉴욕 시는 경찰이 집회 참가자가 소지한 가방을 수색하는 것을 허가했다. 시민권 단체들은 일련의 조치에 관한 고발장을 법원에 접수했다. 이에 관한 판결에서 로버트 W. 스위트Robert W. Sweet 판사는 특정한 위협을 암시하는 정보가 없는 상황에서 경찰이 시민들의 가방까지 자유로이 수색할 수 있게 하려던 뉴욕 시의 계획을 백지화했다. 스위트 판사는 "저지를 위한 우리"의 사용을 완전히 금지하지는 않았으나 시위자들이 우리 안팎으로 자유롭게 이동할 수 있어야 한다고 판결했다. 스위트 판사가 안전사회의 자유로운 의사표현과 관련된 이 "미묘한 균형"을 강조하고 싶다고 말했을 때 뉴욕 시와 시민권 단체들은 일제히 자축했다. 양측은 모두 스위트 판사의 이 "미묘한 균형"이란 말을 자기 입장에 유리하게 해석했던 것이다.(Preston 2004b, B4; Lee 2004 참조)

항공기 탑승 금지명단

미국 행정부는 항공기 탑승 금지명단을 작성해 또 다른 시민권의 문제를 야기했다. 이 명단에 따라 특정인들은 항공기 탑승에 제한을 받았다. 2004년, 유수프 이슬람Yusuf Islam을 태운 항공기가 메인 주Maine 뱅거Bangor로 노선을 변경하는 사태가 벌어졌다. 그는 대중음악계에서 캣 스티븐즈로 알려진 가수였다.[8] 이슬람 씨는 미국 여행을 목적으로 런던에서 항공기에

---

8. [옮긴이] 캣 스티븐즈는 영국의 가수 스티븐 드미트리 조지우(Steven Demetre Georgiou)가 음악 활동을 할 때 사용하는 이름이고 유수프 이슬람은 조지우가 1977년 이슬람으로 개종하면서 사용하게 된 이슬람 이름이다.

탑승했다. "이슬람"이라는 그의 성이 문제를 일으킨 것일까. 뱅거에 착륙한 항공기는 그곳에서 4시간 30분을 머물러야 했다. 이 시간 동안 이슬람 씨는 항공기에서 쫓겨날 운명에 처했다. 이 유명 가수를 억류하고 심문한 요원들은 그의 이름이 항공기 탑승 금지명단에 기록되어 있었다고 말했다. 미국 행정부는 이슬람이 테러조직으로 의심되는 어떤 단체에 자금을 기부했고 항공기에 탑승할 목적으로 미국 항공사를 괴롭힌 증거가 발견되었다고 주장했다.(Wald 2004a) 이는 미국 행정부의 명백한 실수였다. 영국 행정부는 이 사건에 대해 신속하고도 예리하게 대응했다. 영국의 외무장관 잭 스트로Jack Straw는 미국을 빈번히 여행해 온 이슬람 씨를 추방시킨 부시 행정부를 비판했다. 사실, 2003년에 이슬람 씨는 백악관의 신앙공동체가 마련한 창립회장을 방문해 박애주의에 관한 연설을 한 적도 있었다.(*New York Times* 2004n, WK2) 이슬람 씨는 음악적 명성만 누리고 있던 가수가 아니었다. 그는 보스니아 내전의 상처를 입은 아이들을 위한 기금을 마련하기 위해 자선사업도 하는 존경받을 만한 인물이었다. 잉글랜드로 돌아온 뒤 이슬람 씨는 안타까운 마음을 금치 못했다 : "안타깝게도, 미국 사회는 최근에 미국을 강타한 공포와 중동식의 이름을 가진 중동사람들 사이에 연관성이 있다고 생각하는 것 같다. 공포는 치욕이 되었고, 이 치욕은 앞서 일어난 사건과 연관성이 전혀 없는 종교나 민족을 향한 깊은 증오를 부추기고 있다."(Tyler 2004b, A6)

항공기 탑승 금지명단은 미국 행정부가 자국 시민을 보호할 만한 실제적인 능력을 과연 갖추고 있는지를 의심하게 했다. 이 명단을 신뢰했던 사람들조차 더 이상 이 명단을 믿을 수 없게 되었을 정도로 이와 관련된 문제는 깊고 깊었다. 이와 관련된 실수를 보여 주는 사례들은 때때로 우리에게 놀라움을 안겨 줄 만했다.(National Commission on Terrorist Attacks Upon the United States, 2004 참조) 케네디 상원의원의 이름까지 항공기 탑승 금지명단에 오른

적이 있었으니 말이다. 그는 민주당의 열렬한 당원이자 워싱턴에서 가장 유명한 인물이었다. 이 사건에서는 에드워드 M. (테드) 케네디가 그의 정확한 이름이라는 점이 중요했다. 요원들은 케네디의 이름이 테러용의자의 가명과 비슷하다는 이유로 2004년 3월 1일부터 4월 6일까지, 5회에 걸쳐 케네디의 항공기 탑승을 금지했다. 언젠가 케네디는 보스턴 행 항공기 티켓을 자신이 구매할 수 없다는 말을 듣게 되었다. 그가 "음, 왜 안 되지요?"라고 묻자, 항공사는 "우리는 당신에게 이유를 말해 줄 수 없습니다"라고 대답했다.(Swarns 2004b, A18) 결국 항공사가 나서서 케네디의 항공기 탑승을 허가해 주었지만 국토안보부는 이 문제를 시정하기 위해 무려 몇 주를 소요했다.

유명인사 이슬람 씨와 케네디 상원의원이 겪었던 일이 공개되면서 일반대중은, 미국 행정부가 기록한 항공기 탑승 금지명단이 시민권 침해사례를 발생시키고 있었음을 알게 되었다. 테러리즘과 관련이 전혀 없었음에도 수많은 시민들은 이 명단 때문에 항공기에 탑승할 때마다 고초를 겪어야 했다. 이에 따라 〈미국민권자유연맹〉과 여타의 단체들은 9·11 테러 이후, 수많은 이들의 이름이 항공기 탑승 금지명단에 오르게 된 경위를 알아볼 목적으로 소송을 제기했다. 2004년 샌프란시스코 연방판사는 미국 행정부가 테러사건의 위험을 방지한다는 명분으로, 어떤 기준으로 어떤 사람에게 항공기 탑승 금지조치를 내리고 있는지를 대중에게 공개하지 않을 뿐 아니라, "경솔한 주장"에만 의존하고 있음을 지적했다. 즉 미국 행정부의 안일한 태도를 비판한 것이다. 찰스 R. 브레이어Charles R. Breyer는 〈정보자유법〉Freedom of Information Act이 물적 증거를 토대로 수사를 진행해야 한다는 의무를 부여하고 있는 상황에서 분명 검사들이 그 의무를 소홀히 했음을 인정한다고 판결했다. 〈미국민권자유연맹〉은 샌프란시스코에서만 5백 명 이상의 사람들이, 미국 행정부가 이들을 테러 혐의자로 지목했다는 이유로 항공기 탑승을 거부당했음을 언급했다. 당시 탑승이 거절되었던 다수의 사람들은 자신들의 강력한 자유주의적 정치성향이나 부시 행정부에 대한 비판행위가 자신들을 항공기에 오르지 못하게 했을 것이라고 믿었다. 또한 우리는 2002년에 발생한 다음 사건에 주목할 필요가 있다. 〈위스콘신 평화행동〉Peace of Action of Wisconsin에 소속된 24명의 회원들은 이라크 전쟁에 반대하는 저항운동을 위한 토론회에 참가할 목적으로 항공기 탑승을 기다리고 있었다. 그런데 이들은 결국 밀워키Milwaukee에 억류되어 항공편을 이용할 수 없는 상황에 놓이게 되었다.(Lichtblau 2004g)

　　〈미국민권자유연맹〉의 토마스 버크Thomas Burke는 이러한 일련의 판결들이, 항공기 탑승 금지명단을 필두로 한 정부의 비밀주의를 근절하기 위한 중대한 승리라고 평가했다. 이 판결에 따라 순전히 행정 착오로 명단에 이름이 기재된 사람들은 명단에서 자신들의 이름을 지울 수 있었다 : "여기서 최종 목표는 일련의 이름들이 어떤 경로로 최초의 명단에 올라갈 수 있었는지를 밝혀내는 것이다."(Lichtblua 2004h, A19) 일부 행정부 관계자들은 어떤 분명한 기준을 두고 항공기 탑승금지 명단을 작성하는 것이 아님을 인정했다. 그들은 개인의 주관에만 의존해 이 명단이 작성되었음을 지적했다.(Lichtblau 2004i, A9) 2001년 9월 11일에 미국 행정부가 처음 내놓은 항공기 탑승 금지명단에는 고작 16개의 이름이 등록되어 있다. 그런데 이름의 수는 계속 증가했다. 2004년까지 수천 명의 이름이 등록되었다. 이후 등장한 2차 명단은 약 1만 명의 승객들을 정밀히 수사할 것을 요구하고 있었다. 이 명단을 이용하는 방법에 대해 행정부 내부에서는 혼란과 불화의 조짐이 감지되었다. 그럼에도 이 명단에는 전보다 많은 이름이 첨가되었다. 시민권 단체들은 이렇게 악용된 항공기 탑승 금지명단이, 미국 헌법이 보장하는 불합리한 수색과 압류를 받지 않을 항공기 승객의 권리를 유린했다고 주장했다. 그리고 이들은 미국 행정부가 자기 실수를 시정하기 위해 필요한 조치를 취해야 함에도 그들의 의무를 다하지 않고 있다고 비판했다. 게다가 미국 행정부는 항공기 탑승 금지명단에 반드시 올려야 할 인물의 이름은 등록하지 않았다. 예컨대, 미국 행정부는 9·11 테러사건의 항공기 납치 용의자 두 명에게서 테러혐의가 발견된 이후에도 이들의 이름을 항공기 탑승 금지명단에 올리지 않아 사회적으로 비난을 받은 적이 있었다.

결론

테러리즘은 민주주의뿐 아니라 민주주의 사회의 시민권을 향상시키는 과정에 크나큰 위협을 가할 수 있다. 지금 민주주의는 테러리즘에 대응하는 상황 속에서 그 자체의 가치를 시험당하고 있다. 이 점을 딘은 이렇게 지적했다 : "테러리즘이 우리의 민주주의에 몰고 온 중대한 위험성은, 테러리스트가 물리적으로나 군사적인 힘으로 우리를 패배시키는 것이 아니다. 오히려 민주정권 스스로 권위주의 정권에서 사용할 법한 억압조치를 받아들이게 될 때 테러리즘의 실제적 위협이 드러난 것이다."(2004, 194) 이와 유사하게 미네소타 대학의 법학교수 오렌 그로스Oren Gross는 권위주의의 억압조치들이 9·11 테러 이후 미국 사회에서 강세를 띠게 된 문제에 주목했다. 9·11 테러 이후 테러와의 전쟁 과정에서 불거진 일제검거 사태뿐 아니라 관타나모만에서 능멸된 정의, 그리고 〈애국자법〉의 탄생은 모두 정부의 비밀주의와 관계되어 있다. 당시의 미국 행정부가 잘못된 대응전술에 의존한 사실을 뒷받침할 만한 증거는 지금까지도 발견되고 있다 : "미국 행정부는 (1) 민주주의의 구조를 나약하게 만들었고, (2) 국내외의 신뢰를 상실했으며, (3) 미국 시민의 일부가 자국 행정부로부터 멀어지도록 만들었다. 그리고 테러조직을 향한 적극적인 지지가 명백히 불법인 상황에서 미국 시민들이 마음속으로나마 테러조직과 그들의 대의명분을 지지하게 만들었으며, (4) 테러와의 전쟁의 정당성을 확보하는 과정에서 고귀한 도덕적 정신을 가지고 테러집단과의 전투에 임하고 있다고 주장해 왔지만, 결국은 미국 사회로 하여금 행정부의 이러한 주장을 더 이상 신뢰할 수 없게 만들었다."(Gross 2003, 1030) 그로스는 미국의 민주주의가 조금이라도 후퇴할 때 비로소 테러리스트들의 승리가 도래할 것이라고 주장했다. 그로스의 주장에 동의하며 딘은 9·11 테러 발생 이전에 비해 미국의 민주주의가 후퇴했음을 언급했다.(Rosen 2004a, 2003 참조)

최근의 정치 활동과 입법 활동들은 미국 사회가 분명 9·11 이전보다 반민주적일 뿐 아니라 더욱 권위주의적으로 변모했음을 보여 준다. 9·11 테러의 2주기 바로 전 날, 부시 대통령은 〈애국자법〉과 관련된 사법권을 지금보다 확장해야 한다고 주장했다. 부시 대통령은 그의 행정부가 테러와의 전쟁에서 확실한 승리를 거두고 있음에도 〈애국자법〉을 막아서는 "불합리한 장애물들"이 테러와의 전쟁의 효율성을 저해하고 있다고 주장했다. 연방수사관들과 군인들 앞에서 부시는 〈애국자법〉이 전혀 과하지 않은 법률이라고 주장했다. 그리고 그는 이 점을 약속했다 : "우리는 테러공격 계획을 세운 악마의 하수인들과 우리의 슬픔을 보고 기뻐한 이들을 절대 잊지 않을 것이다."(Sanger 2002, A1) 나아가 부시는 연방 사법부처가 테러리즘과 관련된 사건의 경우에 판사나 대배심원단의 승인 없이도 영장을 발부받을 수 있도록 노력했다. 그뿐 아니라 수많은 테러범죄 용의자들이 연방 법원에서 사형을 선고받도록, 그리고 이들의 보석신청이 기각될 수 있도록 최선을 다했다. 〈애국자법〉은 본래 연방 사법부처가 판사나 대배심원단의 승인 없이 영장을 발부받을 수 있도록 하는 조항을 갖추고 있었으나, 이 조항은 우연히도 의회를 거치는 과정에서 제외된 것으로 밝혀졌다.

부시 행정부는 9·11 테러공격 2주기와 관련된 대중정서가 이전보다 강력해진 사법권을 요구하는 자신에게 힘을 실어줄 것이라고 기대했던 모양이다. 하지만 그렇지는 않았다. 소속정당에 관계없이 의원 다수는, 연방 요원들이 자신들에게 부여된 더 큰 권력을 남용하지 않을까 걱정했다. 이와 관련해 〈하원법무위원회〉House Judiciary Committee의 칸니어스는 이렇게 말했다 : "판사들이 제 역할에 따라 애쉬크로프트의 소환장 권력을 향해 견제와 균형을 취할 수 없게 하는 것이 우리의 안전을 의미하지는 않는다. 이는 우리의 자유에 해롭다. 물론 테러리스트들에게 보석조치가 취해져서는 안 된다. 하지만 부시 행정부는 모범시민들까지 테러리스트로 몰아 그들의 권리를 박탈해 버린 수치스러운 기록을 남기게 되었다."(Lichtblau 2004l, A19) 2004년, 부시는 다수의 〈애국자법〉 조항들을 갱신하려고 했다. 이 조항들이 2005년 말이면 법적 효력을 상실하기 때문이었다. 그는 계속해서 논란을 불러 왔던 "도청과 감청"에 관한 조항과, 도서관과 서점이 이용자들의 기록을 미국 행정부에 제공해야 한다고 요구한 조항을 유지시키려 했다.(Lichtblau 2004j, A18; Stevenson and Lichtblau 2004) 일부 민주당 의원들과 시민권 단체들은 이른바 제2차 〈애국자법〉을 비판하기 시작했다. 제2차 〈애국자법〉은 〈9·11 위원회〉의 권고사항을 전혀 반영하지 않았고 행정부처에 새로운 권력을 부여했다. 이로써 미국 행정부는 테러사건을 수사할 때 첨단 전자장치를 사용해 용의자들을 감시할 수 있게 되었다. 〈9·11 위원회〉의 권고사항을 무시한 공화당의 이 같은 행동은, 앞으로 연방 행정부처가 권력분립의 근간을 뒤흔들 수 있을 뿐 아니라 이들이 거대한 권력을 지니게 될 것이라는 우려를 자아냈다. 칸니어스는 제2차 〈애국자법〉 초안을 신속히 비판하며 이렇게 주장했다 : "미국 행정부는 〈9·11 위원회〉의 권고사항이 전혀 쓸모없는 기름덩이나 돼지기름 정도나 된다는 듯이 반응했다. 그리고 이들은 낡은 반동적 제안을 들고 나와 시민권을 축소하고자 하는 그들의 희망사항을 보여 주었다."9 (Shenon 2004d, A18; Lee 2003 참조)

『부드러운 감옥 : 미국의 감시체계, 노예 통행증에서 테러와의 전쟁까지』 *The Soft Cage : Surveillance in America, from Slave Passes to the War on Terror* 에서 크리스찬 패런티Christian Parenti는 일상의 감시와 정치적 억압 사이에 관련성이 있음을 지적한 미셸 푸코Michel Foucault 10의 연구(1979)에 주목했다. 여전히 감시는 그 자체의 기능을 발휘하고 있을 뿐 아니라 인간의 지식과 행동을 정치적으로 조작하기 위해 필요한 수단이다 : "간단히 말해, 감시체제는 자기통제를 강요하는 방식으로 개인들에게 사회규율을 주입시킨다. 항구적인 감시체제는 충성스러운 시민·숙련된 학자·유순한 환자·고효율 노동자, 즉 유용한 신체를 만들어 낸다."(Parenti 2003, 9) 미국 행정부나 미국 기업들이 감시의 시선을 확장하고 강화하기 위해 더 많은 시간을 보낼수록 시민들은 이 감시의 시선을 내재화하게 된다. 그리고 이들의 간섭의 시선을

---

9. 2003년 2월, 법무부는 그들이 사법권 확장을 위해 준비하고 있었던 법률 초안으로 분주했다. 이 법률 초안은 80장에 달했고 "2003년 1월 9일, 기밀 : 유포금지"라는 문구를 담고 있었다. 이 문건은 데니스 해스터트(Dennis Hastert) 하원의원과 당시에 상원의장이었던 체니 부통령에게 비밀리에 전달되었다. 그런데, 논란을 일으키기에 충분했던 이 문건은 끝내 유출되었고 이후 〈대중통합연구소〉의 웹사이트에서 공개되었다(www.publicintegrity.org/dtaweb/home.asp). 그 내용은 다음과 같다.

경찰의 스파이 활동을 금지해 온 국가승인법령을 폐기한다. 국가승인법령이 테러수사를 방해하고 있다는 주장이 제기되고 있다.
범죄사건을 수사할 때 해당 사법기관이 특정한 정보부 증거를 이용하기 위해서 법무장관이 직접 이들 기관에게 권한을 부여해 주어야 한다는 요구조건을 폐기한다. 이로써 법무차관이 법무장관을 대신해 해당 권한을 부여해 줄 자격을 얻는다.
연방당국에 억류된 테러용의자의 DNA 샘플을 "합리적 필요방법에 따라" 추출할 수 있게 한다. 용의자가 협조하지 않을 경우 이는 범죄로 규정된다.
억류자들과 관련된 정보를 얻기 위해 〈정보자유법〉을 단호히 금지한다. 〈정보자유법〉과 관련된 재판으로 법무부의 부담이 과중해지고 있기 때문이다.
미국은 테러조직으로 지목된 원조집단의 사람들에게서 시민권을 박탈한다.(Clymer 2003a, A10)
10. [옮긴이] 미셸 푸코는 어느 한 가지 철학 분야에 국한시키기 어려울 만큼 다방면에서 학문적 성과를 이룩한 프랑스의 철학자다. 신역사주의자로서 푸코는 인간이라는 존재를 억압해 온 세 가지에 대해 역사를 저술한 것으로 유명하다 : 『광기의 역사』(*Madness and Civilization*, 이규현 옮김, 나남, 2003), 『감시와 처벌』(*Discipline and Punish*, 오생근 옮김, 나남, 2003), 『성의 역사』(*The History of Sexuality*, 이규현 옮김, 나남, 2004) 참조.

적극적으로 수용하게 되며 이 시선에 따라 행동하게 된다.(Lyon 1994, Staples 1997 참조) 또한 테러와의 전쟁의 중대한 특징이기도 한 강력한 감시체제는 내부인과 외부인의 구분을 위해 요구되는 말의 정의定義를 요구한다. 이 정의에 따라 내부인과 외부인이 구분될 때 외부인은 또 다른 목표물이 된다. 이는 9·11 테러 이후의 미국 사회에서 불거진 희생양 만들기에서 그 심각한 얼굴을 드러냈다. 이로써 종교적, 민족적, 정치적 외부인들에게 전위된 공격행동과 비난이 집중되었다. 이 책의 마지막 장에서 살펴볼 이 같은 사회 발달상황은 미국 문화의 변질, 다시 말해 부인하기로 특징지을 만한 미국의 문화와 연관되어 있다.

10장

부인의 문화

개인에게 부인행위는 자아와 관련된 거짓의 서사를 만들어 내는 것이다. 사회에게 부인행위는 증오, 공포, 왜곡의 담론을 형성시키는 것이다.
— 조슈아 밀러·제럴드 셰미스, 「중상의 담론과 창조된 타자」, 『사회학과 사회복지』, 2000

부시 행정부의 전략은 부인의 문화를 탄생시켰다. 이 결과, 사람들에게 미국 행정부가 저지른 가혹한 행위들은 처음에는 은폐되고, 다음에는 (소수의 "썩은 사과"(rotten apples)[1]의 "과도한 행위"라는 설명에 의해) 충격과 공포로서 인지된 뒤, 중성화(neutralization)된다. 그리고 종국에는 망각된다. 새로운 스캔들이 등장할 때마다 이러한 주기는 반복될 수 있다.
— 『네이션』, 2005

　　미국의 반테러정책들이 전쟁에 대한 은유와 현실을 뒤섞어 혼란을 가중시키고 있는 가운데, 우리는 테러와의 전쟁의 문화적이고 사회심리적인 산물에 대해 고려해 볼 필요가 있다. 『전쟁은 우리에게 의미를 주는 힘이다』*War is a Force That Gives Us Meaning*에서 크리스 헤지스Chris Hedges [2]는 몇몇

---

1. [옮긴이] 썩은 사과란 정직하지 못하고 부도덕한 사람들을 지칭하는 은어다. 예컨대 앞서 언급된 아부 그라이브 사태의 책임을 지고 처벌된 일반 사병들은 미국 사회에서 이 모든 사태를 야기한 "썩은 사과"로 인지되어 비난의 표적이 되었다.
2. [옮긴이] 크리스 헤지스는 중동 문제를 전문적으로 다루는 미국의 종군기자다. 그가 최근에 펴낸 책에는 『자유주의 계급의 죽음』(*Death of the Liberal Class*)이 있다.

분쟁 국가에서 자신이 경험한 종군기자 생활을 시기별로 나눠 설명하고 있다. 우리는 그가 전쟁신화myth of war를 촉발시킨 문화 변형적 현상에 대해 설명하고 있는 부분에 주목할 필요가 있다. 전쟁신화는 공격행위에 필요한 합리화 과정을 제공해 준다. 또한 전쟁신화는 사람들이 자기 정체성뿐 아니라 그들의 타자, 다시 말해, 적의 정체성까지도 구체화할 수 있게 해 준다. 나아가 전쟁신화는 사람들의 사고능력을 소진시켜 종국에는 그들로 하여금 자신들이 속한 사회현실과 전쟁신화의 내용을 동일시하게 만든다.(LaShan 1992 참조) 전쟁신화는 불멸의 선을 방어한다는 명분에 따라 작동되는데, 이때 대중은 심각한 인권유린 사태를 야기하는 몇 가지 형식의 폭력들을 고귀한 것으로 여기게 된다.(Katz 1988) 헤지스에 따르면 "전쟁신화는 전쟁과 파괴적 행위가 유발하는 무고한 사람들의 희생을 정당화하기 위해 필수적이다. 전쟁신화는 전쟁이 발생시킨 현실은 존재하지 않는다는 거짓말을 계속할 뿐 아니라 여론을 조작하고 전쟁에서의 잔혹함을 영웅적 이상으로 둔갑시키는 사회적 과정을 요구한다."(2002, 26)

이와 유사한 전쟁신화를 갖춘 미국의 테러와의 전쟁은 중동인을 악마화하고 프로파일링할뿐 아니라 테러용의자로 몰아가는 이른바 "타자화"에 의존했다. 타자가 된 중동인들은 국가안보뿐 아니라 사회질서 전반을 위태롭게 한 위협적인 외부인이 되어 추방당했다. 테러리즘의 영향을 받은 이러한 생각들은, 미국 행정부가 대중의 공포를 이용해 그들의 시민권과 인권을 탄압할 수 있게 해 주었다. 앞서 여러 장에서 언급한 것처럼 이러한 사회적 상황들은 반근대적 패러다임으로 볼 수 있는 **타자의 범죄학**에 기초를 두고 있다. 이뿐 아니라 이러한 사회적 현실 속에서 우리 사회는 범죄와 테러리즘에 대한 현대적 개념들을 비롯해, 이러한 현대적 개념들이 학문적 토대를 두고 있는 계몽주의적 전통마저 거부하고 있는 모습을 보이고 있다.(Garland 2001) 이러한 사회 속에서 다시 개념적으로 과거의 것과 유사해진 범죄와 테러리즘은 사람들이 불관용과 권위주의의 체제를 지향하게 만드는 재앙의식을 형성했다.(Young 1999 참조) 9·11 테러 이후, 집단적 불안은 미국 사회에 등장한 다양한 유형의 희생양 만들기가 어떠한 능력을 가졌는지를 보여 주었다. 집단적 불안은, 상대적으로 약할 뿐 아니라, 타자로 규정되기까지 한 집단의 사람들을 비인간화하고 악마화하는 원동력을 제공했다.(Miller and Schamess 2000, 47)

지금까지 추구해 온 주제에 따라 이 장은 테러와의 전쟁 과정에서 나타난 집단적 부인현상이 미국 사회에서 시민권 및 인권의 토대가 침식되는 데 어떠한 역할을 해 왔는지를 살펴볼 것이다. 9·11 테러공격 이후의 사건들을 이해하기 위해, 우리는 사회적 반응의 양 극단, 즉 도덕적 공황 같은 과민반응-over-reaction과 부인행위 같은 과소반응-under-reaction을 고려해야 한다.(Cohen 2002, 2001; Welch 2003a) 익히 알려진 대로 미국에 대한 공격자로 인지된 사람들에게 가해진 형사처벌과 군사행동은 테러와의 전쟁을 설명할 때 필수적이다. 그 결과, 테러와의 전쟁은 이 전쟁의 부수적 피해, 다시 말해 부시 행정부가 대테러정책을 시행하는 과정에서 희생되어야 했던 무고한 사람들에 대해 집중하지 않은 채 논의되어 왔다. 희생양이 경험해야 했던 곤혹스러운 현실의 참상이 대중의 의식에서 사라진 것처럼 시민권 및 인권 침해사례들도 과소반응에 따라 현실에서 사라졌다. 이를 논의하기 위해 이 책은 우선 부인의 사회학에 대해 설명할 것이다. 그리고 우리는 미국 행정부가 현실 속에서 억압받고 있는 대중을 위해 노력하는 것이 얼마나 중요한 것인지에 대해 논의해 볼 것이다. 또한 이 장은 인권과 국제정치의 영역에서 테러와의 전쟁이 어떠한 방식으로 그 전과는 다른 새로운 방향을 제시할 수 있을지를 살펴볼 것이며 최종결론에서 몇 가지 권고사항을 제시할 것이다.

부인의 사회학

9·11 테러 이후에 발생한 시민권 및 인권 침해사례는 부인의 사회학과 깊은 연관이 있다. 『부인의 국가 : 잔악행위와 고통 제대로 알기』에서 코언은, 인권침해 사례를 생산 또는 재생산해 온 사회적 문제들을 사회 내부에 뿌리내리게 하기 위해 부인행위가 어떠한 역할을 해 왔는지를 살펴보았다.(Kleinman 1997, Hamm 2002 참조) 코언은 문자적literal, 해석적interpretive, 암시적implicatory 부인 현상에 집중했다. 문자적 부인행위■는 "그러한 잔혹행위는 발생하지 않았다"고 주장하는 정부 관리의 주장처럼 뻔뻔스럽고 서투른 방어수단으로, 확실한 사실을 인정하지 않기 위해 이용된다. 이토록 확실한 사실에 대해 "우리에게 발생한 일이 실제로는, 당신이 생각하는 것과 상당히 다르다"고 말하는 정부 관리의 말에서 드러나는 것처럼 해석적 부인행위■는 또 다른 방식의 비틀기를 진행해 그 의미를 변질시킨다. 전형적인 재해석reinterpretation은 본래 말을 우회해 표현하는 완곡어법과 율법주의legalism■에 의존하기 때문에 문자적 부인행위보다 복잡하다. 코언에 따르면 "완곡어법적 낙인 및 은어는 화자의 책임을 은폐시켜 주고, 나아가 제거해 줄 뿐 아니라 화자의 책임이 사실은 다른 사람에게 있는 것처럼 조작해 준다. 완곡한 용어는 잔혹행위와 그로 인해 발생한 해로운 결과를 부인하거나 거짓되게 재현함으로써, 잔혹행위와 그 결과에 [가치판단이 불가능하다는 의미에서] 중립적인, 심지어 존중받을 만한 지위를 부여한다."(2001, 107) 정치군사적 수사학은 완곡어법과 깊은 관계를 맺고 있는 대표적 사례다. 이 수사학은 손실, 부상, 사망의 정확한 의미에 화자와 청자 모두가 쉽게 접근할 수 없게 한다. 예컨대, "민간인 사망"killing of the civilians보다는 "부수적 피해"collateral damage가, "강제추방"forced expulsion보다는 "인구의 이동"transferring of population이, "고문"torture보다는 "적당한 물리적 압력"moderate physical pressure

이라는 표현이 우리로 하여금 그 말의 본질적 의미를 쉽게 파악할 수 없게 만든다. 율법주의는 또한 일련의 논리적인 (혹은 비논리적인) 계략을 계속 사용함으로써, 해석적 부인행위를 진행한다 : "율법주의 담론은 우리가 세계에 대한 온전한 그림을 형성하지 못하게 만든다. 율법주의 담론에 따르면 이 세계는 일정한 움직임들로 구성된 보드게임이다. 한 쪽 사람이, X 사건은 적절한 범주(권리·법률·조항·관습)에 해당되지 않는다고 주장한다. 이 시위자가 체포되고 억류된 것은 사실이지만, 그는 표현의 자유를 위반한 것이 아니었다는 주장이다. 그러면 반대편에서, '아니다. 표현의 자유에 대한 위반이 맞았다'고 주장한다. 또, Y 사건은 〈제네바 협약〉 제4조에 대한 위반일 수도 있지만, 협약은 이 경우에 적용되지 않는다고 한 쪽에서 주장한다. 그러면 다른 쪽에서 '아니다, 적용된다'고 맞받아치는 식이다."[3] (Cohen 2001, 108)

암시적 부인행위*는 어떤 사실이나 사건에 대한 관습적 의미를 논박하지 않고 이것들에 대한 심리적, 정치적, 도덕적 결과들의 의미를 무화하거나 최소화한다. 암시적 부인행위를 펼치는 정부 관리들은 인권침해 사례와 일련의 잔악행위가 발생시킨 중대한 위기의 의미를 축소시킨다. 그리고 이들은 이러한 위기를 해결하기 위한 개입을 거부하고 교묘한 방식을 동원해 자기 임무를 등한시한다. 비판범죄학이 범죄의 진실을 공개하는 데 목적을 두었다면, 코언이 불평등과 억압이라는 사회적 상황 속에서 제시한 이러한 패러다임들은 공식석상에서 이용되는 수사학의 내용을 분석하는 데 필요한 개념들을 제공해 주었다. 우리는 부인의 사회학을 테러와의 전쟁에 적용하는 과정에서, 문자적·해석적·암시적 부인행위가 시민권과 인권에 대한

---

3. [옮긴이] 이렇게 양 측이 상대방을 부정하고 자신의 주장을 강조하는 상황이 반복될 경우, 그들의 대화를 지켜보는 사람들은 그들이 논하고 있는 상황에 대한 온전한 정보를 얻을 수 없게 된다. 이것이 율법주의의 또 다른 문제점이다.

침해사례에 계속적으로 영향을 끼치고 있다는 사실을 알게 될 것이다.

문자적 부인행위

부시 행정부는 이미 오답으로 밝혀진 난폭한 주장을 전개하기 위해 비밀주의, 담쌓기stonewalling 4, 교묘한 응답전술을 사용하고 있다. 이러한 전술들과 더불어, 특히 이라크에 존재한다는 대량살상무기와 사담 후세인과 알카에다 사이의 연관성에 대해 거의 주문呪文에 가까운 주장을 펼칠 때, 부시 행정부는 문자적 부인행위에 의존해 왔다.(Weiser 2005) 여기서 우리는 사람들에게 고문을 가한 사실을 영원히 부인하고자 하는 미국 행정부의 의도를 살펴볼 필요가 있다. 미국 행정부는 테러용의자들에게 고문을 가하기 위해 이들을 이집트, 모로코, 시리아, 요르단 등의 국가로 이송했다는 비난을 받고 있다. 이른바 "비상 인도"extraordinary rendition로 알려진 조치를 취하며 미국 행정부는 문자적 부인행위에 기초를 둔 발언을 이어갔다. 2005년 1월 27일, 부시 대통령은 전 세계를 안심시키기 위해 "고문은 절대 용납될 수 없고 우리 미국은 고문을 자행하는 국가로 사람들을 보내지 않는다"고 주장했다.(Mayer 2005, EV1) 하지만 미국 행정부는, 테러용의자들이 필시 고문이나 학대를 당할 것임을 알고 있었음에도 테러용의자들을, 완곡하게 말해서 타국에 "인도"해 주었을 뿐 아니라 노골적으로 말해 유괴하여 넘겨줬다. 이러한 사실을 알고 있던 사람들은 부시의 이러한 부인행위를 용납할 수 없었다.(Beinart 2004; Priest and Gellman 2002) 전·현직 행정부 관리들에 따르면 이러한 방식으로 진행된 비상 인도는 "백악관이나 국무부뿐 아니라 법무부로부터 허가를 받지 않아도 되는 CIA가 그들의 절대적 사법권을 이용

---

4. [옮긴이] 담쌓기란 상대방에 대한 불만 등의 부정적 감정으로 대화를 거부하는 태도를 의미한다.

하여" 진행한 정책이다.(Jehl and Johnson 2005, A14)

우리는 시리아 태생의 캐나다 시민 메이허 아라르Maher Arar가 휘말린 한 사건에 주목할 필요가 있다. 2002년 9월 26일, 아라르는 존 F. 케네디 공항에서 항공기를 갈아타던 중에 체포되었다. 그는 가족과 함께 튀니지에서 휴가를 보내고 캐나다에 있는 자택으로 돌아가고 있었다. 미국 행정부는 테러용의자 감시명단에 아라르가 기록되어 있다고 말했고, 그를 13일 동안 억류하고 심문했다. 하지만 공식적으로 아라르에게서 발견된 위반사실은 없었다. 그는 수갑과 족쇄에 묶인 상태로 항공기에 실려 시리아로 이송되었다. 시리아계 수사관은 무려 1년 동안 아라르를 구타하고 고문했다. 캐나다 행정부가 이 사건을 해결하기 위해 움직였고, 그때서야 그는 석방되었다. 물론 최종적으로 그에게 인정된 범죄사실은 하나도 없었다.(Herbert 2005b; Mayer 2005; Greenberg and Dratel 2005 참조) 전직 행정부 관리는 "CIA가 항공편을 이용해 1백 명에서 150명에 이르는 테러용의자들을 이집트, 시리아, 사우디아라비아, 요르단, 파키스탄 등의 국가로 이송했다"고 언급했다.(Jehl and Johnston 2005, A14) 또한 미국 행정부가 비밀리에 억류하고 있는 테러용의자들이 얼마나 되는지를 보여 주는 어떠한 자료도 공개되지 않았다. CIA는 이른바 심문소라고 불리는 감옥을 아프가니스탄, 디에고 가르시아, 카타르, 태국에 두고 있는 것으로 알려져 있다.(Scheuer 2004; Hersh 2004; Priest and Gellman 2002) 안타깝게도 부시 행정부가 단행한 이 범인인도조치가 전례 없이 비밀리에 진행된 탓에, 〈9·11 위원회〉는 수사기간 동안 이 사건에 대한 심문을 전혀 진행할 수 없었다.(Hentoff 2005)

9·11 테러 발생 이후 몇 주에서 몇 달이 지나는 동안 대량 억류사태는 빈번히 발생했다. 그러자 시민권 단체들은 억류자들에게 가해진 가혹행위에 집중하기 시작했다. 시민권 단체들에 따르면 변호사를 선임하지도 못하고 음식도 적절히 공급되지 않는 상황에서 많은 젊은이들이 수감되어 있었

다. 또한 이 젊은이들이 간수나 동료 죄수에게서 폭행을 당했음을 입증하기에 충분한 증거들도 발견되었다.(Human Rights Watch 2002b; Lawyers Committee for Human Rights 2003) 그러나 애쉬크로프트 법무장관은 문자적 부인행위를 펼치며 법무부가 억류자들에게 "대규모의"wholesale 학대행위를 가하지 않았다고 말했다(이 책 6장 참조).(U.S. Department of Justice 2003a, 2003b 참조) 정부의 비밀주의는 대중에게 "테러와의 국내 전쟁"domestic war on terror ▪의 진실을 조금 더 자세하게 살펴볼 수 없게 만들었다. 또한 이는 정부 관리가 스스로 자행한 시민권 및 인권 침해를 공적으로 부인하고 있다는 점에서 문자적 부인의 방식으로 진행되었다. 애쉬크로프트가 억류자들에 관한 기초정보의 공개를 거부하고 있는 상황에서 이들의 이름과 이들이 억류된 장소조차 알 길이 없다. 언론뿐 아니라 인권 및 시민권 변호사들도 정부의 비밀주의에 대해 맹렬한 비판을 퍼부었다. 심지어 일부 정치지도자들도 법무장관이 이 같은 강력한 조치의 필요성을 적절하게 설명하지 않았다는 비판의 목소리를 냈다. 〈미국민권자유연맹〉의 로라 W. 머피Laura W. Murphy는 테러와의 국내 전쟁을 진행하기 위해 미국 행정부가 취해 온 방법을 신랄하게 비판했다 : "우리 사회는 실제적으로 비밀주의를 작동원리로 삼는 사법기관들에 대해 더 이상 관용을 베풀어서는 안 된다."(Goldstein and Eggen 2001, EV2; New York Times 2001)

진실을 은폐하는 행위는 죄수들을 기만하는 것에 그치지 않는다. 1949년에 체결된 〈제네바 협약〉에 따르면, 점령국은 포로들의 명단을 신속히 등록시켜 이들의 관리 상황이 감독될 수 있게 해야 한다. 하지만 럼스펠드 국방장관은 CIA의 요청에 따라 이라크의 특정 죄수들이 〈국제적십자〉사의 보호를 받을 수 없도록 명령을 내렸다. 그래서 몇 달 동안이나 이들은 실로 "유령 구금자"ghost detainee로서 시체처럼 살아야 했다.(Hersh 2004) 미국 행정부가 테러와의 전쟁을 수행할 때 관련 사항들을 "기밀"로 유지하기 위해 최선을 다했지만, 역설적이게도 테러와의 전쟁에서 나타난 비밀주의에 대한 비판은 "공개토론회" 속에서 제기되었다. 체니 부통령은 9·11 테러 발생 5일 뒤, 〈미트 더 프레스〉Meet the Press 5와 나눈 인터뷰에서, 테러와의 전쟁에서 비밀주의가 어떠한 역할을 해낼지를 설명했다. 그는 미국 행정부가 암흑의 진영을 뚫고 지나가야 하기 때문에 이때 요구되는 수많은 조치들이 어떠한 논의절차도 거치지 않고 조용히 진행되어야 할 것이라고 말했다.(Mayer 2005, EV2)

문자적 부인행위의 확장판은 인권침해 사례가 발생했을 때 이를 은폐할 뿐 아니라 이를 이전과 다른 방식으로 바라볼 것을 요구한다. 2005년 2월, 니그로폰트는 테러와의 전쟁에서 빼놓을 수 없는 요직 가운데 하나인 국가정보국 장관으로 선출되었다. 초대 국가정보국 장관 니그로폰트가 독보적인 행정부 요직에 오른 일로 축하를 받고 있을 무렵, 인권 변호사들은 분노를 금치 못했다. 온두라스Honduras 미국 대사를 역임하고 있던 1980년대에 니그로폰트는 유괴, 고문, 살인으로 대표되는 중대한 인권침해 사례들을 은폐하거나 이러한 사건들에 대해 자신이 아는 바가 전혀 없다고 주장하여, 숱한 비판을 받았다.(Harbury 2005) 1982년에 온두라스 군에게 붙잡혀 고문을 받아야 했던 오스카 레이예즈Oscar Reyes는 니그로폰트가 국가정보국 장관에 임명되자 분노하였다. 이때 옆에 있던 그의 아내도 분노를 금치 못했다. 그는 니그로폰트가 온두라스의 인권침해 사태에 대해 자신은 잘 모른다는 듯이 위선을 떨며 행동할 것이라고 예상했다 : "자신은 아무 것도 모른다고 그는 말할 것이다. 하지만 미국 대사관은 당시 일어났던 모든 일을 알고 있다."(Shane 2005, A13) 이와 비슷한 어조로 〈인권감시단〉의 고문 리드 브로디Reed Brody는 니그로폰트가 저지른 잘못에 대해 이렇게

---

5. [옮긴이] 〈미트 더 프레스〉란 미국 NBC 방송의 대표적 토론 프로그램이다.

언급했다 : "불행히도 오늘날의 미국은 테러 관련 정보를 수집하면서 수많은 심각한 인권범죄를 저질렀다. 니그로폰트가 뭔가 다른 방법으로 사태를 바라볼 수 있는 인물일까? 안타깝게도 그렇지는 않을 것이다."(Shane 2005, A13) 고문행위를 타국에 외주로 맡긴 사건으로부터 시작된 논쟁은 이와 비슷한 사회적 긴장감을 조성하였다. 『뉴욕 타임즈』와 나눈 인터뷰에 따르면 전·현직 정부 관리들도 "당시에 발생했던 고문사건의 진상을 미국 행정부가 외면하고 있는 것 같았다"고 말했다.(Jehl and Johnston 2005, A14) 새로이 CIA 부장으로 임명된 그로스도 의회 증언에서, 고문사건의 발생을 막기 위해 미국이 취할 수 있는 방법이 거의 없으며, 오직 하나 있다면 수많은 간수를 공급하는 것뿐이라고 말했다 : "물론 통제가 불가능한 상황이 일단 발생하면 우리가 취할 수 있는 조치란 거의 없다고 봐야 한다."(Jehl and Johnston 2005, A14)

해석적 부인행위

테러와의 전쟁에서 논란을 일으켜 온 일련의 전술을 옹호할 때, 정부 관료들은 완곡어법과 율법주의를 이용한 해석적 부인행위에 의존했다. 미국 행정부는 그들이 저지른 가혹행위를 향한 사회의 비판을 꺾기 위해 부드러운 언어나 완곡어법을 이용했다. 대표적 사례를 보자면, 법무부는 9·11 테러 발생 이후, 줄곧 유효사증valid visa 6을 지참해야 했던 외국계 국민들을 상대로 심문을 진행할 것임을 발표하며, "심문"이라는 말 대신 "인터뷰"라는 의미가 모호한 말을 사용했다. 언론인들과 정치평론가들은 "인터뷰"라는 말에 드러나 있는 완곡어법을 감지했을 뿐 아니라 "우리는 가능한 친절

---

6. [옮긴이] 사증이란 외국인이 타국에서 머물 수 있는 기간을 명시해 놓은 체류 허가서다. 따라서 유효사증이란 이 체류 허가기간이 "아직 만료되지 않은" 체류허가서를 의미한다.

하고 공정하게, 그리고 부드럽게 사람들을 대하고 있다"고 애쉬크로프트가
한 말을 비웃기까지 했다.(Downes 2001, WK2) 로렌스 다운즈Lawrence Downes 7
는 『뉴욕 타임즈』의 특집란에서 이 같은 법무부의 모습을 풍자했다. 다운
즈는 법무부를 비꼬는 말투로 이렇게 썼다.

> 중동인에게
> 우리 연방요원들은 곧 한 차례 모임을 가질까 생각하고 있었네. 우리와 함께
> 하지 않겠나? 수요일 3시 30분에서 4시 45분 사이가 어떤가? 격식 차릴 거
> 없이 당신들 있는 그대로 와 주면 좋겠어!
> 우리는 커피와 쿠키를 제공할 거야. 그런데 말이야. 자네가 아래의 질문에
> 대한 대답을 적어 준다면 좋겠어. 그리고 우리에게 올 때 이 종이를 가져와
> 주면(검은 펜 사용 요망) 이보다 좋은 일은 없겠지.
> (1) 자네는 테러리스트인가?
> (2) (심각하게) 정말인가? (그렇다면 우리한테 당장 전화해 줘!)
> (3) 자네는 누구라도 좋으니 테러리스트를 알고 있나?
> (4) 자네는 오사마 빈라덴이 어디에 있는지 알고 있나?
> (5) 그렇지 않다면 자네는 우리가 그에게 소포를 전달할 방법은 알고 있겠지?
> (6) 우리가 자네를 체포하고 당분간 구속시킨다면 자네는 그것을 문제 삼을
> 텐가?
> (7) 자네들 모두, 뭣 때문에 이렇게 화가 나 있는가?(Downes 2001, WK2)

이는 명백한 유머다. 그럼에도 다수의 시민권 단체들은 이를 즐겁게 바라
볼 수만은 없었다. 수백 명의 사람들이 부당한 방법으로 구속되고 추방되
었다는 사실, 그리고 법무부가 8만 2천 명의 중동인들을 이렇게 "인터뷰"
해 왔다는 사실 때문에 그들은 웃을 수만은 없었다. 〈미국민권자유연맹〉

---

7. [옮긴이] 로렌스 다운즈는 『뉴욕 타임즈』의 편집이사회에서 활동하고 있는 미국의 언론인이다.

은 미국 행정부의 "인터뷰" 전술에 대응하기 위해 한 권의 소책자를 신속히 유포시켰다. 이 소책자의 제목은 『당신의 권리를 알라 : 경찰, FBI, 이민국, 관세청 요원이 당신을 막아설 때 당신이 해야 할 일』*Know Your Rights : What to Do If You're Stopped by The Police, The FBI, The INS or The Customs Service* 이다.(American Civil Liberties Union 2001, 2004; Tracy 2002)

9·11 테러공격 발생 직후의 테러와의 국내 전쟁에서, 애쉬크로프트 법무장관은 과도하게 율법주의에 의존하는 모습을 보였다. 이로써 그는 해석적 부인행위의 효과를 극대화하고자 했다. 애쉬크로프트는 새로운 법률을 제정하여 억류조치와 추방조치를 철회시킬 수 있는 항소를 금지할 뿐 아니라 누군가 테러리즘과 연관되어 있다고 "믿게끔 할 만한 사유만" 있어도 그를 억류시킬 수 있는 새로운 법적 토대를 완성했다.(Povich 2001) 개정된 〈애국자법〉은 법무부가 강력한 권력을 보유할 수 있게 해 주었다. 새로운 〈애국자법〉에 따르면 미국 행정부는 의뢰인과 변호인 사이에 개입해 그들의 대화를 엿들을 수 있는 권리를 갖게 되었다. 물론 이는 〈미국 연방 수정헌법〉 제6조가 보장하는 효율적인 법률 조언을 받을 권리에 위배된다. 코언은 미국 행정부의 율법주의를 통한 재해석에 대한 자신의 의견을 정립했다 : "강력한 방식의 해석적 부인행위는 율법주의의 언어에 그 기원을 둔다. 민주체제가 공고할 뿐 아니라 자국의 국제적 이미지에 큰 관심이 있는 국가들의 경우, 이미 누구나 인정하고 있는 인권담론을 토대로 율법주의에 의존해 비난의 목소리에서 자국을 보호한다."(Cohen 2001, 107) 부시 행정부는 "불법적 적군 전투원" 체포 명령을 통해 테러용의자들을 무기한 억류시킬 수 있는 법적 토대를 마련했다. 이렇게 부시 행정부는 율법주의의 진면목을 은밀히 보여 주고 있었던 것이다. 또한 부시 행정부는 율법주의적 담론을 구사하여 미국 헌법뿐 아니라 국제법, 그리고 〈제네바 협약〉까지 무시해 왔다.

미국 행정부가 테러와의 전쟁 과정에서 해석적 부인행위에 주기적으로 의존해 왔음은 FBI가 56개의 현장부서 담당자들에게 담당 지역의 이슬람 사원과 이슬람교도의 숫자를 세는 방식을 이용해 "인구학적" 프로파일링을 수행하라고 지시한 사실에서도 발견된다. 이에 대해 『뉴스위크』*Newsweek* 는 이렇게 주장했다 : "이러한 프로파일링은 각 지역에서 테러에 관한 수사와 국가보안용 기밀도청을 진행하기 위해 필요한 몇 가지 요인들에 따라 진행되고 있다. 이러한 요인들이 구체적인 프로파일링의 목표들을 설정해 주고 있다."(Isikoff 2003, 6) FBI 관료들은 각 지역에 아직 발견되지 않은 "잠재적 테러리스트들의 주거지"sleeper cell가 남아 있다거나 일부 이슬람 사원들이 테러리스트들을 숨겨주고 있다는 점이 드러날 경우, 그들의 수사방법에 정당성이 부여될 것이라고 말했다. 아직 확인된 사실이 전혀 없음에도 FBI는 이러한 주장을 내놓았다. 이와 관련해 FBI의 한 최고 감독자는 이렇게 주장했다 : "이는 분명 정치적으로 옳지 않다. 하지만 우리는, 지금 이 순간에도 거리를 누비고 있을 범죄자들이 방문했던 이슬람 사원이 몇 개나 되는지에 대해 알고 있어야 한다. 이를 간과한다는 것은 어리석은 짓이다." 이소식이 전해지자 시민권 변호사들뿐 아니라 아랍계 미국인 정치지도자들은 미국 행정부의 이 같은 민족 프로파일링 확대 정책을 비판했다.

이들의 비판에 직면한 FBI 관료들은 태도를 바꾸었다. 이때 그들은 해석적 부인행위에 의존하는 방식으로 상황을 모면하려 했다. FBI 차장 캐샌드라 챈들러Cassandra Chandler는 우선 이슬람 사원이 과거에 폭력행위의 표적이 되어 왔음을 지적했다. 그리고 챈들러는 FBI가 이러한 폭력행위에 취약한 이슬람 사원의 현실에 집중하고 있다고 주장했다.(Lichtblau 2003c EV1) 다시 말해 이슬람 사원을 보호하는 데 그들의 목적이 있다는 말이었다. 하지만 챈들러는 해석적 부인행위의 영역에서 FBI 부장 윌슨 로워리 2세 Wilson Lowery, Jr보다 한 수 아래였다. 로워리는 의회에서 이렇게 말했다 : "이슬람 사원에 대해 수집된 정보는 FBI의 현장부서들이 과도한 대테러수사를 벌이지 않고 정보수색영장을 과도하게 발급받지 못하게 하기 위해 사용될 것이다."(Lichtblau 2003c, EV1) 이에 대해 한 의회 관계자는 이런 의견을 내놓았다 : "분명, FBI는 요원들에게 프로파일링을 하라고 요구하고 있는 것 같다. 이러한 요구는 놀라울 뿐 아니라 사법자원의 지독한 낭비인 것 같다. 그리고 이것이 바로 가장 사악한 형식의 프로파일링이다."(Lichtblau 2003c, EV1) 〈미국민권자유연맹〉은 FBI의 이 같은 전술이 "마녀사냥에 맞춰 제작되었다"고 주장했다. 또한 〈미국민권자유연맹〉은 FBI가 "2차 세계대전 가운데 미국 행정부가 일본계 미국인을 억류시키기 위해 시행했던 민족별 인구 정보조사"를 펼치고 있다고 말했다.(Lichtblau 2003c, EV1; American Civil Liberties Union 2003 참조) 이슬람 사원에 대한 감시를 둘러싼 논쟁은 FBI가 특정 이슬람 단체를 불리하게 만들 목적으로 증거를 조작했다는 사실뿐 아니라 FBI가 이슬람 자선단체들에게 탄압을 가한 사실이 드러나면서 더욱 격화되었다.(Goodstein 2003b)

암시적 부인행위

앞서 언급한 것처럼 정부 관료들과 정보부 요원들은 테러와의 전쟁 과정에서 테러용의자들을 억류할 때 민족 및 인종 프로파일링, 학대행위, 고문행위를 이용하기도 했다. 하지만 이들은 이 같은 억류조치에 스스로 개입했음을 심리적, 정치적, 도덕적으로 부인하는 경향을 보였다. 이때 암시적 부인행위는 그 진면목을 드러냈다. 『워싱턴 포스트』의 기자들과 인터뷰를 나눈 국가안보 담당부서의 일부 관료들은 해당 조직들이 포로들에게 정당하고 필연적인 사유가 있을 때만 폭력을 사용했다고 주장했다. 게다가 그들은 9·11 테러가 발생한 이후, 포로들에게 가해지는 고문행위를 어느 정도 용인해 주는 사회적 풍토가 조성되었기 때문에 미국의 대중이 그들을 지지해 줄 것이라는 견해를 밝혔다. 한 FBI 요원은 기자에게 이렇게 말했다 : "고문은 우리가 얻길 원하는 것을 얻게 해 줄 수 있다."(Priest and Gellman 2002, A1) 리트는 고문을 "인정해 주어서는 안 된다"고 주장하면서도 "비상시"에는, 즉 피치 못할 경우에는 고문이 허용될 수 있음을 암시했다.(William 2001, 11) 테러리스트들의 체포와 이송을 담당한 어느 정부 관료는 리트의 이 주장을 심화해 이렇게 말했다 : "경우에 따라 다른 사람의 인권을 유린하지 않은 것이, 자신에게 주어진 임무에 당신이 충실하지 않았음을 가리킬 때도 있다. 내 생각에, 우리는 고문에 대해 무자비한 태도를 취하려 하지 않는다. 고문은 오랜 시간 동안 CIA와 연관되어 있었던, 이 조직 전체의 문제일 뿐이다."(Priest and Gellman 2002, A1)

아부 그라이브 사태는 그곳에서 발생한 학대행위가 촬영된 사진이 공개되면서 전 세계에 알려졌다. 물론 이는 미국을 적잖게 당황시켰다. 부시 행정부는 지체 없이 이와 관련된 비판들을 통제하기 시작했다. 고문행위가 조직적으로 진행되었다는 의혹들을 잠재우고 나아가 대테러정책의 전반적인 문제들을 무마시키기 위해 부시 행정부는 "썩은 사과"에 관한 설명을 늘어놓았다.(Harbury 2005, Hersh 2004) 즉 아부 그라이브 사태는 일부 몰지각한 병사들, 이 썩은 사과들이 저지른 극히 이례적인 사건에 불과하다는 것이다. 이는 위기에 직면했을 때 부시 행정부가 전형적으로 이용해 온 부정직한 방법 가운데 하나였다. 하지만 일부 의원들은 다소 기이한 반응을 보였다. 아부 그라이브 사태를 둘러싼 국제적 비난의 물결이 조성되고 있었음에도 이들은 이곳에서 진행된 가혹행위가 어쩌면 합당한 것일 수 있다고 말했다. 상원군무위원회의 오클라호마 주 상원의원 제임스 인호프James Inhofe 는 이렇게 주장했다 : "당신은 이곳의 포로들이 교통법규 위반으로 아부 그라이브 수용소에 수감된 것이 아님을 알고 있을 것이다. 아마 1-A나 1-B에 있을 죄수는 살인자거나 테러리스트, 그것도 아니면 반란자일 것이다. 그들 다수의 손에는 아마도 미국인의 피가 묻어 있을 것이다. 그럼에도 우리는 이 같은 자들을 어떻게 대접해 줘야 할지에 너무 예민하게 반응하고 있다."(Sontag 2004, 42; Rich 2004a 참조)

이와 유사한 어조로 트렌트 로트Trent Lott 상원의원은 테러와의 전쟁에서 이용된 심문기술을 옹호하며 이렇게 말했다 : "미시시피 주Mississippi의 사람들 대부분이 나에게 다가와 '정말 고맙다. 분명, 우리 조국이 최우선'이라고 말해 주었다. 심문과정은 주일학교가 아니다. 죄수들pancake을 억류하는 것만으로 미국인들의 생명을 보호해 줄 정보가 생겨나는 것은 아니다."8 (Solomon 2004, 15) 로트의 주장에 반대하며 데보라 솔로몬Deborah Solomon 기자는 나체의 포로 앞에 살인견들을 풀어 놓는 것과 죄수를 억류하는 것 사이에 큰 차이가 있음을 지적했다. 이에 로트는 이렇게 대답했다 : "이렇게 반응하는 사람들을 보면 나는 항상 놀라움을 금치 못한다. 그 개들이 포로들을 물기라도 했나. 그 개들이 그들을 공격했다는 말인가. 그렇다면 인간의 생명을 구하기 위해 당신은 어떤 방법으로 그들에게서 정보를 얻어낼 것인가." 이라크의 포로들이 불법적 적군 전투원이기 때문에 〈제네바 협약〉이 보장하는 모든 권리를 그들에게서 박탈해야 한다고 주장해 온 럼스펠드 국방장관은 암시적 부인행위의 흐름에 동참했다. 그는 전쟁포로가 긴장감이나 구속감을 가질 만한 신체처벌이 최대 4시간 이상 지속될 수 없다고 명시한 〈제네바 협약〉을 비웃더니 이렇게 말했다 : "나는 하루에 8시간에서 10시간까지 서서 지낸다. 포로들을 세워두는 것을 4시간으로 제한해야 하는 이유는 대체 무엇인가?"(Jehl 2004b, A10)

---

8. [옮긴이] 이 부분에서 "죄수들"은 "팬케이크"라는 단어로 기록되어 있다. 알려진 것처럼 팬케이크는 본래 미국 사회에서 흑인을 경멸하기 사용되어왔다. 로트가 한 말에는 미시시피 주라는 미국지명이 발견된다. 미시시피 주는 미국 남부의 지명으로 흑인들이 노예생활을 했던 곳이다. 이 점에서 로트가 언급한 팬케이크는 다분히 흑인들을 지칭하는 말일 수 있다. 하지만 그의 주장이 테러리즘이라는 문맥에서 전개되고 있기 때문에 죄수들이라고 번역해 놓았다.

애쉬크로프트를 비롯한 여타의 행정부처 관리들은 민족 프로파일링, 억류조치, 비밀주의로 대표되는 미국 행정부의 대테러전술이 테러리즘과 관련된 어떠한 사실도 밝혀내지 못했음을 인정했다. 하지만 이들은 이러한 대테러전술이 국가안보를 지키기 위해 반드시 필요했다고 주장하는 방식으로 암시적 부인행위를 이어나갔다.(Marable 2003; Ratner 2003) 이러한 소용돌이 속에서 정부 관료들은 시민권과 인권뿐 아니라 이민자들이 그동안 누려왔던 권리들의 보편가치를 축소시켰다. 이미 언급한 것처럼 파인 법무부 감찰관은 그간에 제기되어 온 의혹이 사실이었음을 확인해 주었다. 테러와의 전쟁을 개시한 미국 행정부는 그 방법론에서 심각한 문제를 떠안고 있었다. 그의 보고서에 따르면 9·11 테러가 발생한 이후, 미국 행정부가 수백 명의 불법 이민자들을 체포한 것은 큰 실수였다. 테러리즘과 어떠한 연고도 없는 무고한 이들이 테러리즘과 연관되어 있다는 이유로 체포되어, 가혹하고도 불합리한 조건의 교도소에서 고통을 견뎌야 했기 때문이다. 파인에 따르면 일부 검사들조차 미국 행정부의 대테러전술의 합헌성에 대해 우려를 표하곤 했다. 그러나 그들의 상관들은 이들의 우려를 묵살했다. 이 보고서가 시민권 침해사례를 입증하는 다수의 증거를 제시하고 있음에도 법무부 관리들은 자신들을 방어하기 급급했다. 또한 그들은 법무부에 소속된 연방부처들이 테러용의자를 수사할 때 법의 테두리를 벗어난 적이 없었다고 주장했다. 이와 관련해 법무부 대변인 컴스톡은 이렇게 주장했다 : "우리는 미래에 도래할지 모를 테러공격에서 미국의 대중을 보호하기 위해 가능한 모든 법적 방편을 찾아보았다. 그러므로 우리는 변명할 것이 없다."(Lichtblau 2003b, A1) 여기에 덧붙여 그녀는 이 사건을 통해 드러난 학대행위가 그렇게까지 심각한 수준은 아니기 때문에 국가안보의 이름으로 충분히 합리화할 수 있음을 지적했다.

문자적, 해석적, 암시적 부인행위는 정부가 자신의 정책과 행동에 대한 비난을 회피하고 이들과 관련된 책임을 부인하고자 할 때 제 역할을 해낸다. 이 세 가지 유형의 부인행위는 함께 있을 때 더 큰 힘을 발휘한다. 문자적, 해석적, 암시적 부인행위를 동시에 진행하지 않았다면 정부 관료들은 결국 테러와의 전쟁의 어두운 상징이 되어 버린 시민권 및 인권 침해사례를 어떤 식으로든 책임져야 했을 것이다. 안타깝게도 이 부인행위들이 동시에 진행되는 바람에 정부 관료들은 그들이 아닌 또 다른 쪽을 향해 뜨거운 감자를 떠넘길 수 있었다. 다음에서 우리는 지금까지 설명한 부인행위의 유형들이 9·11 테러가 발생한 이후, 문화적 층위에서 점차 명백해지고 있음을 목격하게 될 것이다.

문화적 부인

부인행위는 대중성과 집단성을 가질 때, 그리고 고도의 조직화 과정을 거칠 때 비로소 공식적인 것이 된다. 전체주의 정권의 부인행위가 역사를 고치고 현재를 차단하는 것이라면 민주주의 사회에서의 부인행위는 이보다 훨씬 미묘하다. 그래서 민주주의 사회에서의 부인행위는 때때로 스핀-닥터링spin-doctoring 9이나 공중의제public agenda ■ 설정의 형태를 취했다. 그럼에도 전체주의 정권과 유사하게 민주주의 국가들 또한 부인행위로 국가 이데올로기의 외관을 건설해 낸다. 이때 민주주의 국가들은 힘보다는 오히려 거짓에 의존한다.(Cohen 2001; Willis 1999) 결국 민주주의 국가에서의 사회 전반은 집단부인현상을 향해 미끄러지기 쉽다. 이뿐 아니라 집단부인 현상이 발생하면 국민들은 어떻게든 조국에서 발생한 잔혹행위를 인정하

---

9. [옮긴이] 기업체, 비영리단체, 고위인사 등의 사회적 (긍정적) 이미지를 유지시키기 위한 홍보기술이다.

지 않기 위해 유능한 방어기제를 선택한다. 테러와의 전쟁이 개시된 이후, 시민권과 인권의 위기가 발생했을 때 문화적 부인행위와 공식적 부인행위는 각각 제 역할을 해냈다.(Neier 2003, Schulz 2004 참조)

9·11 테러 발생 직후, 미국 행정부는 1천 2백 명 이상의 중동계 이민자들을 체포하거나 억류했다. 이러한 사실을 알게 된 일본계 미국인들과 과거에 이러한 방식으로 체포되거나 억류된 적이 있었던 시민들은 우려를 금치 못했다. 그러나 한 여론조사는 이들의 우려가 단지 그들만의 우려에 불과했음을 보여 주었다. 여타의 미국인들은 이 점에 대해 전혀 우려하고 있지 않았다. 이 여론조사에 따르면 대부분의 미국인들은 민족 및 인종 프로파일링의 시행을 지지하고 있었다.(Nieves 2001) 고문행위를 향한 대중의 지지 정도는 참담하기까지 하다. CNN 여론조사는 전체 응답자의 45%가 테러리즘과 관련된 정보를 얻을 수 있다면 고문행위를 반대하지 않음을 보여 주었다.(Williams 2001)

앞서 언급한 것처럼 프리스트는, CIA가 아부 그라이브 사태가 벌어지기 훨씬 전부터 고문기술을 사용해 왔다고 폭로한 기자다. 당시, 또 다른 언론사들이 그의 고발내용을 보도하는 일에 왜 그토록 소극적이었는지를 묻자 프리스트는 이렇게 대답했다 : "청문회를 요구하는 의회의 움직임이 없고 대중의 분노가 분명히 드러나지 않는 상황에서 이 같은 이야기를 진행하기란 쉽지 않다."(Hentoff 2003a, 33) 9·11 테러 이후의 언론을 자세히 살펴보면 우리는 테러와의 전쟁 과정에서 부인행위가 어떤 방식으로 그 모습을 우리 사회에 드러냈는지를 이해할 수 있다. 문화산업의 중추로서 언론사는 어떠한 사건에 대한 대중의 의견이 형성될 때, 영향력을 발휘한다. 결과적으로 언론은 "한 국가가, 특히 전시상황에서 집단의 목적과 국가의 정체성을 위한 공동의 의식을 조성하고자 할 때, 그 최전선을 책임지는 것이다."(Robin 2003, 54) 정치권과 재계의 엘리트들은 때때로 그들이 제시한 안건

이 주류 언론사들에게서 지지를 받고 있음을 대중에게 알리기 위해 노력한다. ABC의 프로그램 〈정치적으로 옳지 않은〉Politically Incorrect의 진행자 빌 메이허Bill Maher는 정치적 성향이 짙은 익살꾼으로 유명세를 타고 있었다. 우리는 그에게 일어난 사건에서 언론사의 영향력을 가늠해 볼 수 있다. 9·11 테러가 발생한 이후, 메이허는 그의 방송에서 이렇게 말했다 : "우리는 항공기가 건물로 돌진하고 있었을 때, 2천 마일이나 멀리 떨어진 장소에서 크루즈 미사일이나 발사하고 앉아 있던 겁쟁이들이 누군지 알고 있다. 그들에게 당신이 원하는 것을 말하라. 이것은 비겁한 행동이 아니다."10 그는 이 말을 통해 9·11 테러사건을 막지 못한 미국 행정부를 겁쟁이에 비유했을 뿐 아니라 대중행동을 자극하기도 했다. 이 말을 듣고 정치권 및 군부 인사들은 적잖은 충격에 빠졌다.(Silverglate 2002, A21) 물론 백악관은 격노했다. 애리 플레이셔 공보 담당관은 미국인들이 모두 "입 조심을 해야 한다"고 경고까지 했다.(Huff 2001, 112)

자신의 생각을 자유로이 이야기했을 뿐인데도 메이허는 공개사과를 해야 했다. 이는 창피주기의 고전적 의식이었다. "정치적으로 옳지 않은"이라는 프로그램명 때문에 그의 방송이 큰 인기를 끌고 있었지만 방송사는 이 프로그램을 폐지해야 했다. 〈정치적으로 옳지 않은〉이 정치적으로 올바르지 못한 방법으로 희생된 것은 말 그대로 모순이었다. 당시의 사건들을 회상하며 메이허는 한 컨츄리 밴드를 언급했다. 그는 이 밴드가 부시 행정부의 이라크 침공을 공식적으로 비판했다가 결국 음악 산업에서 퇴

---

10. [옮긴이] 이 말에서 빌딩은 세계무역센터를, 항공기는 테러리스트들이 납치한 항공기를, "2천 마일이나 멀리 떨어진 장소에서 크루즈 미사일이나 발사하고 앉아 있던 겁쟁이들"은 물론 부시 행정부의 구성원들을 말한다. 9·11 테러 발생 당시 또 다른 항공기 한 대가 백악관을 향해 비행하고 있었으나, 백악관에 도착하기 전 격추된 것으로 알려져 있다. 메이허는 자국의 국민들은 보호하지 못하고 자신들의 안위만 보호하려 한 부시 행정부를 맹렬하게 비판하기 위해 이 같은 말을 했다.

출당했다고 말한 뒤, 비꼬는 말투로 이렇게 말했다 : "나는 '자기 팬들에게
까지 외면당한'Dixie Chicked 최초의 사람이었다."11 (Goldstein 2003, 51) 메이허가
경험한 창피주기와 협박하기는 대학 캠퍼스에서도 등장했다. 2001년 11월,
체니 부통령의 아내 린 체니Lynne Cheney가 설립한 보수권의 연구 집단인
〈미국대학이사교우위원회〉는「문명의 옹호 : 우리의 대학은 어떻게 미국
을 낙제시키고 있고 이에 대해 무엇을 할 수 있는가」Defending Civilization :
How Our Universities Are Failing America and What Can Be Done about It라는 제목의 보
고서를 발표했다. 이 보고서는 애국심이 결핍되어 있고 자성의 목소리를
냈다는 이유로 특정 교수들을 비판한 뒤 이들의 실명을 공개했다.(American
Council of Trustees and Alumni, 2001, EV8; Mashberg 2001, Scigliano 2001 참조)

　　언론사들은 테러와의 전쟁의 보도지침을 준수했다. 테러공격이 발생
하고 한 달이 지났을 때 라이스는 미국의 주요 방송사들인 ABC, CBS,
NBC, FOX, CNN의 최고 경영자들과 만난 자리에서 오사마 빈 라덴에 관
해 보도할 때 그들이 참고해야 할 규정을 언급했다.(FAIR 2001a) 이때 CNN
관계자는 한술 더 떠 아프가니스탄에서 미군이 발생시킨 민간인 사상자들
을 반드시 9·11 테러사건의 미국인 희생자들과 짝지어 보도하도록 방송
관계자들에게 요구했다.(FAIR 2001b) 언론단체 〈방송보도의 공정성과 정확
성〉Fairness and Accuracy in Reporting은 그들의 보고서에서 미국의 가장 유명한

---

11. [옮긴이] 딕시 칙스(The Dixie Chicks)는 자매인 말티 어윈 맥과이어(Martie Erwin Maguire)
와 에밀리 어윈 로비슨(Emily Erwin Robison), 그리고 보컬 나탈리 매인즈(Natalie Maines)
로 구성되어 있으며 다양한 장르의 음악을 선보이는 컨츄리 밴드로서 미국 내에서 상당한
인기를 끌었다. 미국의 이라크 침공이 있기 전, 딕시 치크스는 런던에서 열린 콘서트에서 이
렇게 발언했다 : "우리는 이 전쟁과 이 폭력을 원하지 않는다. 우리는 조지 W. 부시가 우리의
고향인 텍사스 출신이라는 사실이 수치스럽다." 하지만 당시의 미국 대중들이 부시 행정부
의 이라크 침공에 절대적 지지를 보내고 있는 상황이었기 때문에 딕시 치크스는 이 말에 대
한 대가로 상당한 사회적 비판을 받아야 했고 그동안 누려왔던 인기의 상당 부분을 잃어야
했다.

신문들이 편향적인 시각에서 미군을 보도하고 있음을 지적했다. 정치학자 코리 로빈에 따르면 "일부 언론의 편향된 보도내용은 9·11 테러사건과 관련된 공포와 맹목적 애국주의를 조장했다. 이는 이 테러사건과 관련된 고위 방송 관계자의 해석이 하부로 전달된 경우다."(2003, 56) MSNBC의 사장이자 테러와의 전쟁의 보수논객으로 유명한 에릭 소렌슨Erik Sorenson은 미국 사회를 자극하지 않기 위해 자신뿐 아니라 모든 경영진들이 조심하고 있다고 말했다 : "잘못된 행동을 하나만 해도 당신은 어떤 문제에 빠지게 될 것이다. 애국심이 강한 경찰들이 당신을 사냥하러 다니는 상황도 그 가운데 하나다."(Stanley 2001, B4)

9·11 테러 이후의 미국을 살펴본 한 연구물에서 나는 의사표현의 자유와 정치적 반대의 자유를 둘러싼 강렬한 논쟁을 정리하는 방식으로 미국문화의 정신을 살펴보았다. 이에 따르면 권위주의는 권위 그 자체의 상징인 애국심, 국가주의, 군국주의, 시민종교에 대해 대중이 존경심을 표할 것을 요구한다. 이러한 권위주의는 미국에서 분명한 증가세를 보이고 있을 뿐 아니라 이미 미국 사회 전반에서 공유되고 있다. 이 점에서 권위주의는 위에서 아래로 부여된 현상만은 아니다. 그리고 권위주의는 기존의 제도에 대한 반대의사를 표현하는 것을 회피하는 사회적 경향을 유지시키며, 반대자의 목소리를 잠재운다는 점에서 위계질서를 조성한다.(Welch, Sassi, and McDonough 2002) 미국은 상대적으로 젊은 민주주의 국가로서 여전히 세상에 여러 종류의 자유가 있다는 점과 이에 따라 국민들이 다양한 주장을 펼칠 수 있다는 점, 이 두 가지를 지키기 위해 노력하고 있다. 역사적으로 이러한 노력들이 위기에 빠지는 시기가 있었는데, 그것은 바로 전쟁기간이었다. 미국인들은 전쟁기간만큼은 "반불복종적 태도"anti-dissent attitude 12를 취해 왔다. 대중의 반불복종적 태도는 그들의 사회적 불안, 다시 말해 조국이 현재 '무너져 내리고 있다'는 생각으로 인해 그들이 갖게 된 심각한

수준의 공포뿐 아니라 그들이 정치적 자유의 실체를 오해하고 있음을 보여 준다.(Goldstein 1995, 253; Welch 2000a) 세계무역센터와 미국 국방성에 테러공격이 가해진 이후, 애국심이 부활했을 뿐 아니라 일부 사람들은 군국주의를 지지하는 새로운 모습을 보여 주고 있었다. 테러사건이 발생한 이후, 국가안보와 시민권 간의 균형을 맞추기 위한 토론회가 여러 차례 개최되었다. 대부분의 토론회는 미국 행정부의 인종 프로파일링, 대중억류조치, 비밀주의를 주제로 진행되었다. 또한 다수의 토론회 결과, 대중은 미국 행정부가 정치적 반대자들에게 취하고 있는 방법들에 대해 염려하고 있는 것으로 드러났다. 애쉬크로프트 법무장관은 테러와의 전쟁에서 자신이 채택한 전술을 옹호하며 부시 행정부와 그의 정책에 대해 진행되는 모든 공개적인 비판은 테러리스트를 돕는 일과 다르지 않다고 주장했다. 한 여론조사에 따르면 대부분의 미국인들이 시민권을 매우 협소한 시각으로 바라보고 있었고 이러한 시각은 광범위할 뿐 아니라 노골적인 지지를 얻고 있었다.(Toner and Elder 2001)

『새크라멘토 비』*Sacramento Bee*의 발행인 제니스 베슬러 히피 Janis Besler Heaphy가 경험한 사건은 9·11 테러 이후에 등장한 정치적 반대자들을 미국인들이 과연 어떤 시각에서 바라보고 있는지를 보여 주었다. 새크라멘토에 위치한 캘리포니아 주립대학의 졸업식 연사로 참석한 히피는 미국 행정부가 대테러정책을 집행할 때 시민권을 보호해야 한다고 주장했다. 그런데 이 발언을 이유로 히피는 결국 졸업식 연단에서 내려와야 했다. 히피가 시민들이 자유로운 의사표현과 관련된 자신의 권리를 스스로 지켜내야 한다고 주장했을 때 약 1만 명 정도의 졸업생들과 초대 손님들은 그에게 야유

---

12. [옮긴이] 시민의 불복종에 반대되는 개념으로 시민들이 국가에 대한 비판이나 저항을 멈추고 국가에 대해 과도한 의존을 보이는 태도를 취함을 말한다.

를 보냈다. 그녀가 인종 프로파일링이 정기적으로 진행될 경우에 일어나게될 일들에 대해 의문을 표하자 청중들은 난색을 표하며 소리쳤다. 그럼에도 히피는 연설을 마치기 위해 고군분투했다. 그녀가 "우리가 미국 행정부의 잘못된 정책에 대항할 수 있음을 미국 헌법이 보장해 주고 있다"고 주장했을 때 청중들은 박수를 치며 노래를 불렀을 뿐 아니라 조롱조의 말을 그녀에게 던졌다. 때문에 그녀는 연단에서 내려와야 했다.(Egan 2001, B1) 시민권과 자유로운 의사표현의 권리를 옹호하던 사람들은 이 사건을 심각하게받아들였다. 〈미국민권자유연맹〉의 대표자는 이렇게 말했다 : "만약 당신이 권리장전을 거리로 들고 나가, 권리장전의 내용에 동의하는 사람들의서명을 받아야 한다면 많은 미국인들이 당신에게 서명해 주지 않을 것이다."(Egan 2001, B4)

"권력자들이 사회생활의 지배적 형식을 규정하고 현실화할 뿐 아니라이 형식에 구체적인 의미까지 부여한다는 점에서 문화의 발전과정은 범죄화의 진행과정일 수 있다."(Presdee 2000, 17; Ferrell and Sanders 1995 참조) 이 가정을 확인해 주고 있는 문화범죄학이 등장하고 있다는 점에서 이와 관련된논의는 폭넓은 정교화 과정을 거쳐야 한다. 9·11 테러가 발생한 이후에 등장한 시민권과 인권을 향한 적개심은 권위주의 정권에 순응하고자 하는 대중에게 압도적 수준의 복종의지가 있음을 보여 준다. 다시 말해 이들의 복종은 자신의 당연한 권리의 폐기를 의미한다. 모순적이게도, 불복종 운동에 참여한 사람들을 검열하고 괴롭힐 뿐 아니라 조롱하여 "비공식적인" 통제정책을 미국 사회에 등장시킨 것은 일부 시민들의 굴종적인 태도였다.또한 이러한 시민들은 사회적 위계질서와 구조적 불평등을 재생산한 결과를 초래함으로써 민주주의 사회를 무너뜨릴 의도가 다분했던 공적 사회통제 장치에 힘을 보태 준 결과를 초래하고 말았다.

반격

　이 장에서 언급한 것처럼 테러와의 전쟁은 다양한 형식의 부인행위에 의존한 나머지 시민권 및 인권 침해사례를 인정하지 않는 부인의 문화를 형성시켰다. 하지만 〈미국민권자유연맹〉, 〈국제사면위원회〉, 〈헌법권리연구소〉, 〈인권 먼저〉Human Rights First, 〈인권감시단〉을 비롯한 단체들은 미국 행정부의 부인행위에 반격을 시도했다. 이때 이들은 문자적 부인행위에 해당하는 미국 행정부의 거짓말, 속임수, 거짓정보 유포뿐 아니라 해석적 부인행위에 해당하는 "재정의"나 다른 명칭으로 부르기에 정면으로 대응했다.13 나아가 인권 변호사들은 미국 사회에 자리를 잡은 대중의식의 문제를 해결하기 위해 노력했다. 이들은 시민들이 시민권 침해사례와 인권 침해사례의 본질을 간과하지 않도록 이와 관련된 사회운동을 전개해 미국 사회에서 문화적 부인 현상을 종식시키기 위해 최선을 다했다.(Drinan 2001, Shattuck 2003 참조) 또한 인권 단체들은 시민들이 미국 행정부의 부정의에 대항한 정치행동에 참여할 수 있도록 이와 관련된 사회운동을 조직했다. 이들은, 부인행위나 완곡어법에 의존하여 자신들이 사용하는 정치전술의 본질을 감추고 있는 정부 관료들에 대항하기 위해 노력했다.

　9·11 테러 이후 추진력을 확보한 미국 행정부의 권위주의에, 시민들이 대항하기 시작했다는 사실을 입증할 증거가 등장하고 있다. 알래스카, 하와이, 메인, 버몬트로 대표되는 4개 주와 미국 도처에 자리를 잡고 있는 310개

---

13. 도덕적 공황론에 관한 일부의 연구는 도덕적 십자군과 그들이 악마화한 사람들 사이의 모순적이고도 상징적인 관계를 간과하는 경향이 있다. 이 결함을 보완하며 앤젤라 맥로비(Angela McRobbie)와 S. 손튼(S. Thornton)은 전 세계의 사회가 점차 단수가 아닌 복수의 중재과정을 거치고 있음을 인정했다(McRobbie and Thornton 1995). 따라서 도덕적 공황과 범죄화 운동의 표적들은 종종 도덕적 수호자들의 권위와 합법성에 저항하기 위해 언론을 이용해 반격을 시도할 수 있게 된다(Ferrell 1996; Welch, Sassi, and McDonough 2002).

이상의 소단위 지역들은 민족 및 인종 프로파일링, 종교 및 정치 프로파일링, 비밀억류조치, "도청과 감청," 도서관·서점과 관련된 이용내역 조회를 정당화한 〈애국자법〉의 주요 조항들 등을 비난하는 "권리장전 결의안"을 통과시켰다. 이로써 상술한 지역들은 〈권리장전옹호회〉 Bill of Rights Defense Committee 회장 낸시 탤래니언Nancy Talanian이 고안한 "시민권의 안전지대"civil liberties safety zone를 확립하게 되었다.(Hentoff 2003c) "권리장전 결의안"의 내용 대부분이 다소 상징적인 의미에 그치고 있었지만, 그래도 법적으로 대항할 수 있는 무기가 일정 부분은 확보된 것만은 분명했다.(Chang 2004)

미국 행정부의 대테러전술에 최근까지도 관심이 없었던 일반시민들도 일부 연방요원들의 과잉대응사례에 대해 인식하기 시작했다. 예컨대 메릴랜드 주Maryland에서 라틴어학교에 다니던 12세의 소년은 숙제를 위해 체서피크만Chesapeake Bay의 다리를 인터넷으로 조사했다는 이유로 FBI의 예기치 못한 방문을 받았다.(Chang 2004) FBI는 이 소년이 뭔가 국가안보에 위협을 줄 만한 임무를 수행하기 위해 미국의 사회간접자본을 조사했다고 생각한 것이다. 나아가 주요 정치인들이 〈애국자법〉을 향한 대중의 풀뿌리 저항을 지지하기 시작했다. 전직 부통령 고어는 이 법의 완벽한 폐지를 요구했다 : "부시 행정부의 다음의 전제에 대항하고자 한다. 부시 행정부는 테러리스트로부터 자유로워지기 위해 우리가 전통적으로 누려오던 다수의 자유를 포기해야 함을 전제하고 있다. 이것은 사실이 아니다."(Doty 2003) 제임스 센센브레너James Sensenbrenner 〈하원법무위원회〉 의장은 그의 동료들에게 자신이 〈애국자법〉의 재인준을 2005년 말까지는 고려하지 않겠다고 말했다. 보수적 성향이 강한 공화당에 소속된 센센브레너의 이 발언으로, 법적 효력이 상실되기 전에 〈애국자법〉을 재인준하려고 했던 부시 행정부의 입장이 난처해졌다.(Hentoff 2004a) 또 다른 보수주의자들도 〈애국자법〉의 감시조치와 비밀영장에 관해 불만을 표했다. 스트롬 써몬드Strom

Thurmond 상원의원의 고문으로 활동했던 공화당의 필 켄트Phil Kent는 이런 의견을 내놓았다 : "사실, 우리는 2억 8천만 명의 미국인들 가운데서 용의자를 만들어 내서는 안 된다."(Lichtblau 2003l, A19)

　일련의 비판적 분위기 때문에 마음이 조급해졌는지 애쉬크로프트 법무장관은 〈애국자법〉의 갱신에 힘을 보태기 위해 대규모의 전미 홍보전을 시작했다. 애쉬크로프트는 종종 제복을 입은 경찰관들을 청중으로 동원한 초청 인사 토론회에서 "우리가 테러와의 전쟁에서 승리하고 있다"는 메시지를 강력히 전달하였다.(Lichtblau 2003l, A19) 하지만 토론회장 밖에서는 시위자들이 그를 "파시스트"라고 비난하는 푯말을 들고 그를 따라다니고 있었다. 애쉬크로프트의 전미 홍보전이 너무 떠들썩하게 진행되는 것처럼 보였기 때문에 일부 민주당 의원들은 미국 행정부 관리의 로비행위와 정치활동을 금지하는 연방윤리법에 따라 그를 고소했다. 많은 신문들은 애쉬크로프트의 강연에 대해 혹평을 늘어놓았고 그의 연설에 나타난 "절망의 기류"를 감지할 수 있었다.(Lichtblau 2003l, A19) 애쉬크로프트는 〈애국자법〉과 관련된 내용으로 토론해야 하거나 이와 연관된 반대의견에 부딪힐 상황을 피하기 위해 자기 취향에 맞는 청중을 신중히 선발하였다.

　물론 또 다른 형식의 반격행위가 등장하고 있다. 〈전미도서관협회〉에 소속된 애쉬크로프트의 적들의 행위가 바로 그것이다. FBI의 함구령에 따라 도서관 사서들은 이용자들에게, FBI가 이들을 수사대상으로 삼은 사실을 알려줄 수 없었다. 이때 애쉬크로프트의 적들은 다음의 내용을 담은 도서관용 플래카드를 합법적으로 게시했다. 이 메시지는 함구령을 위반하지 않으면서도 이용자들에게 그 사실을 넌지시 드러내고 있다.

미안합니다! 국가안보가 걱정되기 때문에 우리는 당신의 인터넷 검색 습관, 비밀번호, 이메일 내용이 연방요원들에 의해 감시당하고 있는지 아는지를 당신에게 말해 줄 수 없습니다. 행동에 유의하시길 바랍니다.

FBI는 여기 온 적이 없습니다. (이 플랫카드가 철거되지는 않는지 유의하세요.)

질문 : FBI가 도서관에 다녀갔는지, 당신은 말해 줄 수 있습니까?
대답 : 이러지 마십시오. 〈애국자법〉은 당신의 컴퓨터가 감시당하고 있음을 우리가 당신에게 알려주는 것을 불법으로 봅니다. 이 점, 기억하세요.(Talbot 2003, 19)

흥미롭게도 테러와의 전쟁의 최전선에서 활동한 행정부처의 관료들도 반격 행위를 펼치고 있다. 2004년, 국토안보부는 직원들에게 함구동의서에 서명할 것을 요구했다. 이는 너무 구속적이어서 위헌적일 수밖에 없었다. 이 동의서는 부서 직원들이 "민감하지만 기밀이 해제된" 정보를 대중에게 제공하는 것을 금지하고 있었고 이들이 동의서의 내용을 준수했는지를 확인하기 위해 미국 행정부가 언제 어디서든 조사를 펼칠 수 있다고 말하고 있었다.(Wingfield 2004, A20) 이에 분노한 직원들은 자신들을 고용한 국토안보부가 바로 자신들의 시민권을 침해하고 있다고 주장했다. 그리고 그들은 이 동의서에 서명하지 않았다. 이들은 이에 대항하기 위해 노조를 이용했다. 재무부의 직원들과 〈전미정부공무원연맹〉American Federation of Government Employees은 국토안보부가 〈미국 연방 수정헌법〉 제4조를 위반하며 직원들의 주택과 개인 소지품을 조사했음을 지적하며 이에 반대한다고 선언했다.(Wingfield 2004, A20) 이들의 저항에 직면한 국토안보부는 뒷걸음질을 쳤다. 국토안보부는 함구동의서를 받는 것 대신에 직원들이 민감한 정보를 다루기 위해 그에 따른 적절한 교육을 받았는지를 확인할 절차를 마련할 것이라고 말했다.(Files 2005, A17; Pear 2005 참조)

미국 행정부 노동자나 도서관 사서들뿐 아니라 다양한 계층의 사람들이 〈애국자법〉과 관련된 정부전술들을 비판하기 시작했다. 현재, 권위주의에 반대하는 저항운동은, 테러와의 전쟁을 시작하기 위해 미국 행정부가 든 근거들을 향해 의심의 눈초를 보내고 있다 : "미국인들과 미국 행정부는 테러와의 전쟁을 진행할 때 그 목표가 항상 수단을 정당화한다고 믿어 왔다. 하지만 이는 테러리스트들의 논리이기도 하다. 이들의 난폭한 공격에 어떻게든 대응해야겠지만 이 같은 논리는 절대 정당한 것이 아니다. 우리는 무고한 이들의 생명을 지키고 국제법을 존중하여 과거에 공격당한 우리의 원칙을 유지해야 한다. 테러공격을 감행한 이들에게 종국의 승리를 안겨주지 않는 방법은 바로 이것이다."(Human Rights Watch 2001, 1) 우리는 대테러정책과 그와 관련된 법률절차들을 고안할 때 테러와의 전쟁 과정에서 드러난 윤리적인 문제를 계속해서 점검하면서도 항상 미국과 국제 사회와의 관계를 염두에 두어야 한다. 이후 우리가 살펴볼 내용은 인권과 불가분의 관계를 맺고 있는 사법제도 안에서 희미하게나마 나타나고 있는 중대한 변화에 대한 것이다.

정책과 법률의 함의

미국 행정부는 악, 악인, 사악함 등의 모호한 말을 통한 신화적 비방에 의존했는데, 이는 타자의 범죄학이라는 말로 요약될 수 있다. 이로써 우리는 미국 행정부의 정치적 폭력을 쉽게 구체화할 수 없게 되었다. 9·11 테러가 발생한 이후에 확전된 테러와의 전쟁은 일종의 자멸에 가까운 조치로 구성되었다. 이때 등장한 일제검거사태, 특별 등록 프로그램, 무기한 대량 억류조치는 미국을 향한 테러리즘의 위협을 줄이는 데 기능성과 효율성 면에서 모두 좋지 못한 성적을 받은 것으로 증명되었다. 정부 관료들은 이 실책에 따른 공개수사를 받지 않기 위해 노력했을 뿐 아니라 자신에게 이러한 정부 실책에 대한 책임이 없다고 여기고 있었다. 이를 위해 미국 행정부는 비밀주의에 의존했는데 이 비밀주의는 대중이 미국 행정부를 향해 온갖 의혹을 품게 하였다. 여기서 우리는 미국과 국제사회 간의 관계를 발전시킬 뿐 아니라, 시민권과 인권을 보호하는 데 기여할 대테러전략을 구성하기 위해 필요한 주요 정책분야들을 살펴볼 것이다.

대테러정책을 장·단기적으로 모두 효율적으로 시행하기 위해서는 시민권과 인권에 관한 문제들이 반드시 고려되어야 한다. 유감스럽게도, 특히 미국 행정부의 지도자들은 대중의 공포를 심화함으로써 테러리즘과 관련된 모든 사항들을 정치화할 수 있었다.(Ratner 2003; Robin 2003) 사실, 이 공포의 정치학이 힘을 얻게 되면서, 부시 행정부는 국가안보와 테러위협을 "부시 패거리가 어디서든 가지고 놀 수 있는 최후의 만능 카드"인 것처럼 사용했다.(Cole 2004c, 5) 시민권의 영역에서 국가안보라는 카드는, 미국 행정부가 테러와의 전쟁을 효율적으로 진행하기 위해 시민들이 자유의 일부를 희생해야 한다고 주장했다. 이는 명백히 잘못된 패러다임이었음에도 미국 사회의 내부에서 영속화된 것 같았다. 시민권의 침해사례가 많아지면서, 민주주의의 근간은 공격당했을 뿐 아니라 국가안보는 더욱 악화되었다. 부언하자면 문제가 일절 없는 사람을 체포할지라도 누구 하나 안전해지지 않는다. 이는 억울하게 체포된 사람들의 시민권을 침해하고 전체 대중의 안전을 유기할 뿐이다.(Glasser 2003)

부시 행정부는 비밀억류조치에 대한 비판에서 자신을 방어하기 위해 이 카드를 이용해 왔다.(Dow 2004, 2001) 법률 전문가들은 테러와의 전쟁의 군사행동이 쉽게 공개조사의 대상이 될 수 있어야 할 뿐 아니라 미국 행정부가 이 전쟁의 전술들을 수정해야 한다고 주장한다. 이들은 미국 행정부의 책임과 관련된 세 가지를 권장하고 있다. 첫째, 법무부는 억류자들의 성명과 억류위치를 설명하는 억류자 정보를 공개해야 한다. 반테러정책 집행과정에서 법무부가 이용해 온 비밀억류조치는 유엔총회가 1992년에 결의한 〈강제실종보호협약〉에 위배된다. 국제법의 특성에 따라 이 협약은 법적 강제력을 갖지 않지만, 국제사회의 일원으로서 미국 행정부는 이를 반드시 준수해야 한다. 둘째, 억류자들이 공정하고 인간적인 방식에 따라 생활하고 있음을 분명히 하기 위해 독립 감독단체들이 억류시설에 제한 없이 접근할 수 있는 권리를 가져야 한다.(Human Rights Watch 2003) 셋째, 미국 행정부는 이민절차를 더 이상 비밀주의에 의존해 진행하지 말아야 한다.(Cole 2003b; Cole and Dempsey 2002)

부시 행정부는 최근에 진행된 기념비적인 인권재판[소사 대 맥체인Sosa v. Alvarez-Machain]의 판결을 뒤집기 위해 대법원에 항소장을 제출했다. 물론 이때도 부시 행정부는 이 카드를 꺼내들었다. 미국 행정부는 국가안보의 중요성을 호소하면서, 이렇게 인권을 과도하게 보호하다가는 대중의 안전이 위험해질 수 있다고 주장했다. 〈외국인 불법피해자를 위한 배상청구법〉Alien Tort Claims Act of 1789은 소사 대 맥체인 소송에서 중요한 역할을 해냈다. 이 법은, 외국인들의 인권이 침해당하는 일이 미국에서 발생하지 않도록 하기 위해 1789년에 제정되었다. 이 법은 이 법을 위반한 사람이 타인에게 저지른 비인도적 행위에 대해 직접적으로 책임을 져야할 뿐 아니라, 이 책임을 위한 모든 법적 수단을 피해자에게 제공해야 한다고 규정하고 있다. 정확히 말하자면 이 법은 외국계 국민이 연방법원을 통해 해외에서 자신이 경험한 손해를 보상받을 수 있는 데 그 목적이 있다. 소사 대 맥체인 소송에서 미국 행정부와 멕시코인 호세 프란시스코 소사Jose Francisco Sosa는 공동으로 항소장을 제출했다. 소사는 전미마약단속국Drug Enforcement Administration 소속 관리에 의해 고용된 이후 한 멕시코인 내과의사를 국경 너머로 납치했다. 이 내과의사 홈베르토 알바레즈-맥체인Humberto Alvarez-Machain은 1990년에 멕시코 과달라하라에서 엔리케 카마레나-살라자르Enrique Camarena-Salazar 연방요원의 고문살해 사건에 가담한 혐의로 기소되었다.

하지만 이후 맥체인의 모든 혐의는 기각되었고 그는 멕시코로 돌아가게 되었다. 1993년, 그는 미국 행정부와 소사 모두를 고소했다. 그는 미국 행정부가 국제법을 무시한 잘못된 수사방식을 동원해 자신을 체포했다고 주장했다. 연방법원은 맥체인이 미국 행정부를 상대로 제기한 소송은 기각했으나 소사를 상대로 제기한 소송은 인정해 주었다. 이 소송에 관한 재판에서 배심원단은 맥체인이 2만 5천 달러의 배상금을 받도록 판결했다. 항소심에서도 제9차 연방순회 항소법원은 그 판결을 그대로 반복하는 것에서 멈추지 않았다. 연방순회 항소법원은 맥체인이 미국 행정부를 상대로 제기했던, 그러나 과거에 기각되었던 그 소송도 연방재판에 회부될 수 있도록 해 주었다. 부시 행정부는 연방법원이 인권의 국제표준에 따른 판결을 내리면 테러와의 전쟁이 동력을 잃게 된다고 주장했다. 이에 반대하며 콜은 이렇게 주장했다 : "당연히 국제법의 전반적 입장은 모든 인간이 기본권을 갖고 있다는 점에 따라 국가의 특권들을 제한하는 데 있다."(2004c, 5; Greenhouse 2004c)

2004년, 대법원은 소사 대 맥체인 소송에 대해 판결을 내리며, 외국인들이 제기한 인권침해 관련 소송내역을 공개하라고 연방법원들에 명령했다. 이는 당시에 미국 행정부가 뻔뻔스럽게 자행한 인권침해에 따라 수많은 외국인들이 미국을 상대로 소송을 제기했음을 지적한 것이다. 시민권 단체들은 〈외국인 불법피해자를 위한 배상청구법〉에 대한 미국 대법원의 이러한 해석을 대대적으로 환영했다. 이는 이 법의 법적 효력을 줄여야 한다는 부시 행정부의 주장을 기각한 것이었다. 이 점에서 인권 변호사들은 인권과 관련해 알려져 온 위반사실들, 예컨대 민족학살, 노예제도, 장기억류조치

등에 이 판례가 적용될 수 있다는 희망을 가지게 되었다.(Greenhouse 2004c) 소사 대 맥체인 소송은 현재 인권의 국제화를 향한 세계적 관심이 증가하고 있음을 보여 주었다. 헤이그의 국제사법재판소가 미국 법원이 51명의 멕시코인에게 선고한 사형을 "효율적으로 재검토"하라고 지시하고 요구한 것은 국제적으로 의미 있는 판결일 뿐 아니라 미국 사법체계를 향한 국제사회의 압력이 어느 정도인지를 가늠할 수 있게 해 주었다. 국제법에 따라 유엔 최고법원도 미국 행정부가 멕시코 죄수들의 인권을 침해했음을 인정했다. 게다가 유엔최고법원은 이 죄수들이 체포된 이후 멕시코 영사와 만날 수 있는 그들의 권리를 박탈당했음을 알아냈다. 멕시코 죄수들뿐 아니라 독일과 파라과이의 죄수들도 그들의 권리를 제대로 행사할 수 없었다. 그래서 이와 유사한, 미국 행정부를 상대로 제기된 소송들은 지금도 미국의 법원에 접수되고 있다.

미국은 1963년에 체결된 〈영사관계에 관한 빈 협약〉 Vienna Convention on Consular Relations ▪에 따라 165개국 사이의 분쟁을 해결하기 위해 유엔최고법원의 판결을 받아들여야 했다. 〈영사관계에 관한 빈 협약〉은 해외에서 체포된 사람들에게 그들의 정부 대표자와 만나 이야기를 나눌 수 있는 권리를 부여했다. 국외에서 체포된 억류자들은 이 같은 권리가 자신에게 있다는 사실을 권고 받아야 한다. 그럼에도 미국의 지도자들은 미국의 재판에 국제법을 적용하지 못하도록 방해하고 있다. 부시 대통령에 이어 텍사스 주지사로 선출된 릭 페리Rick Perry는 이렇게 말했다 : "국제사법재판소는 텍사스 법원의 판결에 영향을 미칠 수 없다."(Simons and Weiner 2004, A8) 국무부와 법무부 관리들은 국제법이 미국 사법체계를 침해하고 있다고 주장하고 있다. 국제사법재판소의 판결은 분명 법적 구속력을 갖고 있음에도 현실 정치에서는 어디까지나 권고사항에 지나지 않는다.(Liptak 2004b) 2005년, 대담한 조치를 강행한 미국 행정부는 미국이 국제사법재판소의 영향권에서 벗어나야 한다고 주장했다. 정확히 말하면 이건 거의 명령이었다. 이를 규탄하며 법률 전문가들은 부시가 미국 사법체계를 세계 사법체계에서 분리시키려 하고 있다고 주장했다. 조지아 법대의 교수 피터 J. 스피로Peter J. Spiro는 미국 행정부의 이러한 행동을 두고 이렇게 말했다 : "이는 쉽게 패배를 인정하지 못하는 사람들이나 하는 행동이다. 이는 경기를 이길 수 없다면 아예 하지도 않겠다는 말에 지나지 않는다."(Liptak 2005, A16) 이와 유사하게 예일법학대학원 대학원장 해롤드 혼기우 코Harold Hongiu Koh는 이로 인해 발생할지 모를 결과가 비생산적일 것이라고 말했다 : "국제사법재판소는 냉전 이후뿐 아니라 9·11 테러 이후의 세계에서도 중요한 법률 도구다."14 (Liptak 2005, A16)

모든 범죄처벌 정책은 누구나 인지할 수 있는 합법성을 그 중심에 둔다. 시민권과 인권을 무시한 범죄통제 정책과 대테러전술은 대중의 지지를 잃게 되어 있다.(Welch 2005d, 2005e 참조) 이 주장은 테러와의 전쟁이 점차 전지구화하면서 더욱 중요해졌다. 강경 노선의 정치인들이 주장하는 반테러

---

14. 멕시코인과 관련된 총 51개의 사건들 중에서, 우리는 1992년, 아내를 살인한 사건에 대한 유죄가 인정된 이후 사형선고를 받은 로베르토 모레노 라모스(Roberto Moreno Ramos)의 사건에 주목할 필요가 있다. 그의 변호사는, 라모스가 과거에 선임한 변호사들이 미처 발견하지 못했던 사실을 입증할 증거를 제시하였다. 그의 변호사는 라모스에게 분명 멕시코 영사와 상담을 나눌 권리가 있었음에도 라모스가 이 권리를 행사하지 못했다는 점, 그리고 라모스가 지체 장애인이라는 점을 언급했다. 멕시코 행정부는 미국에서 체포된 멕시코인들에게 법률 지원 프로그램을 제공하고 있다. 체포된 멕시코인들이 미국의 사법절차에 쉽게 적응하지 못할 뿐 아니라 고급 영어를 구사할 수 없는 현실을 외교관들이 인식하게 되었기 때문이다. 멕시코 관리들은 법률보호가 허용되는 사건에서 사형보다는 종신형이 판결될 확률이 더 높다는 사실을 국제사법재판소에 알렸다(Liptak 2004d). 이 법정의 판결은 현재 사형 집행을 기다리고 있는 29개국에서 온 120명의 외국인 죄수들에게 적용되는 사항이었다. 〈인권감시단〉의 브로디는 이렇게 말했다 : "변호사를 선임할 권리는 법전에 등장하는 형식적인 말이 아니다. 이는 모든 종류의 법률적 과실과 잘못된 법률 집행을 피할 수 있게 해 주는 [실용적] 법률조항이다. 물론 이 권리는 해외 거주 미국인들에게도 중요한 것이다"(Simons and Weiner 2004, A8). 국제사법재판소의 판결이 미국에 호의적이지 않다는 이유로 이 판결을 거부하는 미국의 태도는 명백한 위선을 드러내고 있다.

전략은 인권침해 사례를 양산하고 있을 뿐 아니라 국가안보를 향상시킬 수 없다. 오히려 그것을 악화시킬 뿐이다. 또한 효율적인 대테러정책을 수립하고 이를 효율적으로 집행하기 위해 우호적인 국제관계가 반드시 요구된다. 세계 전반에 반미주의의 기세가 꺾이지 않고 있음은 국제사회에서 협력관계를 구축하는 데 미국이 노력해야 한다는 점을 보여 준다. 미국 행정부는 국제법과 인권규약들을 무시했다. 전 세계적 분노에 기름을 부어 왔다는 것이 미국 행정부가 떠안고 있는 불명예다. 관타나모만과 아부 그라이브 수용소에서 발생한 끔찍한 사건은 미국의 이미지를 불명예스러운 것으로 변질시켰다.(Knowlton 2005)

카터 행정부의 국가안보고문을 역임했던 즈비그뉴 브레진스키Zbigniew Brzezinski는『선택 : 세계 지배인가 세계 리더십인가』The Choice : Global Domina-tion or Global Leadership에서 미국의 안보와 국제사회의 안보 사이에 긴밀한 의존관계가 있다고 설명한다.(2004) 국가의 주권과 국가의 안보 사이의 관계가 와해될 때, 미국의 국내안보는 타인의 손아귀에 넘어간다. 이와 관련된 분명한 상황들을 설명하는 방식으로 브레진스키는 부시 행정부의 악마화 전략에 대해 비판했다. 그가 볼 때 부시 행정부는 미국에게 위협적인 악인들의 소재를 파악한 뒤 그들을 더 이상 활동하지 못하게 만들기 위해 매진하고 있었다. 이러한 부시 행정부의 악마화 전략은 많은 문제를 야기했다. 타자의 범죄학처럼 테러리즘을 향한 악마화는 그 관점이 너무 추상적일 뿐 아니라 정치적으로 유지되기 어렵다. 또한 끔찍한 감시체제와 희생양 만들기 현상을 야기할 수 있다. 나아가 이 같은 대응방법은 테러리즘과 관련된 부적절한 진단을 제시하는 결과를 초래해 전 세계의 다른 국가들이 미국에 제공할 수 있는 협력을 애초에 차단해 버린다. 덧붙여, 브레진스키는 효율적인 대테러정책의 수립을 위해 테러와 관련된 문제들이 역사적, 정치적 상황을 토대로 하여 조금 더 명확해질 필요가 있다고 주장했다. 모든 대테러정책의 집행은 그 중심에 정치적 분쟁을 둔다. 정당한 대테러정책을 수립하기 위해 이러한 정치적 분쟁은 원만히 해결되어야 한다. 브레진스키는 미국과 전 세계 모든 국가들의 안보를 증진시키고자, 전 세계가 모두 인간의 고통과 불법적인 제도로부터 정치적 폭력이 발생했음을 인식해야 한다고 주장했다. 세계적 안전지대들을 보존하는 일은 일방적인 권위주의의 충동보다는 인권과 민주주의를 향한 헌신에 달려 있다.(Barak 2001, Cohen 2001, Wallace and Kreisel 2003 참조)

최종 결론

사회학자 갈랜드는 통제의 문화에 대한 자신의 관점을 정교화하면서 미국 사회가 사회적 통제의 확장을 지향하는 보수적 성향이 짙어지고 있음에 주목했다. 이러한 사회적 통제는 보편적이고 일반적인 범위의 집단이 아닌, 이보다 작은 규모의 집단에 속해있는 사람들의 행동을 겨냥하고 있다. 신보수주의neoconservatism는 일견 "모든 이에게 가족, 직장, 금욕, 절제라는 가치로 돌아가라고 타이르는 메시지를" 보내고 있지만 "사실 신보수주의의 도덕적 규율은 실업자, 이민자, 범죄자, 마약 중독자의 행동"에 제약을 가하고 있을 뿐이다.(Garland 2001, 99~100) 통제의 문화가 경제적 조건에서 소외된 사람들을 옭아매고 있는 동안 타자의 범죄학은 사회 전반에 공포를 영속화했고 진보주의 범죄학progressive criminology 15을 대중에게 낯선 것으로 만들어 버렸다. 대중이 이해하고 있는 범죄자나 테러리스트는 보수 정치인들이 조작해 낸 상상의 인물로서의 범죄자다. 이 상상의 범죄자는 현

---

15. [옮긴이] 여기서 진보주의 범죄학이란 비판범죄학을 말한다.

실성과 인간성 너머에 있다. 결과적으로 가혹한 범죄처벌과 대테러전술은 이른바 "활동하고 있지 않지만" 위험하고 사악한 사람들에게 처벌이 가해진 것 같은 가상 효과를 만들어 내고 있었기 때문에 종종 실용적이거나 합리적인 것 같아 보였다.(Douglas 1992, 1982) 또한 통제의 문화 속에서 우리는 부도덕한 낙인찍기와 대량투옥 사태가 유발할 수 있는 문제들을 제대로 평가할 수 없다. 물론 인권침해 사례들을 발생시킨 프로파일링과 무기한 억류조치 같은 대테러정책의 비효율적이고도 부정한 모습들에 대해서도 제대로 된 평가가 내려질 수 없다.(Fekete 2002, Schmid 2003, Reitan 2003 참조)

전 세계는 현재 테러공격에 대해 심각한 우려를 표하고 있다. 그럼에도 미국 행정부가 국가안보의 위기를 만능의 카드로 이용할 수 있도록 권력을 부여한 공포의 정치는 비판되어야 한다. 미국의 많은 문제들, 예컨대 미국 행정부가 이라크 침공을 피해 미국을 찾은 아이티인을 억류시킨 사례는 특히 테러와의 전쟁과 외양적 유사성을 갖는다.(Welch 2003c; Welch and Schuster 2005a) 국가안보의 위기라는 주제는 심지어 동성애자 결혼에 대한 논쟁에서 나타난 주장들에도 영향을 미쳤다 : "콜로라도 주Colorado 스프링스Springs에서 열린 〈복음주의자 국민연합〉의 집회에서 미국 공영라디오와 인터뷰를 나눈 한 여성은 국가안보와 동성애자 결혼문제를 연결해 자신의 주장을 펼쳤다. 그녀의 논리는 이랬다. 미국을 공격할 계획을 갖고 있는 '외국'의 사람들이 아이들로 선박을 가득 채우는 동안 우리 미국의 가족들은 해체되어 버렸고, 결국 우리는 충분한 아이들을 낳지 못하고 있는 실정이다. 우리가 동성애자들의 결혼을 합법화해 줄 경우 테러리스트들의 수는 결국 지금 우리의 수보다 더 많아질 것이다."(Cole 2004c, 5) 테러리즘이나 "악마"의 위협을 사회의 다른 문제와 연결하려는 이 우스꽝스러운 시도는 우리가 정치적 폭력의 본질을 이해하지 못하게 할 뿐 아니라 테러예방을 위한 정확한 계획의 수립을 방해한다.(Gearty 2004, 1997 참조) 우리가 다 알고 있는 것처럼 9·11 테러와 관련된 일련의 비극적 사건들은 미국 사회에 엄청난 충격을 남겼다. 9·11 테러가 발생한 이후, 미국 행정부가 보인 발걸음들이 테러와의 전쟁이 미국을 어디로 데려갔는지를 가리키는 하나의 지표라면, 이를 토대로 나는 이러한 결론을 내리고 싶다. 그 지표에 의해 우리가 예상할 수 있는 가까운 미래는 수많은 희생양으로 가득할 것이다. 그리고 우리는 시민권과 인권이 결국 어디론가 사라져 버린 그러한 미래를 살게 될 것이다.

:: 지은이 인터뷰 ─ 빈라덴의 죽음, 테러와의 전쟁의 종언을 의미하는가?

이 글은 2011년 5월 13일에서 16일까지 4일간 이 책의 지은이 마이클 웰치와 옮긴이가 이메일을 통해 나눈 인터뷰 내용이다. 이 책의 교정 작업이 진행되고 있던 2011년 3월 10일, 그러니까 9·11 테러가 발생한 지, 횟수로 10년이 됐을 무렵, 오사마 빈라덴의 사망소식이 전 세계로 전달되었다. 모두가 알고 있듯이, 빈라덴은 9·11 테러를 자행한 것으로 알려진 알카에다의 명실상부한 최고 지도자다. 이 사건의 발생 직후, 알카에다는 미국을 향해 보복공격을 감행하겠다고 선언했다. 알카에다의 이 같은 선언은 전 세계로 하여금 또다시 테러에 대한 공포를 갖도록 만들기에 충분했다. 언론사들은 이를 방증하는 사례들을 보도했다. 예컨대, 미국의 공항들은 승객에 대한 보안검색을 재강화해야 했다. 일부 사람들은 빈라덴의 죽음이 현재의 미국을 부시 행정부 시절의 미국으로 되돌려놓을 수 있겠다는 생각에 불안해했다. 이 인터뷰에서 웰치는 빈라덴 사살 이후의 미국 사회에 대해 논하고 있다.

옮긴이 : 안녕하십니까, 웰치 교수님? 곧 선생님의 저서 『9·11의 희생양』이 한국에서 출판됩니다. 선생님의 책이 한국에 처음 소개된다는 점에서 한국의 독자들은 선생님에 대한 많은 정보를 가지고 있지 않을 것입니다. 한국의 독자들에게, 간단한 자기소개를 부탁드립니다.

마이클 웰치(이하 웰치) : 우선 제 책이 번역, 출간될 수 있게 해 준 갈무리 출판사에 감사를 표하고 싶습니다. 저는 한국의 독자들이 이 책에 대해 어떠한 평가를 내릴지 궁금합니다. 그래서 저는 이후에, 서울을 방문하여 독자들과 이 책에 대한 이야기를 나눌 수 있는 자리를 꼭 갖고 싶습니다. 저는 뉴욕 시에서 가까운 데에 자리 잡고 있는 룻거스 대학의 형사행정학과 교수입니다. 저는 호보컨이라는 곳에서 살고 있는데, 이곳은 맨해튼

이 한 눈에 보이는 지역입니다. 저는 뉴욕 시에서 대부분의 일상을 보내는 사람입니다. 이 점은 제가 이 책을 집필하게 된 이유 중 하나입니다. 9·11 테러가 발생하고 난 뒤, 저는 무너져 내린, 이제는 완전히 사라져 버린 쌍둥이 빌딩을 몇 개월, 몇 년에 걸쳐 지켜봐야 했습니다.

저는 현재 처벌과 인권에 관한 문제, 그리고 프랑스 철학자 미셸 푸코에 관한 연구에 학문적 관심을 두고 있습니다. 제게 큰 영향을 끼친 이론가 중에 한 명을 선택하라면, 저는 푸코를 선택할 것입니다. 그리고 현대의 사회학자들도 제게 깊은 영감을 주고 있습니다. 저는 특히 스탠리 코언과 데이비드 갈랜드의 연구에 주목하고 있습니다. 제가 전력을 다하는 연구 분야 중 하나를 여러분께 소개하고자 합니다. 이는 범죄학criminology과 이민immigration이라는 말의 합성어이자, 오늘날 종종 크리미그레이션Crimmigration이라고 불리는 연구 분야입니다. 크리미그레이션은, 이민자나 이민정책이 범죄사건과 어떠한 연관을 맺고 있는지를 분석하고 있습니다. 제 연구에 관심이 있으신 분들은 제 홈페이지(www.professormichaelwelch.com)에 방문해 주시기 바랍니다. 이곳에는 제가 지금껏 발표한 논문들이나 책들의 목록이 상세하게 기록되어 있습니다.

옮긴이 : 말씀 감사합니다. 이제 본격적인 질문을 드리겠습니다. 전 세계가 CIA에 의해 빈라덴이 사살되었다는 소식에 충격을 받은 것 같습니다. 오바마 대통령의 신임을 받고 있던 CIA가 9·11 테러의 장본인을 사살한 것인데요. 9·11 이후의 세계를 살고 있는 우리들에게 이 사건이 제시하는 의미는 무엇입니까? 빈라덴의 죽음 속에 내재한 의미에 대해 말씀해 주시기 바랍니다.

웰치 : 특히 다수의 미국인들과 세계인들에게, 빈라덴의 죽음은 환영할 만한 일입니다. 하지만 인권을 향상시키고 법치주의의 토대를 견고하

게 하는 데 최우선적 관심을 두고 있는 사회학자이자 작가인 제게, 이번 사건은 뭔가 기회를 놓친 것 같은 느낌을 주었습니다. 저는, 그가 체포되어 재판 받기를 고대했습니다. 나치 전범들을 처벌했던 뉘른베르크 재판 Nuremberg Trials■ 같은 재판 말입니다. 우리가 놓친 것은 그뿐이 아닙니다. 우리는 빈라덴으로부터 수많은 질문들에 대한 대답을 듣지 못하게 되었습니다. 우리는, 누가 혹은 어떤 단체나 국가가 그에게 원조를 제공했는지에 대해 그로부터 직접 대답을 들을 수 있는 기회를 놓친 것입니다.

옮긴이 : 우리 모두가 알고 있듯이, 빈라덴은 CIA가 이끈 작전 중 사살된 것으로 알려져 있습니다. 부시 행정부 시절, 최고의 권력을 자랑하던 국가정보국이 이 작전을 이끌지 않았다는 사실은 꽤 흥미롭습니다. 대부분의 사람들이 몇 년 전만해도 국가정보국이 CIA를 능가하는 권력을 가지고 있다고 평가했습니다. 주류 언론사들의 보도에 따르면 오바마 대통령이 이 작전을 CIA가 수행할 수 있도록 절대적인 지지를 보냈다고 하는데, 오바마 대통령이 빈라덴을 암살하기 위해 CIA를 선택한 배경에 대한 설명을 부탁 드립니다.

웰치 : 제가 생각하기에, 어떤 부서가 이 암살 작전을 수행했는지는 중요한 문제가 아닙니다. 우리가 더 주목해야 할 문제는 이 사건이 국제법이나 국제규범에 따른 것인가 아닌가에 있습니다. 여기서 우리는 인권과 법치주의의 더 큰 중요성에 대해 생각해 볼 필요가 있습니다.

현재, 유엔의 수사관들은 빈라덴 암살 작전을 조사하고 있습니다. 이들은, 미국이 빈라덴 암살 작전을 진행하는 과정에서 국제법을 위반하지는 않았는지를 조사하고 있는 것입니다. 수사관들은 미국 행정부에게 이 암살 작전이 국제법의 테두리 안에서 이루어졌음을 증명할 "자료"를 전달해 달라고 요구하고 있습니다.

유엔 특별보고관 크리스토프 헤인즈Christof Heyns와 마틴 셰이닌Martin Scheinin 1은 "이 작전의 계획단계에서 빈라덴을 생포하는 것이 충분히 고려되었는지가 이 사건에서 특히 중요한 문제"라고 주장했습니다. 공동 성명에서 헤인즈와 셰이닌은 테러리스트들과 대적한 상황일 경우, "살상용 무력을 사용하는 것이 예외적으로 용인될 수 있다"고 말했습니다. 하지만 이들은 "테러리스트들이 국제 규범에 따라, 범죄자로서 다루어져야 하기 때문에 반드시 적법한 절차에 의해 체포·재판·판결을 받아야 한다"는 말을 덧붙였습니다.

옮긴이 : 이 암살 작전을 지휘한 주체가 누구인지보다는 이 암살 작전이 갖는 국제법적 의미가 더 중요하다는 말씀이군요. 선생님의 말씀을 들어보니, 이번 빈라덴 암살 작전에서도 부시 행정부의 테러와의 전쟁 정도는 안되더라도 몇 가지 국제법적 위반사실이 발견되는 것 같습니다. 선생님께서 생각하시기에, 미국 행정부가 빈라덴을 암살한 것이 테러와의 전쟁의 종결을 위한 것이었을까요? 만약 그렇게 보신다면, 선생님께서는 미국이 세계 지배전략을 위해 다음에 꺼내들 카드가 무엇이라고 생각하십니까? 만약 그렇게 생각하시지 않는다면, 오바마 행정부가 빈라덴 암살 작전을 펼친 이유는 무엇이라고 보십니까?

웰치 : 저의 근작 『9·11의 희생양』과 『권력의 범죄와 처벌받지 않는 국가들』에서 제시된 것처럼, 테러와의 전쟁은 국가 안보보다는 제국의 모험

---

1. [옮긴이] 크리스토프 헤인즈가 담당하는 분야는 사법 관할 외의 즉결·임의적 처형에 대한 조사이며, 마틴 셰이닌의 담당 임무는 테러리즘에 대항하는 동안 발생할 수 있는 인권 및 근원적 자유권의 침해사례를 조사하는 것이다.

과 더 관계가 있습니다. 이러한 사실은 미국 행정부가 빈라덴을 암살해야 했던 이유를 설명해 줍니다. 아프가니스탄과 이라크에서 현재까지 벌어지고 있는 전쟁은 가까운 미래에도 계속될 것입니다. 빈라덴이 파키스탄에 있었기 때문에, 오바마의 CIA가 그곳에서 군사행동을 단계적으로 늘여 갔을 가능성이 있습니다. 가까운 미래에 파키스탄을 침공할 계획이 전무할지라도 미국 행정부는 이렇게 제국의 영향력을 행사하기 위해, 그러니까 과거에 아프가니스탄에서 이라크로 옮겨갔듯이, 단순히 제국의 모험을 계속하기 위해 파키스탄으로 옮겨 갔을 수 있습니다.

그리고 저는 빈라덴이 생포되지 않고 사살된 이유 중 하나가 빈라덴이 미국의 동맹국들, 예컨대 파키스탄과 사우디아라비아에 관한 "성가신" 정보를 알고 있었기 때문이라고 생각합니다. 미국에는 "망자는 말이 없다"는 유명한 속담이 있습니다.

옮긴이 : 미국이 동맹국들을 비호할 목적에서 빈라덴을 사살했다는 말씀이군요. 이제 주제를 조금 바꿔 보겠습니다. 선생님께서는 아랍지역에서 일어난 일련의 혁명이 테러와의 전쟁에 대한 미국의 정책에 어떠한 영향을 끼칠 것이라고 생각하십니까? 테러와의 전쟁이 아랍지역에서 전개된 점에서, 이 지역에서 일어난 혁명들이 미국의 대테러전략에 어떠한 변화를 가져올지 궁금합니다.

웰치 : 과거의 영국처럼, 미국은 계속해서 아랍지역을 군사적으로 사용할 것입니다. 여러 이유가 있겠지만, 경제적 이유와 석유의 통제라는 이유가 가장 적절한 설명력을 가집니다. 물론 "테러와의 전쟁"이라는 말은 우리로 하여금 미국 행정부의 군사전략을 제대로 이해하지 못하게 합니다. 이 말은, 우리가 미국이라는 제국의 거대한 계획을 포착할 수 없게 합니다.

미국과 아랍 간의 관계에 대한 많은 의견 가운데, 저는 매사추세츠 공과대학의 노암 촘스키Noam Chomsky 2 교수의 의견에 동의합니다. 촘스키 교수는 미국 행정부와 미국의 기업들, 그리고 아랍세계의 "석유 부국의 유순한 독재자들" 사이에 존재하는 정치·경제적 관계에 대한 의견을 제시해 왔습니다. 이러한 독재자들이 억압적 통치기술을 통해 시민들을 지배하는 한, 석유 사업에 대한 이권은 모두 미국인들의 몫이 될 것입니다. 하지만 얼마 전에 아랍지역을 강타한 민중봉기들은 미국과 석유 부국들 사이에 존재하는 관계를 위협하고 있습니다. 촘스키는 우리가 주의 깊게 살펴봐야 할 국가로 바레인을 꼽았습니다. 중동지역에서 미국의 주요 군사작전을 담당하는 미국 해군 5함대가 주둔하고 있는 국가가 바로 바레인이기 때문입니다. 그렇다면, 중동지역에서 석유 이익을 챙기고 있는 미국인들은 어떠한 것을 더 선호할 것 같습니까? 그들이 바레인의 민주화가 몰고 올지 모를 불확실한 미래를 과연 환영하고 있을까요? 어쩌면 그들은 지금까지 미군에게 군대주둔지를 제공해 준 독재자들을 지원하는 편이 자신들에게 더 유리할 것이라고 판단하고 있을지 모릅니다.

옮긴이 : 말씀 감사합니다. 마지막 질문을 드리고자 합니다. 미국 시민사회가 9·11 의 희생양들을 위해 취할 수 있는 대응방법에는 어떠한 것들이 있을까요?

---

2. [옮긴이] 노암 촘스키는 변형생성문법론을 주창한 대표적 언어학자다. 또한 촘스키는 미국의 대표적 비판적 지식인으로 강대국의 패권주의를 비판하는 다양한 저서를 집필한 사회이론가이기도 하다. 그의 정치적 저작들은 한국에 많이 번역, 출간되어 있다. 그 중 미국의 패권주의를 비판한 저작으로는 『불량국가』(Rogue States, 장영준 옮김, 두레, 2001), 『테러리즘의 문화』(The Culture of Terrorism, 홍건영 옮김, 이룸, 2002), 『해적과 제왕』(Pirates and Emperors, Old and New, 지소철 옮김, 황소걸음, 2004) 등이 있다.

웰치 : 인권, 시민권, 그리고 법치주의를 지켜 나가는 것은 매우 중요한 문제입니다. 테러와의 전쟁은 미국 국경 안에서 시민권을 유린했습니다. 특히 미국 행정부는 〈애국자법〉을 통해 헌법에 명시된 행정부 권한을 넘어, 수많은 월권행위를 펼쳤습니다. 그리고 테러와의 전쟁은 미국 국경 너머에서 더 많은 전쟁을 발생시키고 있습니다. 이러한 상황에서 미국 시민들은 미국 행정부의 공포정치에 저항해야 합니다. 이 공포정치가 미국 안팎의 민족적, 종교적 소수자들을 희생양으로 만드는 결과를 초래하고 있다는 점에서 시민사회의 저항은 필수적입니다.

:: 용어해설

<9·11 위원회> 9·11 Commission : 정식 명칭은 〈테러공격에 대한 국가 위원회〉(National Commission on Terrorist Attacks upon the United States)이다. 9·11 테러와 연관된 사회적 상황들에 대한 광범위한 수사를 진행하기 위해 2002년 11월 27일에 설립되었다. 당시 〈9·11 위원회〉에는 미래에 발생할지 모를 테러공격을 막기 위해 미국이 취해야 할 조치를 권고해야 한다는 의무가 부과되었다. 이들의 수사결과는 『9·11 위원회 보고서』(The 9/11 Commission Report)라는 책으로 출판되었다. 부시 행정부는 〈9·11 위원회〉의 활동에 적극적으로 협조하지 않아, 사회적으로 비판을 받았다.

<군사위원회> Military Commission : 불법적 적군 전투원들의 재판에 대한 책임을 갖는 군사재판소(military tribunal)다. 오바마는 부시 행정부가 〈군사위원회〉를 이용해 불법적 적군 전투원들을 재판해 온 점을 문제시하였다. 하지만 그는 대통령 취임 뒤에도 〈군사위원회〉를 폐지하지 않아, 또 다른 비판을 들어야 했다.

<미국 연방 수정헌법> Amendments of the United States Constitution : 미국의 연방 헌법은 1789년에 발효된 이래, 시대의 변화에 따라 지속적으로 수정되고 있는 것으로 유명하다. 하지만 미국 헌법에는 절대 수정되지 않는 조항들이 있다. 그것이 바로 1791년에 제정된 〈미국 연방 수정헌법〉 제1조부터 제10조까지이다. 이 10개 조항은 권리장전(Bill of Rights)이라고 불리고 있으며 미국 헌법의 토대를 이루고 있다. 〈미국 연방 수정헌법〉의 각각의 조항이 강조하고 있는 내용을 간단히 정리하면 다음과 같다 : 제1조 종교·언론·출판·집회의 자유를 주장할 권리, 제2조 무기를 휴대할 권리, 제3조 개인 주거지 내의 군대 숙영을 거부할 권리, 제4조 불합리한 체포와 수색을 거부할 권리, 제5조 피의자의 권리보장을 요구하고 이중처벌과 불리한 진술 강요를 거부할 권리, 제6조 신속하고도 공정한 재판을 받을 권리, 제7조 민사재판을 받을 때 배심원에 의한 재판을 받을 권리, 제8조 과다한 보석금이나 벌금뿐 아니라 잔혹하고 비상식적인 형

벌을 거부할 권리, 제9조 헌법에 열거되지 아니한 권리도 동등하게 향유할 권리, 제10조 헌법에 의하여 금지되지 아니한 권한을 주(州)나 국민이 보유할 권리.

<애국자법> The U.S. Patriot Act : 정식 명칭은 〈테러대책법〉(Anti-terrorism legislation)이며 2011년 9·11 테러가 발생하고 난 뒤, 부시 행정부 주도로 2001년 10월 26일에 제정되었다. 9·11 테러 이후 테러리즘 관련 범죄수사를 용이하게 진행할 목적으로 정부가 시민권을 제약할 수 있다는 것을 골자로 한다. 〈애국자법〉의 위헌적 소지는 이 책의 9장에서 자세하게 다루어지고 있다.

<제네바 협약> Geneva Convention : 전쟁 희생자를 보호할 목적으로 1864년부터 1949년에 걸쳐 체결된 국제조약이다. 제네바에서 체결되었기 때문에 〈제네바 협약〉으로 불리게 되었고, 다른 이름으로 〈적십자 조약〉이라고도 한다. 〈제네바 협약〉은 전쟁이나 무력분쟁으로 인해 발생한 부상자, 환자, 포로, 억류자를 전쟁의 위험상황으로부터 보호하는 데 의의를 둔다. 〈제네바 협약〉은 〈전지(戰地)에 있는 군대의 부상자 및 병자의 상태개선에 관한 조약〉, 〈해상에 있는 군대의 부상자·환자·난선자의 상태개선에 관한 조약〉, 〈포로의 대우에 관한 조약〉, 〈전시의 민간인 보호에 관한 조약〉으로 구성되어 있다.

공중의제 public agenda : 로버트 아이스톤(Robert Eyestone)이 고안한 의제의 한 유형으로 사회 구성원들의 관심이 집중되어 정부가 해결책을 반드시 내놓아야 한다고 간주되는 사회적 문제를 의미한다.

관타나모만 Guantánamo Bay : 쿠바 남동부에 있는 항구 지역으로 미서(美西)전쟁의 결과에 따라 1903년부터 미국의 해군기지의 주둔지가 되었다. 이곳에 있는 정치범 수용소가 관타나모만 수용소로 불린다. 미국은 9·11 테러 이후, 외국인들을 알카에다나 탈레반 정권과 관련이 있는 테러용의자로 몰아 적법한 법률 절차를 생략하고 관타나모만 수용소에 억류시켰다.

교도주의 범죄학 correctionalist criminology : 범죄를 개인적 수준이 아닌 사회적 문제로 인식하는 범죄학을 말한다. 교도주의 범죄학자들은 개인적 문제가 아닌 사회적 문제가 사람들로 하여금 범죄를 저지르게 만든다고 주장한다. 따라서 교도주의 범죄학은 범죄를 발생시키는 사회적 토대를 개선하는 데 그 목적을 두는 범죄학이라고 할 수 있다.

국가범죄 state crime : 국가범죄는 크게 두 가지 의미로 사용된다. 우선 국가범죄는 국가권력에 의해 자행된 중대한 인권유린 행위를 의미한다. 이 점에서 국가범죄는 종종 정부범죄, 인권범죄, 국제법상의 범죄라는 말로 대체되어 사용되기도 한다. 다음으로 국가범죄는 국가의 존망이나 안정을 위협하는 범죄를 의미한다. 모든 범죄가 국가의 일원들의 안위에 위협적이라는 점에서 국가 자체에도 위협적일 수 있기 때문에 국가범죄일 수 있다. 하지만 국가범죄는 내란죄와 외환죄에 한정된다. 보통 국가범죄자는 사형·무기징역을 선고받는다. 웰치는 국가범죄에 대한 이 두 가지 정의를 모두 이용하고 있다. 부시 행정부는 대테러정책을 펼치는 과정에서 미국, 그리고 타국의 국민들의 인권을 유린했을 뿐 아니라 미국의 안보와 국제적 위신에 치명적 손상을 입힌 범죄자 정부이기도 하다.

국가안보명령서 National Security Letter : 미국 국방부의 행정영장(administrative subpoena) 가운데 하나로 특정 개인들에 관한 다양한 종류의 자료들을 수사기관에 넘겨줄 것을 요구하기 위해 발부된다. 국가안보명령서의 등장으로 국가기관들은 범죄수사, 특히 대테러수사를 명분으로 미국 시민들의 사적 정보를 손쉽게 열람해 볼 수 있게 되었다. 국가안보명령서에 대한 문제는 이 책의 9장에서 자세하게 다루어지고 있다.

국가정보국 Director of National Intelligence : 2004년 12월 17일에 신설된 미국의 최고정보기관으로 CIA와 FBI를 비롯한 국가안전보장국(NSA), 국방정보국(DIA), 국가정찰처(NRO) 등의 15개 정보기관들을 총괄한다.

그라운드 제로 ground zero : 본래 핵무기가 폭발해 폐허로 변한 지점의 위나 아래를 뜻한다. 1945년 8월 6일과 9일, 일본 히로시마와 나가사키에 원자폭탄이 투하되었을 때, 바로 이 두 지점을 명명하기 위해 『뉴욕 타임즈』가 1946년 7월에 이 용어를 처음 사용한 것으로 알려져 있다. 9·11 테러의 발생 이후, 그라운드 제로는 세계무역센터가 무너져 내린 지점을 가리키는 용어로 사용되고 있다. 현재, 그라운드 제로는 그 본래의 의미보다 세계무역센터가 있던 자리라는 의미로 더 자주 사용되고 있다. 이슬람교 단체들이 그라운드 제로 위에 이슬람 사원을 건설하려는 의도를 표명하자, 대부분의 미국인들이 난색을 표했다. 이슬람 무장 세력의 테러공격에 의해 붕괴되었다고 보도된 세계무역센터가 있던 자리에 이슬람 사원을 세운다는 것은 미국인들에게 그들의 고통스러운 역사적 지점 위에 이슬람 무장 세력의 완전한 승리를 보여 주는 기념비를 세우는 것과 동일하다고 느껴졌기 때문이다.

기밀취급인가 security clearance : 기밀의 등급에 따라 정보의 접근을 통제하는 제도를 의미한다. 기밀취급인가는 기밀취급규정에 의하여 해당 기관장이 발급한다.

뉘른베르크 재판 Nuremberg Trials : 2차 세계대전이 끝난 뒤, 독일의 전범들을 소추하여 처벌하기 위해 벌인 재판을 말한다. 재판이 열린 장소가 독일의 뉘른베르크였기 때문에 뉘른베르크 재판이라고 불리게 되었다. 1945년 10월 18일에 24명에 대한 기소장이 제출되었고 재판은 11월 20일부터 다음 해 8월 31일까지 진행되었다. 총 403회의 공판이 전개된 뒤, 1946년 9월 30일과 10월 1일~2일에 24명의 독일의 전범들에 대한 판결이 내려졌다. 이들 가운데 12명에게 교수형이 내려졌고 이들의 사형이 1946년 10월 16일에 집행되었다. 뉘른베르크 재판은 영화화되기도 했는데, 이베스 시몬누(Yves Simoneua) 감독의 〈뉘른베르크〉(Nuremberg)가 대표적이다.

도덕적 공황 moral panic : 사회질서를 위협하는 사회문제에 대해 특정 집단의 일원들이 표현하는 강렬한 수준의 감정상태를 가리킨다. 이를 이론화한 것이 바로 도덕적 공황론이다. 이 용어를 고안해 낸 코언에 따르면 도덕적 공황은 사회적 가치나 이익에 위협이 될 만한 사건이 등장할 경우에 발생한다. 도덕적 공황론은 이 책의 2장에서 자세하게 다루어지고 있다.

뜨거운 감자 hot potato : 정치적으로 그리고 사회적으로 중요한 의미를 내포하고 있어 반드시 해결해야 하지만, 현실적으로 해결하기 매우 어려운 문제들이 산재해 있어 해결하지 못하는 사안을 지칭하는 말이다. 뜨거운 감자란 행위주체가 특정 사안을 해결할 경우, 그들에게 상당한 보상이 돌아올 것임을 주체가 알고 있을지라도 선뜻 나서지 못할 정도로 어려운 사안을 말한다. 정말 맛있어 보이는데, 너무 뜨거워서 감히 입 속에 넣지 못할 감자, 여기서 이 단어의 의미가 탄생했다고 알려져 있다.

마셜 플랜 Marshall Plan : 1947년 6월, 국무장관 조지 마셜(George Marshall)이 하버드 대학 졸업식에서 한 연설에서 공식적으로 표명한 유럽 부흥 계획을 의미한다. 유럽 국가들이 빈곤으로 인한 절망감에 빠져, 결국 공산화를 선택하고 있다고 판단한 미국은, 공산주의의 확산을 막기 위해 유럽의 16개국에 1억 달러를 지원하기로 결정했다. 미국은 이 국가들을 재정적으로 안정시켜 이들이 공산주의 국가가 되는 사태를 막고자 하였고 이 계획으로 상당한 성과를 이루었다.

마약과의 전쟁 war on drugs : 1971년, 리차드 닉슨(Richard Nixon) 대통령에 의해 처음 사용된 용어로서 미국 내의 불법 마약 거래를 근절하기 위해 미국 행정부가 시행한 군사작전이었다. 이때 구속된 사람들의 대부분이 흑인이었기 때문에, 마약과의 전쟁을 수행한 닉슨 행정부는 인종차별적 정부정책을 시행했다는 비난을 들어야 했다.

메시아주의 messianism : 악과 불행으로 고통 받고 있는 현실세계를 심판하고 정의와 행복의 도래를 약속하는 신질서를 몰고 올 구세주가 등장할 것을 믿는 예언신앙이다.

메타언어 metalanguage : 분석되거나 기술되는 언어를 지칭하는 대상언어(object language)에 대응되는 개념으로서 어떤 언어(대상언어)를 기술하는 데 이용되는 상위언어를 말한다. 이 개념들을 이 책 4장의 맥락에 적용할 경우, 부시의 정치적 발화는 대상언어가 되고 복음주의적 언어는 메타언어가 된다. 부시가 자신의 정치담론(대상언어)을 기술할 때 그의 복음주의적 언어(메타언어)가 대상언어의 의미화에 지대한 영향력을 미치고 있기 때문이다.

불처벌의 문화 culture of impunity : 웰치의 최근작 『권력이 범죄와 처벌받지 않는 국가들 : 테러에 대한 미국의 대응』(*Crimes of Power & States of Impunity : The U.S. Response to Terror*)에서 다루어지고 있는 개념이다. 웰치는 이 용어를 통해 미국 행정부 같은 국가기관이 국가범죄를 저지르고도 일절 처벌받지 않는 상황이 미국 사회에 도래했음을 비판하고 있다.

문자적 부인행위 literal denial : 코언의 『부인의 국가』에서 언급된 거부행위의 유형 가운데 하나로, 이 책의 10장에서 자세하게 다루어지고 있다. 문자적 부인을 수행하는 주체는 분명 발생한 것으로 확인된 사건에 대해 "이 사건은 일어난 적이 없다"고 주장하는 모습을 보인다. 문자적 부인행위의 위험성은 지속적인 거짓말이 결국 사회적으로 널리 용인되는 진리로 둔갑될 수 있다는 데 있다.

문화제국주의 cultural imperialism : 한 국가가 타국에 대한 지배를 지속할 때 정치·경제적 영역뿐 아니라 문화적 영역에 대한 지배를 강화해 나간다는 점을 가리키는 개념이다. 문화제국주의는 사이드의 『문화와 제국주의』(*Culture and Imperialism*, 정정호·김성곤 옮김, 창, 2011)에서 자세하게 다루어지고 있다.

박해의 고정유형 stereotype of persecution : 사회적 박해를 받는 대상들이, 즉 희생양이 되는 대상들이 고정된 유형의 특징을 갖고 있음을 가리키는 용어다. 박해의 고정유형에는 가난, 신체 기형, 흉한 외모 등이 있다. 박해의 고정유형은 이러한 특징을 갖고 있는 대상들이 사회적 위기가 발생할 때 그 위기에 대한 책임을 지고 희생당하기 쉽다는 점을 설명한다.

범인인도권한 authority of rendition : 행정부가 검거된 용의자나 범죄자를 그들의 의사에 상관없이 타국에 넘겨줄 수 있게 해 주는 행정부 권한을 의미한다. 범인인도권한에 대한 문제는 이 책의 10장에서 자세히 다루어지고 있다.

범죄에 대한 공포 fear of crime : 범죄에 대한 공포는 한 개인이, 자신이 범죄의 피해자가 될지도 모른다는 생각에 느끼게 되는 두려움이나 공포와 관계가 있다. 다시 말해, 범죄에 대한 공포라는 개념은, 객관적 상황이 전혀 그렇지 않은데도 자신이 범죄의 피해자가 될지 모른다는 불안감을 안고 사는 경우와 관련되어 있다. 범죄에 대한 공포를 지니고 있는 사람은 이로 인한 불안감 때문에 범죄자의 체포·처벌 가능성, 나아가 위험상황를 조절하고 통제할 가능성을 신봉하게 된다. 이 점에서 범죄에 대한 공포는 위험사회에서 말하는 공포 개념과 다르다. 위험사회론에서 거론되는 공포는 한 개인의 환경에서 나타날 수 있는 위험상황의 조절 불가능성과 통제 불가능성과 관계가 있기 때문이다. 범죄에 대한 공포는 스티븐 패럴(Stephen Farrall)의 『범죄에 대한 공포』(*Fear of Crime*)에서 자세하게 다루어지고 있다.

복음주의 evangelicalism : 성서에 나타난 예수 그리스도의 복음에 최우선의 기독교적 가치를 두는 종교사상이다. 복음주의자들은, 근대 자유주의 신학이 예수의 말씀 그 자체에 집중하기보다 이를 해석하는 경향이 강하다는 이유로 자유주의 신학을 거부한다. 그래서 이들은 성서에 대한 신학적 연구가 아닌 전도 활동에 더 매진하는 경향이 있다. 복음주의는 성서에 쓰인 말 자체에만 과도하게 집중하고 있다는 점에서 성서주의(Biblicism)의 입장과 관계가 있으며 신앙의 체험을 강조한다는 점에서 체험주의(Empiricism)와도 관련이 있다.

부정적 감정어 negative emotional language : 화자가 청자의 언행을 보고 뭔가 "틀렸다"(wrong)는 감정을 전달하는 언어로서 청자의 관심을 이끌어 내는 데 큰 효과가 있는 것으로 알려져 있다. 부정적 감정어는 긍정적 감정어(positive emotional language)와 반대로 더 많은 말을 유발하여 이야기를 길게 만드는 특징이 있다. 부정적 감정어에 의존하는 사람은 이야기를 할 때 언어를 남용해 두서없이 긴 이야기를 늘어놓는 경우가 많기 때문에 그는 의미를 유추할 수 없는 언어, 즉 "텅 빈 언어"(empty lanugage)를 사용하는 경향이 있다.

불법적 적군 전투원 unlawful enemy combatant : 의도적으로 무장전투에 가담한 뒤, 이 같은 군사행동을 펼친 죄에 따른 처벌로서 외국의 군대에 의해 체포·억류된 민간인을 의미한다. 본래 불법적 적군 전투원을 체포·억류할 때 이들의 인권을 침해하는 것은, 전쟁 포로에 관한 〈제네바 협약〉 제3조 등의 〈국제인도법〉(International Humanitarian Law)에 대한 위반이다.

비상 인도 extraordinary rendition : 한 국가가 체포한 테러용의자들을 심문하기 위해,

적법절차가 제대로 이루어지지 않는 국가로 이들을 이송하는 것을 말한다. 비상 인도 과정에서 대부분의 테러용의자들이 고문 같은 불법적인 심문 절차로 큰 피해를 입었다고 한다. 비상 인도로 고난을 겪은 테러용의자들에 대한 이야기는 제임스 트리플턴 (James Threapleton) 감독의 영화 〈특별한 귀환〉(Extraordinary Rendition)과 개빈 후드(Gavin Hood) 감독의 영화 〈렌디션〉(Rendition)으로 제작되기도 했다.

빅 브라더 Big Brother : 조지 오웰의 『1984』에 등장하는 감시권력을 부르는 용어다. 『1984』의 등장인물들은 모두 빅 브라더가 자신들을 항상 감시한다고 믿고 있기 때문에 늘 언행을 스스로 검열하는 습관을 가지고 있다. 다시 말해 대중은 보이지 않는 감시권력자가 항상 자신을 관찰하고 있다는 환상이나 믿음 때문에 체제의 규범에 위배되는 행동을 하지 않게 된다. 이는 푸코가 『감시와 처벌』(*Discipline and Punish*)에서 언급한 원형감옥 파놉티콘(panopticon)에서 발생하는 감시권력과 매우 유사하다. 파놉티콘에서도 죄수들은 감옥 중심에 세워진 탑의 어떤 방에 간수가 반드시 있고 항상 그들을 감시하고 있다고 믿는다. 간수가 그들의 눈에 보이지 않는데도 말이다. 이처럼 미국 행정부는 〈애국자법〉을 이용해, 『1984』나 『감시와 처벌』에서 언급된 "보이지 않는 감시권력자"와 동일한 어떤 관찰자가 항상 바라보고 있음을 미국 시민들로 하여금 믿게 했다. 이로써 미국 시민들은 자신의 언행에 신중을 기할 수밖에 없었다.

빈곤과의 전쟁 war on poverty : 1960년대에 이미 세계 초강대국 반열에 올라있던 미국에 빈곤으로 고생하는 국민들이 있다는 사실이 알려지면서, 미국 국민들은 적잖은 충격에 빠졌다. 이에 따라 존 F. 케네디(John F. Kennedy) 대통령은 미국에 아직 잔존해 있는 빈곤층을 구제하기 위한 복지정책을 준비했고, 케네디가 암살당한 뒤에는 린든 B. 존슨(Lyndon B. Johnson) 대통령이 빈곤지역을 구제하기 위한 정책을 펼쳤다. 존슨이 시행한 복지정책들은 통상 빈곤과의 전쟁으로 불린다.

<빈 협약> Vienna Convention : 국제협약 및 조약, 영사관계의 수립, 영사의 임무, 영사의 계급, 영사의 특권과 면제 등에 관하여 1963년 4월 24일 빈에서 채택한 국제협약을 의미한다.

실질적 기획 moral enterprise : 사회학자 하워드 S. 베커(Howard S. Becker)가 『아웃사이더 : 일탈의 사회학에 관한 연구』(*Outsiders : Studies in the Sociology of Deviance*)에서 사용한 개념이다. 베커에 따르면 실질적 기획이란 사회적 규칙들이 창조되고 강화되는 방법과 관련된 문제들과 관계되어 있다. 정부당국은 사회 속에 사회조치들을 만들어 놓고 이것들이 잘 준수되도록 하기 위해 많은 노력을 기울인다. 그런데 정부당국은 사회조치를 만들어 낼 때, 그리고 이것들을 사회 속에서 강화할 때, 가치중립적으로 움직이지 않고 그들만의 고유한 의도나 계획에 따라 행동한다. 즉, 베커는 정부당국이 사회조치를 통해 이루고자 하는 실제적 목적 혹은 계획과 관련된 방법을 분석하기 위해 실질적 기획이라는 말을 사용한 것이다.

암시적 부인행위 implicatory denial : 코언의 『부인의 국가』에서 언급된 거부행위의 유형 가운데 하나로, 이 책의 10장에서 자세하게 다루어지고 있다. 암시적 부인을 수행하는 주체는 어떠한 사실이나 사건에 대한 관습적 의미나 이것들에 대한 심리적, 정치적, 도덕적 의미에 대한 논쟁에 참여하지 않는 모습을 보인다. 이 행위주체들은 이러한 문제에 대해 침묵함으로써, 현재 사회에서 논의되고 있는 문제들이 전혀 논쟁될 만한 가치를 지니지 못한 문제임을 암시적으로 드러낸다.

위험사회 risk society : 현대사회가 사회위험에 반응해 조직되는 방식을 묘사하기 위해 1990년대에 등장한 사회학 용어다. 현대에는 측정 불가능하고 예상 불가능한 위험이 도처에 퍼져 있음을 지시하기 위해 주로 사용되고 있다. 앤서니 기든스(Anthony Giddens)의 『포스트 모더니티』(*Consequences of Modernity*, 이윤희 옮김, 민영사, 1991)와 울리히 벡(Ulrich Beck)의 『위험사회 : 새로운 근대(성)을 향하여』(*Risk Society : Towards a New Modernity*, 홍성태 옮김, 새물결, 1997)는 위험사회라는 개념을 자세히 다루는 저작으로 유명하다. 웰치는 벡의 위험사회 개념을 주로 이용하고 있다. 위험사회는 이 책의 2장에서 다루어지고 있다.

율법주의 legalism : 법률에 적힌 글자의 본질적 의미에 집중하여 법률에 쓰여 있는 대로 법률을 풀이하는 해석학적 방법을 말한다. 율법주의는 일반적으로 문서에 적힌 내용에 대한 2차적 해석행위를 금지하고 1차적으로 적힌 단어의 본질적 의미에만 집중한다.

융 심리학 Jungian psychology : 분석 심리학(Analytical psychology)이라고도 불리며 스위스 심리학자 카를 융(Carl Jung)의 이론을 토대로 형성된 심리학 분파다. 부분적으로 프로이트 정신분석과 다수의 유사성을 공유하고 있음에도 융 심리학은 프로이트의 것과는 달리 인간 행동에 내재한 무의식의 힘과 동기를 통합하여 하나의 전체성을 완성하고자 하는 경향이 있다. 다시 말해 프로이트 심리학이 정신분석의 목표를 개별 인간에 두는 경향이 강하다면 융 심리학은 그 목표를 집단, 공동체, 사회에 두는 경우가 많다. 9·11 테러로 인해 발생한 미국 사회의 변화를 추적하는 웰치가 프로이트가 아닌 융을 이용해 논의를 전개하는 이유도 바로 이 때문이다.

적법절차 due process : 행정부가 법률에 따라 한 개인에게 할당된 법적 권리를 존중해야 한다는 점을 명시한 법률원칙이다. 행정부가 한 개인에게 법률이 지정하는 방식을 벗어나 처벌을 가할 경우, 우리는 이때 행정부가 적법절차를 위반했다고 말할 수 있다.

전위된 공격행동 displaced aggression : 특정 대상에게서 받은 고통을 그와 아무런 관련이 없는 대상에게 분풀이하는 행동을 일컫는다. 우리가 흔히 사용하는 "종로에서 뺨 맞고 한강에서 눈 흘긴다"라는 말은 전위된 공격행동의 의미를 잘 보여 주는 말이다. 이 같은 공격행동을 보이는 인간은 자신에게 고통을 안겨준 대상에 대한 증오를 그와 전혀 무관한 대상에게 그대로 행하는 특징을 보인다. 이 개념은 특히 한 사회에서 희생양이 만들어지는 과정에서 필수적으로 나타난다.

정체성 정치학 identity politics : 동일성 정치학으로도 번역되며, 개인의 주요한 관심사나 타자와의 협력 관계가 한 개인의 인종, 민족, 종교, 성별을 토대로 형성됨을 주장하는 정치학을 의미한다.

좌절-공격 이론 frustration-aggression theory : 어떤 목표를 성취하는 데 실패했을 때 한 개인이나 집단이 느끼게 되는 좌절감을 다루는 심리학 이론이다. 좌절-공격 이론에 따르면 이렇게 목표 성취에 실패한 개인이나 집단은 그에 따른 좌절감을 해결하기 위해 공격적인 태도를 보이게 된다.

좌파분대 red squad : 본래는 미국의 경찰 정보부 소속으로 정치집단들과 사회집단들에 잠입하여 이들에 대한 정보를 수집하고 이 단체들의 정치적 행동을 방해했던 단체를 말한다. 좌파분대는 경찰력 제한을 명시한 〈해외정보감시법〉이 등장했던 1978년에 공식적으로 해체되었다. 1978년 이후, 좌파분대라는 말은 사회 · 정치단체들에게 억압적 공세를 취하는 공권력을 가리키는 말이 되었다.

중성화 기술 technique of neutralization : 사회 구성원들이 발생한 어떤 사건에 대해 가치 판단을 하지 못하게 하기 위해, 지배세력은 정치적 기술로서 중성화 기술을 사용한다. 중성화 기술은 발생한 사건이 옳고 그름의 가치 판단의 대상이 되지 않게 이 사건을 가치중립의 상태로 만든다.

증오범죄 hate crime : 한 개인이나 집단이 민족적 · 인종적 소수자나, 성적 소수자, 특정 종교인, 장애인, 노인 등에 대한 증오심을 품고 이들에게 폭력적 행위를 취하게 되는 범죄적 행위를 지칭한다. 나치주의자와 〈KKK단〉 같은 백인우월주의자들은 대표적인 증오범죄자들이다.

철의 삼각지대 iron triangle : 한 사회정책이 탄생하는 과정에서 이익집단, 관료조직, 의회 위원회가 상호 간의 이해관계를 보호하기 위해 밀접한 동맹 관계를 형성하고 있는 현상을 가리키는 개념이다.

칼뱅주의 Calvinism : 프랑스의 종교개혁자 장 칼뱅(Jean Calvin)의 사상에 기초를 두는 개신교 사상으로 개혁주의라는 말로도 불린다. 칼뱅주의의 핵심교리는 다음과 같다. 첫째, 진리의 진위를 판별할 수 있는 권위는 오직 성경에만 있다. 둘째, 구원을 받을 수 있는 유일한 방법은 예수를 믿는 것뿐이다. 셋째, 구원은 하나님이 아무 조건 없이 인간에게 주는 선물이다. 넷째, 인간은 하나님의 은혜를 오직 믿음을 통해서만 받을 수 있다. 다섯째, 구원은 하나님만이 결정할 수 있는 문제기 때문에 인간은 이에 대한 결정권이 없다. 이 다섯 가지 교리를 살펴보면 칼뱅주의가 인간의 주체성을 인정하고 있지 않음이 드러난다.

케빈 베이컨 게임 Kevin Bacon Game : 과거, 미국 대학 캠퍼스에서 크게 유행했던 게임이다. 케빈 베이컨은 수많은 헐리웃 영화에 출연한 연기파 배우다. 그의 이름을 따라 게임 이름이 만들어졌다. 게임규칙은, 그와 영화에 함께 출연한 관계를 1단계라고 봤을 때, 그의 동료 헐리웃 배우들이 베이컨과 몇 단계를 거쳐 연결될 수 있는가를 찾는가에 있다. 이 게임은 모든 헐리웃 배우들이 여섯 단계만 거치면 베이컨과 연결된다는 점을 보여 준다. 이 게임은 특정 지역에 거주하는 한 집단의 모든 구성원들이 상호간의 인맥을 잇다보면 결국 모두 연결된다는 점을 암시한다.

타자의 범죄학 the criminology of the other : 사회학자 데이비드 갈랜드가 고안해낸 개념으로 범죄의 발생원인과 관련된 사회적 토대를 분석하는 비판범죄학과 달리, 범죄자의 이미지·원형을 사회 내에 고착화하는 데 의의를 두는 범죄학이다. 갈랜드는 타자의 범죄학을 위기적 상황에 따른 대중의 "집단적 무의식을 정치화한 범죄담론"일 뿐이라고 정의한다.

테러와의 국내 전쟁 domestic war on terror : 테러와의 전쟁은 본래 테러리즘과 관련이 있다고 의심되는 타국과 미국이 벌인 전쟁을 의미한다. 그런데 이 전쟁이 진행되는 과정에서 미국 행정부는 외국보다는 미국 본토 안에 있을지 모를 테러리스트들을 찾기 위해 각종 조치를 남발했다. 이렇게 테러와의 전쟁은 본래의 의미를 넘어서 미국 내부의 적을 찾는 전쟁으로 변질되고 말았다. 이를 비판하기 위해 웰치는 특정 문맥에 따라 테러와의 전쟁과 테러와의 국내 전쟁을 구분해 논의를 이어가고 있다.

통제의 문화 culture of control : 한 국가의 지배주체는 사회적 위기의 심각성을 부각해 구성원들에게 위기에 대한 공포를 갖게 할 수 있다. 지배주체는 구성원들의 공포를 이용해 사회제도를 신설·개량하여 사회 내에 억압적인 통제수단들의 수를 늘린다. 구성원들은 자신들의 언행까지 단속하는 억압적 통제수단들의 불합리함을 인정하면서도, 사회적 위기의 조속한 해결을 염원한 나머지, 이 통제수단들을 암묵적으로 용인하게 된다. 갈랜드는 이렇게 사회 전반에 걸쳐, 사회적 통제가 하나의 문화처럼 자리 매김하는 것을 통제의 문화라고 명명했다.

특별 등록 프로그램 Special Registration Program : 2002년, 미국 법무장관 존 애쉬크로프트(John Ashcroft)의 주도로 탄생한 사회정책으로 미국을 방문한 외국인들 가운데 법무부가 지정한 "특정" 국가로부터 온 사람들의 신상정보를 수합하는 것을 골자로 한다. 특별 등록 프로그램은 이 책의 6장에서 자세하게 다루어지고 있다.

프로파일링 profiling : 본래 개요를 작성하기 위해 자료를 수집하는 행위를 가리키는 범죄학 용어다. 하지만 범죄 프로파일링이라는 용어에서 드러나듯이 최근에는 범죄 현장의 패턴·범죄자의 범행 동기·범죄자의 유형 등을 데이터베이스로 구축하여 범인을 색출하는 방법을 지칭하는 의미로 통용되고 있다. 테러용의자를 색출하기 위한 프로파일링은 이 책의 6장에서 자세히 논의되고 있다.

해석적 부인행위 interpretive denial : 코언의 『부인의 국가』에서 언급된 거부행위의 유형 가운데 하나로, 이 책의 10장에서 자세하게 다루어지고 있다. 해석적 부인을 수행하는 주체는 사회 내에 발생한 사건의 존재를 인정하되, "우리가 겪은 그 사건은 사실, 당신이 알고 있는 것과 거리가 멀다"라고 주장하는 모습을 보인다. 이때 해석적 부인행위의 주체는 그 사건과 관계된 용어를 재해석·재정의해 그 사건의 의미를 사회적으로 희석시킨다. 예컨대, 행위주체는 억류자들에게 가해진 "강제추방"(forced expulsion)을 설명하기 위해 "인구의 이동"(transferring of population)이라는 말을 사용하게 된다.

핵겨울 nuclear winter : 핵전쟁이 발생할 경우 예상되는 기후효과를 설명하는 말이다. 핵겨울 이론에 따르면 수많은 핵무기 폭발로 도시의 인화물질들이 불타면서 지구의 성층권에 상당량의 매연이 유입된다. 이때 매연이 성층권에 머물면서 지구로 들어오는 태양빛을 막게 되어 지구의 기온은 급강하하게 된다. 결국 핵겨울은 핵전쟁의 발생으로 인류에게 찾아올 종말과도 같은 고난의 시간을 의미한다.

희생양의 고통 :

『9·11의 희생양』과 우리의 희생양 이야기

2001년 9월 11일, 미국은 말로 표현할 수 없을 고통을 겪어야 했다. 당시 고등학생이었던 나는 늘 그랬듯이 친구들과 즐거운 시간을 보내고 있었다. 그때 한 친구의 전화가 걸려 왔다. 지금 기억하기로 그 친구는 미국에 전쟁이 났다고 말했던 것 같다. 나는 별로 대수롭지도 않은 일로 나의 유희를 방해한 그 친구를 참 이상한 녀석이라고 생각했다. 하지만 9·11 테러는 분명 중대한 사건이었다. 그 날 이후, 9·11 테러는 한국 언론사들에 의해 집중조명을 받았다. 항공기가 쌍둥이 빌딩을 향해 돌진하는 장면은 무슨 의도인지 모르게 계속 방송되었다. 주변에 있던 녀석들 가운데 그나마 생각이란 것을 하고 살던 녀석들은, 이 방송을 보고 이 사건의 사상자들이 겪었을 고통이 자신의 가족이 당한 것쯤은 된다는 듯, 슬픔에 잠겼다. 그러나 나의 감정은 그들의 슬픔과 거리가 멀었다. 나에게 미국은 흑인들을 박해한 차별의 나라, 베트남 전쟁을 일으켜 현지의 민간인들을 학살한 제국주의의 나라, 즉 신제국주의를 이끄는 불량국가에 지나지 않았다. 그랬기 때문인지 나는 미국이 9·11 테러로 고통을 받고 있다는 생각에 흐뭇한 미소를 지었다. 하지만 시간이 지나면서 9·11 테러는 내 기억 속에서 서서히 잊히고 있었다. 나는 9·11 테러라는 사건을 희미하게나마 기억하고 있었을 뿐, 이 사건의 심층에 놓여있을 그 진정한 의미에 대해 생각할 겨를이 없었다. 그럴 만한 능력도 없었고 그러기에 나는 생각이란 것과 거리가 멀었다. 당시 공부를 먼 저편의 인간들이나 하는 잡일로 여기고 있었던 나는 내 자신이 이후에 9·11 테러의 의미에 대해 공부하게 될 것이라고는 짐작도 하지 못했다. 솔직히 내게는 9·11 테러의 일차적 희생자들에 대한 애도의 감정조차 없었다.

9·11 테러가 발생하고 몇 년이 지났을 무렵, 나는 영어영문학과 학생이 되어 열심히 무언가를 열심히 읽고 있었던 것 같다. 한 교수님께서 방황하고 있던 나에게 해 주셨던 말씀이 내 인생을 바꾸어 놓은 것이다. "방황을 하려거든, 책 속에서 하게. 현실 속의 방황은 그 후 자네에게 아무 것도 남겨주지 않지만 책 속의 방황은 무언가를 남겨주기 때문이야." 이 교리에 따라 나는 열심히 책을 읽었다. 홍제동의 한 헌책방에서 책을 사서 읽는 것이 익숙해졌을 무렵, 나는 9·11 테러에 대한 책들을 접하기 시작했다. 내가 당시 9·11 테러와 관련해 읽었던 책들의 내용은 크게 두 가지로 나뉘었다. 하나는 9·11 테러의 일차적 희생자들이 겪어야 했던 잔혹한 현실에 대한 것이었고 또 다른 것은 이를 이용해 부시 행정부가 챙긴 정치적 이익에 대한 것이었다. 희생자들이 겪었던 끔찍한 이야기를 읽으며 나는 그들에 대한 일차적 애도를 표하기 시작했다. 하지만 물론 나를 더 잡아당긴 이야기는 후자였다. 부시 행정부는 이 비극을 이용해 자신들의 정치적 입지를 다졌을 뿐 아니라 그 토대 위에서 그들이 그토록 염원했던 일들을 진행하고 있었다. 그들은 우리가 미국을 더 이상 자유의 국가라 부를 수 없도록 억압적인 〈애국자법〉을 제정하여 미국 시민들을 감시의 체제 속에 가두어 버렸

다. 카프카의 말처럼 자유의 여신상의 손에 칼이 들려 있는 것만 같았다.

그럼에도 나는 한 단계 더 나아가지 못하고 있었다. 나의 사유는 항공기와 건물 안에서 죽음을 기다려야 했던 희생자들에 대한 애도와 이들을 이용한 부시 행정부에 대한 비판을 넘어서지 못했다. 9·11 테러의 피해자와 수혜자에 대한 이야기를 접하고 있었을 때 나는 단 한 번도 9·11 테러의 "타자"에 대해 생각해 본 적이 없었다. 적어도 이 사건의 전말은 표면적으로 명백했다. 알카에다 조직원들이 항공기를 납치해 세계무역센터와 미국 국방성을 향한 테러공격을 계획·실행했다. 백악관을 향한 항공기도 있었다고 하니 이들은 어떻게 보아도 미국의 심장부를 모두 공격하려 했던 것이다. 이로 인해 무수한 사상자가 발생했고 이들을 구조하려다가 구조요원의 다수가 목숨을 잃었다. 부시 행정부는 당연히 이들의 죽음을 애도했고 이 죽음의 의미를 미국 사회에 알리기 시작했다. 이때 미국 행정부는 자신들의 과실만큼은 인정하지 않았다. 이들은 스스로 공격당한 미국의 행정부일 뿐 이 사건에 대해서 자신들에게는 일절 책임이 없는 것처럼 행동했다. 그러나 이는 사실이 아닌 것 같았다. 9·11 테러가 발생한 뒤, 두 편의 영화를 접했던 나는 미국 행정부의 과실도 이 사건의 발생에 기여했음을 알게 되었다. 음모론의 색채가 강한 영화였음에도 〈화씨 9·11〉Fahrenheit 9/11과 〈루스 체인지〉Loose Change는 부시 행정부가 9·11 테러의 발생을 미리 알고 있었음을 보여 주었다. 이들 영화에서 제시된 증거들은 조작된 증거가 아닌 미국 행정부 문건이었다. 분명 부시 행정부는 이 사건 발생을 방관한 사실에 대한 책임을 져야 했다.

부시 행정부는 이 사건의 책임을 오사마 빈라덴과 알카에다에게 돌렸고 이 과정에서 9·11 테러의 "타자" 혹은 "희생양"의 이미지를 창조했다. 이때 그들은 미국 사회에 널리 퍼져 있던 대중의 공포를 이용했다. 정확히 말하자면 대중의 공포와 슬픔이 미국 사회의 타자와 희생양을 향한 증오로 전환된 것이다. 이렇게 탄생한 9·11 테러의 타자들은 알카에다와 오사마 빈라덴과 어떠한 연고도 없던 이슬람교도, 중동인, 남아시아인이었다. 민족, 인종, 종교, 출신지 등에서 미국인들과 다른 외피를 입고 있던 이들은 미국 대중의 격렬한 증오가 집중될 타자였다. 테러와의 전쟁의 정당성이 확보되기 위해 이들은 무죄임에도 유죄여야 하는 존재가 되었다. 이들은 죄가 없어도 억류되어야 했을 뿐 아니라 심문과정에서 비인간적으로 고문 당해야 할 희생양이 되었다. 이 타자에 대해 관심을 갖게 되었을 무렵, 나는 대학원생이 되어 석사논문을 쓰고 있었다. 나의 논문에서 "희생양"은 문학작품 전체를 읽어 내는 주요 개념이었을 뿐 아니라 이 논문을 가능하게 한 충분조건이었다. 나는 9·11 테러의 희생제의를 분석한 이론가들의 흥미로운 주장을 논문의 서론에서 정리했다. 이때 나는 9·11 테러 관련 서적들을 검색해 보며 한 가지 의문을 갖게 되었다. 왜 9·11 테러의 이차적 희생양을 주제로 하는 본격 연구서는 없을까. 대학원을 졸업한 뒤에야, 나는 한 권의 책을 우연히 발견하게 되었다. 2006년에 출판된 이 책은 당시 내가 품고 있었던 의문에 대해 구체적으로 대답해 주고 있었다.

『9·11의 희생양: 테러와의 전쟁에서 증오범죄와 국가범죄』는 9·11 테러사건과 그 이후의 사건들로 고통 받고 있을 희생자들을 위한 책이다. 이 희생자들은 이 사건의 일차적 피해자, 즉 9·11 테러의 사상자를 가리키지 않는다. 이 책이 논하고 있는 희생양들은 이차적 피해자, 9·11 테러가 발생한 뒤에 가혹한 삶을 살아야 했던 이슬람교도·중동인·남아시아인이다. 지은이 마이클 웰치는 9·11 테러가 발생한 뒤에 그들의 삶이 어떻게 변했는지를 이들의 증언이나 객관적 자료를 통해 설명하고 있다. 부시 행정부는 9·11 테러 이후 미국 시민사회에 태동한 극단적 분노를 언뜻 보기에 이슬람과 관계가 있는 이들에게 집중시키기 위해 최선을 다했을 뿐 아니라 실제로 이 정치적 작업에서 대성공을 거두었다. 미국 시민의 다수가 반이슬람 정서에 따라 부시 행정부를 지지했고, 결국 관타나모만과 아부 그라이브 같은 사건들이 발생하게 되었다. 웰치는 부시 행정부의 실정과 그 결과에 대한 심도 있는 설명을 전개하고 있다. 기존까지 서구의 시간이 예수의 등장을 기점으로 기원전과 기원후로 나뉘었다면, 미국에서 이슬람교도·중동인·남아시아인의 시간은 9·11을 기점으로 전혀 다른 양상을 갖게 된다. 그 달라진 세계 속에서 이들이 겪어야 했던 가혹한 이야기를 전달하며 웰치는 부시 행정부의 대테러정책을 정면으로 비판한다. 하지만 분명 그의 분석은 9·11 테러와 관련된 이른바 음모론과는 거리가 멀다. 9·11 테러와 관련된 음모서사로 자주 언급되는 〈화씨 9·11〉과 〈루스 체인지〉와는 달리 웰치는 9·11 테러의 타자·희생양의 이야기에 집중하고 가급적이면 이들의 증언이나 이들을 대변한 인물들의 주장에 초점을 맞추는 방식을 이용한다. 부시 행정부의 대테러정책이 크게 잘못된 것임을 밝히기 위해 이 사건의 희생양에게 초점을 맞춘 것이다. 물론 그가 일차적 피해자들에 대한 애도를 소홀히 하고 있다는 말은 아니다. 그가 조금 더 집중하고자 한 이야기가, 미국 행정부의 잔혹한 조치로 피해를 입은 이방인 희생양들의 것이라는 말이다. 이 책의 핵심은 9·11 테러에 뭔가 거대한 음모가 숨어 있음을 폭로하는 것이 아니라 이방인 희생양을 이용해 자신들의 정치적 이익을 취하기 바빴던 부시 행정부에 대한 비판이다. 그는 9·11 테러 문제에서 아직도 풀리지 않고 있는 수수께끼보다 부시 행정부의 정치적 행보에서 미국 행정부의 음모론을 발견해낸다. 웰치의 입장은 "9·11 테러 이후 비대해진 미국 행정부의 권력이 음모론에 조금 더 가깝다"고 말한 영화 〈월드 트레이드 센터〉World Trade Center의 감독 올리버 스톤의 입장에 가까웠다. 미국 행정부의 음모는, 스스로 9·11 테러를 연출했다든가, 이 사건의 도래를 방임했다는 데 있지 않고 미국 사회의 이방인들을 박해할 구실로 9·11 테러를 이용했다는 데 있다.

범죄사회학자로서 웰치는 부시 행정부의 대테러정책이 명백한 범죄라고 주장한다. 이는 대중의 증오를 이용해 무고한 이들에게 정치적 폭력을 행사한 점에서 증오범죄일 뿐 아니라 그 범죄의 주체가 미국이라는 점에서 국가범죄이기도 하다. 미국 행정부의 증오범죄와 국가범죄에 대한 그의 관심은 현재까지 이어지고 있다. 그는 2009년, 『권력의 범죄와 처벌받지 않는 국가들: 테러에 대한 미국의 대응』을 출판해 국가범죄를 저지르고도 어떠한 처벌도 받지 않았을 뿐 아니라 오히려 대중의 지지까지 얻어 온 미국 행정부의 실상을 비판하고 있다. 이 책에서도 그는 미국 시민들을 비롯한 미국 사회의 이방인들에게도 관심의 눈길을 보내고 있다. 그의 근간에 비해 『9·11의 희생양』은 분명 미국 안팎의 이방인들에게 더욱 초점을 맞추고 있다. 즉, 『권력의 범죄와 처벌받지 않는 국가들』이 미국 행정부가 저지른 증오범죄와 국가범죄, 그리고 이후 미국 행정부에게 어떠한 처벌도 가하지 않은 미국 사회에 대해 비판하고 있다면 『9·11의 희생양』은 9·11 이후의 미국 사회를 비판하기 위해 미국 행정부가 만들어 놓은 희생양들의 고통스러운 목소리에 집중하고 있는 것이다.

웰치는 범죄의 사회적 원인을 분석하고 이를 교정하기 위한 대안을 내놓는 데 그 목적을 두는 비판범죄학자로서 9·11 테러 이후의 사회문제들의 원인을 분석하고 이를 위한 대안을 내놓는다. 그에 따르면 9·11 테러 이후, 미국 사회가 떠안게 된 문제들은 미국 행정부의 잘못된 대테러정책에 그 원인을 둔다. 이를 위해 그가 내놓은 대안은 미국의 정치현실에 기초를 두고 있다. 웰치는 미국 행정부가 올바른 대테러정책을 실행해야 한다고 주장한다. 다시 말해 그는 대테러정책의 폐기를 주장하고 있지 않다. 대테러정책을 추진하되 문제가 되는 부분을 과감히 시정해야 한다고 말하고 있다. 아프가니스탄 전쟁과 이라크 전쟁을 전면에서 반대하는 사람들의 입장에서 보면 그의 주장은 그가 결국 대테러정책을 찬성하고 있다는 이유로 용납될 수 없을지 모른다. 하지만 그의 최종결론은 미국 행정부의 대테러정책을 개선하기 위해 반드시 반영될 필요가 있는 일련의 대안을 담고 있다. 웰치는 미국에게 도움을 제공할 "타자들"까지도 범죄인으로 몰아붙이는 타자의 범죄학을 폐기하고 지금껏 미국 행정부가 무고한 이슬람교도, 중동인, 남아시아인을 상대로 용인하거나 자행해 온 국가범죄를 중단할 것을 촉구한다. 이는 대테러정책과 테러와의 전쟁을 효율적으로 진행하기 위해 세계 각국의 원조가 필요했던 부시 행정부가 반드시 수용해야 했을 주장이다. 부시 행정부가 테러와의 전쟁을 진행할 때 "우리가 필요한 것은 테러리스트이지 범인으로 몰아붙일 이슬람교도 · 중동인 · 남아시아인, 즉 이방인 희생양들이 아니다"라는 약속을 충실히 이행했다면 세계 각국에게서 더 많은 원조를 얻어냈을 것이다. 이에 따라 테러리스트들의 입지는 더욱 좁아졌을 것이고 미국 행정부는 테러 용의자로 몰아 무고한 이들에게 가혹행위나 고문행위를 가했다는 이유로 세계 각국에게서 비난을 듣지 않아도 됐을 것이다. 분명 부시 집권기의 미국 사회는 웰치의 이 주장에 주목했어야 했다. 하지만 부시 행정부는, 그의 주장은 물론이고 그와 비슷한 목소리를 낸 사람들의 주장에도 귀를 기울이지 않았다. 소통을 모르는 협량의 체제, 부시 행정부는 집권 말기까지 테러와의 전쟁으로 숱한 문제를 일으키다가 권력을 잃고 말았다.

이 책을 번역하고 있을 때, 주위 사람들은 나에게 이런 말을 자주 해 주었다 : "미국말이야, 지금 대통령도 바뀌었어. 지금 오바마가 대통령이 됐잖아. 그는 테러와의 전쟁의 문제점들을 시정하겠다는 의지를 보이고 있어. 지금 상황이 많이 바뀌었는데 이 책을 번역할 필요가 있을까? 이미 과거의 일이 되었잖아. 아무리 큰 문제를 남긴 사건이더라도 더 이상 그런 일이 일어나지도 않고 있는데 이 책을 번역할 필요가 있을까?" 이들의 말이 전부 틀렸다고 할 수는 없다. 이들의 말에 흔들렸다면 나는 번역을 중간에 포기했을 것이다. 하지만 이들의 말과 내가 하고 싶은 말은 분명 달랐다. 우선 나는 이들의 말에 섬뜩한 뭔가가 잠복해 있음을 알게 되었다. 히틀러의 나치당 같은 정당이 집권하고 있는 국가가 현재 지구상에 남아 있지 않다면, 아니 정확히 말해 그 외피를 입고 있는 정당에 의해 통치되는 국가가 우리의 눈에 띠지 않는다면, 독일의 나치즘은 우리의 관심에서 폐기되어야 하는가? 내 대답은 그렇지 않다는 것이다. 역사의 순환을 강조한 토인비의 주장과 잘못된 역사의 회귀를 언급한 마르크스를 굳이 인용하지 않더라도 인류의 잘못된 역사는 계속해서 회자되어야 할 유산이다. 공고한 민주체제가 뿌리를 내린 것 같던 한국사회에 민주주의를 향한 또 다른 방식의 함성, 그리고 촛불이 등장했지 않은가. 오바마 행정부의 출범이 9·11 테러 이후의 사건들을 모두 해결해 준 것은 아니다. 한국어판 서문에서 웰치가 밝히고 있는 것처럼 오바마 행정부는 분명 개혁적 성향을 갖고 있음에도 부시 행정부의 유산을 일부 수용해야 했다. 이라크에서 아프가니스탄으로 대테러정책의 초점을 옮겼을 뿐, 오마바 행정부는 부시 행정부가 자행한 정치적 폭력을 근절시키기 못했다. 따라서 9·11의 희생양과 관련된 이야기는 오바마 행정부의 등장으로 중지될 수 없는 것이다.

관타나모만과 아부 그라이브 수용소에서 발생했던 끔찍한 사건들은 2010년에 회귀하고 말았다. 다시 말해 웰치가 언급한 9·11의 희생양이 또다시 세상의 표면으로 부상한 것이다. 이 사건의 장소는 아프가니스탄이었다. 오바마 행정부가 테러와의 전쟁의 거점으로 삼은 그곳에서 또다시 끔찍한 가혹행위가 발생했다. 시애틀Seattle 남부의 루이스-매코드Lewis-Macord 기지에 소속된 군인 5명은 아프가니스탄에서 민간인들을 살해했다. 이 사건의 핵심 인물인 제레미 몰록Jeremy Morlock 상병이 민간인 굴 무딘Gul Mudin을 살해한 뒤 미소를 머금고는 머리카락을 잡아 그의 머리를 들어 올리고 있는 사진이 대중에게 공개되었다. 또 다른 사진은 민간인 남성의 시체 2

구가 작은 기둥에 기대어 세워져 있는 장면을 보여 주고 있었다. 민간인을 살해하고 그들의 시체를 가지고 노는 장면을 전리품이라도 된다는 양 사진으로 남기는 행위, 이는 우리에게 낯선 일이 아니다. 다시는 일어날 것 같지 않던 관타나모만과 아부 그라이브의 비극은 기어코 다시 인류역사의 표면으로 부상했다. 한 개인, 혹은 "썩은 사과"의 잘못이라고 하기에 사건의 발생빈도는 잦은 편이다. 분명, 오바마 행정부도 대테러정책의 크나큰 도덕적 문젯거리를 해결하지 못하고 있다. 몰록을 변호한 제프리 네이던 Jeffrey Nathan은 이 사건에서 우리가 간과해서는 안 될 중요한 의미를 전달하고 있다 : "그에게 민간인 살해에 대한 물리적 책임이 있긴 하지만, 도덕적 책임은 잘못된 시기에 잘못된 전쟁으로 이들을 내몬 미국 지도자들에게 있다." 미국 행정부의 그릇된 대테러정책이 얼마나 많은 피해자, 나아가 희생양을 양산했고 이를 위해 어떠한 대안이 요구되는지를 설명한 이 책은 바로 이 점에서 중대한 의미를 갖는다.

희생양 이론을 집대성한 르네 지라르는 인류가 시작부터 희생제의에 긴밀히 개입해 왔음을 주장한다. 인간은 희생양을 만들지 않고는 그만의 공동체를 구성할 수 없는 존재일지 모른다. 우리는 일상뿐 아니라 전 세계적 사건에서도 희생양이 등장하는 현상, 공동체의 불안과 위기의 원인을 특정 대상에게 돌려 공동체의 단결을 꾀하는 사건을 목격한다. 9·11 테러도 이 점에서 자유롭지 않다. 지라르는 9·11 테러의 희생제의적 속성을 가리켜 "아주 오래된 것의 기묘한 복귀"strange return of the archaic라고 진단하기까지 한다. 앞으로도 이러한 사건은 미국뿐 아니라 전 세계에서 발생할 것이고 우리의 눈을 피해 지금 이 순간에도 발생하고 있을 것이다. 한국사회도 예외는 아니다. 너무나 분명한 악의 이미지를 지닌 국가와 대치하고 있기 때문일까. 한국사회는 이 국가를 악마화하는 방식으로 그만의 단결력을 키워 온 반공의 역사를 지니고 있다. 내가 이 책의 번역을 준비하고 있을 때 한국사회는 충격적인 사건을 경험해야 했다. 2010년 3월에 발생한 천안함 사건이 그것이다. 북한 잠수정이 대한민국을 공격했다. 나는 이 사건에 따른 사회상을 지켜보던 가운데 흥미로운 하나를 발견했다. 정치역학에서 천안함 사건과 9·11 테러사건은 유사했다. 물론 두 사건의 피해규모가 상이하기는 하지만 미국과 한국은 모두 그들의 중요 거점을 공격당했다는 유사한 경험을 했다. 미국은 각각 그들의 자본주의와 군사력의 제유 synecdoche 기능하는 쌍둥이 빌딩과 국방성을 공격당했고 한국은 해군력의 상징 가운데 하나인 해군함을 공격당했다. 양국의 행정부는 각각의 사건이 발생한 직후에 가해국가나 가해조직을 지목했다. 또한 이 주장을 뒷받침하기 위한 증거들을 내놓았다. 양국의 행정부는 가해자를 규탄했을 뿐 아니라 이를 통해 대중을 선동하기 시작했다. 차이가 있다면 미국이 테러와의 전쟁을 개시한 반면 한국은 그럴 수 없었다는 것이다. 하지만 북한을 상대로 한 한국의 전쟁을 동북아시아의 주요 국가들이 허가해 주는 분위기였다면, 나아가 미국이 이를 지지하고 나섰다면, 한국 행정부는 북한을 상대로 군사행동을 취했을 가능성이 높다. 그런데 흥미로운 점은 양국의 행정부가 가해자의 범죄사실을 입증하기 위해 제시한 증거들이 모두 사회적 의혹에 휩싸였다는 데 있다. 9·11 테러사건은 숱한 음모론에 휩싸였다. 앞서 언급한 〈루스 체인지〉가 가장 대표적인 경우다. 천안함 사건도 행정부 조작설로 진통을 겪었다. 군사행동 이후 인민군의 용맹스러움을 자화자찬해 오던 북한이 이례적으로 이 사건을 한국 행정부의 자작극이라고 주장하자 천안함 사건과 관련된 사회적 의혹은 증폭되었다. 이에 따라 천안함 사건과 관련된 영상서사들이 등장하기 시작했다. 천안함 사건의 진실을 다룬 다큐멘터리 영화 〈천안함〉이 비록 소수이기는 하지만 시사회를 가졌다. 이러한 의혹에 아랑곳하지 않고 양국의 행정부는 자기 행정부에게 유리한 정치판을 짜기 위해 노력했고 일정 부분 실효를 거두었다. 미국 행정부가 얻은 정치적 이득은 이 책에서 상세히 설명되어 있다. 한국 행정부는 안보강화를 통해 보수세력들이 그토록 염원해 온 일들을 한국사회에서 하나씩 이뤄낼 수 있었다. 더 이상 햇볕정책의 실효에 대해 언급할 수 없을 뿐 아니라 북한사회를 규탄하지 않는다면 반역자로 몰릴 만한 사회 분위기가 한국사회에 자리를 잡았다.

그나마 다행스러운 점은 천안함 사건 이후에 이 사건과 아무런 연관성도 없는 무고한 이들이 직접적인 피해를 입지 않았다는 데 있다. 다시 말해 이차적 피해자가 발생하지 않았다. 미국 행정부는 알카에다나 오사마 빈라덴과 아무런 연고도 없는 이들을 9·11의 희생양으로 삼았다. 이들은 억류되어 고문을 받다가 살해되기까지 했다. 천만다행으로 천안함 사건에 따른 한국대중의 증오범죄에 의해 새터민들이 희생되었다는 소식은 아직까지 들려오고 있지 않다. 북한의 독재체제를 벗어나고자 목숨을 걸고 월남한 이들은 분명 한국사회가 떠안아야 할 타자임에 틀림없다. 하지만 분명 이들은 지금도 간접적인 폭력에 시달리고 있다. 천안함 사건과 더불어 연평도 포격사건까지 발생하면서 새터민들은 한국사회에서 스스로 탈북자임을 쉽게 밝힐 수 없는 위치에 놓였다. 차라리 중국동포라고 거짓말을 하는 것이 그들 자신의 안위에 도움이 된다고 생각하고 있는 새터민들이 늘고 있다. 천안함 사건의 피해군인들에게 조의를 표해도, 이들을 위한 위로성금을 모아 기탁해도 새터민들을 바라보는 한국사회의 시선은 차갑기만 하다. 말 그대로 이들은 가시방석에 앉게 되었다. 역사적 상상력에 따라 나는 한 가지 의문을 제시하고 싶다. 만약 새터민들과 우리 사이에 한민족이라는 공통분모마저 없었다면 과연 이들을 향한 증오범죄가 발생하지 않았을까. 나의 대답은 그리 희망적이지 않다.

지금은 타산지석이라는 말이 기억되어야 할 때다. 우리가 우리만의 역사를 넘어 외부의 역사를 주목해야 하는 이유는 그 사건들이 단순히 외부에서 일어났던 사건에 그치지 않기 때문이다. 9·11 테러사건은 분명 한국 사회뿐 아니라 세계 각국에게 모종의 메시지를 전달한 중대한 사건이다. 우리는 이 사건과 함께 부상한 증오범죄, 나아가 국가범죄를 잊지 말아야 한다. 잘못된 역사를 반복해서는 안 된다. 2011년 9월 11일은 9·11 테러의 10주기다. 여러 방면에서 미국뿐 아니라 한국, 그리고 전 세계는 변화의 시간 속에 있다. 하지만 2001년 9월 11일 이후의 끔찍한 사건들은 그 변화의 흐름과 상관없이 사건, 범죄자, 피해자를 바꿔가며 끊임없이 반복되고 있다. 이 책에서 웰치는 9·11 테러의 희생양들을 잊지 않고, 미래에 언젠가 재등장할 그 희생양들을 기억할 수 있도록 우리에게 관용의 정신을 요구한다. 우리는 그들의 고통이 얼마나 심했고 나아가 얼마나 더 심해질지, 항상 주목해야 할 뿐 아니라 이러한 역사적 사실을 기억하고 행동해야 한다. 여러분이 만약에 그들이 과거에 겪어야 했던 극심한 고통을 더 실감나게 이해하고자 한다면 한 편의 영화가 도움이 될 것이다. 이 영화가 한국에 개봉되어 우리는 이 책이 논하고 있는 9·11 테러의 희생양들의 참상과 마주할 수 있게 되었다. 2011년 3월에 개봉한 〈내 이름은 칸〉My Name Is Khan은 이 책이 전달하고자 하는 메시지를 가장 잘 표현한 영상서사임에 틀림없다. 나는 이 영화와 더불어 이 책의 메시지를 통해 독자들이 "타자"를 향한 따뜻한 시선을 유지할 수 있기를 바란다.

이 책을 여러 번 읽고 이 책의 주제와 관련된 여러 권의 책을 읽었음에도 번역작업은 쉽지 않았다. 웰치의 문장은 명쾌했고 어렵지 않게 정리되어 있었지만 그의 영어 표현을 한국어로 옮기는 것은 나에게 커다란 도전이었다. 분명 부족한 부분이 많이 있겠지만 하지만 나는 이 책의 메시지를 온전히 전달하기 위해 나름의 최선을 다했다고 말하고 싶다. 이 책의 질을 향상시킬 수 있을 날들이 미래에 꼭 있기를 고대한다. 번역을 끝내고 퇴고를 하고 있을 무렵, 나는 자주 꿈을 꾸었다. 이 책의 출판이 결정되는 꿈, 그만큼 난 간절했다. 도서출판 갈무리와 출판계약을 맺은 뒤 나는 정말 말 그대로 꿈만 같은 시간을 보냈다. 이 이야기가 한국사회에 소개될 수 있다는 생각만으로도 나는 행복한 시간을 보냈다. 이 자리를 빌려 미천한 나에게 출판의 기회를 주시고 원고의 가독성을 높이기 위해 불철주야 노력해주신 갈무리 출판사의 조정환 대표님과 편집부의 오정민 님과 김정연 님께 감사의 말을 거듭 전하고 싶다. 이 분들과 함께한 교정 작업은 이 책의 품질을 향상시켰을 뿐 아니라 나 자신에게도 상당한 도움이 되었다. 분명 도서출판 갈무리와 내가 맺게 된 인연은 나에게 행운이자 행복이었다. 또한 매우 바쁜 일정을 소화하고 있음에도 번역의 시작부터 마무리까지 나와 함께해 준 마이클 웰치에게 고마운 마음을 표하고 싶다. 이메일로 이루어진 대화에서 그는 내가 이해하지 못한 미국의 상황뿐 아니라 개념에 대해 친절히 설명해 주었다. 번역계약이 일절 체결되지 않았음에도, 즉 불확실한 미래 속에서도 웰치 교수는 자신의 학생을 지도하듯이 항상 친절함을 잃지 않았다. 게다가 선뜻 한국어판 서문까지 써 주었고, 출간과정에서 오사마 빈라덴이 사망한 사건이 발생하자, 이 주제와 관련된 인터뷰까지 응해 준 웰치 교수에게 나는 어떻게 감사해야 할지 모르겠다. 그리고 지금껏 나를 가르쳐 주신 선생님들이 계셨기에 나는 이번 일을 무사히 해낼 수 있었다고 확신한다. 영어의 세계로 나를 인도해 주신 안정호 선생님, 비판적 사유와 글쓰기의 중요성을 깨닫게 해 주신 이명주 선생님, 인문학의 존재를 알려주신 "커피아저씨" 김재근 교수님, 비평이론과 영문학에 푹 빠질 수 있게 해 주신 단국대학교 오민석·성은애 교수님, 제대로 된 인문학자의 길을 보여주신 경희대학교 유정완 교수님께 머리 숙여 감사드리고 싶다. 이외, 원고를 미리 읽고 부족한 지점을 짚어준 내 친구들, 중앙대학교 대학원 철학과 유성현, 시대를 고민하는 따뜻한 가슴을 지닌 윤상욱, 대기업에 다니고 있는 태생적 영문학도 김준연을 비롯해 나의 가족 정해옥 여사, 큰삼촌, 할아버지, 할머니, 인영이, 준영이, 서현이, 그리고 대양서점 정태영 사장님, 내 영원한 친구 대현이, 과외학생 현식이에게도 고맙다는 말을 전하고 싶다. 마지막으로 번역의 시작부터 마무리까지 위태로운 나의 삶의 좌표를 잡아주며 사랑의 격려를 아끼지 않아준 김수정에게 고마운 마음을 전하고 싶다.

2011년 3월 26일
옮긴이 박진우

:: 본문에 등장하는 재판목록

American Friends Service Committee, et al., v. City and Counter of Denver, Civil Action No. 02-N-0740
(D. Colo.) (2002)

Bates v. City of Little Rock, 361 U.S. 516 (1960)

John Doe, American Civil Liberties Union v. John Ashcroft and FBI Director Robert Mueller, 317 F.
Supp. 2d 488; 2004 U.S. (New York)

Hamdi v. Rumsfeld, 542 U.S. 507 (2044)

Humanitarian Law Project v. Ashcroft, 309 F. Supp. 2d 1185, (2004)

NAACP v. Alabama ex rel Patterson, 357 U.S. 449 (1958)

NAACP v. Claiborne Hardware Co., 458 U.S., 886, 932 (1982)

Rasul v. Bush, 542 U.S. 466 (2004)

Rumsfeld v. Padilla, 542 U.S. 426 (2004)

Scales v. United States, 367 U.S. 203, 229 (1961), reh'g denied, 367 U.S. 978 (1961)

Sosa v. Alvarez-Machain, 124 S. Ct. 2739; 159 L. Ed. 2d 718; 2004 U.S.

United States v. Koubriti, 305 F. Supp. 2d 723 (2003)

United States v. Koubriti, 336 F. Supp. 2d 676, (2004)

United States v. Robel, 389 U.S., 258, 262, (1967)

United States v. United States District Court for the Eastern District of Michigan (Keith), 407 U.S. 297
(1972)

Whitney v. California, 274 U.S. 357 (1927)

Wilson v. Arkansas, 514 U.S. 927, 929 (1995)

Zadvydas v. Underdown, 185 F.3d 279 (5th Cir. 1999), 121 S. Ct. 876 (2001)

:: 참고문헌

* EV는 전자출판물을 의미한다.

한국어판 서문 참고문헌

Abdel-Fattah, R. 2010. Ground Zero Mosque Is an Antidote to Extremism. *Sydney Morning Herald*, September 18~19 : 9.

Baker, P. 2010. Inside Obama's War on Terrorism. *New York Times Magazine*, January 4 : EV1~32.

Democracy Now. 2010. Intelligence Chief Confirms USC an Assassinate Americans Abroad. Avaiableat: HYPERLINK "http://www.democracynow.org/2010/2/5/headlines2"[accessed on 5 February].

Goodstein, L. 2011. Drawing U.S. Crowds With Anti-Islam Message. *New York Times*, March 7 : EV1~6.

New York Times. 2011. Editorial Peter King's Obsession. March 7 : EV1~2.

Shane, S. 2011. For Lawmaker Examining Terror, a Pro-I.R.A. Past. *New York Times*, March 8 : EV1~6.

Welch, M. 2009. *Crimes of Power & States of Impunity : The U.S. Response to Terror*. New Brunswick, New Jersey & London : Rutgers University Press.

본문 참고문헌

Abraham, N. 1994. Anti-Arab racism and violence in the United States. In *The development of Arab-American identity*, 155~214, edited by Ernest McCarus. Ann Arbor : University of Michigan Press.

Adams, K. 1996. The bull market in corrections. *Prison Journal* 76 : 461~467.

Adorno, T. W., E. Frenkel-Brunswik, D. J. Levinson, and R. Nevitt Sanford. 1969. *The authoritarian personality*. New York : W.W. Norton.

Alien, J. L., Jr. 2004. The campaign comes to Rome. *New York Times*, June 3, A27

Allison, G. 2004. *Nuclear terrorism : The ultimate preventable catastrophe*. New York : Henry Holt and Company.

Allport, G. 1954. *The nature of prejudice*. Boston : Beacon Press.

Altheide, D. J. 2002. *Creating fear : News and the construction of crisis*. New York : Aldine de Gruyter.

American-Arab Antidiscrimination Committee 2001a. *ADC fact sheet : The condition of Arab Americans post 9/11*. Washington, DC : ADC.

_____. 2001b. *Statement by ADC President Ziad Asali*. Press Release, September 14, EV1~3.

American Civil Liberties Union. 2001. *Know your rights : What to do if you're stopped by the police, the FBI, the INS, or the customs service*, www.aclu.org.

_____. 2003a. What the USA PATRIOT Act means to you. *Civil Liberties* (fall) : 7.

_____. 2003b. *Freedom under fire : Dissent in post-9/11 America*. New York : American Civil Liberties Union.

_____. 2003. *ACLU calls FBI Mosque-counting scheme blatant ethnic and religious profiling*. Press Release, February 6, E1~2.

_____. 2004. *Worlds apart : How deporting immigrants after September 11 tore families apart and shattered communities*. New York : American Civil Liberties Union.

_____. 2005. *2005 Workplan*. New York : American Civil Liberties Union.

American Council of Trustees & Alumni. 2001. *Defending civilization : How our universities are failing America and what can be done about it*. November 3, www.goacta.org/Reports/def-civ.pdf.

Amnesty International. 2001. *US government may be considering use of torture for detainees*. Press Release, October 26.

_____. 2003a. *Annual report*. New York : Amnesty International.

_____. 2003b. *Amnesty International condemns Ashcroft's ruling to indefinitely detain non-U.S. citizens, including asylum-seekers*. Press Release, April 28.

Anderson, C. 2003. Ashcroft rules on immigrants' detention. Associated Press, April 4, EV1~2.

Anderson, M., and P. H. Collins. 1995. Preface to Part 4. In *Race, class and gender : An anthology*, 350~362, edited by Margaret Anderson and Patricia Hill Collins. Belmont, CA : Wadsworth.

Aronson, E. 1980. *The social animal*. 3rd ed. San Francisco : Freeman & Company.

Ashcroft, J. 2003. *Testimony of attorney general John Ashcroft before a hearing of the senate judiciary committee on DOJ oversight : Preserving our freedoms while defending against terrorism*, December 6. Washington, DC : U.S. Government Printing.

Associated Press. 2000. Cheney : Swift retaliation needed. October 13.

_____. 2003a. Bush Saddam not involved in 9/11. September 18.

_____. 2003b. 'Terrorism' cases in New Jersey relate mostly to test cheating. March 3, 1.

Asylum Protection News 21. 2003. Court TV film, inspired by Lawyers Committee case, shines a light on U.S. detention of asylum seekers. EV1~6.

Asylum Protection News 22. 2004. Tibetan nun detained in Virginia jail denied parole again. EV1~4.

Bakken, T. 2000. Liberty and equality through freedom of expression : The human rights questions behind 'hate crime' laws. *International Journal of Human Rights* 4 (2) : 1~12.

Bakken, T. 2002. The effects of hate crime legislation : Unproven benefits and unintended consequences. *International Journal of Discrimination and the Law* 5 : 231~246.

Bamford, J. 2004. *A pretext for war : 9/11, Iraq, and the abuse of America's intelligence agencies*. New York : Doubleday.

_____. 2004. This spy for rent. *New York Times*, June 13, WK13.

Banerjee, N. 2004. Christian conservatives press issues in statehouses. *New York Times*, December 13, A1, A12.

Barak, G. 2001. Crime and crime control in an age of globalization : A theoretical dissection. *Critical Criminology : An International Journal* 10 (1) : 57~72.

_____. 2003. *Violence and nonviolence : Pathways to understanding*. Thousand Oaks, CA : Sage.

_____. 2005. A reciprocal approach to peacemaking criminology : Between adversarialism and mutualism. *Theoretical Criminology* 9 (2) : 131~152.

Barlow, M., D. E. Barlow, and T. G. Chiricos. 1995a. Economic conditions and ideology of crime in the media : A content analysis of crime news. *Crime & Delinquency* 41 (1) : 3~19.

_____. 1995b. Mobilizing support for social control in a declining economy : Exploring ideologies of crime within crime news. *Crime & Delinquency* 41 (2) : 191~204.

Barstow, D. and R. Stein. 2005. Under Bush, a new age of prepackaged news. *New York Times*, March 13, Al, 34~35.

Beck, U. 1992. *Risk society : Towards a new modernity*. London : Sage.

Beck, U., A. Giddens, and S. Lash. 1994. *Reflexive modernity : Politics, tradition, and aesthetics in the modern social order*. Cambridge, UK : Polity Press.

Bellah, R.1975. *The broken covenant*. New York : Seabury.

_____. 1988. Civil religion in America. *Daedalus* 117 (3) : 97~118.

Benson, J. 2004. Homeland security reduces aid for Jersey City and Newark areas in 2005. *New York Times*, December 4, B5.

Bensor, M. 2002. Tech firms feel the heat as U.S. snoops on citizens. *Times Picayune*, April 1, 28.

Berger, P. L. 1967. *The sacred canopy : Elements of a sociological theory of religion*. Garden City, NJ : Doubleday.

Berkowitz, B. 2002. AmeriSnitch. *The Progressive* (May) : 27~28.

Best, J. 1994. *Troubling children : Studies of children and social problems*. New York : Aldine de Gruyter.

_____. 1999. *Random violence : How we talk about new crimes and new victims*. Berkeley : University of California Press.

"Bismillah" retrieved on September 11, 2001, from http://groups.yahoo.com/ group/-ymaonline. Accessed by subscribing to Young Muslim Association Yahoogroup and viewing archives.

Blumner, R. 2002. Book police thwarted by Colorado ruling. *Milwaukee Journal Sentinel*. April 16, 13A.

Bok, S. 1979. *Secrets : On the ethics of concealment and revelation*. New York : Vintage.

Bonner, R. 2004. Marine defends Guantanamo detainee, and surprises Australians. *New York Times*, March 28, 13.

Bottoms, A. 1995. The philosophy and politics of punishment and sentencing. In *The Politics of Sentencing Reform*, 28~41, edited by C. Clarkson and R. Morgan. Oxford : Clarendon Press.

Bravin, J., G. Fields, C. Adams, and R. Wartzman. 2001. Justice Department quickly moves to use new broad authority in detaining aliens. *Wall Street Journal*, September 26, EV1~3.

Brill, S. 2003. *After : How America confronted the September 12 era*. New York : Simon and Schuster.

Bronowski, J. 1972. The scapegoat king. In *The scapegoat : Ritual and literature*, 67~82, edited by J. Vickery and J. Sellery. Boston : Houghton Mifflin.

Brooks, R. 2003a. The character myth : To counter Bush, the Democrats must present a different vision of a safe world. *Nation* (December 29) : 25~28.

_____. 2003b. A nation of victims : Bush uses well-known linguistic techniques to make citizens feel dependent. *Nation* (June 30) : 20~22.

Brown, C. 2003. *Lost liberties : Ashcroft and the assault on personal freedom*. New York : New Press.

Brown, L. E., and R. Stivers. 1998. The legend of 'nigger' lake : Place as scapegoat. *Journal of Black Studies* 28 (6) : 704~723.

Brzezinski, Z. 2004. *The choice : Global domination or global leadership*. New York : Basic Books.

Bumiller, E. 2003. Bush orders a 3-year delay in opening secret documents. *New York Times*, March 26, A15.

_____. 2005. Bush advisor to repair tarnished U.S. image abroad. *New York Times*, March 12, A2.

Burns, R., and C. Crawford. 1999. School shootings : The media and public fear, ingredients for a moral panic. *Crime, Law, and Social Change* 32 (2) : 147~68.

Burson, P. 2001. Terrorist attacks; driver arrested in hate crime at mall. *Newsday*, September 13, 12.

Calhoun, C. 2002. *Understanding September 11*. New York : New Press.

_____. 2004. Gerhard Lenski : Some false oppositions, and The Religious Factor. *Sociological Theory* 22 (2) : 194~204.

Campbell, E. 2004. Police narrativity in the risk society. *British Journal of Criminology* 44 : 695~714.

Campbell, J. 1973. *Myths to live by*. London : Souvenir Press.

Cardwell, D. 2003. Muslims face deportation, but say U.S. is their home. *The New York Times*, June 13, A22.

_____. 2004. The contest of liberties and security : Protestors and officials see the City differently. *New York Times*, July 26, Bl, B7.

Carey, B., and A. O'Connor. 2004. As public adjusts to threat, alerts cause less unease. *New York Times*, August 3, A11.

Carroll, J. 2004a. *Crusade : Chronicles of an unjust war*. New York : Metropolitan Books/Henry Holt.

_____. 2004b. The Bush crusade : Sacred violence, again unleashed in 2001, could prove as destructive as in 1096. *Nation* (September 20) : 14~22.

_____. 2004c. The 'E' word : What does the age-old concept of evil mean in a post-9/11 world? *New Times Book Review*, January 11, 7.

Chomsky, N. 1996. *The culture of terrorism*. Boston, MA : South End Press.

_____. 2003. *Hegemony or survival : America's quest for global dominance*. New York : Henry Holt and Company.

Chomsky, N, and Edward S. Herman. 1988. *Manufacturing consent : The political economy of the mass media*. New York : Pantheon Books.

Cart, J. 2002. Denver police spied on activists, ACLU says. *Los Angeles Times*, March 22, A1.

Chambliss, W. 1999. *Power, politics, and crime*. Boulder, CO : Westview.

Chang, N. 2002. *Silencing political dissent : How post-September 11 anti-terrorism measures threaten our civil liberties*. New York : Seven Stories Press.

_____. 2004. The war on dissent. *Nation* (September 13), 8.

Charleston Gazette (West Virginia). 2004. Holey moley! : Who concocts this gibberish? September 22, 16.

Chermak, S., F. Bailey, and M. Brown. 2004. *Media representations of September 11*. New York : Praeger.

Chicago Police Department. 2002. *Hate crimes in Chicago : 2001*. Chicago : Chicago Police Department.

Chicago Tribune. 2001. Concerns rise of civil rights being ignored. October 17, EV1~3.

Civil Liberties Reporter. 2003. Report released : Dissent post 9/11. 37 (2) : 1.

Clarke, R. 2004. *Against all enemies : Inside America's war on terror*. New York : Simon and Schuster.

Clymer, A. 2003a. Justice Dept. draft on wider powers draws quick criticism. *New York Times*, February 8, A10.

_____. 2003b. Ashcroft calls on news media to help explain antiterrorism laws. *New York Times*, June 20, 12.

_____. 2003c. Government openness at issue as Bush holds on to records. *New York Times*, January 3, A1, A18.

Cohen, L. P. 2001. Denied access to attorneys some INS detainees are jailed without charges. *Wall Street Journal*, November 1, EV1~3.

Cohen, R. 2004. The war on terror : An obsession the world doesn't share. *New York Times*, December 5, WK4, 6.

Cohen, S. 1985. *Visions of social control*. Cambridge, MA : Polity Press.

_____. 2001. *States of denial : Knowing about atrocities and suffering*. Cambridge, UK : Polity.

_____. 2002. *Folk devils and moral panics : The creation of the mods and rockers*. 3rd ed. London : Routledge.

Cole, D. 2002. Enemy aliens. *Stanford Law Review* 54 (May) : 953~1004.

_____. 2003a. *Enemy aliens : Double standards and constitutional freedoms in the war on terrorism*. New York : New Press.

_____. 2003b. Blind sweeps return. *Nation* (January 13/20) : 5.

_____. 2004a. Ashcroft : 0 for 5,000. *Nation* (October 4) : 6~7.

_____. 2004b. Spying on the guild. *Nation* (March 1) : 5~6.

_____. 2004c. Playing the security card. *Nation* (April 12) : 5~6.

_____. 2005. Accounting for torture. *Nation* (March 21) : 4~5.

Cole, D., and James X. Dempsey. 2002. *Terrorism and the constitution : Sacrificing civil liberties in the name of national security*. New York : Free Press.

Connell, R. 1987. *Gender and power*. Stanford, CA : Stanford University Press.

Convention against torture and other cruel, inhuman or degrading treatment or punishment. 1984. Adopted by the General National Assembly Resolution 39/46, 10 December.

Cooperman, A. 2002. Sept. 11 backlash murders and the state of 'hate' : Between families and police, a gulf on victim count. *Washington Post*, January 20, 1.

Coulter, A. 2001. This is war. *Ann Coulter archive*, September 14, EV3.

Council on American-Islamic Relations. 1995. *A special report on anti-Muslim stereotyping, harassment, and hate crimes : Following the bombing of Oklahoma City's Murrah federal building*. Washing- ton, DC : CAIR.

_____. 2002a. Anti-Muslim incidents. Retrieved on September 8, 2002, from http://cair-net.org.

_____. 2002b. Number of reported incidents by category. Council on American-Islamic Relations, retrieved on August 30, from http://cair-net.org/html/ bycategory.htm.

_____. 2002c. Poll : Majority of U.S. Muslims suffered post September 11 bias. August 21, retrieved on August 28, 2002, from http://cair-net.org/asp/article.asp?articleid=895&articletype=3.

Cowell, A. 2004. Ashcroft, upbeat on Iraq, aims at corruption. *New York Times*, January 23, A10.

_____. 2004. Five Britons released from Guantanamo Bay arrive home. *New York Times*, March 10, A8.

_____. 2005. Blair, on defensive, releases a secret memo on Iraq war. *New York Times*, April 29, A9.

Danner, M. 2004. *Torture and truth : America, Abu Ghraib, and the war on terror*. London : Granta Books.

_____. 2005. Taking stock in the forever war. *New York Times Magazine*, September 11, 44~53, 68~87.

Davey, M. 2005. An Iraqi police officer's death, a soldier's varying accounts. *New York Times*, May 23 : A1, A14.

Davies, N. 1981. *Human sacrifice : In history and today*. New York : William Morrow.

Dean, J. 2004. *Worse than Watergate : The secret presidency of George W. Bush*. New York : Little, Brown and Company.

DeSantis, J. 2005a. Officer urges murder case be dropped against Marine. *New York Times*, May 14, A10.

_____. 2005b. Marine cleared in deaths of 2 insurgents in Iraq. *New York Times*, May 27, A18.

De Tocqueville, A. 1835. *Democracy in America.* London : Saunders and Otley.

Didion, J. 2003. *Fixed ideas : America since 9/11.* New York : New York Review Books.

Donohue, B. 2001. Rights groups prodding feds for information on detainees. *StarLedger* (Newark, NJ), October 30, EV1~2.

Doty, C. 2003. Gore criticizes expanded terrorism law. *New York Times*, November 10, A19.

Douglas, M. 1966. *Purity and danger : An analysis of concepts of pollution and taboo.* New York : Praeger.

———. 1982. *Natural symbols : Explorations in cosmology.* 2nd ed. New York : Pantheon.

———. 1986. *Risk acceptability according to the social sciences.* London : Routledge.

———. 1992. *Risk and blame : Essays in cultural theory.* London : Routledge.

Douglas, T. 1995. *Scapegoats : Transferring blame.* London : Routledge.

Dow, M. 2001. We know what INS is hiding. *Miami Herald*, November 11, EV1~3.

———. 2004. *American gulag : Inside U.S. immigration prisons.* Berkeley : University of California Press.

Dowd, M. 2003. A tale of two Fridays. *New York Times*, April 20, WK9.

Downes, L. 2001. Hope you can come! *New York Times*, December 2, WK2.

Dreyfuss, R. 2002a. Colin Powell's list. *Nation* (March 25) : 21.

———. 2002b. The cops are watching you. *Nation* (June 3) : 12.

Drinan, R. F. 2001. *The mobilization of shame : A world view of human rights.* New Haven, CT : Yale University Press.

Durkheim, E. 1995. *Elementary forms of religious life.* New York : Free Press.

Eckholm, E. 2005. U.S. mishandled $96.6 million in rebuilding Iraq, report finds. *New York Times*, May 5, A16.

Eckstrom, K. 2001. Graham heir keeps stance on Islam talk. *The Times Union* (Albany, NY), November 24, 1.

Edison/Mitofsky. 2004. Surveys conducted by Edison Media Research of Somerville, NJ. and Mitofsky International of New York City for the National Election Pool, a consortium of ABC News, Associated Press, CBS News, CNN, Fox News, and NBC News.

Egan, T. 2001. In Sacramento, A publisher's questions draw the wrath of the crowd. *New York Times*, December 21, Bl, B4.

———. 2004. Computer student on trial over Muslim web site work : Case hinges on use of antiterrorism law. *New York Times*, April 27, A16.

Elias, N. 1994. *The civilizing process.* Oxford : Basil Blackwell.

Elliott, A. 2003. In Brooklyn, 9/11 damage continues. *New York Times*, June 7, A9.

Equal Employment Opportunity Commission. 2002. EEOC provides answers about the workplace rights of Muslims, Arabs, South Asians and Sikhs. Press Release, Equal Employment Opportunity Commission, May 15, 2002; retrieved on Sep23, 2002, from http://eeoc.gov/press/5-15-02.html.

Erikson, E. 1964. *Insight and responsibility.* New York : W.W. Norton.

Erikson, K. 1966. *Wayward Puritans : A study in the sociology of deviance.* New York : John Wiley & Sons.

Esposito, J. (1992) *The Islamic threat : Myth or reality.* Oxford : Oxford University Press.

FAIR. 200la. *Networks accept government guidance.* New York : Fair Media Advisory. October 12.

———. 2001b. *CNN says focus on civilian casualties would be 'perverse.'* New York : Fair Media

Advisory. November 1.

_____. 2001c. *Op-Ed echo chamber : Little space for dissent to the military line.* New York : Fair Media Advisory. November 2.

Farragher, T., and K. Cullen. 2001. Plan to question 5000 raises issue of profiling. *Boston Globe,* November 11, EV1~4.

Federal Bureau of Investigation. 2002. *Crime in the United States.* October 30. Washing, DC : U.S. Government Printing.

Feeley, M., and J. Simon. 1992. The new penology : Notes on the emerging strategy of corrections and their implications. *Criminology* 30 (2) : 449~474.

Feingold, R. 2001. On the anti-terrorism bill. October 25. (www.senate.gov/'feingold/releases/01/10/102501at.html).

Fekete, L. 2002. *Racism : The hidden cost of September llth.* London : Institute of Race Relations.

Fellman, G. 1998. *Rambo and the Dalai Lama : The compulsion to win and its threat to human survival.* Albany : State University of New York.

Ferrell, J. 1996. *Crimes of style : Urban graffiti and the politics of criminality.* Boston : Northeastern University Press.

Ferrell, J., and C. R. Sanders. 1995. *Cultural criminology.* Boston : Northeastern University Press.

Files, J. 2005. Justice Dept. opposes bid to revive case against FBI. *New York Times,* February 26, A9.

Fine, M., L. Weis, and J. Addelston. 1997. (In) Secure times : Constructing white working class masculinities in the late twentieth century. *Gender and Society* 11 (1) : 52~68.

Fineman, H. 2003. Bush and God. *Newsweek,* March 10, 23~30.

Foderaro, Lisa W. 2004. Study weighs terror threat to Kensico dam. *New York Times,* August 20, B7.

Foucault, M. 1979. *Discipline and punish : The birth of the prison.* New York : Vintage.

Fox, B. 2001. Attacks probed in closed courts. Associated Press, October 4, EV1~3.

Freud, S. 1989. *Civilization and its discontents.* New York : W.W. Norton.

Freudenburg, W. 1997. Contamination, corrosion, and the social order. An overview. *Current Sociology* 45 (3) : 19~40.

Friedrichs, D. 1998. *State crime : Volumes I and II.* Aldershot, UK : Aldershot/Dartmouth.

Frontline. 2004. The Jesus factor. Raney Aronson, producer, writer, and director. Produced by WGBH, Boston, and a Little Rain Productions. Aired April 29.

Frum, D., and R. Perle. 2003. *An end to evil : How to win the war on terror.* New York : Random House.

Gall, C. 2004. 3 Afghan youths question U.S. captivity. *New York Times,* March 12, A10.

Gamson, W., and A. Modigliani. 1989. Media discourse and public opinion on nuclear power : A constructionist approach. *American Journal of Sociology* 95 : 1~37.

Garland, D. 2001. *The culture of control : Crime and social order in contemporary society.* Chicago University of Chicago Press.

_____. 2002. *Mass imprisonment : Social causes and consequences.* London : Sage.

Garrison, A. 2004. Defining terrorism : Philosophy of the bomb, propaganda by deed and change through fear and violence. *Criminal Justice Studies* 17 (3) : 259~279.

Gates, A. 2004. Seeing a mushroom cloud in New York. *New York Times,* September 9, E10.

Gearty, C. 1997. *The future of terrorism.* London : Phoenix.

_____. 2004. *Principles of human rights adjudication.* Oxford : Oxford University.

_____. 2005. With a little help from our friends. *Index on Censorship* 34 (1) : 46~51.

George, J., and M. Santora. 2004. After beheading, rising anger in New Jersey. *New York Times*, June 20, 16.

General Accounting Office. 2003. *Better management oversight and internal controls needed to ensure accuracy of terrorism-related statistics.* Washington, DC : General Account Office.

Gerth, J. 2003. C.I.A. chief won't name officials who failed to add hijackers to watch list. *New York Times*, May 15, A25.

Girard, R. 1977. *Violence and the sacred.* Translated by P. Gregory. Baltimore, MD : Johns Hopkins University Press.

_____. 1986. *The Scapegoat.* Translated by Y Freccero. Baltimore, MD : Johns Hopkins University Press.

_____. 1987a. Generative scapegoating. In *Violent origins,* 7~105, edited by R. Hamerton-Kelly. Stanford, CA : Stanford University Press.

_____. 1987b. *Things hidden since the foundation of the world.* Translated by S. Bann and M. Metteer. Stanford, CA : Stanford University Press.

Glaberson, W. 2001. Detainees accounts of investigation are at odds with official reports. *New York Times*, September 29, EV1~3.

_____. 2005a. Defense for Sheik and aide is suspicious of tape gaps. *New York Times*, January 5, B3.

_____. 2005b. Focus shifting in terror case against Sheik. *New York Times*, January 20, A1, B8.

_____. 2005c. Federal court jury finds Sheik guilty of conspiracy and financing terrorism. *New York Times*, March 11, Bl, B6.

_____. 2005d. Lawyers take uneasy look at the future. *New York Times*, February 11, B8.

Glaberson, W., Ian Urbin, and Andy Newman. 2004. Terror case hinges on a wobbly key player. *New York Times*, November 27, A1, B4.

Glanz, J., and E. Wong. 2004. Cameraman details Marine's role in mosque shooting. *New York Times*, November 22, A13.

Glasser, I. 2003. Arrests after 9/11 : Are we safer? *New York Times*, June 8, WK12.

Glassner, B. 1999. *The culture of fear : Why Americans are afraid of the wrong things.* New York : Basic Books.

Golden, T., and D. Van Natta, Jr. 2004. U.S. said to overstate value of Guantanamo Bay detainees. *New York Times*, June 21, A1, A12.

_____. 2005a. In U.S. Report, brutal details of 2 Afghan inmates' deaths. *New York Times*, May 20a : A1, A12.

_____. 2005b. Army faltered in investigating detainee abuse. *New York Times*, May 20b : A1, A18.

Goldstein, R. J. 1978. *Political repression in modern America : From 1870 to the present.* Cambridge, MA : Schenkman.

_____. 1995. *Saving "Old Glory" : The history of the American flag desecration controversy.* Boulder, CO : Westview.

_____. 2003. Neo-macho man : Pop culture and post-911 politics. *Nation* (March 24) : 16~18.

Goldstein, A., and D. Eggen. 2001. U.S. to stop issuing detention tallies. *Washington Post*, November 9, EV1~2.

Gonzales, A. R. 2002. Memorandum to the president. Re : Standards for conduct for interrogation under 18 U.S.C. Sections 2340~2340A. August 1.

Goode, E., and N. Ben-Yehuda. 1994. *Moral panics : The social construction of deviance.* Cambridge, MA : Blackwell.

Goodstein, L. 2001. American Sikhs contend they have become a focus of profiling at airports. *New*

York Times, November 10, B6.

_____. 2003. Seeing Islam as 'evil' faith, Evangelicals seek converts. New York Times, May 27, A1, A23.

_____. 2004. Politicians talk more about religion, and people expect them to. New York Times, July 4, sec. 4, 2.

Goodstein, L., and W. Yardley. 2004. President benefits from efforts to build a coalition of religious voters. New York Times, November 5, A22.

Gore, A. 2003. This administration is using fear as a political tool. New York Times, No25, A9.

Gould, S. J. 1981. The mismeasure of man. New York : W.W. Norton.

Gourevitch, A. 2003. Detention disorder : Ashcroft's clumsy round-up of foreigners lurches forward. American Prospect (January) : EV1~7.

Gramsci, A. 1971. Selections from the prison notebooks. New York : International.

Greenberg, D. 2002. Striking out in democracy. Punishment & Society 4 (2) : 237~252.

Greenberg, K. J. and J. L. Dratel. 2005. The torture papers : The road to Abu Ghraib. Cambridge : Cambridge University Press.

Greenhouse, L. 2004a. Administration says a 'zone of autonomy' justifies its secrecy on energy task force. New York Times, April 25, 16.

_____. 2004b. Justices affirm legal rights of 'enemy combatants.' New York Times, June29,A1, A14.

_____. 2004c. Justices hear case about foreigner's use of federal courts. New York Times, March 3, A16.

Greider, W. 2004. Under the banner of the 'war' on terror. Nation (June 21) : 11~16.

Gross, O. 2003. Chaos and rules : Should responses to violent crisis always be constitutional? Yale Law Review 112 : 1011~1030.

Gross, S., and D. Livingston. 2002. Racial profiling under attack. Columbia Law Review 102 (5) : 1413~1438.

Haddad, Y. 1998. The dynamics of Islamic identity in North America. In Muslims on the Americanization path?, 21~56, edited by Yvonne Yazbeck Haddad and John Esposito. Atlanta, GA : Scholars Press.

Hakim, D. 2004a. Inquiries begun into handling of Detroit terror cases. New York Times, January 29, A23.

_____. 2004b. Defendant is released in Detroit terror case. New York Times, October 13, A16.

Hakim, D., and E. Lichtblau. 2004. After convictions, the undoing of a U.S. terror prosecution. New York Times, October 7, A1, A32.

Hamerton-Kelly, R. 1987. Violent origins : Ritual killing and cultural formation. Stanford, CA : Stanford University Press.

Hamm, M. S. 1994a. American skinheads : The criminology and control of hate. Westport, CT : Praeger.

_____. 1994b. Hate crime : International perspectives on causes and control. Cincinnati, OH : Anderson.

_____. 2002. In bad company : America's terrorist underground. Boston : Northeastern University Press.

_____. 2005. After September 11th : Terrorism research and the crisis in criminology. Theoretical Criminology 9 (2) : 237~230.

Hannaford, A. 2004. What's not to love about Bush? The Guardian Weekly, August 27~September 2, 20.

Harbury, J. 2005. Truth, torture, and the American way : The history and consequences of U.S. involvement in torture. Boston : Beacon Press.

Hartung, W. D. 2004. Making money on terrorism. The Bush administration's apparent motto : Leave no defense contractor behind. *Nation* (February 23) : 19~21.

Hedges, C. 2002. *War is a force that gives us meaning.* New York : Anchor Books.

Heir, S. 2003. Risk and panic in late-modernity : Implications of the converging sites of social anxiety. *British Journal of Sociology* 54 (1) : 3~20.

Henriques, D. B. 2003. The catch-22 of Iraq contracts : Law requires public disclosure but U.S. demands secrecy. *New York Times*, April 12, C1, C3.

Hentoff, N. 2003a. Conservatives rise for the Bill of Rights : Everyone in this room is a suspect. *Village Voice*, April 30~May 6, 33.

_____. 2003b. Vanishing liberties : Where's the press. *Village Voice*, April 16~22, 31.

_____. 2003c. *The war on bill of rights and the gathering resistance.* New York. Seven Stories Press.

_____. 2003d. Criminalizing librarians. *Village Voice*, December 24~30, 18.

_____. 2003e. Our designated killers : Where is the outrage? *Village Voice*, February 19~25, 33.

_____. 2004a. Cuffing Bush and the FBI : A serious setback to the Patriot Act, despite the victorious Bush's unstinting support. *Village Voice*, November 17~23, 26.

_____. 2004b. Declarations of independence. *Village Voice*, June 16~22, 32.

_____. 2004c. John Ashcroft's achievements : The fearsome attorney general is leaving, but his legacy, and the resistance, remain. *Village Voice*, November 24~30, 20.

Herbert, B. 2004, A war without reason. *New York Times*, October 18, A17.

_____. 2005a. Torture, American style. *New York Times*, February 11, A25.

_____. 2005b. On Abu Ghraib, the big shots walk. *New York Times*, April 28, A25.

Herman, Edward S., and N. Chomsky. 1988. *Manufacturing consent.* New York : Pantheon.

Hersh, S. M. 2004. *Chain of command : The road from 9/11 to Abu Ghraib.* New York : Harper Collins Publishers.

Hill, A. 2002. Acid house and Thatcherism : Noise, the mob and the English countryside. *British Journal of Sociology* 53 (1) : 89~105.

Hinds, L. 2005. The US election : Looking backward and looking forward. *Socialist Lawyer* (April) : 16~20.

Hitchens, C. 2004. War of words : During military conflicts, the government has struggled with the right to free speech. *New York Times Book Review*, November 7, 8~9.

Holl, J. 2004. Jersey City police chief says terror duties strain budget. *New York Times*, August 16, B4.

Hollway, W, and T. Jefferson. 1997. The risk society in an age of anxiety : Situating fear of crime. *British Journal of Sociology* 48 (2) : 255~265.

Howard, M. 2005. Civilians bear the brunt of Iraqi insurgency. *Guardian*, July 15, 15.

Hsu, H. 2003. The control model in a mega prison : Governing prisons in Taiwan. *International Criminal Justice Review* 13 : 149~167.

Hu, W. 2004. Mayor scolds security chief on U.S. funds to protect city. *New York Times*, June 5, B2.

Huff, R. 2001. White House sees red over Maher's remarks. *Daily News* (New York), September 27, 112.

Human Rights Watch. 2002a. *We are not the enemy : Hate crimes against Arabs, Muslims, and those perceived to be Arab or Muslim after September 11.* New York : Human Rights Watch.

_____. 2002b. *Presumption of guilt : Human rights abuses of post-September 11th detainees.* New York : Human Rights Watch.

_____. 2002c. Interview with Joshua Salaam of the Council on American-Islamic Relations, February 21.

_____. 2003. *World report 2003 : Events of 2002.* New York : Human Rights Watch.

_____. 2004a. *Afghanistan : Abuses by U.S. forces, beatings in detention; no legal process.* New York : Human Rights Watch.

_____. 2004b. *Material witness law is being abused,* (www.hrw.org) May 27.

_____. 2005. *New Accounts of torture by U.S. troops : Soldiers say failures by command led to abuse,* (www.hrw.org) September 25.

Humphries, D. 1999. *Crack mothers : Pregnancy, drugs, and the media.* Columbus : Ohio State University.

Husak, D. 2002. *Legalize this! The case for decriminalizing drugs.* New York : Verso.

International Committee of the Red Cross. 2001. *Discover the ICRC.* Geneva : International Committee of the Red Cross.

International convention on the elimination of all forms of racial discrimination (CERD), article 2 (1).

International Covenant on Civil and Political Rights (ICCPR), article 26.

International Herald Tribune. 2003a. An unpatriotic act. August 26, 6.

_____. 2003b. Bush won't commit White House on Sept. 11 documents. October 28, 2.

_____. 2005. Iraq's WMD : Case closed. January 14, 6.

Isikoff, M. 2003. The FBI says, count the mosques. *Newsweek,* February 3 : 6.

Jacobs, J., and K. Potter. 1998. *Hate crimes : Criminal law & identity politics.* New York : Oxford University Press.

Jacoby, S. 2004. In praise of secularism : To arms, freethinkers! Religious zealots have hijacked your government. *Nation* (April 19) : 14~18.

Janofsky, M. 2003. War brings new surge of anxiety for followers of Islam. *New York Times,* March 29, B15.

_____. 2004. Rights experts see possibility of a war crime. *New York Times,* November 13, A8.

_____. 2005. FBI director faults himself for delays on software. *New York Times,* February 4, A15.

Jealous, B. 2004. Profiles of the profiled. *Amnesty International : The Magazine of Amnesty International USA* (winter) : 16~18.

Jeffrey, V. 1992. The search for scapegoat deviant. *Humanist* 52 (5) : 10~14.

Jehl, D. 2003. U.S. general apologizes for remarks about Islam. *New York Times,* October 18, A6.

_____. 2004a. C.I.A. classifies much of a report on its failings. *New York Times,* June 16, A13.

_____. 2004b. Files show Rumsfeld rejected some efforts to toughen prison rules. *New York Times,* July 23, A10.

_____. 2005a. British memo on U.S. plans for Iraq war fuels critics. *New York Times,* May 20, A10.

_____. 2005b. Questions left by C.I.A. chief on torture use : Goss vouches only for current practices. *New York Times,* March 18, A1, A11.

_____. 2005c. Terrorism will not stop, report says : Intelligence agencies say Iraq could be training ground. *International Herald Tribune,* January 15~16, 4.

Jehl, D., and D. Johnston. 2004. Reports that led to terror alert were years old, officials say. *New York Times,* August 3, A1, Al0.

Jenkins, P. 1998. *Moral panic : Changing concepts of the child molester in modern America.* New Haven, CT : Yale University Press.

_____. 2003. *The mythology of modern terrorism : Why we don't understand terrorists and their motives.* New York : Aldine de Gruyter.

Jilani, H. 2002. Antiterrorism strategies and protecting human rights. *Amnesty Now* (a publication of Amnesty International) 27 (2) : 1, 16~17.

Johnston, D. 2004. Somali is accused of planning a terror attack at a shopping cent in Ohio. *New York Times*, June 15, A16.

Johnston, D., and D. Jehl. 2003. Bush refuses to declassify Saudi section of report. *New York Times*, July 30, A1, A10.

_____. 2004a. Report cites lapses across government and 2 presidents. *New York Time*, July 23, A1, A13.

_____. 2004b. C.I.A. sends terror experts to tell small towns of risk : FBI coordinates intelligence briefings. *New York Times*, July 18, 18.

Johnston, D., and R. W. Stevenson. 2004. Ashcroft, deft at taking political heat, hits a rocky patch. *New York Times*, July 1, A14.

Jones, B. 2003. Asylum seeker feels sting of post-9/11 immigration laws : A 'culture of no' casualty. *New York Newsday* November 3, EV1~4.

Jung, C. 1953~1979. *The collected works* (Bollingen Series XX). 20 vols. Translated and edited by R. Hull. Princeton, NJ : Princeton University Press.

Kakutani, M. 2004. Protecting the freedom to dissent during war. *New York Times*, November 5, 35~47.

Kaminer, W. 1995. *It's all the rage : Crime and culture*. New York : Addison-Wesley.

Kaplan, E. 2004a. Follow the money : Bush has revived the Christian right through direct federal largesse. *Nation* (November 1) : 20~23.

_____. 2004b. *With God on their side : How Christian fundamentalists trampled science, poland democracy in George W. Bush's White House*. New York : New Press.

Karabell, Z. 1995. The wrong threat : The United States and Islamic fundamentalism. *World Policy Journal* (summer) : 37~48.

Katz, J. 1988. *Seductions of crime : Moral and sensual attraction in doing evil*. New York : Basic Books.

Kauzlarich, D., R. Matthews, and W. J. Miller. 2001. Toward a victimology of state crime. *Critical Criminology* 10 : 173~194.

Kearney, R.1999. Aliens and others : Between Girard and Derrida. *Cultural Values* 3 (3) : 251~262.

Kelman, H. C., and L. Hamilton. 1989. *Crimes of obedience : Toward a social psychology of authority and responsibility*. New Haven, CT : Yale University Press.

Kershaw, S., and E. Lichtblau. 2004a. Spain had doubts before U.S. held lawyer in blast : Fingerprint copy at issue, Court records show that FBI was confident of '100 percent' match. *New York Times*, May 26, A1, A20.

_____. 2004b. Questions about evidence in U.S. arrest in bombing. *New York Times*, May 22, A14.

Killingbeck, D. 1999. The role of television news in the construction of school violence as a 'moral panic.' *Journal of Criminal Justice and Popular Culture* 8 (3) : 186~202.

Kimmage, M. 2004. Scared stiff : In the view of one political scientist, fear has tainted liberalism for centuries. *New York Times Book Review*, November 28, 31.

Kinzer, S., and T. S. Purdum. 2004. An American debate : How severe the threat? *New York Times*, August 5, A13.

Kirchgaessner, S. 2001. Some immigration lawyers wary of INS powers. *Financial Times*, September 30, EV1~3.

Kirkpatrick, D. D. 2004a. Wrath and mercy : The return of the warrior Jesus. *New York Times*, April 4, sec. 4, p. 1.

_____. 2004b. Republicans admit mailing campaign literature saying liberals will the Bible. *New York Times*, September 24, A22.

_____. 2005a. House approves election in event of deadly attack : What to do if more than 100 are killed. *New York Times*, March 4, A18.

_____. 2005b. Evangelical leader threatens to use his political muscle against some Democrats. *New York Times*, January 1, A10.

_____. 2005c. House and Senate reach accord on $82 billion for costs of wars. *New York Times*, May 4, A5.

Kleinman, A. 1997. *Social suffering*. Berkeley : University of California Press.

Knowlton, B. 2004. State Department doubles estimate of '03 terror toll. *International Herald Tribune*, June 23, 1, 8.

_____. 2005. Poll shows modest changes in levels of anti-U.S. Mood. *International Herald Tribune*, June 24, EV1~3.

Kornblut, A. E. 2005. Administration is warned about its publicity videos. *New York Times*, February 19, A11.

Kramer, R. C., and R. J. Michalowski. 2005. War, aggression and state crime : A criminological analysis of the invasion and occupation of Iraq. *British Journal of Criminology* 45 : 446~469.

Krassner, P. 2003. Is image everything? Ask the propaganda experts. *New York Press*, December 17~23, 28.

Kristof, N. D. 2004a. Apocalypse (almost) now. *New York Times*, November 24, A23.

_____. 2004b. Travesty of justice. *New York Times*, June 15, A23.

Krugman, P. 2004. Ignorance isn't strength. *New York Times*, October 8, A27.

Kundera, M. 1984. *The unbearable lightness of being*. New York : Harper & Row.

LaHaye, T., and J. B. Jenkins. 2003. *Glorious appearing*. New York : Tyndale House Publishers.

Landler, M. 2004. Retrial of suspect in 9/11 attacks begins in Germany. *New York Times*, August 11, A12.

Langer, G. 2004. A question of values. *New York Times*, November 6, A19.

Lasch, C. 1979. *The culture of narcissism*. New York : W.W. Norton.

LaShan, L. 1992. *The psychology of war*. New York : Helios.

Lawyers Committee for Human Rights. 2003. *Imbalance of powers : How changes to U.S. law & policy since 9/11 erode human rights and civil liberties*. New York : Lawyers Committee for Human Rights.

_____. 2004. *In liberty's shadow : U.S. detention of asylum seekers in the era of homeland security*. New York : Lawyers Committee for Human Rights.

Lea, J. 2002. *Crime and modernity : Continuities in left realist criminology*. London : Sage.

Lee, C. 2003. Devil in the details : Patriot Act II, and means to weigh it, emerge in bits. *Village Voice*, June 18~24, 38.

_____. 2004. Security or suppression : Examining NYPD crackdowns on activists. *Village Voice*, April 30~May 6, 29~30. Legum, J., and D. Sirota. 2004. Vote for Bush or die : The Republicans politicize terror. *Nation* (September 27) : 13~15.

Lenski, G. 1961. *The religious factor*. New York : Doubleday Anchor.

Lerner, J., R. M. Gonzalez, and D. A. Small, B. Finchoff. 2003. Effects of fear and anger on perceived risks of terrorism. *Psychological Science* 14 (2) (March) : 144~150.

Levin, J. 2002. *The violence of hate : Confronting racism, anti-Semitism, and other forms of bigotry*. Boston : Allyn and Bacon.

Levi-Strauss, 1968. *Structural anthropology.* New York : Penguin.

Lewin, T., and A. L. Cowan. 2001. Dozens of Israeli Jews are being kept in federal detention. *New York Times*, November 21, B7.

Lewin, A. 2005. Guantanamo's long shadow. *New York Times*, June 21, EV1.

Lewis, N. A. 2003. Court blocks efforts to protect secret Cheney files. *New York Times*, July 9, A16.

_____. 2004a. US military describes findings at Guantanamo. *New York Times*, March 21, 8.

_____. 2004b. Suit contests military trials of detainees at Cuba base. *New York Times*, April 8, A25.

_____. 2004c. Relatives of prisoners at Guantanamo Bay tell of anger and sadness at detentions. *New York Times*, March 8, A13.

_____. 2004d. Fate of Guantanamo Bay detainees is debated in federal court. *New York Times*, December 2, A36.

_____. 2005b. Judge extends legal rights for Guantanamo Bay detainees : Approves examinations by U.S. courts. *New York Times*, February 2, A12.

_____. 2005c. Judge says U.S. terror suspect can't be held as an enemy combatant. *New York Times*, March 1, A14.

Lewis, N. A., and E. Schmitt. 2005. Inquiry finds abuses at Guantanamo Bay : Pentagon's report follows FBI complaints about practices. *New York Times*, May 1, 35.

Lichtblau, E. 2003a. Bush issues racial profiling ban but exempts security inquiries : Use of race and ethnicity in 'narrow' instances. *New York Times*, June 19, A1, A16.

_____. 2003b. U.S. report faults the roundup of illegal immigrants after 9/11 : Many with no ties to terror languished in jail. *New York Times*, June 3, A1, A18.

_____. 2003c. FBI tells offices to count local Muslim mosques. *New York Times*, February 6, EV1~3.

_____. 2003d. FBI admits secret seizure of documents from Associated Press and opens inquiry. *New York Times*, April 24, A20.

_____. 2003e. Terror cases rise, but most are small-scale, study says. *New York Times*, February 14, A16.

_____. 2003f. U.S. uses terror law to pursue crimes from drugs to swindling : Broad steps anger critics of expanded powers. *New York Times*, June 3, A1, A32.

_____. 2003g. Ashcroft mocks librarians and other who oppose parts of counterterrorism law. *New York Times*, September 16, A23.

_____. 2003h. U.S. says it has not used new library records law. *New York Times*, September 19, A20.

_____. 2003i. Appeals court casts doubt on parts of key antiterrorism law. *New York Times*, December 4, A37.

_____. 2003j. Suit challenges constitutionality of powers in antiterrorism law. *New York Times*, July 31, A17.

_____. 2003k. FBI scrutinizes antiwar rallies : Officials say effort aims at extremist elements. *New York Times*, November 23, A1, A29.

_____. 2003l. Counterterror proposals are a hard sell. *New York Times*, September 11, A19.

_____. 2004a. Another FBI employee blows whistle on agency : Says a terror investigation was thwarted. *New York Times*, August 2, A15.

_____. 2004b. For voters, Osama replaces the common criminal. *New York Times*, July 18, 4WK

_____. 2004c. Whistle-blower said to be a factor in an FBI firing : Classified investigation, translator alleged bureau had poorly translated terror documents. *New York Times*, July 29, A1, A14.

_____. 2004d. FBI said to lag on translations of terror tapes : A Justice Dept. inquiry, computer problems and shortage of linguists are cited in report. *New York Times*, September 28, A1, A22.

_____. 2004e. FBI goes knocking for political troublemakers. *New York Times*, August 16, A1, A11.

_____. 2004f. Inquiry into FBI questioning is sought. *New York Times*, August 18, A20.

_____. 2004g. Government's 'no fly' list is challenged in a lawsuit. *New York Times*, April 23, A17.

_____. 2004h. Judge scolds U.S. officials over barring jet travelers. *New York Times*, June 16, A19.

_____. 2004i. Papers show confusion as watch list grew quickly. *New York Times*, October 9, A9.

_____. 2004j. Bush aide calls criticism of Patriot Act uninformed. *New York Times*, October 27, A18.

_____. 2004k. Effort to curb scope of antiterrorism law falls short. *New York Times*, July 9, A16.

_____. 2005. Terror suspects buying firearms, U.S. report finds : Gaps exist in gun laws, FBI says that concerns about personal privacy constrain actions. *New York Times*, March 8, A1, A10.

Lichtblau, E., with A, Liptak. 2003. On terror, spying and guns, Ashcroft expands reach. *New York Times*, March 15, A1, A8.

Lifton, R. J. 2003a. *Superpower syndrome : America's apocalyptic confrontation with the world.* New York : Nation Books.

_____. 2003b. American apocalypse. *Nation* (December 22) : 11~17.

Lilly, J. R., and M. Deflem.1996. Profit and penality : An analysis of the corrections-commercial complex. *Crime & Delinquency* 42 (1) : 3~20.

Lilly, J. R., and P. Knepper.1993. The corrections-commercial complex. *Crime & Delinquency* 39 (2) : 150~166.

Lind, M. 2004. A tragedy of errors : The neoconservatives' war has proved a disaster. No wonder they're running for cover. *Nation* (February 23) : 23~32.

Lindorff, D. 2005. Chertoff and torture. *Nation* (February 14) : 6~8.

Lippman, W. 1929. *Public opinion.* New Brunswick, NJ : Transaction Publishers.

Liptak, A. 2003. For jailed immigrants a presumption of guilt. *New York Times*, June 3, A18.

_____. 2004a. For post-9/11 material witness, it is a terror of a different kind. *New York Times*, August 19, A1, A20.

_____. 2004b. A court decision is one thing; enforcing it is another. *New York Times*, April 1, A8.

_____. 2005. U.S. says it has withdrawn from world judicial body. *New York Times*, March 10, A16.

Lipton, E. 2004. Big cities will get more in antiterrorism grants : New York City has the largest increase. *New York Times*, December 22, A20.

_____. 2005a. U.S. lists possible terror attacks and likely toll. *New York Times*, March 16, A1, A16.

_____. 2005b. Nominee says U.S. agents abused power after 9/11. *New York Times*, February 3, A19.

_____. 2005c. Terror suspects buying firearms, U.S. report finds : Gaps exist in gun laws, FBI says that concerns about personal privacy constrain action. *New York Times*, March 8, A1, A18.

Los Angeles County Commission on Human Relations. 2002. *Compounding tragedy : The other victims of September 11.* Los Angeles : Los Angeles County Commission Human Relations.

Lott, T., and R. Wyden. 2004. Let's end the abuse in government secrecy. *International Herald Tribune*, August 30, 8.

Lueck, T. J. 2004a. 3 assailants sought in beating of Sikh man. *New York Times*, July 12, B5.

_____. 2004b. Nadar calls for impeachment of Bush over the war in Iraq. *New York Times*, May 25, A21.

Lustick, S. 1996. Fundamentalism, politicized religion and pietism. *MESA Bulletin* 30 : 26.

Lyon, D. 1994. *The electronic eye : The rise of surveillance society.* Minneapolis : University of

Minnesota Press.

Mamdani, M. 2004. *Good Muslim, bad Muslim : America, the Cold War, and the roots of terror*. New York : Pantheon.

Marable, M. 2003. 9/11 : Racism in a time of terror. In *Implicating empire : Globalization & resistance in the 21st century world order*, 3~14, edited by S. Aronowitz and H. Gautney. New York : Basic Books.

Marquis, C. 2003. Muslims object to Graham. *New York Times*, April 18, B10.

Marty, M. E. 2003. The sin of pride. *Newsweek*, March 10, 32~33.

Mashberg, T. 2001. Pro or con, war talk's risky campus. *Boston Herald*, December 16, 23.

Mayer, J. 2005. Outsourcing torture. *New Yorker*, February 21, EV1~14.

McCarus, E. 1994. *The development of ArabAmerican identity*. Ann Arbor : University of Michigan Press.

McKinney, J. 2001. Cooksey : Expect racial profiling. *Advocate* (Baton Rouge, LA), September 19, 1.

McLuhan, M.1964. *Understanding media : The extension of man*. New York : McGraw-Hill.

McRobbie, A. 1994. *Post-modernism and popular culture*. London : Routledge.

McRobbie, A., and S. Thornton. 1995. Rethinking moral panics for multi-mediated social worlds. *British Journal of Sociology* 46 (4) : 559~574.

Mead, G. H. 1964. The psychology of punitive justice. In *Selected writings*, 212~239, edited by A. J. Reck. Chicago : University of Chicago Press.

Mellema, G. 2000. Scapegoats. *Criminal Justice Ethics* (winter/spring) : 3~9.

Merkin, D. 2004. Terror-filled : Preparing for the worst by never ceasing to think about it. *New York Times Magazine*, August 15, 13~14.

Michalowski, R. 1985. *Law, order and power*. New York : Random House.

———. 1996. Critical criminology and the critique of domination : The story of an intellectual movement. *Critical Criminology* 7 (1) : 9~16.

Miller, J., and G. Schamess 2000. The discourse of denigration and the creation of the other. *Journal of Sociology and Social Welfare* 27 (3) : 39~62.

Miller, J. 1996. *God has ninety-nine names : A reporter's journey through a militant Middle East*. New York : Simon and Schuster.

Millett, K. 1994. *The politics of imprisonment : An essay on the literature of political imprisonment*. New York : W.W. Norton.

Molenaar, B., and R. Neufeld. 2003. The use of privatized detention centers for asylum seekers in Australia and the UK. In *Capitalist punishment : Prison privatization & human rights*, 127~139, edited by A. Coyle, A. Campbell, and R. Neufeld. Atlanta : Clarity Press.

Moore, Kathleen. 1995. *Al-Mughtaribun : American law and the transformation of Muslim life in the United States*. Albany, NY : SUNY Press.

Moore, K. 1998. The Hijab and religious liberty : Anti-discrimination law and Muslim women in the United States. In *Muslims on the Americanization path?*, 129~148, edited by Y. Yazbeck Haddad and J. Esposito. Atlanta, GA : Scholars Press.

Morrow, L. 2003. *Evil : An investigation*. New York : Basic Books.

Murphy, D. E. 2004. Security grants still streaming to rural states. *New York Times*, October 12, A1, A18.

Murphy, P. 1972. *The Constitution in crisis times, 1918~1969*. New York : Harper & Row.

Nagourney, A. 2004a. Kerry sees hope of gaining edge on terror issue : Promises a safer nation. *New York Times*, July 25, 1, 16.

———. 2004b. Bush draws terrorism law into campaign : Stumps for its renewal, an issue he will make central to his run. *New York Times*, April 21, A18.

Napolitano, A. P. 2005. No defense. *New York Times*, February 17.

Nation. 2004a. The GOP hijacks 9/11. September 20, 3.

_____. 2004b. The haunted archives. May 3, 3~4.

_____. 2005a. Blair's illegal war. April 18, 8.

_____. 2005b. Anti-war, pro-democracy. May 30, 3~4.

_____. 2005c. Shooting the messenger. March 7, 4~5.

_____. 2005d. Command of truth. October 4, 3.

National Commission on Terrorist Attacks Upon the United States. 2004. *The 9/11 commission report*. New York : W.W. Norton and Company.

Naureckas, J. 1995. The jihad that wasn't. *Extra*, July, 6~10, 20.

Neier, A. 2003. *Taking liberties : Four decades in the struggle for rights*. New York : Public-Affairs.

Newburn, T. 2005. Privatized security — Developments, dilemmas, and prospects. Plenary presentation. *British Society of Criminology*, Leeds, England, July 12.

Newsweek. 2003. The FBI says, count the Mosques. February 3, EV1.

New York Times. 2001. Disappearing in America. November 10, A22.

_____. 2002. Denver police files raise rights concern. March 14, A12.

_____. 2003a. Report finds U.S. misstated terror verdicts. February 22, A10.

_____. 2003b. Secrecy : The Bush byword. March 28, A16.

_____. 2003c. Stonewalling the 9/11 commission. November 23, 10WK.

_____. 2004a. Repeated vandalism of mosque is to be investigated as bias crime. April 24, B6.

_____. 2004b. What the Bush administration said. June 10, 4.

_____. 2004c. Abu Ghraib, whitewashed. July 24, A12.

_____. 2004d. A very bad deal. October 8, A26.

_____. 2004e. The FBI messes up. May 26, A22.

_____. 2004f. 2 ex-terror suspects face fraud charges. December 16, A37.

_____. 2004g. No conviction for student in terror case : Saudi was accused of aiding Hamas. June 11, A14.

_____. 2004h. U.S. drops charges for Saudi student. July 1, A12.

_____. 2004i. Despite fears of terror tie, suspect goes back to Syria. June 3, A20.

_____. 2004J. The mystery deepens. April 3, A14.

_____. 2004k. Politics and the Patriot Act. April 21, A22.

_____. 2004l. In defense of civil liberties. September 24, A24.

_____. 2004m. Interrogating the protestors. August 17, A20.

_____. 2004n. Singer non grata. September 26, WK2.

_____. 2005a. FBI agent who wrote critical memo retires at age 50. January 1,16.

_____. 2005b. Terror suspects' right to bear arms. March 9.

_____. 2005c. Army officer convicted in Iraqi's death is freed. April 2, A5.

_____. 2005d. Soldier charged in Iraqi killing is acquitted. May 27, A18.

_____. 2005e. Abu Ghraib, whitewashed again. March 11, A22.

_____. 2005f. Patterns of abuse. May 23, A18.

_____. 2005g. 2 officers punished in 2003 for mistreatment of detainees. May 18, A10.

_____. 2005h. Detainee's suit gains support from jet's log. March 30, A1, A9.

Nieves, E. 2001. Recalling internment and saying 'never again.' *New York Times*, September 28, EV1~2.

Nunberg, G. 2004. The -ism schism : How much wallop can a simple word pack? : TERRORISM. *New York Times*, July 11, WK7.

O'Brien, T. L. 2003. Treasury dept. to refuse Senate a list of Saudis investigated for terror links. *New York Times*, August 5, A8.

Office of the Attorney General of Florida. 2002. *Hate crimes in Florida*. Tallahassee, Florida : Office of the Attorney General.

Onwudiwe, I. D. 2002. Terrorism. In *Encyclopedia of crime and punishment*, 1614~1624, edited by D. Levinson. Thousand Oaks, CA : Sage.

Orwell, G. 1950. *1984*. London : Penguin.

Ostling, R. N. 2002. Falwell labels Muhammad 'terrorist' in TV interview. *Chicago Tribune*, October 4, 7.

Parenti, C. 2003. *The soft cage : Surveillance in America, from slave passes to the war on terror*. New York : The New Press.

_____. 2004. *The freedom : Shadows and hallucinations in occupied Iraq*. New York : The New Press.

Pear, R. 2004. U.S. health chief, stepping down, issues warning : flu and terror worries. *New York Times*, December 4, A1.

_____. 2005. 4 unions sue over new rules for Homeland Security workers. *New York Times*, January 28, A20.

Pepinsky, H. 1991. *The geometry of violence and democracy*. Bloomington : Indiana University Press.

Perera, S. B. 1986. *The scapegoat complex : Toward a mythology of shadow and guilt*. Toronto, Canada : Inner City Books.

Perry, B. 2002. Backlash violence : Anti-Muslim/Anti-Arab crime in the aftermath of 9/11. American Society of Criminology annual meeting, Chicago, Illinois.

Perry, B. 2003a. Anti-Muslim retaliatory violence following the 9/11 terrorist attacks. In *Hate and bias crime : A Reader*, 184~201, edited by B. Perry. New York : Routledge.

_____. 2003b. *Hate and bias crime : A Reader*. New York : Routledge.

Phillips, K. 2004. *American dynasty : Aristocracy, fortune, and the politics of deceit in the house of Bush*. New York : Viking.

Pok, A. 1999. Atonement and sacrifice : Scapegoats in modern Eastern and Central Europe. *East European Quarterly* 32 (4) : 531~548.

Presdee, M. 2001. *Cultural criminology and the carnival of crime*. New York : Routledge.

Press, E. 2003. In torture we trust. *Nation* (March 31) : 1~6.

Preston, J. 2004a. Judge strikes down section of Patriot Act allowing secret subpoenas of Internet data. *New York Times*, September 30, A26.

_____. 2004b. Searches of convention protestors limited. *New York Times*, July 20, B4.

_____. 2005. Lawyer is guilty of aiding terror : Stewart carried messages while defending Sheik. New York Times, February 11, A1, B8.

Priest, D., and B. Gellman. 2002. U.S. decries abuse but defends interrogations 'stress and duress' tactics used on terrorism suspects held in secret overseas facilities. *Washington Post*, December 26, A1.

Quinney, R. 2000. Socialist humanism and the problem of crime : Thinking about Erich Fromm in the development of critical/peacemaking criminology. In *Erich Fromm and critical criminology :*

Beyond the punitive society, 21~30, edited by K. Anderson and R. Quinney. Chicago : University of Illinois.

Rampton, S., and J. Stauber. 2003. *Weapons of mass deception : The uses of propaganda in the Bush's war in Iraq.* New York : Jeremy P. Tarcher/Penguin.

Ratner, M. 2003. Making us less free : War on terrorism or war on liberty? In *Implicating empire : Globalization & resistance in the 21st century world order*, 31~46, edited by S. Aronowitz and H. Gautney. New York : Basic Books.

Reinarman, C., and H. Levine. 1997. *Crack in America : Demon drugs and social justice.* Berkeley : University of California Press.

Reitan, R. 2003. Human rights in U.S. policy : A casualty of the 'war on terror'? *International Journal of Human Rights* 7 (4) : 51~62.

Reuters. 2001a. Bush signs new anti terrorism law. October 26, EV1.

_____. 2001b. US to listen in on some inmate-lawyer talks. November 13, EV1~3.

_____. 2003. Rumsfeld praises army general who ridicules Islam as 'Satan.' October 17.

Rich, F. 2004a. It was the porn that made them do it. *New York Times*, May 30, sec. 2, pp. 1, 16.

_____. 2004b. Distraction. Propaganda. Roll'em! *International Herald Tribune*, June 26, 27, 7.

_____. 2005. Message : I care about the black folks. *New York Times*, September 18, WK12.

Ridgeway, J. 2004. Flying in the face of facts : Lots of people dialed 911 to the U.S. before 9-11. Who put them on hold? *Village Voice*, July 21~27, 26~27.

Risen, J. 2004. Evolving nature of Al Qaeda is misunderstood, critic says. *New York Times*, November 8, A18.

Riverkeeper. 2004. *Chernobylon the Hudson?* Riverkeeper, Inc. (www.Riverkeeper.org), http://www.riverkeeper.org/document.php/317/Chernobyl_on_th.pdf., September 20.

Robin, C. 2003. Fear, American style : Civil liberty after 9/11. In *Implicating empire : Globalization & resistance in the 21st century world order*, 47~64, edited by S. Aronowitz and H. Gautney. New York : Basic Books.

_____. 2004. *Fear : The history of apolitical idea.* New York : Oxford University Press.

Robbins, T. 2004. Short fuses on 9-11 : Lights out for a Muslim electrician's job after he argues over Trade Center attack. *Village Voice*, July 28~August 3, 18.

Rohde, D. 2003. U.S.-deported Pakistanis : Outcasts in 2 lands. *New York Times*, January 20, A1, A9.

_____. 2004. U.S. rebuked on Afghans in detention. *New York Times*, March 8, A6.

Rosen, J. 2004. *The naked crowd : Reclaiming security and freedom in an anxious age.* New York : Random House.

_____. 2004b. How to protect America, and your rights. *New York Times*, February 6, A27.

Rosenbaum, D. E. 2004. Call it pork, or necessity, but Alaska comes out far above the rest in spending. *New York Times*, November 21, 28.

Rosenthall, E. 2004. Study puts Iraqi deaths of civilians at 100,000. *New York Times*, October 29, A8.

Ross, J. I. 2000a. *Controlling state crime : An introduction.* 2nd ed. New Brunswick, NJ : Transaction Publishers.

_____. 2000b. *Varieties of state crime and its control.* Monsey, NY : Criminal Justice Press.

Roth, K. 2002. *United States : Reports of torture of Al-Qaeda suspects.* December 27. New York : Human Rights Watch.

Rothe, D., and S. L. Muzzatti. 2004. Enemies everywhere : Terrorism, moral panic, and US civil society.

Critical Criminology 12 : 327~350.

Rovella, D. E. 2001. Clock ticks on terrorism-related detentions. *National Law Journal* October 31, EV1~3.

Said, E. W. 1978. *Orientalism*. New York : Pantheon.

_____. 1996. A devil theory of Islam. *Nation* (August 12) : 28~32.

_____. 1997. *Covering Islam : How the media and the experts determine how we see the rest of the world*. New York : Vintage Books.

San Antonio Express-News. 2002. News Roundup. February 14, 1.

Sanders, E. 2002. Understanding turbans : Don't link them to terrorism. *Seattle Times*, October 9, 10.

Sandman, P. 1994. Mass media and environmental risk : Seven principles. *Risk : Health, Safety and Environment* (summer) : 251~260.

Sanger, D. E. 2002. President urging wider U.S. powers in terrorism law : He says 'unreasonable obstacles' hinder pursuit of suspects. *New York Times*, September 11, A1. A19.

_____. 2004a. Key Bush aide to leave security job. *New York Times*, November 6 : A9.

_____. 2004b. Bush on offense, says he will fight to keep tax cuts. *New York Times*, January 6, A1.

_____. 2005. Bush tells Iowa crowd what he learned from Sept. 11th. *New York Times*, July 21, A16.

Sanger, D. E., and D. M. Halbfinger. 2004. Cheney warns of terror risk if Kerry wins : Bush contends rival adopts antiwar talk. *New York Times*, September 8, A1, A18.

Sante, L. 2004. The Abu Ghraib photos : Here's-me-at-war.jpeg. *International Herald Tribune*, May 12, 6.

Santora, M. 2004. Key evidence cast in doubt on a claim of terrorism. *New York Time*, August 18, B1, B8.

Scheer, C., R. Scheer, and L. Chaudhry. 2003. *The five biggest lies Bush told us about Iraq*. New York : Seven Stories Press.

_____. 2004. Bush's lies about Iraq. *Nation* (March 29) : 13.

Scheuer, Michael. 2004. *Imperial hubris : Why the west is losing the war on terror*. Washington, DC : Brassey's, Inc.

_____. 2005. A fine rendition. *New York Times*, March 11, A23.

Schmid, E. 2003. *A permanent state of terror?* London : Campaign Against Criminalising Communities in Association with Index on Censorship.

Schmitt, E. 2004. Marine set for questioning in death of wounded Iraqi. *New York Times*, November 17, A12.

_____. 2005. 3 in 82nd Airborne say beating Iraqi prisoners was routine. *New York Times*, September 24, A1, A6.

Schultz, William. 2003. *Tainted legacy : 9/11 and the ruin of human rights*. New York : Nation Books.

Schuman, M. 2004. Falluja's health damage. *Nation* (December 13) : 5~6

Scigliano, E. 2001. Naming-and un-naming names. *Nation* (December 31) : 2.

Sciolino, E. 1996. The red menace is gone. But here is Islam. *New York Times*, January 21, sec. 4, p. 1.

Seelye, K. Q. 2004a. Moral values cited as a defining issue of the election. *New York Times*, November 4, P4.

_____. 2004b. Gore says Bush betrayed the U.S. by using 9/11 as a reason for war in Iraq. *New York Times*, February 9, A18.

Sengupta, S. 2001a. Arabs and Muslims steer through an unsettling scrutiny. *New York Times*, September 13, EV1~3.

_____. 2001b. Ill fated path to America jail and death. *New York Times*, November 5, EV1~4.

_____. 2001c. Refugees at America's door find it closed after attacks. *New York Times*, October 29,

EV1~3.

Serrano, R. 2001a. Detainees face assaults other violations, lawyers say. *Los Angeles Times*, October 15, EV1~3.

_____. 2001b. Ashcroft denies wide detainee abuse. *Los Angeles Times*, October 17, EV1~4.

Shaheen, J. 1984. *The TV Arab*. Bowling Green, OH : Bowling Green University.

_____. 1999. Hollywood's reel Arabs and Muslims. In *Muslims and Islamization in North America : Problems and prospects*, 179~202, edited by A. Haque. Beltsville MD : Amana Publications.

Shaidle, K. 2001. Full pews and empty gestures. *Toronto Star*, December 2, 24.

Shane, S. 2005. '01 memo to Rice warned of Qaeda and offered plan. *New York Times*, February 12, A1, A10.

Shane, S., S. Grey, and M. Williams 2005. C.I.A. expanding terror battle under guise of charter flights. *New York Times*, May 31, EV1~4.

Shattuck, J. 2003. *Freedom on fire : Human rights wars and America's response*. Cambridge : Harvard University Press.

Shelden, R. G., and W. Brown. 2000. The crime control industry and the management of the surplus population. *Critical Criminology* 9 (1~2) : 39~62.

Shenon, P. 2003a. New asylum policy comes under fire. *New York Times*, March 19, A22.

_____. 2003b. Deal on 9/11 briefings let White House edit papers. *New York Times*, November 14, 24.

_____. 2004a. Ridge asserts action halted terror attack. *New York Times*, April 5, A21.

_____. 2004b. G.O.P. blames Clinton for intelligence failures. *New York Times*, July 2, A17.

_____. 2004c. 9/11 Report calls for a sweeping overhaul of intelligence : WE are NOT SAFE, Commission warns of another catastrophe under status quo. *New York Times*, July 23, A1, A10.

_____. 2004d. Opponents say Republicans plan sequel to Patriot Act. *New York Times*, September 23, A18.

Shenon, P., and R. Toner. 2001. US widens policy on detaining suspects. *New York Times*, September 19, EV1~4.

Silverglate, H. 2002. First casualty of war. *National Law Journal*, December 3, A21.

Simon, J. 2001. Fear and loathing in late modernity. *Punishment and Society* 3 (1) : 21~33.

Simons, M., and T. Weiner. 2004. World court rules U.S. should review 51 death sentences. *New York Times*, April 1, A1, A8.

Singer, P. 2004. *The president of good and evil : The ethics of George W. Bush*. New York : Dutton.

Sisario, B. 2004. Activist asserts harassment. *New York Times*, October 1, A13.

Solomon, A. 2003a. From Baghdad to Brooklyn : Immigrants brace for backlash but fear alerting NYPD. *Village Voice*, April 2~8, 26.

_____. 2003b. The big chill. *Nation* (June 2) : 17~22.

_____. 2004. Questions for Trent Lott. *New York Times Magazine*, June 20, 15.

Sontag, S. 2004. The photographs are us. *New York Times Magazine*, May 23, 24~29, 42.

South Asian American Leaders of Tomorrow. 2002. *American backlash : Terrorists bring war home in more ways than one*. Retrieved on August 28, from http://saalt.org/biasreport.pdf.

Sparks, R. 2001. Degrees of estrangement : The cultural theory of risk and comparative penology. *Theoretical Criminology* 5 (2) : 159~176.

Springhalt, J. 1998. *Youth, popular culture, and moral panics : Penny gaffs to gangsta-rap, 1830~1996*. New York : St. Martin's Press.

Stam, J. 2003. Bush's religious language. *Nation* (December 22) : 27.

Stanley, A. 2001. Opponents of war are scarce on television. *New York Times*, November 9, B4.

_____. 2004. Understanding the president and his god. *New York Times*, April 29, E1, E5.

Staples, W. G. 1997. *The culture of surveillance : Discipline and social control in the United States*. New York : St. Martin's Press.

Stenson, K., and R. Sullivan. 2000. *Crime, risk, and justice : The politics of crime control in liberal democracies*. Devon, England : Willan.

Stevenson, R. 2003. For Muslims, a mixture of White House signals. *New York Times*, April 28, A13.

Stevenson, R. W., and E. Lichtblau. 2004. Bush pushes for renewal of antiterrorism legislation. *New York Times*, April 18, 16.

Stivers, R. 1993. The festival of light of the theory of the three milieus : A critique of Girard's theory of ritual scapegoating. *Journal of the American Academy of Religion* 61 (3) : 505~539.

Stockton, R. 1994. Ethnic archetypes and the Arab image. In *The development of Arab-American identity*, 119~153, edited by E. McCarus. Ann Arbor : University of Michigan Press.

Stolberg, S. G., and F. Lee. 2004. Bush nominee for archivist is criticized for his secrecy. *New York Times*, April 20, A14.

Stone, G. 2004. *Perilous times : Free speech in wartime, from the sedition act of 1789 to the war on terrorism*. New York : W.W. Norton & Company.

Stout, D. 2005. Court backs bush on trials for Qaeda suspects at Guantanamo. *New York Times*, July 15, EV1~2. Suleiman, M. 1999. Islam, Muslims and Arabs in America : The other of the other of the other…. *Journal of Muslim Minority Affairs* 19 (1) : 33~48.

Suskind, R. 2004. Faith, certainty and the presidency of George W. Bush. *New York Times* Magazine, October 17, 44~51, 64, 102, 106.

_____. 2004. *The price of loyalty : George W. Bush, the White House, and the education of Paul O'Neill*. New York : Simon and Schuster.

Swarns, R. L. 2003. More than 13,000 may face deportation. *New York Times*, June 7, A9.

_____. 2004a. Program's value in dispute as a tool to fight terrorism : Many face deportation after registering. *New York Times*, December 21, A26.

_____. 2004b. Senator? Terrorist? A watch list stops Kennedy at airport. *New York Times*, August 20, A1, A18.

Sykes, G. M., and D. Matza. 1957. Techniques of neutralization : A theory of delinquency. *American Sociological Review* 22 : 664~670.

Szasz, T. 1970. *The manufacture of madness*. New York : Harper and Row.

Talbot, M. 2003. Subversive reading : Is it possible that librarians could be the biggest threat to the Patriot Act? *New York Times Magazine*, September 28, 19.

Talvi, S. 2003a. Round up : INS 'Special Registration' ends in mass arrests. In *These Times*, February 17, 3.

_____. 2003b. It takes a nation of detention facilities to hold us back : Moral panic and the disaster mentality of immigration policy, (www.lipmagazine.org) January 15, EV1~8.

Tate, M. 2001. Mesquite seeks clues in killing of gas-store owner. *Dallas Morning News*, October 5, 1.

Thomas, W. I. 1923. *The unadjusted girl*. Boston : Little, Brown.

Toner, R., and J. Elder. 2001. Public is wary but supportive on rights curbs. *New York Times*, December 12, A1, B9.

TRAC (Transactional Records Access Clearinghouse). 2003. *Criminal enforcement against terrorists and spies in the year after the 9/11 attacks.* Syracuse, NY : Syracuse University.

Tracy, J. 2002. *The civil disobedience handbook : A brief history and practical advice for the politically disenchanted.* San Francisco : Manic D Press.

Tulsky, F. 2000a. Asylum seekers face tougher U.S. laws, attitudes. *San Jose Mercury News,* December 10, EV1~9.

_____. 2000b. Asylum seekers face lack of legal help. *San Jose Mercury News,* December 30, EV1~2.

Tyler, P. E. 2004a. Ex-Guantanamo detainee charges beating. *New York Times,* March 12, A10.

_____. 2004b. U.N. chief ignites firestorm by calling Iraq war 'illegal.' *New York Times,* September 17, A11.

_____. 2004c. British singer calls his deportation a mistake. *New York Times,* September 24, A6.

Uchitelle, L., and J. Markoff. 2004. Terrorbusters, Inc. : The rise of the Homeland Security-Industrial complex. *New York Times,* October 17, BU1, 8, 12.

Ungar, S. 1990. Moral panics, the military industrial complex and the arms race. *Sociological Quarterly* 31 (2) : 165~185.

_____. 1992. *The rise and fall of nuclearism : Fear and faith as determinants of the arms race.* University Park, PA : Penn State Press.

_____. 1998. Hot crises and media reassurance : A comparison of emerging diseases and Ebola Zaire. *British Journal of Sociology* 49 (1) : 36~56.

_____. 1999. Is strange weather in the air : A study of US national news coverage of extreme weather events. *Climatic Change* 41 (2) : 133~150.

_____. 2000. Knowledge, ignorance and the popular culture : Climate change versus the ozone hole. *Public Understanding of Science* 9 (3) : 297~312.

_____. 2001. Moral panic versus the risk society : The implications of the changing sites of social anxiety. *British Journal of Sociology* 52 (2) : 271~291.

United Press International. 2002. Death sentence for revenge killing. April 4, 1.

United States Department of Justice. 2003a. *Supplemental report on September 11 detainees' allegations of abuse at the metropolitan detention center in Brooklyn.* New York. Office of the Inspector General. December. Washington, DC : U.S. Government Printing.

_____. 2003b. *The September 11 detainees : A review of the treatment of aliens held on immigration charges in connection with the investigation of the September 11 attacks.* Office of the Inspector General. June. Washington, DC : U.S. Government Printing.

Van Natta, D., and L. Wayne. 2004. Al Qaeda seeks to disrupt U.S. economy, experts warn. *New York Times,* August 2, A12.

Vaughan, B. 2002. The punitive consequences of consumer culture. *Punishment & Society* 4 (2) : 195~211.

Village Voice. 2004. Say what? December 15~21, 24.

Viorst, M. 1994. *Sandcastles : The Arabs in search of the modern world.* New York : Knopf.

Von Zielbauer, P. 2003a. Detainees' abuse is detailed. *New York Times,* December 19, A32.

Wald, M. L. 2004a. Group predicts catastrophe if Indian Point is attacked. *New York Times,* September 8, B5.

_____. 2004b. Accusations on detention of ex-singer. *New York Times,* September 23, A18.

Waldman, A. 2004. Guantanamo and jailers : Mixed review by detainees. *New York Times,* March 17, A6.

Wallace, D. H., and B. Kreisel. 2003. Martial law as a counterterrorism response to terrorist attacks : Domestic and international legal dimensions. *International Criminal Justice Review* 13 : 50~75.

Wan, W. 2002. Four airlines sued for alleged post-Sept. 11 discrimination. *Cox News Service*, June 4, 1.

Washington Post, 2001a. Lawmaker tries to explain remark; Rep. Chambliss, a senate hopeful, commented on Muslims. November 21, 2.

_____. 2001b. War on terrorism. October 22, 25.

_____. 2002. Mr. Robertson's incitement. February 24, 22.

Watney, S. 1987. *Policing desire : Pornography, AIDS, and the media*. Minneapolis : University of Minnesota Press.

Weiser, B. 1997. In lawsuit, I.N.S. is accused of illegally detaining man. *New York Times*, September 16, B2.

_____. 2004. U.S. videos of Qaeda informer offer glimpse into a secret life : But evidence now poses a problem for prosecutors. *New York Times*, May 1, A1, B2.

Weisman, S. R. 2005. Jail term for soldier in abuse case. *New York Times*, May 23, A10.

Weitzer, R., and C. E. Kubrin. 2004. Breaking news : How local TV news and real world conditions affect fear of crime. *Justice Quarterly* 21 (3) : 497~520.

Welch, M. 1999a. *Punishment in America*. Thousand Oaks, CA & London : Sage Publication, Inc.

_____. 1999b. Social movements and political protest : Exploring flag desecration in the 1960s, 1970s, 1980s. *Social Pathology* 5 (2) : 167~186.

_____. 2000a. *Flag burning : Moral panic and the criminalization of protest*. New York : de Gruyter.

_____. 2000b. The role of the immigration and naturalization service in the prison industrial complex. *Social Justice : A Journal of Crime, Conflict & World Order* 27 (3) : 73~88.

_____. 2002a. *Detained : Immigration laws and the expanding I.N.S. jail complex*. Philadelphia : Temple University Press.

_____. 2002b. Detention in I.N.S. jails : Bureaucracy, brutality, and a booming business. In *Turnstile justice : Issues in American corrections*. 2nd ed., 202~214, edited by R. Gido and T. Alleman. Englewood Cliffs, NJ : Prentice Hall.

_____. 2003a. The trampling of human rights in the war on terror : Implications to the sociology of denial. *Critical Criminology : An International Journal* 12 (2) : 1~20.

_____. 2003b. Ironies of social control and the criminalization of immigrants. *Crime, Law & Social Change : An International Journal* 39 : 319~337.

_____. 2003c. Force and fraud : A radically coherent criticism of corrections as industry. *Contemporary Justice Review* 6 (3) : 227~240.

_____. 2004a. *Corrections : A critical approach*. 2nd ed. New York : McGraw-Hill.

_____. 2004b. Profiling and detention in the war on terror : Human rights predicaments for the criminal justice apparatus. In *Visions for change : Crime and justice in the twenty-first century*. 3rd ed., 203~218, edited by R. Muraskin and A. Roberts. Englewood Cliffs, NJ : Prentice Hall.

_____. 2004c. Quiet constructions in the war on terror : Subjecting asylum seekers to unnecessary detention. *Social Justice : A Journal of Crime, Conflict & World Order* 31 (1~2) : 113~129.

_____. 2004d. War on terror and the criminology of the other : Examining detention and the rise of a global culture of control. *Societies of Criminology 1st Key Issues Conference*, Paris, France. May 13~15.

_____. 2005a. *Ironies of imprisonment*. Thousand Oaks, CA and London : Sage Publication, Inc.

_____. 2005b. Immigration lockdown before and after 9/11 : Ethnic constructions and their conse-quences. In *From slavery to globalization : How race and gender shape punishment in America*, edited by M. Bosworth and J. Flavin. New Brunswick, NJ : Rutgers University Press.

_____. 2005c. Moral panic. In *Encyclopedia of criminology*, edited by R. Wright and J. M. Miller. New York : Routledge.

_____. 2005d. Restoring prison systems in war torn nations : Correctional vision, monitoring, and human rights. For the panel Justice system in conflict torn nations : Establishing standards and making them work (sponsored by the Academy of Criminal Justice Sciences). Ancillary Meeting at the *Eleventh United Nations Congress on Crime Prevention and Criminal Justice*, Bangkok, Thailand, April 18~25.

_____. 2005e. Restoring prison systems in war torn nations : Correctional vision, monitoring, and human rights. *International Journal of Comparative Criminology*.

Welch, M., and J. L. Bryan. 1997. Flag desecration in American culture : Offenses against civil religion and a consecrated symbol of nationalism. *Crime, Law and Social Change : An International Journal* 26 : 77~93.

_____. 1998. Reactions to flag desecration in American society : Exploring the conof formal and informal social control. *American Journal of Criminal Justice* 22 (2) : 151~168.

Welch, M., H. Bryan, and R. Wolff. 1999. Just war theory and drug control policy : Militarization, mortality, and the war on drugs. *Contemporary Justice Review* 2 (1) : 49~76.

Welch, M., E. Price, and N. Yankey. 2002. Moral panic over youth violence : Wilding and the manufacture of menace in the media. *Youth & Society* 34 (1) : 3~30.

_____. 2004. Youth violence and race in the media : The emergence of Wilding as an invention of the press. *Race, Gender & Class* 11 (2) : 36~48.

Welch, M., M. Fenwick, and M. Roberts. 1997. Primary definitions of crime and moral panic : A content analysis of experts' quotes in feature newspaper articles on crime. *Journal of Research in Crime and Delinquency* 34 (4) : 474~494.

_____. 1998. State managers, intellectuals, and the media : A content analysis of ideology in experts' quotes in featured newspaper articles on crime. *Justice Quarterly* 15 (2) : 219~241.

Welch, M., J. Sassi, and A. McDonough. 2002. Advances in critical cultural criminology : An analysis of reactions to avant-garde flag art. *Critical Criminology : An International Journal* 11 (1) : 1~20.

Welch, M., and L. Schuster. 2005a. Detention of asylum seekers in the UK and US : Deciphering noisy and quiet constructions. *Punishment & Society : An International Journal of Penology* 7 (4) : 397~417.

_____. 2005b. Detention of asylum seekers in the US, UK, France, Germany, and Italy : A critical view of the globalizing culture of control. *Criminal Justice : The International Journal of Policy and Practice* 5 (4) : 331~355.

Welch, M., and F. Turner. 2004. Globalization in the sphere of penality : Tracking the expansion of private prisons around the world. *Prisons and Penal Policy : International Perspectives*, City University, Islington, London. June 25.

Welch, M., R. Wolff, and N. Bryan. 1998. Decontextualizing the war on drugs : A content analysis of NIJ publications and their neglect of race and class. *Justice Quarterly* 15 (4) : 719~742.

West, C., and S. Fenstermaker. 1995. Doing difference. *Gender and Society* 9 (1) : 8~37.

Wiener, J. 2004. The archives and Alien Weinstein. *Nation* (May 17) : 17~19.

Williams, P. J. 2001. By any means necessary. *Nation* (November 26) : 11.

Willis, E. 1999. *Don't think, smile! Notes on a decade of denial*. Boston : Beacon Press.

Wills, G. 2003. With God on his side. *New York Times Magazine*, March 30, 26~29.

Winant, H. 1997. Where culture meets structure. *Race, class and gender in a diverse society*, 27~38, edited by Diana Kendall. Boston : Allyn and Bacon.

Wingfield, B. 2004. Unions for border workers criticize rules on disclosure. *New York Times*, November 30, A20.

Wood, P. J. 2003. The rise of the prison industrial complex in the United States. In *Capitalist punishment : Prison privatization & human rights*, 16~29, edited by A. Coyle, A. Campbell, and R. Neufeld. Atlanta, GA : Clarity Press.

Woodward, B. 2002. *Bush at war*. New York : Simon and Schuster.

World Conference Against Racism, Racial Discrimination, and Related Intolerance, Programme of Action (WCAR) 2002.

Wright, E. 2004a. Dead-checking in Falluja. *Village Voice*, November 24~30, 22~24.

_____. 2004b. *Generation kill : Devil dogs, Iceman, Captain America, and the new face of American war*. New York : G. P. Putnam's Sons.

Wuthnow, R. 2000. *Religion and politics survey*. Princeton, NJ : Princeton University.

_____. 2004. The religious factor : Revisited. *Sociological Theory* 22 (2) : 205~218.

Wuthnow, R., and J. H. Evans. 2001. *The quiet voice of God : Faith-based activism and mainline Protestantism*. Berkeley : University of California Press.

York, M. 2005. 3rd antiwar defendant is held in contempt. *New York Times*, September 23, B3.

Young, I. M. 1990. *Justice and the politics of difference*. Princeton, NJ : Princeton University Press.

Young, J. 1971. The role of the police as amplifiers of deviancy, negotiators of reality and translators of fantasy. In *Images of deviancy*, 27~61. Edited by S. Cohen. Harmondsworth : Penguin.

_____. 1999. *The exclusive society*. London : Sage.

Yourish, K. 2003. Delivering the 'good news.' *Newsweek*, March 10, 28.

Zgoba, K. 2004. Spin doctors and moral crusaders : The moral panic behind child safety legislation. *Criminal Justice Studies* 17 (4) : 385~404.

:: 인명 찾아보기

:: 용어 찾아보기